中國學術思想

研究輯刊

十一編

林慶彰 主編

第7冊

董仲舒春秋學義法思想研究（下）
——考辨與詮釋

楊濟襄 著

花木蘭文化出版社

國家圖書館出版品預行編目資料

董仲舒春秋學義法思想研究（下）——考辨與詮釋／楊濟襄
著 — 初版 — 新北市：花木蘭文化出版社，2011〔民 100〕
目 6+322 面：19×26 公分
（中國學術思想研究輯刊 十一編：第 7 冊）
ISBN：978-986-254-454-9（精裝）
1.（漢）董仲舒　2.春秋（經書）　3.學術思想　4.研究考訂
030.8　　　　　　　　　　　　　　　　　100000689

ISBN-978-986-254-454-9

9 789862 544549

中國學術思想研究輯刊
十一編　第七冊　　　　　ISBN：978-986-254-454-9

董仲舒春秋學義法思想研究（下）——考辨與詮釋

作　　者　楊濟襄
主　　編　林慶彰
總 編 輯　杜潔祥
出　　版　花木蘭文化出版社
發 行 所　花木蘭文化出版社
發 行 人　高小娟
聯絡地址　新北市永和區中正路五九五號七樓之三
　　　　　電話：02-2923-1455／傳眞：02-2923-1452
網　　址　http://www.huamulan.tw 信箱 sut81518@ms59.hinet.net
印　　刷　普羅文化出版廣告事業
封面設計　劉開工作室
初　　版　2011 年 3 月
定　　價　十一編 40 冊（精裝）新台幣 62,000 元　　　　版權所有・請勿翻印

董仲舒春秋學義法思想研究（下）
——考辨與詮釋

楊濟襄　著

目次

第四章　董仲舒春秋學對《春秋》義法之詮釋

董仲舒的春秋學，其治經之本旨，在於《春秋》義法之發凡，而不在於經文字辭用法之條例。司馬遷在《史記・十二諸侯年表序》有云：「孔子明王道，干七十餘君莫能用，故西觀周室，論史記舊聞，興於魯而次《春秋》，上記隱，下至哀之獲麟，約其辭文，去其煩重，以制『義法』，王道備，人事浹。」所謂的「王道」，就是「義法」的實踐，董仲舒在〈玉杯〉裏曾提及「《春秋》正是非，故長於治人」，《春秋》之「義法」，並非法律政令，而是訴諸於史料文獻中的人物行事，彰顯人類道德行為的是非標準、價值判斷。錢穆先生曾論及《春秋》之「義」云：

> 所謂「歷史批判」，一部份是自然的，如此則得，如此則失，如此則是，如此則非，誰也逃不出歷史大自然的批判。而另一部份則是道義的，由自然中產生道義。自然勢力在外，道義覺醒則在內。孔子《春秋》則建立出此一大道義，明白教人如此則得，如此則失，如此則是，如此則非。此項道義，論其極致，乃與歷史自然合一，此之謂「天人合一」。孔子《春秋》大義應該著眼在此一點上去認識。
> 〔註1〕

太史公云《春秋》「約其辭文，去其煩重，以制『義法』」，《春秋》義法，是

〔註 1〕 錢穆，〈中國史學名著──《春秋》〉，《文藝復興月刊》第二卷第一期，P9～10。

由「史義」而來，〈太史公自序〉也認爲：「《春秋》以道義，撥亂世反之正，
莫近於《春秋》。」《春秋》之「義」寄寓於微言，本文在前一章從敘事觀點
和表達形態，分析了董仲舒對「微言」的看法，本章則預備在微言的表達形
式中，就其記事述理的本旨作分析。所謂的「義法」，並非指「《春秋》大義」
之「義」和「微言書法」之「法」。董仲舒認爲，《春秋》的「微言」，是就每
一次個別事件的事理和義旨，而考慮該如何行文以充分寓「義」。換言之，「微
言」不是固定的書法，而是求「義旨」能充分表達，不因其它因素而打折扣。
所以，經文爲了寓含義旨而在敘事和行文上，予以特別的安排，這種安排，
因時、因事、因人而「從變從義」，絕非固定的書寫凡例或模式。因此，我們
此處所言的「義法」，乃專就董氏春秋學所論述的《春秋》義旨而言。

　　爲何以「義法」一詞來行文？清‧蘇輿《春秋繁露義證》在〈竹林〉：「《春
秋》無通辭，從變而移」句下，曾就董氏春秋學的要旨加以說明：

> 〈精華篇〉：「《春秋》無達辭，從變從義，而一以奉人」，達，亦通
> 也。論《春秋》者，泥詞以求而比，多有不可貫者，故（董氏）一
> 以「義」爲主。下文云：「詞不能及，專在於指。」大抵《春秋》先
> 「義法」，後「比例」。以「義法」生「比例」，非緣「比例」求義法
> 也。（P46）

董氏對於《春秋》義旨，正之爲天地間之大法，爲人類所必依循爲則者。例
如〈楚莊王〉裏提及「宋伯姬疑禮而死於火，齊桓公疑信而虧地」，「禮」卻
「死於火」，「信」卻「虧其地」，這是一般人對「禮」、「信」這些道德行爲的
存疑。董仲舒認爲：「《春秋》賢而舉之，以爲天下『法』，曰禮而信」，《春
秋》彰揚禮信爲「法」，足以破除一般人心中的狐疑。〈仁義法〉中，更直接
指出：「《春秋》爲『仁義法』，仁之法愛人，不在愛我；義之法，在正我，不
在正人。」可見董氏將《春秋》義旨更進一步確立爲行事之道德法則。本文
認爲，「義法」一詞較諸「義旨」、「大義」等同義詞，更能彰顯董氏春秋學之
精神。由於董仲舒對於《春秋》義法的闡釋，表現在《春秋》經文事例的評
論當中，在個別事例的論理述義中彰顯《春秋》之要旨，難以一一羅列詳
述。因此，本文在此對董仲舒春秋學《春秋》義法的討論，乃是就董氏於行
文中明確標示出《春秋》要旨者，加以論述。至於個別事例中，道德行爲的
判斷及評論，所展現的《春秋》義法，則統見於本章文末之附表，而不另於
文中詳述。

第一節　董仲舒春秋學義法總論

一、《春秋》義法之學，首重「道往以明來」

　　董仲舒在〈精華〉指出：「《春秋》之爲學也，道往而明來者也。」無論是對董仲舒而言，或是對二千年之後的我們而言，《春秋》無疑是一部以往史爲成書內容的作品，其「道往」理所當然。但是，董氏卻明白地指出，《春秋》的價值，不僅是史料文獻的保存，更重要的是對「後來者」有所啓迪，其內容昭示後代亙古常新之「史義」，不因史跡往逝而陳舊。「史義」的推得，能否在每一個嶄新時代得其新生，關鍵於當時代的知識人如何賦予經典「時代的詮釋」，於史義產生「創造」的價值。近代英國哲學家柯靈烏（R. G. Collingwood）以「史料取捨」、「歷史建設」、「歷史批評」三元素，說明史學「思想」之「自主性」。〔註2〕

　　董仲舒對《春秋》義法的詮釋，「道往以明來」的態度，正可看出其春秋學內容的格局，不只是拘於史料文獻，還展現了「思想的自主」：擷取《春秋》之記事，在評論中建立昭明於世的義法。「弗能察，寂若無；能察之，無物不在」（〈精華〉），董氏在《春秋》裏所尋找的，是天地之間俯仰行事的至理，他所關心的，不只是個人修身德性的問題，還擴及君臣在位如何善治的思考。他對於《春秋》義法的發凡，所採取的方式是：

> 魯僖公以亂即位，而知親任季子。季子無恙之時，內無臣下之亂，外無諸侯之患，行之二十年，國家安寧。季子卒之後，魯不支鄰國之患，直乞師楚耳。僖公之情非輒不肖，而國衰益危者，何也？以無季子也。以魯人之若是也，亦知他國之皆若是也。亦知他國之皆若是也，亦知天下之皆若是也，此之謂「連而貫之」。故天下雖大，古今雖久，以是定矣。以所任賢，謂之主尊國安，所任非其人，謂之主卑國危，萬世必然，無所疑也。（《繁露·精華》）

可見其推求《春秋》義法的方式與企圖，是由《春秋》所記載之事件實況得其義理，由內（魯）、而外、而天下之遠，由古及今，乃至行諸後世萬代。「往」與「來」的連結，訴諸於史料文獻中，事件與典範的「比象」與「興發」，「取法」的態度，將二者作有效的串連：

〔註2〕　參見余英時，〈「章實齋與柯靈烏的歷史思想」──中西歷史哲學的一點比較〉，《歷史與思想》，台北：聯經出版社，1979 年 7 月，P189～191。

> 《春秋》之道，奉天而法古。故<u>聖者法天，賢者法聖</u>，此其大數也。
> 得大數而治，失大數而亂，此治亂之分也。所聞天下無二道，故聖
> 人異治同理也，古今通達，故先賢傳其「法」於後世也。《春秋》之
> 於世事也，<u>善復古，譏易常</u>，欲其法先王也。（《繁露・楚莊王》）

「聖者法天，賢者法聖」，「取法」的態度，間接肯定《春秋》義法存在著見
用於後世的價值。董仲舒講求「《春秋》之道，奉天而法古」，但是，他又主
張「更化與改制」，這種乍看似乎矛盾的理論，實質建立在他對《春秋》義法
「道往而明來」的認識。取法於往而有用於今，為了強調「取法」，董氏伸張
「《春秋》之於世事也，善復古，譏易常，欲其法先王心」；為了強調「有用
於今」，董氏伸張「治亂之分」──「聖人異治而同理」：

> 道之大原出於天，天不變，道亦不變，是以禹繼舜，舜繼堯，三聖
> 相受而守一道，亡救弊之政也，故不言其所損益也。繇是觀之，<u>繼
> 治世者其道同，繼亂世者其道變</u>。今漢繼大亂之後，若宜少損周之
> 文，致用夏之忠者。（〈賢良對策三〉）

「繼治世者其道同，繼亂世者其道變」，所謂「其道同」，是指「無救弊之政」，
如此說來，此處道同、道變之「道」，指的是治世之「道」，而非「道之大原
出於天」之「天道」。董氏所云之「法先王」，是統稱取法往昔先王之意。並
無「先王、後王」之分。〈賢良對策二〉云：

> 孔子作《春秋》，先正王而繫萬事，見素王之文焉。繇此觀之，帝王
> 之條貫同，然而<u>勞逸異者，所遇之「時」異也</u>。（〈賢良對策二〉）

「帝王之條貫同，然而勞逸異者，所遇之『時』異也」，這種對「時」的務實
體認，是西漢儒者在秦政後，一統盛世的背景中，對政局應「時」而起的抒
發：

> 為政而不行，甚者必變而更化之，乃可理也。當更張而不更張，雖
> 有良工不能善調也；當更化而不更化，雖有大賢不能善治也。故<u>漢
> 得天下以來</u>，常欲善治而至今不可善治者，<u>失之於當更化而不更化</u>
> 也。（〈賢良對策二〉）

因此，董仲舒一方面由《春秋》變古易常則譏〔註3〕，闡示《春秋》義法蘊含
「奉天法古」而得的「不易之道」（天道），另方面則提出《春秋》義法有「合

〔註3〕宣公十五年　經：冬，蝝生。（傳）：「……上變古易常，應是而有天災，其諸
　　　則宜於此焉變矣」。

用於今」的「人道」變通。

二、《春秋》義法「遂人道之極」，人道浹而王道備

董仲舒在〈玉杯〉篇，曾就《春秋》的內容發表看法：

> 《春秋》論十二世之事，人道浹而王道備。法布二百四十二年之中，
> 相為左右，以成文采。其居參錯，非襲古也。（《繁露·玉杯》）

所謂「論」十二世之事，董仲舒顯然不是只當《春秋》為史料。《春秋》論事之目的，在藉義法來彰顯「人道浹而王道備」。「法」布於二百四十二年之中，「非襲古也」，這是董氏對《春秋》義法的闡釋。《禮記·喪服小記》中有云：「親親尊尊長長，男女之別，『人道』之大者也」。「人道」的落實，對儒者而言，是禮制的實現，董仲舒在〈玉英〉篇裏，既云「人道浹而王道備」，亦云「人道浹而王法立」〔註4〕，可知「王道備」與「王法立」意義相同。「人道浹」是履行禮制的成果，「王道備」，則是指禮制履行之後所展現的王者之治。那麼，對董仲舒而言，《春秋》如何能透過義旨來呈現「禮法」之要呢？〈玉英〉裏提到：

> 《春秋》修本末之義，達變故之應，通生死之志，遂人道之極者也。
> 是故君殺賊討，則善而書其誅。若莫之討，則君不書葬，而賊不復
> 見矣。不書葬，以為無臣子也；賊不復見，以其宜滅絕也。今趙盾
> 弒君，四年之後，別牘復見，非《春秋》之常辭也。……晉趙盾、
> 楚公子比皆不誅之文，而弗為傳，弗欲明之心也。（《繁露·玉英》）

以「修『義』」、「達『應』」、「通『志』」在「本末原委」、「變故反常」、「生死取捨」上，發揚「人道」真正的精神。在董仲舒所論述的《春秋》義法中，這種精神展現在「緣人情，赦小過」的書寫態度上：

> 《春秋》重『人』，諸「譏」皆本此。……《春秋》緣人情，赦小過，
> 而《傳》明之曰：「君子辭也。」……孔子明得失，見成敗，疾時世
> 之不仁，失王道之體，故緣人情，赦小過。（《繁露·俞序》）

《春秋》經文以「復見」趙盾來表示史料記載的「弒君」事件另有隱情；以「歸于楚」的婉轉寫法，暗示楚公子比弒其君，乃另有主謀：公子棄疾；對於許世子藥殺其君父，經文以書其君父之「葬」，來顯示許世子並無弒君父之

〔註4〕論《春秋》者，合而通之，緣而求之，五其比，偶其類，覽其緒，屠其贅，
是以「人道浹而王法立」。（《繁露·玉英》）

心。此外，《春秋》經文總共出現三次「君子辭」：

◎桓公十八年

經：冬，十有二月己丑，葬我君桓公。

（傳）：賊未討，何以書葬？讎在外也。讎在外則何以書葬？**君子**
辭也。

◎襄公三十年

經：冬，十月，葬蔡景公。

（傳）：賊未討，何以書葬？**君子辭**也。

◎宣公十二年

經：春，葬陳靈公。

（傳）：討此賊者非臣子也，何以書葬？**君子辭**也。楚已討之矣，
臣子雖欲討之而無所討也。

也都是打破「賊未討，不書葬」的常辭、慣例。董仲舒由此而看出，《春秋》
講「王法」、論「王道」，其義法「遂人道之極」，表現在經文記事中，就是「緣
人情，赦小過」。

三、《春秋》義法的「科」與「旨」

董仲舒治《春秋》，首重《春秋》大義之發凡。《春秋》大義散見於《春
秋》二百四十二年的記事文辭之中，董氏分別以「六科」、「十指」來加以歸
納。

> ※六科：
>
> 《春秋》，大義之所本耶！<u>六者之科，六者之旨</u>之謂也。然後援天端，
> 布流物，而貫通其理，則事變散其辭矣。
> <u>故誌得失之所從生</u>，而後差貴賤之所始矣。
> <u>論罪源深淺，定法誅</u>，然後絕屬之分別矣。
> <u>立義定尊卑之序</u>，而後君臣之職明矣。
> <u>載天下之賢方，表廉義之所在</u>，則見復正焉耳。
> <u>幽隱不相逾，而近之則密矣</u>，而後萬變之應無窮者。
> 故可<u>施其用於人，而不悖其倫</u>矣。（《繁露・正貫》）

董氏以「援天端，布流物，貫通其理」來說明《春秋》義法的本質，源自於
人存乎天地之中所興發的思考。「事變散其辭」，則指出所謂的「義法」並不

是條文律則，而是在個別的事件中，《春秋》以不同的敘事文辭所呈現的道德觀點和是非價值。「六科」即是「六旨」，「六科」的內容並不是將義法分為六大類，而是指出《春秋》義法的彰顯目的和作用。我們由「六科」可以看出，董仲舒在彰顯《春秋》義法時所寄寓的期許，與社會秩序的建立有莫大的關係。在董仲舒的眼中，《春秋》並不是過時的史蹟，而是傳自於聖人，「應萬變之無窮」、「施用於人，不悖其倫」的常理與智慧；董仲舒的春秋學，以人倫秩序與務實致用的思維，去詮釋《春秋》二百四十二年的記事，為《春秋》見用於當世而努力。

　　※十指：

　　《春秋》二百四十二年之文，天下之大，事變之博，無不有也。雖然，大略之要有十指。**十指者，事之所繫也，王化之所由得流也。**

　　舉事變，見有重焉，一指也。

　　見事變之所至者，一指也。

　　因其所以至者而治之，一指也。

　　強幹弱枝，大本小末，一指也。

　　別嫌疑，異同類，一指也。

　　論賢才之義，別所長之能，一指也。

　　親近來遠，同民所欲，一指也。

　　承周「文」而反之「質」，一指也。

　　木生火，火為夏，天之端，一指也。

　　切刺譏之所罰，考變異之所加，天之端，一指也。（《繁露・十指》）

「十指」與「六科」內容並不相同。「六科」所言為《春秋》義法的目的和作用，「十指」則顯然是治學《春秋》、舉得義旨的方法。首先，董氏指出《春秋》二百四十二年記事的要義，在於「布流王化」；「布流王化」是很特別的說法，意即「《春秋》之用」不只是王道禮制的展現，還涉及民間百姓的道德價值與習俗風化〔註 5〕。所以，我們可以看到董仲舒治學《春秋》的眼光，還包含由「五行相生」、「災異感應」之端倪而來的省察，這一類資料見於

────────

〔註 5〕除了漢朝的主流文化──楚文化，瀰漫著人與天地自然關係的綺麗想像之外，當其時，陰陽五行的系統化配應早已深入民間，其運用層面遍及於生活技術，諸如馬王堆帛書所出土的〈導引圖〉、醫書文獻《黃帝內經》中的「五運六氣」等，都可以看出當時的陰陽氣化觀念，不只是宇宙結構的觀察而已。

《漢書・五行志》,《漢志》論災異之事,董仲舒曾有相關意見者達七十二處〔註6〕。但是,在董仲舒所論的《春秋》「十指」,我們卻可以清楚看見,這一類「天端」的省察只是他春秋學內容的局部,位居於十指之末,僅居其二,顯然並非其學術內容的重心。「十指」是董氏發凡《春秋》義法的方法,董氏春秋學的務實態度,我們可以從董氏所論的《春秋》義法的「功效」,得窺一二:

> 舉事變,見有重焉,則**百姓安**矣。
>
> 見事變之所至者,則**得失審**矣。
>
> 因其所以至而治之,則**事之本正**矣。
>
> 強幹弱枝,大本小末,則**君臣之分明**矣。
>
> 別嫌疑,異同類,則**是非著**矣。
>
> 論賢才之義,別所長之能,則**百官序**矣。
>
> 承周文而反之質,則**化所務立**矣。
>
> 親近來遠,同民所欲,則**仁恩達**矣。
>
> 木生火,火爲夏,則**陰陽四時之理相受而次**矣。
>
> 切刺譏之所罰,考變異之所加,則**天所欲爲行**矣。
>
> 統此而舉之,德澤廣大,衍溢於四海,陰陽和調,萬物靡不得其理矣。說《春秋》者凡用是矣,此其法也。(《繁露・十指》)

「舉事變,見有重」、「見事變之所至」、「因其所以至而治之」、「強幹弱枝,大本小末」、「別嫌疑,異同類」……儘管所論的對象爲《春秋》往史,但是由此「十指」所得識的《春秋》義法,卻呈現出董仲舒對於當世社會秩序所欲建立的理想面貌。從「安百姓」、「審得失」、「正事本」、「明君臣之分」、「著是非」、「序百官」、「務立教化」、「達仁恩」這八指,我們可以印證以太史公所認識的:《春秋》爲「禮義之大宗」(〈太史公自序〉),而理解在董仲舒的春秋學內容裡,何以竟包含了以《春秋》折獄爲教化的方式之一:

> 《春秋》之聽獄也,必本其事而原其志。**志邪者不待成,首惡者罪特重,本直者其論輕**。是故逢丑父當斷,而轅濤塗不宜執,魯季子追慶父,而吳季子釋闔廬;此四者罪同異論,其本殊也。俱欺三軍,

---

〔註6〕 近人王淑蕙曾將《漢書・五行志》論災異之事,董仲舒有相關意見者,逐一與《公羊傳》相關記事作比對,而得七十二筆記錄。詳見王淑蕙,《董仲舒《春秋》解經方法探究》附錄一至五,中央大學中文研究所碩士論文,1995 年 5 月,P263～283。

或死或不死；俱弒君，或誅或不誅。**聽訟折獄，可無審耶！故折獄
而是也，理益明，教益行。折獄而非也，闇理迷眾，與教相妨。教，
政之本也。獄，政之末也。**其事異域，其用一也，不可不以相順，
故君子重之也。(《繁露‧精華》)

「折獄而是」則「理益明，教益行」；「折獄而非」則「闇理迷眾，與教相妨」。
孔子在《論語‧顏淵》即已有云：「聽訟，吾猶人也。必也使無訟乎！」以「無
訟」為聽訟的目標，所訴求的方法，正是「聽訟」以「明是非」的教化力量。
董仲舒對折獄的看法，與向來以「教化」為本旨的儒學傳統相一致，這使我
們相信，董仲舒以《春秋》折獄，必是服人之心，儦人以義，昌盛民風教化；
絕非張湯一類舞弄文墨、緣飾以典籍的「酷吏」所可比擬。董仲舒的學術思
想，不僅止於廟堂禮制，其關心所及，乃至於百姓價值觀之教化，這或許與
他一生仕途未能參與中央權力決策單位，長期居於地方致令教化有關〔註7〕。
其學術思想之特質與折獄內容之一二，本文將在下一章有深入之探討。在此
值得我們注意的是，董仲舒對於「五行相生」與「災異變故」的看法，只在
「十指」之中的末二指有所提及。那麼，在董仲舒春秋學的內容中，關於「災
異」的論述，到底佔有多少的比重與地位呢？《漢書‧五行志》裡，由於是
「五行志」的關係，自然將董仲舒相關於「五行」、「災異」的說法予以集中
彙合。倘若我們只是由「董仲舒之說」在《漢書‧五行志》中所佔的份量，
就認為這一類論述是董仲舒春秋學的主要內容，這種成見不止失之偏頗，恐
怕更與事實有出入。

　　關於「五行相生」的治世面貌，董仲舒以「陰陽四時之理相受而次」去
描述，至於災異——這種來自於上天的譴告，董仲舒認為，若能「切刺譏之
所罰」、「考變異之所加」，則「天之所欲為」行矣。那麼，什麼是「天之所欲
為」呢？董仲舒在《漢書‧董仲舒列傳》的對策中，明確的指出：

臣謹案《春秋》之中，視前世已行之事，以觀天人相與之際，甚可
畏也。國家將有失道之敗，而天乃先出災害以譴告之，不知自省，
又出怪異以警懼之，尚不知變，而傷敗乃至。**以此見天心之仁愛人
君而欲止其亂也。**(〈賢良對策一〉)

王者承天意以從事，故任德教而不任刑。刑者不可任以治世，猶陰

<hr>

〔註7〕　《漢書‧董仲舒列傳》：「(董氏) 凡相兩國，輒事驕王。正身以率下，數上疏
　　　　諫爭，教令國中，所居而治。」

之不可任以成歲也。**為政而任刑，不順於天**，故先王莫之肯爲也。
（〈賢良對策一〉）

由此可見，董仲舒所論之「天之所欲爲」，終究仍落實於人世之德教。倘若，戰國中期以後，「陰陽五行」與「氣化感應」的思潮席捲於世，而這種思潮顯然是居於春秋之世的孔子所未有論者，那麼，身於當世這種思潮之下的董仲舒，必定得面對「儒學學術」與「原始信仰」二者如何融貫？「儒學素養」是否只是架空無用的「書生論政」？這一類問題的嚴肅思考。事實上，這一類嚴肅的思考，並非始自於董仲舒，而是戰國中期以降，所有儒者共同面臨的問題。崇儒是武帝的既定政策，在執行的過程中，亟需來自於學術界的意見，對已經融入「陰陽氣化觀念」於生活的天下百姓，作出合理的「交代」。因此，我們可以在〈賢良對策〉中，看到武帝制問，一再要董仲舒對於「天人問題」作一個切切的答覆。

董仲舒治《春秋》，真心推崇孔子之術；他普及《春秋》成爲上至帝王、下及百姓都能接受的價值觀，乃至在生死攸關、利害當前的決獄之事，都能接受《春秋》義法；董氏一生認真思考《春秋》義法如何行之於世，修學著書，教育無數〔註8〕。雖然，董仲舒春秋學中陰陽災異這部分，並不是本論文探討的主題。但是對於其時已全盤深入於生活技術，甚至連身處其時的董仲舒，亦可能視爲「當然之理」的「陰陽五行系統」和「宇宙氣化觀」，出現在董仲舒的春秋學內容中，並且得到正視和討論；本文認爲，由董仲舒《春秋》「十指」所云之「陰陽四時之理」、「切刺譏之所罰，考變異之所加」這二指，終究由自然秩序落實於人世德教來看，對於理解董仲舒學術而言，與其以「迷信」、「愚民」的眼光，批駁董氏春秋學中的陰陽氣化、五行災異，倒不如由「化俗成教」的作法，去思考董氏《春秋》義法正元歸本於天道的意義。

另外我們也必須指出，董氏所論之「六科」、「十指」，與後來何休以下之公羊學家所言之「三科九旨」，在內容上並不相同。後世公羊學有所謂「三科九旨」之說，「三科九旨」這個專名，最見於徐彥的疏文，而未見於《公羊傳》。徐彥疏提到：

　　問曰：「《春秋說》云：『《春秋》設三科九旨。』其義如何？」答曰：

〔註8〕《史記·儒林列傳》：「（董仲舒）以治春秋，孝景時爲博士。下帷講誦，弟子傳以久次相受業，或莫見其面，蓋三年董仲舒不觀於舍園，其精如此。進退容止，非禮不行，學士皆師尊之。」、「不治產業，以修學著書爲事。故漢興至于五世之閒，唯董仲舒名爲明於春秋」。

「何氏之意，以爲三科九旨正是一物：若總言之，謂之三科，科者，段也；若析而言之，謂之九旨，旨者，意也。言三個科段之內，有此九種之意。故何氏作《文諡例》云：『三科九旨』者：『新周故宋，以《春秋》當新王，此一科三旨也』。又云：『所見異辭，所聞異辭，所傳聞異辭，二科六旨也』。又『內其國而外諸夏，內諸夏而外夷狄，是三科九旨也』。」（徐彥於何休《解詁》「隱公第一」下疏）

關於「三科九旨」，徐彥疏另外提及緯書《春秋說》之宋氏注文亦有一說，其文曰：

三科者，一曰張三世，二曰存三統，三曰異外內，是三科也。九旨者，一曰時，二曰月，三曰日，四曰王，五曰天王，六曰天子，七曰譏，八曰貶，九曰絕。時與日月，詳略之旨也；王與天王天子，是錄遠近親疏之旨也；譏與貶絕，則輕重之旨也。

與何休之說相較，何休的「所見異辭，所聞異辭，所傳聞異辭」與宋氏注之「張三世」一科相應；而何休的「新周、故宋、以春秋當新王」，則是與「存三統」一科相應；至於「內其國而外諸夏，內諸夏而外夷狄」，則與「異內外」一科相應。然而，宋氏注文的「三科」與「九旨」，內容各有所論；與何休「九旨」寓於「三科」之中，「三科九旨正是一物」並不相同。由此可知，對於春秋學「三科九旨」一詞，至少有二種解釋方式〔註9〕：一爲何休《文諡例》所言「三科九旨正是一物」，在「張三世、存三統、異內外」之中，析出「九旨」；另一爲宋氏注緯書《春秋說》所言，其「三科」之實質內容與何休同，但「九旨」別有所指。民國・柯劭忞便根據這二種說法而推論，所謂「三科」（何休與宋氏論點相同之處），是公羊學的觀點；而「時、月、日、王、天王、天子、譏、貶、絕」，這「九旨」應是穀梁學的內容。〔註10〕

依徐彥所言，何休的「三科九旨」之說，乃是總論「新周故宋，以《春秋》當新王」、「所見異辭，所聞異辭，所傳聞異辭」、「內其國而外諸夏，內

〔註9〕此處之所以謂「至少」，是因爲清儒「常州學派」學者治《公羊》，對「三科九旨」亦往往另出發明，如孔廣森《春秋公羊通義・敘》：「《春秋》之爲書，上本天道，中用王法，下理人情。……天道者，一曰時、二曰月、三曰日。王法者，一曰譏、二曰貶、三曰絕。人情者，一曰尊、二曰親、三曰賢。此『三科九旨』既布，而一裁以內外之異例，遠近之異辭。」就公羊學的內容而言，孔氏所云誠爲的論。但是其所云之「三科九旨」，又與何休、宋氏之說不相同（《皇清經解》卷六九一，台北：漢京出版社，1980年，頁1）。

〔註10〕詳參：柯劭忞，《春秋穀梁傳注》，台北：力行出版社，1970年。

諸夏而外夷狄」這三段內容中的九種含意。其中，「新周故宋，以《春秋》當新王」為董仲舒「三統說」〔註11〕的發明。後二則，則是《公羊傳》傳文〔註12〕，亦為董仲舒所倡論者〔註13〕。董仲舒「六科十指」所指的是《春秋》義法的目的、作用和方法，何休藉用董仲舒「六科十指」之名，歸納出「三科九旨」的名稱，來整理《公羊傳》與董仲舒所曾論述的公羊要義。後世公羊學以「科」、「旨」解釋《春秋》經義的作風，顯然承襲自董仲舒而來。

四、《春秋》的「文」與「質」：文辭與義法

《春秋》文公二年：「冬，公子遂如齊納幣。」傳文謂之：「譏喪取。」董仲舒於〈玉杯〉篇就「《春秋》譏文公以喪取」這件事抒發自己的看法：

> 《春秋》譏文公以喪取。難者曰：「喪之法，不過三年。三年之喪，二十五月。今按經，文公乃四十一月方取。取時無喪，出其法也久矣。何以謂之喪取？」曰：《春秋》之論事，莫重於志。……緣此以論禮，禮之所重者，在其志。志敬而節具，則君子予之知禮。……重志之謂也。志為質，物為文。文著於質，質不居文，文安施質？質文兩備，然後其禮成。文質偏行，不得有我爾之名。俱不能備而偏行之，寧有質而無文。雖弗予能禮，尚少善之，「介葛盧來」是也。有文無質，非直不子，乃少惡之，謂「州公寔來」也。（《繁露・玉杯》）

「《春秋》之論事，莫重於志」，顯然是董氏出於《公羊》「喪取」之說而獨發

〔註11〕董仲舒《繁露・三代改制質文》：「《春秋》應天作新王之事，時正黑統，王魯，尚黑，絀夏，親周，故宋，樂宜用韶舞，故以虞錄親，制爵宜商，合伯子男為一等。」

〔註12〕何休所指「所見異辭，所聞異辭，所傳聞異辭」之文（亦即宋氏注之所謂「張三世」者），在《公羊傳》傳文中三見，分別是隱公元年、桓公二年、哀公十四年傳。

何休所指「內其國而外諸夏，內諸夏而外夷狄」之文（亦即宋氏注之所謂「異內外」者），出現在《公羊傳》成公十五年傳文之中。公羊成公十五年經：「冬，十有一月，叔孫僑如會晉士燮、齊高無咎、宋華元、衛孫林父、鄭公子鰌、邾婁人，會吳于鍾離。」傳云：「曷為殊會吳？外吳也。曷為外也？春秋內其國而外諸夏，內諸夏而外夷狄。」

〔註13〕《公羊傳》傳文簡略，何休論「三世」之說，實全採自於董仲舒《繁露・楚莊王》；論「異內外」，則採自《繁露・王道》。

之義。董仲舒由《春秋》文公喪取之記事，論「禮」之所重在其「志」，由此精神遂一併討論僖公二十九年經「介葛盧來」〔註14〕與桓公六年經「正月，寔來」〔註15〕。以「禮」所重爲「志」，去解釋《春秋》經文的書寫方式，顯然亦將「禮」重「志」的精神，視爲《春秋》義法之一，介葛盧爲小夷之君，連朝聘的資格都沒有，但是以其來朝之志，經文稱其「名」以書記之；州公雖來魯，卻態度傲慢失禮，經文因此只書「寔來」，而不書其人。這是《春秋》「從其志」的微言方式，董仲舒將「文辭」與「心志」類比於禮制之「文」與「質」，「志爲質；物爲文」、「俱不能備而偏行之，寧有質而無文」，所謂「志」，在《春秋》而言，即爲「義法」，也就是「要旨」；而所謂「文」，就是指《春秋》敘事之文辭、稱號等「名物」：

> 《春秋》之序道也，先質而後文，右志而左物。「禮云禮云，玉帛云乎哉？」推而前之，亦宜曰：朝云朝云，辭令云乎哉？「樂云樂云，鐘鼓云乎哉？」引而後之，亦宜曰：喪云喪云，衣服云乎哉？是故**孔子立新王之道**，明其**貴志以反**和，見其**好誠以滅**僞。其有繼周之弊，故若此也。（《繁露・玉杯》）

董仲舒由《論語》「禮云」、「樂云」的意旨，活潑地推闡新辭：「朝云朝云，辭令云乎哉？」「喪云喪云，衣服云乎哉？」可見，董氏雖極度推崇孔子，但是，並不拘泥墨守於經典文字。董仲舒由孔子論「禮」之質文，推演《春秋》義法的原則：「《春秋》之序道也，先『質』而後『文』，右『志』而左『物』。」並且進一步爲其春秋學所主張的「孔子立新王之道」作精要的說明，董仲舒認爲《春秋》「王魯」、「孔子立新王之道」，並不是指孔子推翻周王，自立新朝禮制文采。而是指孔子繼周之弊，藉魯史爲材料，呈現王者的風範、職志，以補補周室疲弊，世衰道微，日益沈淪的人道價值。「貴志以反和，好誠以滅僞」，繼周之弊，這才是董仲舒以謂「孔子立新王之道」的眞正文意。董氏在〈王道〉篇具體指出「《春秋》救文以質」：

> 《春秋》救文以質，見天下諸侯之所以失其國者……《春秋》明此**存亡，道可觀也**。觀乎蒲社，**知驕溢之罰**。觀乎許田，**知諸侯不得專封**。觀乎齊桓、晉文、宋襄、楚莊，**知任賢奉上之功**。觀乎魯隱、

〔註14〕僖公二十九年 經：春，介葛盧來。（傳）：介葛盧者何？夷狄之君也。何以不言朝？不能乎朝也。

〔註15〕桓公六年 經：春，正月，寔來。（傳）：寔來者何？猶曰是人來也。孰謂？謂州公也。曷爲謂之寔來？慢之也。曷爲慢之？化我也。

祭仲、叔武、孔父、荀息、仇牧、吳季子、公子目夷，知忠臣之效。
觀乎楚公子比，知臣子之道，效死之義。觀乎潞子，知無輔自詛之
敗。觀乎公在楚，知臣子之恩。觀乎漏言，知忠道之絕。觀乎獻六
羽，知上下之差。觀乎宋伯姬，知貞婦之信。觀乎吳王夫差，知強
陵弱。觀乎晉獻公，知逆理近色之過。觀乎楚昭王之伐蔡，知無義
之反。觀乎晉厲之妄殺無罪，知行暴之報。觀乎陳佗、宋閔，知妒
淫之禍。觀乎虞公、梁亡，知貪財枉法之窮。觀乎楚靈，知苦民之
壞。觀乎魯莊之起台，知驕奢淫溢之失。觀乎衛侯朔，知不即召之
罪。觀乎執凡伯，知犯上之法。觀乎晉郤缺之伐邾婁，知臣下作福
之誅。觀乎公子翬，知臣窺君之意。觀乎世卿，知移權之敗。

治《春秋》不能只是在記事文辭上用力，所謂的「救文以質」，就是觀其事，
見其旨。由事件的敘事透視其文詞背後的義旨。董氏所說的「文質觀」，我們
可以在他所引用的龐大事例群中，看到「文質觀」在義法詮釋上的運用。「觀」
某經文，「知」其義旨；「觀」的對象是「文」，「知」的義旨是「質」（志）。「救
文以質，見天下諸侯之所以失其國」，《春秋》所記之事，無一不含「救文以
質」的書寫用意：

「魯隱之代桓立，祭仲之出忽立突，仇牧、孔父、荀息之死節，公
子目夷不與楚國」，此皆執權存國，行正世之義，守拳拳之心，《春
秋》嘉其義焉，故皆見之，復正之謂也。……「魯季子之免罪，吳
季子之讓國」，明親親之恩也。「闔殺吳子餘祭」，見刑人之不可近。
「鄭伯髡原卒於會，諱弒」，痛強臣專君，君不得為善也。「衛人殺
州吁，齊人殺無知」，明君臣之義，守國之正也。「衛人立晉」，美得
眾也。「君將不言率師」，重君之義也。「正月公在楚」，臣子思君，
無一日無君之意也。「誅受令，恩衛葆」，以正圖圍之平也。「言圍成，
甲午祠兵」，以別迫脅之罪，誅意之法也。「作南門。刻桷丹楹，作
雉門及兩觀。築三台，新延廄」，譏驕溢不恤下也。故「臧孫辰請糴
於齊，孔子曰：『君子為國，必有三年之積。一年不熟乃請糴，失君
之職也』。」誅犯始者，省刑絕惡，疾始也。「大夫盟於澶淵」，刺大
夫之專政也。諸侯會同，賢為主，賢賢也。《春秋》紀纖芥之失，反
之王道。追古貴信，結言而已，不至用牲盟而後成約，……此《春
秋》之救文以質也。

「屬事比類、推本見義」是董氏研究《春秋》的宗旨和方法，董氏認為，由《春秋》之記事，推原其本意，可看出孔子的道德理想。此道德理想的闡明，便成了董氏研究《春秋》的目的，也成了董氏春秋學的成就。董氏咀嚼經傳，多有提出《公羊》傳文所未及的旨趣；同時，藉由事理的比況去探討經義，顯然與何休之後的公羊學家，藉書法凡例以見義法的研經風格，大不相同。

《春秋》「救文以質」，以推求行事之本意、禮制之本質，使各種表面事跡的記載，可以得到正確、合理的判斷。以「質」救文，也是「貴元」、「崇本」精神的引申。董氏的舉例，包含「親親之恩」、「君臣之義」、「痛強臣專君」、「正囷圉之平」……等，充分顯示，董氏重視禮制之質與文，以「質文」的觀點，突破文字藩離，詮釋《春秋》之義法。

第二節　《春秋》義法彰舉道德行為的實踐

董仲舒對於聖人經典的認知，是從經典所彰顯的道德仁義去肯定其價值，並進一步倡論道德仁義「致用於世」的主張和功效。

> 能說鳥獸之類者，非聖人所欲說也；聖人所欲說，在於說仁義而理之，知其分科條別，貫所附，明其義之所審，勿使嫌疑，是乃聖人之所貴而已矣。……聖人思慮，不厭晝日，繼之以夜，然後萬物察者，仁義矣。……夫義出於經；經，傳「大本」也。(《繁露·重政》)

「義之所審，勿使嫌疑」，這是董仲舒對於經典價值的定位，「義出於經，經傳大本也」，聖人的經典，絕非只是作為「能說鳥獸之類」的教科書。聖人思慮察物的目的，在於道德價值：「仁義」的反省。因此，董仲舒在《春秋》義法上，也是以仁義道德為宗旨，由於《春秋》史料敘事多與政事相關，因此，由《春秋》經文所發凡的義法，其所論之道德內容亦多由政事、禮制行為的討論而得來。本節所云「彰舉道德行為的實踐」，是指該則記事不論是由政事或禮制而發，終究以「實踐道德行為」作訴求者。至於該則記事之文旨，若是以某種政治主張或理念為主，儘管與道德宗旨有關，本文仍置於下一節關於政治理念的部份一併申論。

一、《春秋》為「仁義法」

先秦儒學孔、孟、荀三者都重視「仁義」的道德闡述，孔子以「仁」為

人生至道，在《論語》中多有抒發。如：〈雍也〉云：「夫仁者，己欲立而立人，己欲達而達人。能近取譬，可謂仁之方也已。」〈里仁〉：「惟仁者，能好人，能惡人。」除了推己及人，審辨好惡的仁心，孔子論「仁」，實際上亦有就行為而發者，如〈顏淵〉答顏淵問仁，為「克己復禮為仁」而闡發細目曰：「非禮勿視，非禮勿聽，非禮勿言，非禮勿動。」似乎「仁」及於「行為表現」的具體化時，與「禮」的奉行有密切關係。可惜，孔子並未再針對道德心性之「仁」與循禮自約之「仁」，有進一步之申述。

孔子對於「義」亦有注重。所謂「義」，是「當然」、「應該」之意。孔子認為人須依義而行，應該做者，即付諸實行，不應該做者，亦不可顧念一己私利而為之。〈里仁〉云：「君子之於天下也，無適也，無莫也，義之與比」。在孔子來說，仁與義不是並立的二德，而是同為「道德的履行」。孟子發揮孔子的思想，亦以「仁」為人生第一原則，又極注重「義」，仁義並舉，以為生活行為之基本準衡。孟子論「仁義」，多由心性方面去闡釋，如：

> 君子所性，仁義禮智根於心。其生色也，睟然見於面、盎於背。施於四體，四體不言而喻。（《孟子·盡心上》）

> 人皆有所不忍，達之於其所忍，仁也；人皆有所不為，達之於其所為，義也。人能充『無欲害人』之心，而仁不可勝用也。人能充『無穿窬』之心，而義不可勝用也。（《孟子·盡心下》）

> 人之所以異於禽獸者幾希，庶民去之，君子存之。舜明於庶物，察於人倫：由仁義行，非行仁義也。（《孟子·離婁下》）

所謂「居仁由義」，「由仁義行，非行仁義」，孟子所論之「仁義」，雖然有「惻隱之心」、「羞惡之心」特質的不同，實質上仍以統括性的道德概念去囊括「仁」與「義」。荀子對於「仁義」，同樣以統括性的道德概念去論述：

> 聖人也者，本仁義，當是非，齊言行，不失豪釐，無它道焉，已乎行之矣。（《荀子·儒效》）

> 故尚賢使能，等貴賤，分親疏，序長幼，此先王之道也。故尚賢使能，則主尊下安；貴賤有等則令行而不流；親疏有分，則施行而不悖；長幼有序，則事業捷成而有所休。故仁者，仁此者也；義者，分此者也；節者，死生此者也；忠者，惇慎此者也。兼此而能之，備矣。（《荀子·君子》）

> 君子養心莫善於誠，致誠則無它事矣。唯仁之為守，唯義之為行。

誠心守仁則形，形則神，神則能化矣；誠心行義則理，理則明，明
則能變矣。（《荀子‧不苟》）

不過，荀子雖然仍以道德概念看待「仁義」，卻已經突顯「義」不只是「心性
道德」，而是與「禮」密切相關，有強烈「行為屬性」的道德標目：

親親、故故、庸庸、勞勞，仁之殺也；貴貴、尊尊、賢賢、老老、
長長，義之倫也；行之得其節，禮之序也。**仁，愛也，故親；義，**
理也，故行；禮，節也，故成。……君子處仁以義，然後仁也；**行**
義以禮，然後義也；制禮反本成末，然後禮也。三者皆通，然後道
也。（《荀子‧大略》）

董仲舒認為「聖人所欲說，在於說仁義而理之」、「明其義之所審，勿使嫌疑」，
具體呈現仁義「用」世的精神，與《荀子》「義，理也，故行」、「行義以禮，
然後義也」頗為類似。董仲舒論仁義，是由《春秋》即事取義而來，「見諸行
事」而非「載諸空言」，所以，他對於仁義道德的描述，不在於心性的探求，
而是訴諸於「外顯行為」該如何落實仁義而作觀察和檢討：

《春秋》之所治，人與我也。所以治「人」與「我」者，仁與義也。
以仁安人，以義正我，故仁之為言，人也；義之為言，我也，言名
以別矣。仁之於人，義之與我者，不可不察也。（《繁露‧仁義法》）

「《春秋》之所治，人與我也。所以治人與我者，仁與義也」，董氏由《春秋》
義法所申論的「仁義」，一開始就從道德行之於事實所面臨的困境而作「人我」
的反省，有別於先秦儒學在道德光環之下所呈現的「仁義」，董仲舒所思考的
「仁」、「義」，是如何在社會群體、人我之間，作道德實踐的要求？

「以仁安人，以義正我。故仁之為言，人也。義之為言，我也」。人我之
別「不可不察」的原因，來自於董仲舒是以「務實致用」的態度去詮釋《春
秋》，站在敘事觀點的立場，得以客觀洞悉事件當事人行仁義卻不得其效的癥
結，「《春秋》之所治，人與我也」，這是董仲舒對於先秦儒學以道德屬性統言
「仁義」所作的反省。道德行為的要求，與道德心性的存在，是二個不同的
命題。先秦儒學論及道德心性的存在，「人與我皆一」也；但是道德行為的要
求，特別是落實在社會秩序的治理上，人我之別，卻不可不察。所謂「嚴以
律己，寬以待人」，儒學的道德觀，在董仲舒的心目中，並不是曲高和寡的「陽
春白雪」。因此，他透過《春秋》事例的觀察，更具體的分析「仁」、「義」作
為道德行為的實踐，二者在人我關係的社會秩序裏有不同的訴求：

> 以仁治人，義治我：躬自厚而薄責於外，此之謂也。且《論》已見
> 之，而人不察，曰：**君子攻其惡，不攻人之惡**。不攻人之惡，非仁
> 之寬與！自攻其惡，非義之全與！此謂之仁造人，義造我，何以異
> 乎！故<u>自稱其惡謂之「情」，稱人之惡謂之「賊」；求諸己謂之「厚」，</u>
> <u>求諸人謂之「薄」；自責以備謂之「明」，責人以備謂之「惑」</u>。是故
> <u>以自治之節治人，是居上不寬也；以治人之度自治，是爲禮不敬也。</u>
> 爲禮不敬，則傷行而民弗尊；居上不寬，則傷厚而民弗親。弗親則
> 弗信，弗尊則弗敬。（《繁露・仁義法》）

董氏自謂「以仁治人，義治我，躬自厚而薄責於人」，其見解本諸《論語》，
孔子在〈衛靈公〉云：「躬自厚而薄責於人，則遠怨矣。」董仲舒由社會秩序
的人我關係，去思考儒學所倡論的道德本體，在實踐時導致失敗的原因。「君
子攻其惡，不攻人之惡」，同樣的道德行爲，施及於人我，有截然不同的結果，
「自稱其惡」不等於「稱人之惡」，「求諸己」不等於「求諸人」，「自責以備」
不等於「責人以備」。道德理念行之於政治，不是操持著「統合的道德概念」
就可以著成其效。以自治之節治人，將居上不寬；以治人之度自治，是「爲
禮不敬」。董仲舒由外顯的道德實踐，去分析「仁」與「義」的不同：

> 「義」與「仁」殊：仁謂「往」，義謂「來」。仁大「遠」，義大「近」。
> 愛在人謂之「仁」，義在我謂之「義」。仁主「人」，義主「我」也。
> 故曰：「仁者，人也；義者，我也」，此之謂也。**君子求仁義之別，**
> **以紀人我之間，然後辨乎內外之分，而著於順逆之處也**。是故<u>內治</u>
> <u>反理以正身，據禮以勸福；外治推恩以廣施，寬制以容眾</u>。（《繁露・
> 仁義法》）

由「人我、內外、順逆」去分析「仁」、「義」的差異，顯然是就「社會行爲」
去分析道德的實踐。如此一來，「仁」「義」就由抽象的道德品性成爲具體的
行爲準則，也就是董氏所云的「仁義法」：

> 人莫欲亂，而大抵常亂；凡以闇於人我之分，而不省仁義之所在也。
> 是故《春秋》爲仁義法，<u>仁之法在愛人，不在愛我；義之法在正我，</u>
> <u>不在正人</u>：我不自正，雖能正人，弗予爲義；人不被其愛，雖厚自
> 愛，不予爲仁。（《繁露・仁義法》）

闇於人我之分，不省仁義之所在，這是道德行爲不得成效的主因。董仲舒認
爲，《春秋》所昭示的「仁義法」，爲「仁」、「義」的履行，指出具體可循的

方針：「仁之法在愛人，不在愛我；義之法在正我，不在正人」。「仁義法」之「法」，是具體呈現道德準則的意思，並非秦政法家之「法」。在董仲舒的闡釋下，「愛」能推及於人，才叫作「仁」，能「以身作則」要求自己端正才叫作「義」。對於「仁」、「義」有了「原則性」的施行方針而稱之為「法」，以「法」來指稱「仁義」，並非始自董仲舒。以務實的態度正視道德履行的原則方針者，始自荀子。荀子以「行仁義」為「法正」，所謂的「法」，不是法家的「律法」，而應該是指行為端正所塑造出來的「典範」。

> 凡禹之所以為禹者，以其為仁義法正也。然則仁義法正有可知可能之理。然而塗之人也，皆有可以知仁義法正之質，皆有可以能仁義法正之具，然則其可以為禹明矣。……今使塗之人伏術為學，專心一志，思索孰察，加日縣久，積善而不息，則通於神明，參於天地矣。故聖人者，人之所積而致矣。（《荀子·性惡》）

董仲舒的「仁義法」，所思考的也是「如何『行仁義』，方足稱為『典範』」的問題。將「道德」視為「典範」，不只是推崇，更是要依循奉行。以道德教化為核心價值，樹立依循的典範，這是戰國荀子以降，儒學實行道德具體化而體認出的「法」，其根本精神為依禮行善；不同於法家以懲罰過惡為主旨的「律法」。董仲舒特別引用《春秋》事例加以說明：

> 知明先，以「仁」厚遠；遠而愈賢，近而愈不肖者，「愛」也。故王者愛及四夷，霸者愛及諸侯，安者愛及封內，危者愛及旁側，亡者愛及獨身。獨身者，雖立天子諸侯之位，一夫之人耳，無臣民之用矣，如此者，莫之亡而自亡也。《春秋》不言伐梁者，而言梁亡，蓋愛獨及其身者也。故曰：仁者愛人，不在愛我，此其法也。（《繁露·仁義法》）

董仲舒以僖公十九年經「梁亡」為例，未有伐梁者而自亡。來說明愛獨及其身者，雖立於天子諸侯之位，也僅是「一夫之人」，無臣民之用。是否足以稱為「仁」，端視「愛」布行的遠近，「愛」及四夷者為「王」，「愛」及諸侯者為「霸」，執政者的氣度，取決於仁愛所及之遠近。以「仁」為法，不是將「仁」德條律化，而是思考「仁」者的行徑，指出「仁者愛人，不在愛我」的方針。

> 義云者，非謂正人，謂正我；雖有亂世枉上，莫不欲正人，奚謂義？
> 昔者楚靈王討陳蔡之賊，齊桓公執袁濤塗之罪，非不能正人也，然

而《春秋》弗予，不得爲義者，我不正也。闔盧能正楚蔡之難矣，
而《春秋》奪之義辭，以其身不正也。潞子之於諸侯，無所能正，《春
秋》予之有義，其身正也；故曰：義在正我，不在正人，此其法也。
（《繁露·仁義法》）

董仲舒以四件事例來闡述《春秋》寓於行文微言中，關於「正己」之義的看
法。如果自身不得正，就算有「正人」之義，《春秋》仍然「弗予」：

　　※楚靈王討陳蔡之賊：

　　討陳之賊：

　　◎昭公八年

　　　　經：春，陳侯之弟招殺陳世子偃師。陳人殺其大夫公子過。

　　　　經：冬，十月壬午，楚師滅陳，執陳公子招，放之于越，殺陳孔
　　　　　　瑗。

　　　　　　（以上二則經文，公羊傳均無發論）

　　討蔡之賊：

　　◎昭公十一年

　　　　經：夏，四月丁巳，楚子虔誘蔡侯般，殺之于申。

　　　　（傳）：楚子虔何以名？絕也。曷爲絕之？爲其誘封也。此討賊也，
　　　　　　雖誘之則曷爲絕之？懷惡而討不義，君子不予也。

　　◎昭公十一年

　　　　經：冬，十有一月丁酉，楚師滅蔡，執蔡世子有以歸，用之。

　　◎昭公十三年

　　　　經：蔡侯盧歸于蔡。陳侯吳歸于陳。

　　　　（傳）：此皆滅國也，其言歸何？不與諸侯專封也。

《公羊傳》在昭公十三年表達了對於楚靈王討陳蔡之賊，「不與諸侯專封」的
看法。但是並沒有董仲舒所言「《春秋》弗予，我不正也」之意。顯然這是董
氏在傳文之外對於《春秋》經文義旨的發揮。經文在昭公八年、十一年「楚
師滅陳」、「楚師滅蔡」的書寫上，對於討陳蔡之賊的楚靈王，的確看不出有
嘉許的意味。那麼，楚靈王何以自身不正而《春秋》弗予呢？關於楚靈王的
事跡（540～529 B.C.，魯昭公二年～昭公十三年），《穀梁傳》有一段記載：

　　◎昭公四年

　　　　經：秋，七月，楚子、蔡侯、陳侯、許男、頓子、胡子、沈子、

淮夷伐吳，執齊慶封，殺之。

（穀梁傳）：「靈王使人以慶封令於軍中曰：『有若齊慶封弒其君者乎？』慶封曰：『子一息，我亦且一言，曰：「有若楚公子圍弒其兄之子，而代之爲君者乎？」』軍人粲然皆笑。慶封弒其君，而不以弒君之罪罪之者，慶封不爲靈王服也，不與楚討也。《春秋》之義，用貴治賤，用賢治不肖，不以亂治亂也。孔子曰：『懷惡而討，雖死不服，其斯之謂與』？」

由齊慶封臨刑前對楚靈王的嘲諷：「有若楚公子圍弒其兄之子，而代之爲君者乎？」可以得知，楚靈王自己也是弒君自立之人，又怎能有正當理由去討伐別國的弒君之賊呢？《公羊傳》對於昭公四年這一則事件的描述著重在慶封之罪，對於楚王並沒有多言〔註16〕。關於楚靈王其人的看法，董仲舒顯然援用《穀梁傳》「《春秋》之義，用貴治賤，用賢治不肖，不以亂治亂」之說，《穀梁傳》引用孔子之語：「懷惡而討，雖死不服」，正與董仲舒言「義在正我，不在正人」，對楚靈王「不得爲義者，我不正也」的評論完全一致。值得注意的是，楚靈王懷惡而討的事蹟，其實在昭公四年經文「執齊慶封」的記事，就已經表露。爲什麼董仲舒在〈仁義法〉中不提「執齊慶封」這件事，而以「討陳蔡之賊」爲例呢？董仲舒在〈楚莊王〉裡曾表述對昭公四年「執齊慶封」經文以楚子稱呼楚靈王的看法：

《春秋》之用辭，已明者去之，未明者著之。今諸侯之不得專討，固已明矣。而慶封之罪未有所見也，故稱楚子以「伯討」之，著其罪之宜死，以爲天下大禁。

與《公羊傳》發論重點在「慶封之罪」相一致，董仲舒對昭公四年經文的書寫方式，也是由「著慶封之罪」去詮釋，所以完全未討論到楚靈王個人出身背景如何的問題。董氏認爲，經文以「楚子」行文，是藉「伯討」來突顯慶封之罪宜死。也就是說，昭公四年經文對於楚靈王的出身不正，並沒有「弗與」的意思。既然在這一則事件上，董氏曾表露這樣的看法，以「楚子」行文書寫的昭公四年「執齊慶封」這件事，顯然不適合在〈仁義法〉援引作「不得爲義者，我不正也」的例證。

〔註16〕《公羊傳》：「此伐吳也，其言執齊慶封何？爲齊誅也。其爲齊誅奈何？慶封走之吳，吳封之於防。然則曷爲不言伐防？不與諸侯專封也。慶封之罪何？脅齊君而亂齊國也」。

　　此處除了可以見識到董仲舒援舉《春秋》事例的考究與功力之外，董仲舒評論人事，闡發《春秋》褒貶「善無細而不舉，惡無細而不去」的精神，就事論事，是非善惡條分縷析的作風，我們也同時一覽無遺。

　　※齊桓公執袁濤塗之罪：

　　◎僖公四年

　　　經：齊人執陳袁濤塗。

　　　（傳）：濤塗之罪何？辟軍之道也。其辟軍之道奈何？濤塗謂桓公曰：「君既服南夷矣，何不還師濱海而東，服東夷且歸？」桓公曰：「諾。」於是還師濱海而東，大陷于沛澤之中。顧而執濤塗。執者曷爲或稱侯？或稱人？稱侯而執者，伯討也。稱人而執者，非伯討也。此執有罪，何以不得爲伯討？古者周公東征則西國怨，西征則東國怨。桓公假塗于陳而伐楚，則陳人不欲其反由己者，師不正故也。不修其師而執濤塗，古人之討，則不然也。

董仲舒對「齊桓公執袁濤塗」這件事的看法，與《公羊傳》一致，《公羊傳》發論說明「此執有罪，何以不得爲伯討」：「桓公假塗于陳而伐楚」，陳人袁濤塗爲了避免齊師回返時，再度入境於陳而獻假策于齊。袁濤塗欺齊之三軍，於齊而言，固然有罪。然而，齊「師不正」，非伯討，所以，儘管齊桓公所執之袁濤塗有罪，經文卻以「齊人」來貶抑齊桓。「師不正」，所以「執有罪」亦不得稱「伯討」，董仲舒將這一段事理，連貫及於「『行爲』何以爲『義』？」這個道德問題的反省。對於儒學所倡導的──「義」的道德行爲，更明確的指出，「義」這項道德的履行，其核心價值在於「正我」，而不在「正人」。

　　※闔盧正楚蔡之難：

　　◎定公四年

　　　經：冬，十有一月庚午，蔡侯以吳子及楚人戰于伯莒，楚師敗績。

　　　（傳）：吳何以稱子？夷狄也而憂中國。其憂中國奈何？伍子胥父誅乎楚，挾弓而去楚，以干闔盧。闔盧曰：「士之甚！勇之甚！將爲之興師而復讎于楚。」伍子胥復曰：「諸侯不爲匹夫興師，且臣聞之：事君猶事父也。虧君之義，復父之讎，臣不爲也。」於是止。蔡昭公朝乎楚，有美裘焉，囊瓦求之，昭公不與，

為是拘昭公於南郢，數年然後歸之。於其歸焉，用事乎河，
曰：「天下諸侯苟有能伐楚者，寡人請為之前列。」楚人聞之
怒。為是興師，使囊瓦將而伐蔡。蔡請救于吳，伍子胥復曰：
「**蔡非有罪也，楚人為無道，君如有憂中國之心，則若時可**
矣。」於是興師而救蔡。……

定公四年經文記載吳楚之戰的敘事方式很特別，經文以蔡侯為主辭，而寫作
「蔡侯以吳子及楚人戰于伯莒」。這一次的吳楚之戰，事實上是吳國為蔡侯出
氣。蔡侯朝於楚，卻因為美裘而引起楚國囊瓦的覬覦，導致被囚數年方得歸。
三傳傳文對事件的敘述皆一致。但是董仲舒卻有獨到的看法，在〈俞序〉認
為：「霸王之道，皆本於仁。……故蔡得意於吳，魯得意於齊，而《春秋》皆
不告」。吳國為蔡而與楚戰，董仲舒認為，吳幫助蔡並不是以「仁」為動機，
從傳文就可以看出，吳國伺機挑戰楚國已有一段時日。所以，儘管吳為蔡國
向楚討回公道，經文在書寫時的敘事觀點，突顯的卻是蔡國利用吳，而戰勝
於楚。〈仁義法〉中，董仲舒再度提及此事，以吳王闔廬為討論對象，明白指
出「闔廬能正楚蔡之難矣」，而《春秋》奪之義辭，以「其身不正也」。

※潞子其身正，《春秋》予之有義：

◎宣公十五年

　經：六月癸卯，晉師滅赤狄潞氏，以**潞子嬰兒**歸。

　（傳）：潞何以稱「子」？**潞子之為善也，躬足以亡爾**。雖然，君
　　　　子不可不記也。離于夷狄，而未能合于中國。晉師伐之，中
　　　　國不救，狄人不有，是以亡也。

董仲舒以「之於諸侯，無所能正」的潞子作為「義以正己」的典範，強烈的
突顯「『義』在正己，不在正人」的訴求；「潞子之為善也，躬足以亡爾」這
是《公羊傳》對潞子的看法，潞子欲行諸夏之道，「離于夷狄，而未能合于中
國」，致使存亡關頭孤立無援終至絕滅。《公羊傳》對潞子事跡的詮釋，是源
自於經文以「子」稱乎其人的書寫方式而來。董仲舒則藉由《公羊傳》所書
寫的事跡，再進一步推闡「其身正」，符合「正己之義」，所以《春秋》予以
嘉許。

　　然而，潞子終究面臨了滅絕的結果，對於這樣一位人物，董仲舒以之作
為「義」的典範，顯示出董仲舒重視過程之合「義」，不以成敗論英雄的價值
觀。

二、正其道不謀其利，明其理不急其功

子曰：「志士仁人，無求生以害人，有殺生以成仁」（《論語‧衛靈公》），將道德的完成視爲比生命更可貴。孔子說「殺身成仁」，孟子亦云「舍生取義」：

> 魚，我所欲也；熊掌，亦我所欲也。二者不可得兼，舍魚而取熊掌者也。生，亦我所欲也；義，亦我所欲也。二者不可得兼，**舍生而取義者也**。生亦我所欲，**所欲有甚於生者，故不爲苟得也**。死亦我所惡，**所惡有甚於死者，故患有所不辟也**。（《孟子‧告子上》）

事實上，董仲舒以爲《春秋》就是一部「仁義法」，「仁之法在愛人」，「義之法在正我」，「孔仁孟義」在董氏的思維裏，皆屬於「正己之義」，「以仁安人」、「愛人之仁」則是他對在位者的殷盼。生死關頭的取捨，董氏秉承孔孟以生命彰顯道德的傳統，對於孟子所言之「所欲有甚於生者」、「所惡有甚於死者」，董氏在《春秋》記事裏找到答案：

> ※祭仲見賢、逢丑父見非：
>
> 「逢丑父殺其身以生其君，何以不得謂知權？丑父欺晉，祭仲許宋，**俱枉正以存其君**。然而丑父之所爲，難於祭仲，祭仲見賢而丑父猶見非，何也？」
>
> 曰：「是非難別者在此。此其**嫌疑相似而不同理者**，不可不察。夫去位而避兄弟者，君子之所甚貴；獲虜逃遁者，君子之所甚賤。**祭仲措其君於人所甚貴，以生其君，故《春秋》以爲知權而賢之。逢丑父措其君於人所甚賤，以生其君，《春秋》以爲不知權而簡之**。其俱**枉正以存君，相似也，其使君榮之與使君辱，不同理**。故凡人之有爲也，前枉而後義者，謂之中權，雖不能成，《春秋》善之，魯隱公、鄭祭仲是也。前正而後有枉者，謂之邪道，雖能成之，《春秋》不愛，齊頃公、逢丑父是也。夫**冒大辱以生，其情無樂，故賢人不爲也**，而眾人疑焉。《春秋》以爲人之不知義而疑也，故示之以義，曰國滅君死之，正也。**正也者，正於天之爲人性命也。天之爲人性命，使行仁義而羞可恥，非若鳥獸然——苟爲生、苟爲利而已**。（《繁露‧竹林》）

丑父欺晉〔註17〕、祭仲許宋〔註18〕，都是「枉正以存君」，逢丑父甚至犧牲自

〔註17〕成公二年　經：秋，七月，齊侯使國佐如師。己酉，及國佐盟于袁婁。（傳）：

己的生命以存活齊頃公，《公羊傳》稱許祭仲有經權之賢，對於逢丑父卻僅書
其被斬而未有隻字嘉許。董仲舒認為這二起事件，「嫌疑相似而不同理」、不
可不察。祭仲存活其君的方式是「去位而避兄弟」，逢丑父存君的處境，卻是
「大辱身，幾亡國，為天下笑」（〈竹林〉），齊國先是屈辱晉之來使，而後二
軍交陣，齊頃公臨將被虜，逢丑父驅之若下人，始獲得逃遁。「使君榮」與「使
君辱」，其理不相同。逢丑父之所以見非，董仲舒認為，並非以存君之成敗定
功過，「前枉而後義，謂之中權，雖不能成，《春秋》善之」。「前正而後有枉，
謂之邪道，雖能成之，《春秋》不愛」。我們由董氏所舉的事例，「魯隱公」、「祭
仲」與「齊頃公」、「逢丑父」可以看出來，「前」是指當事人先前的處境；「後」
是指面對處境之後，所採取的作為。《公羊傳》隱公元年「春，王正月」下載：
「桓幼而貴，隱長而卑……隱長又賢，諸大夫扳隱而立之。隱於是焉而辭立，
則未知桓之將必得立也。且如桓立，則恐諸大夫之不能相幼君也」，在這種處
境之下，「隱代桓立」是「枉」，但是隱公一直有還位於桓公的打算〔註 19〕，

君不行使乎大夫，此其行使乎大夫何？佚獲也。其佚獲奈何？師還齊侯，晉
郤克投戟逡巡再拜稽首馬前。逢丑父者，頃公之車右也。面目與頃公相似，
衣服與頃公相似，代頃公當左。使頃公取飲，頃公操飲而至，曰：「革取清者。」
頃公用是佚而不反。逢丑父曰：「吾賴社稷之神靈，吾君已免矣。」郤克曰：
「欺三軍者，其法奈何？」曰：「法斬。」於是斬逢丑父。己酉，及齊國佐盟
于袁婁，曷為不盟于師而盟于袁婁？前此者，晉郤克與臧孫許同時而聘于齊。
蕭同姪子者，齊君之母也，踊于棓而窺客，則客或跛或眇，於是使跛者迓跛
者，使眇者迓眇者。二大夫出，相與踦閭而語，移日然後相去。齊人皆曰：「患
之起必自此始！」二大夫歸，相與率師為鞍之戰，齊師大敗。

〔註 18〕桓公十一年　經：秋，七月，葬鄭莊公。九月，宋人執鄭祭仲。（傳）：祭仲
者何？鄭相也。何以不名？賢也。何賢乎祭仲？以為知權也。其為知權奈何？
古者鄭國處于留。先鄭伯有善于鄶公者，通乎夫人，以取其國而遷鄭焉，而
野留。莊公死已葬，祭仲將往省于留，塗出于宋，宋人執之，謂之曰：「為我
出忽而立突。」祭仲不從其言，則君必死、國必亡；從其言，則君可以生易
死，國可以存易亡。少遼緩之，則突可故出，而忽可故反，是不可得則病，
然後有鄭國。古人之有權者，祭仲之權是也。權者何？權者反於經，然後有
善者也。權之所設，舍死亡無所設。行權有道，自貶損以行權，不害人以行
權。殺人以自生，亡人以自存，君子不為也。

〔註 19〕隱公四年　經：宋公、陳侯、蔡人、衛人伐鄭。秋，翬帥師會宋公、陳侯、
蔡人、衛人伐鄭。（傳）：翬者何？公子翬也。何以不稱公子？貶。曷為貶？
與弒公也。其與弒公奈何？公子翬諂乎隱公，謂隱公曰：「百姓安子，諸侯說
子，盍終為君矣？」隱曰：「吾否，吾使修塗裘，吾將老焉。」公子翬恐若其
言聞乎桓，於是謂桓曰：「吾為子口隱矣。隱曰：『吾不反也。』」桓曰：「然
則奈何？」曰：「請作難，弒隱公。」於鐘巫之祭焉弒隱公也。

這是「義」；雖不能成,《春秋》善之。至於齊頃公,其位居「正」:「親齊桓公之孫,國固廣大而地勢便利矣,又得霸主之餘尊,而志加於諸侯」(〈竹林〉),結果竟「難使會同,易使驕奢,卒大辱其身」,這是「枉」。雖然逢丑父成功存活其君,卻得不到《春秋》的應許。董仲舒的詮釋是「《春秋》之用辭,已明者去之,未明者著之」、「《春秋》以為人之不知義而疑也,故示之以義,曰『國滅君死之』,正也」(〈楚莊王〉)。也就是說,對於逢丑父之「舍生取義」,人固許之,所以《春秋》不再著墨。而把焦點集中在——齊頃公貴為桓公之孫,卻淪落到這種地步,逢丑父身為國佐,難辭其咎。董氏明言指出,頃公「冒大辱以生,賢人不為」,言下之意,「榮辱」比「死生」更重要,這也就是《孟子》所說的「所欲甚於生」、「所惡甚於死」的「榮辱觀」。那麼,董氏對於「榮辱」的闡發又如何呢?《春秋》藉齊頃公與逢丑父之事,欲有所「正」:「正也者,正於天之為人性命也」。董仲舒明白指出:「天之為人性命,使行仁義而羞可恥,非若鳥獸然,苟為生、苟為利而已」。「行仁義」與「羞可恥」是指道德行為的實踐。董仲舒所言之「榮辱」,其實是藉著道德的彰顯,示現人之所以貴於萬物,「非若鳥獸之苟為生、苟為利」。成功的結果難道不令人心動?董仲舒卻認為,成功的「結局」並非首要。真正應該突顯的是,達到成功的方式、以及過程中的「合理性」。所採取的手段,是否合於「義」?「義」的抉擇更勝於功利成敗之上。更何況,人事的成敗禍福很難論定,只有求得過程中的合於「義」,明辨事理之所宜,才是「人超然萬物之上,而最為天下貴」(〈天地陰陽〉)的展現。

祭仲見賢,逢丑父見非;董仲舒認為《春秋》所要突顯的,是道德榮辱與生死義利的經與權,「冒大辱以生,賢人不為」,這是董仲舒的道德抉擇。但是,若只是在「逢丑父措其君於人所甚賤,以生其君」這件事上,定位董氏在「榮辱、生死」上的道德抉擇,是「國滅君死之,正也」,對董仲舒務實的道德實踐觀,恐怕就會產生偏頗的認識。事實上,我們不能忘記,董仲舒之於《春秋》史事,是站在評論與詮釋的立場,齊頃公為霸主桓公之孫,若非逢丑父替之以死,頃公將身辱敵虜。董仲舒因此謂「得志有喜,不可不戒,此其效也」。但是,齊頃公與逢丑父的史事,並沒有在逢丑父被斬之後就結束。齊頃公終於返回齊國,董仲舒在〈竹林〉篇寫出回到齊國之後的頃公:

> 自是之後,頃公恐懼,不聽聲樂,不飲酒食肉,內愛百姓,問疾吊喪,外敬諸侯。從會與盟,卒終其身,國家安寧。是福之本生於憂,

而祝起於喜也。嗚呼！物之所由然，其於人切近，可不省邪？（《繁露·竹林》）

自是之後，頃公憤發圖治，卒終其身，國家安寧。就評論者的立場，董氏抒發了他對事件的看法：「福之本生於憂」。「物之所由然，其於人切近，可不省邪？」透過反省的功夫，每個人都可以從史事中得到啟示。《左傳》載逢丑父並未被斬，齊頃公而後三進三出，尋之未得。我們姑且不論逢丑父的生或死，頃公總歸是因丑父而得存。從事件的結局，我們看到了在教訓中覺醒的齊頃公，董仲舒的道德抉擇，終究又回到了史事的反省。「《春秋》以為人不知義而疑也，故示之以義」，在當時生死關頭的場景裏，「國滅，君死之為正」。行「邪道」而存活的頃公，終身勵精圖治，「內愛百姓，外敬諸侯」。正因為「福之本生於憂，而祝起於喜」，人事的禍福成敗，難以驟下定論，所以，董仲舒的道德抉擇並不是先預測結局的成敗義利而作過程的取捨。正因為人事成敗禍福的難測，所以，他講究的是，過程的當下，即是「天之為人性命」——「義」的實現。「行仁義而羞可恥」，不因為預期某種不可知的結果，就對過程中的道義打折扣。

董仲舒在《繁露·對膠西王越大夫不得為仁》〔註20〕中提到：「仁人者，正其道不謀其利，修其理不急其功，致無為而習俗大化，可謂仁聖矣。」董氏所說的「仁」，是「以仁安人」之「仁」，以「仁」厚遠，愛及四夷的「王者之仁」（〈仁義法〉）。所謂「正其道不謀其利，修其理不急其功」，指的是權力決策過程中的「道德抉擇」，「正其道」、「修其理」，正確的決策在位者應該加以貫徹，不因權力決策者自身功利結果的考量，而影響決策過程，改變仁義的履行和道德抉擇的態度。

孔子曰：『殷有三仁。』今以越王之賢，與蠡、種之能，此三人者，寡人亦以為越有三仁。其於君何如？……

越本無「一仁」，而安得「三仁」？仁人者，正其道不謀其利，修其理不急其功，致無為而習俗大化，可謂仁聖矣。三王是也。《春秋》之義，貴信而賤詐。詐人而勝之，雖有功，君子弗為也。是以仲尼之門，五尺童子，言羞稱五伯。為其詐以成功，苟為而已也，故不

〔註20〕「越大夫不得為仁」這段文字，在《漢書·董仲舒列傳》中，所對為「江都王」而非「膠西王」。本文在此是以董氏的思想為討論主題，因此不作「江都王」或「膠西王」人物之考證。

足稱於大君子之門。五伯者，比於他諸侯爲賢者，比於仁賢，何賢
之有？……（《繁露・對膠西王越大夫不得爲仁》）

越是否有「三仁」？這個問題，董仲舒以「仲尼之門，五尺童子，言羞稱五
伯」作出婉轉的回答：句踐、范蠡、文種以奸詐之計而勝吳，連五霸都未能
稱及，又何能及於「仁」？「詐以成功，苟爲而已」，追求成功的過程，採取
了不光明的方法；所以，縱使「成功」，也因爲方法不磊落而被視爲苟且的行
徑。

「王」、「霸」的差別在於「仁」。〈仁義法〉云：「仁之法在愛人，不在愛
我」、「王者愛及四夷，霸者愛及諸侯，安者愛及封內，危者愛及旁側，亡者
愛及獨身」。王者與霸者的差別，就在於「仁愛」普及的遠近。〈俞序〉也提
到「霸、王之道，皆本於『仁』」，但是，「霸」與「王」終究不同：「愛人之
大者，莫大於思患而豫防之，故蔡得意於吳，魯得意於齊，而《春秋》皆不
告」。

「思患而爲之豫防」，才是眞正的「王者之仁」。董氏所舉出的吳國和齊
國，只是爲自己的利益在諸侯之間排難解紛，未能事先弭平戰事，而待事後
以戰事解決蔡、魯二國的困難〔註21〕，《春秋》並不以「王者之仁」相與。

道德的抉擇，落實在治道上，就是以「爲天下興利」爲要務。〈考功名〉
裏有云：

天道積聚眾精以爲光；聖人積聚眾善以爲功；故日月之明，非一精
之光也；聖人致太平，非一善之功也。……量勢力權，因事制義。
故聖人之爲天下興利也，其猶春氣之生草也，各因其生小大而量其
多少；其爲天下除害也，若川瀆之瀉於海也，各順其勢傾側而制於
南北；故異孔而同歸，殊施而鈞德，**其趣於興利除害一也。是以興
利之要，在於致之，不在於多少；除害之要，在於去之，不在於南
北**。（《繁露・考功名》）

董氏提到：聖人積聚眾善以爲功。此「善」即是爲天下興利除害。而「不謀
其利，不急其功」是輕「私利」而以「公利」爲義：

天常以愛利爲意，以養長爲事，春秋冬夏皆其用也。王者亦常以愛

〔註21〕「蔡得意於吳，魯得意於齊」，凌曙、蘇輿皆未有注。本論文由上下文意認爲，
「蔡得意於吳」應是指「定公四年經：冬，十有一月庚午，蔡侯以吳子及楚
人戰于伯莒，楚師敗績」這件事。而「魯得意於齊」，則尚未能詳，或指「莊
公八年經：夏，師及齊師圍成，成降於齊師」這件事？

利天下爲意，以安樂一世爲事，好惡喜怒而備用也。然而主之好惡喜怒，乃天之春夏秋冬也，其俱暖清寒暑而以變化成功也。天出此物者，時則歲美，不時則歲惡。人主出此四者，**義則世治，不義則世亂**。（《繁露・王道通三》）

董氏之所謂「義」，是執政者正己「好惡喜怒」之私慾。以天下公利爲目的，正仁之道，修仁之理，推及「愛人」之仁於四夷。「正其道不謀其利，修其理不急其功」這句話，在《漢書・董仲舒列傳》寫作「正其誼不謀其利，明其道不計其功」。董仲舒在〈竹林〉談到「行仁義而羞可恥」時，曾謂祭仲與逢丑父「是非難別者在此。此其嫌疑相似而不同『理』者，不可不察」，董仲舒行文敘事常論及「理」，如「天下無二道，故聖人異治同『理』也」（〈楚莊王〉）、「名倫等物不失其『理』，公心以是非，常善誅惡而王澤洽」（〈盟會要〉）。《繁露・對膠西王越大夫不得爲仁》「正其道不謀其利，修其理不急其功」的文辭，應是董氏原文，而《漢書》所云「正其誼不謀其利，明其道不計其功」者，應是班固修潤過的文句。班固的修潤，是就董氏學術思想的精神而統言之，將「正其道」更具體指出是「正其誼」，將「不急其功」改作「不計其功」；董氏此處的「利」、「功」都是指執政者好惡喜怒之私慾，班固修潤所言之「正其誼」、「不計其功」，顯然是斟酌董氏文旨之後，更加精確的用字，文義與董氏原句相差不大，卻把董氏行文的慣用語「修其理」之「理」給摘除了。

三、《春秋》賢義得衆爲大安

董仲舒在〈玉英〉篇提到莊公四年經文「紀侯大去其國」的記事，《公羊傳》對這件事的看法是：

◎莊公四年

經：紀侯大去其國。

（傳）：大去者何？滅也。孰滅之？齊滅之。曷爲不言齊滅之？爲襄公諱也。《春秋》爲賢諱。何賢乎襄公？復讎也。何讎爾？遠祖也。哀公亨乎周，紀侯譖之。以襄公之爲於此焉者，事祖禰之心盡矣。……古者有明天子，則紀侯必誅，必無紀者。紀侯之不誅，至今有紀者，猶無明天子也。…有明天子，則襄公得爲若行乎？曰：不得也。不得則襄公曷爲爲之？上無天子，下無方伯，緣恩疾者可也。

傳文論述的重點在申述齊襄公復讎之義，對於何以經文書寫方式是採用紀侯
為主詞，則未有論及。《穀梁傳》認為，經文的寫法「賢紀侯」之義，「不使
小人加乎君子」〔註22〕，董仲舒既同意《公羊》復讎之說，又為經文敘事觀
點有「賢紀侯」之義而詳加論述：

> 難者曰：「有國家者，人欲立之，固盡不聽，國滅君死之，正也，何
> 賢乎紀侯？」曰：「齊將復讎，紀侯自知力不加而志距之，故謂其弟
> 曰：『我宗廟之主不可以不死也。汝以酅往，服罪於齊，請以立五廟，
> 使我先君歲時有所依歸。』率一國之眾，以衛九世之主，襄公逐之
> 不去，求之弗予，<u>上下同心而俱死之</u>，故謂之「大去」。《春秋》賢
> 死義且得眾心也，故為諱滅。以為之諱，見其賢之也。以其賢之也，
> 見其中仁義也。（《繁露·玉英》）

「國滅君死之，正也」是《公羊》一系論者所歸納出的《春秋》常法之一
〔註23〕，既然如此，紀侯又為什麼值得《春秋》經文這樣特別的書寫呢？董
仲舒傳神的描述齊侯來復讎，紀侯自知不敵，「率一國之眾，以衛九世之主」、
「上下同心而俱死之」，董氏認為，經文「大去」的寫法，表示《春秋》尊賢
紀侯「死義且得眾心」，在經文諱紀侯被滅的記事中，隱含著對「紀侯仁義而
得眾」的嘉許。

　　本來，《春秋》之道，是以「諸侯之即位，正境內之治」。而在位者能得
眾心，又向為《春秋》所褒揚；於是，在董仲舒所詮釋的《春秋》義旨裏，
我們特別看到董氏對「行善得眾」的強調，就算是「非其位而立」，「苟能行
善得眾，《春秋》弗危」：

> 《春秋》之道，以元之深，正天之端，以天之端，正王之政，以王
> 之政正諸侯之即位，<u>以諸侯之即位正竟內之治</u>。五者俱正，而化大
> 行。非其位而即之，雖受之先君，《春秋》危之，宋繆公是也。非其
> 位，不受之先君，而自即之，《春秋》危之，吳王僚是也。雖然，<u>苟
> 能行善得眾，《春秋》弗危</u>，衛侯晉以立書葬是也。俱不宜立，而宋
> 繆受之先君而危。衛宣弗受先君而不危，以此見得眾心之為大安也。
> （《繁露·玉英》）

〔註22〕　（穀梁傳）：「大去者，不遺一人之辭也，言民之從者四年而後畢也。紀侯賢
　　　　而齊侯滅之。不言滅，而曰「大去其國」者，不使小人加乎君子」。
〔註23〕　襄公六年　經：十有二月，齊侯滅萊。（傳）：「曷為不言萊君出奔？國滅，君
　　　　死之，正也」。

董仲舒以宋繆公、吳王僚、衛侯晉三位「非其位而立」之君為例來說明，國家能否長治久安，關鍵在於能否「得眾」：「宋繆受之先君而危，衛宣弗受先君而不危，以此見得眾心之為大安」。「得眾心」的首要條件，就是「行善」，也就是「道德行為」的信守。對於在位者而言，「道德行為」的展現，與治國得失，密切相關。

> 「《春秋》曰：『鄭伐許。』奚惡於鄭而夷狄之也？」曰：「衛侯遬卒，鄭師侵之，是伐喪也。鄭與諸侯盟於蜀，以盟而歸諸侯，於是伐許，是叛盟也。**伐喪無義，叛盟無信，無信無義，故大惡之。**」

> 問者曰：「是君死，其子未踰年，有稱伯不子，法辭其罪何？」曰：「先王之制，有大喪者，三年不呼其門，順其志之不在事也。《書》云：『高宗諒闇，三年不言。』居喪之義也。今縱不能如是，奈何其父卒未踰年即以喪舉兵也。《春秋》以薄恩，且施失其子心，故不復得稱子，謂之鄭伯，以辱之也。且其先君襄公伐喪叛盟，得罪諸侯，諸侯怒之未解，惡之未已，繼其業者，宜務善以覆之，今又重之，無故居喪以伐人：**父伐人喪，子以喪伐人，父加不義於人，子施失恩於親，以犯中國**；是父負故惡於前，己起大惡於後，諸侯畢怒而憎之，率而俱至，謀共擊之。鄭乃恐懼，去楚而成蟲牢之盟是也。楚與中國俠而擊之，鄭罷弊危亡，終身愁辜。**吾本其端，無義而敗，由輕心然。孔子曰：『道千乘之國，敬事而信。』**知其為得失之大也，故敬而慎之。今鄭伯既無子恩，又不孰計，一舉兵不當，被患不窮，**自取之也。是以生不得稱子，去其義也；死不得書葬，見其窮也。**日：有國者視此，行身不放義，興事不審時，其何如此爾。」（《繁露·竹林》）

董仲舒以「父伐人喪，子以喪伐人」的鄭襄公、鄭悼公父子為例，衛侯遬卒於成公二年，鄭師藉機出兵侵衛，又在成公三年背盟伐許，「伐喪無義，叛盟無信，近信無義」，所以，董氏以之為《春秋》大惡之人。雖然《春秋》並未有惡辭，但是由《春秋》記事可以得知，鄭襄公卒未踰年，其子鄭悼公即以喪舉兵，「父負故惡於前，己起大惡於後，諸侯畢怒而憎之，率而俱至，謀共擊之」，董仲舒認為，鄭侯罷弊危亡，「自取之也」。可見，國君多行不善，影響所及不止是國君個人，而是舉國之存亡，鄭國之所以疲弊，「吾本其端，無義而敗」，董氏以鄭國不道德的國君作為所有在位者的借鑑：「有國者視此，

行身不放義，興事不審時，其何如何爾！」論證「道德實踐」與治國得失有具體的關係，並非泛泛空論。

四、「仁道」較君臣序讓爲貴

桓公二年經文寫出「宋督弒其君與夷及其大夫孔父」，但是，早在隱公三年經文「葬宋繆公」下，傳文即寫出日後的宋亂：「莊公馮弒與夷」。對於弒與夷之人，經傳有不同的寫法，董仲舒認爲，經文不直書「莊公」爲弒君篡位之幕後主使者，而以實際下手的宋督作爲這件事記載之主詞，是爲了存留宣繆二公的「善志」：

> 今此《傳》言莊公馮，而於經不書，亦以有避也。是以不書聘乎齊，避所羞也。不書莊公馮殺，避所善也。是故**讓者《春秋》之所善**。宣公不與其子而與其弟，其弟亦不與子而反之兄子，**雖不中法，皆有讓高，不可棄也**。（《繁露·玉英》）

雖然《公羊傳》在隱公三年認爲，這件事禍肇始於宋宣公之「傳於弟，不傳於子」〔註24〕，但是，董仲舒卻由經文的書寫方式看出，宣繆二公皆不傳位於子，「雖不中法，皆有讓高，不可棄也」，董氏指出，《春秋》對於「讓」德有特別的推崇。既然如此，那麼〈竹林〉的這一段話，對於認識董仲舒對《春秋》義法的發凡，顯然有關鍵性的意義：

> 《春秋》之辭，有所謂賤者，有賤乎賤者。夫有賤乎賤者，則亦有貴乎貴者矣。今讓者，《春秋》之所貴，雖然，見人相食，驚人相鬻，救之忘其讓，**君子之道有貴於讓者也**，故說**《春秋》者，無以平定之常義，疑變故之大，則義幾可諭矣**。（《繁露·竹林》）

董仲舒也同意「讓者，《春秋》之所貴」，但是他卻提出「君子之道有貴於讓者」，並不是他否定《春秋》之常法，而是他在發凡《春秋》義法時，更注意每一件記事的時空背景，「說《春秋》者，無以平定之常義，疑變故之大，則義幾可諭矣」，對於面臨重大變故時的應變行爲，與平常時的一般行爲，董仲舒在釋解經文記事時，特別加以諒察。我們看到了董仲舒在釋解經文「宋

〔註24〕隱公三年　經：冬，十有二月癸未，葬宋繆公。（傳）：「……當時而日，危不得葬也。此當時何危爾？宣公謂繆公曰：「以吾愛與夷，則不若愛女；以爲社稷宗廟主，則與夷不若女，盍終爲君矣？」宣公死，繆公立，繆公逐其二子莊公馮與左師勃……終致國乎與夷。莊公馮弒與夷。故君子大居正，宋之禍，宣公爲之也」。

督弑其君與夷」時，董氏對於「讓德」的維護和推崇；而在面對變故時，他卻提出「君子之道有貴於讓者」。董氏不拘於既有的常法去釋解經義，董氏治《春秋》，以「義」爲主，不拘於「定法」的精神。此處，「見人相食，驚人相鬻，救之忘其讓」的事件，指的是宣公十五年經文「宋人及楚人平」這件事：

◎宣公十五年

　　經：夏，五月，宋人及楚人平。

　　（傳）：**外平不書，此何以書？大其平乎已也。**何大乎其平乎已？莊王圍宋，軍有七日之糧爾。盡此不勝，將去而歸爾。於是使司馬子反乘堙而闚宋城，宋華元亦乘堙而出見之。司馬子反曰：「子之國何如？」華元曰：「憊矣。」曰：「何如？」曰：**「易子而食之，析骸而炊之。」**司馬子反曰：「嘻！甚矣憊！雖然，吾聞之也：圍者柑馬而秣之，使肥者應客，是何子之情也？」華元曰：「吾聞之：君子見人之厄則矜之，小人見人之厄則幸之。吾見子之君子也，是以告情于子也。」司馬子反曰：**「諾，勉之矣！吾軍亦有七日之糧爾，盡此不勝，將去而歸爾。」**揖而去之，反于莊王。莊王曰：「何如？」司馬子反曰：「憊矣！」曰：「何如？」曰：「易子而食之，析骸而炊之。」莊王曰：「嘻！甚矣憊！雖然，吾今取此，然後而歸爾。」司馬子反曰：「不可。臣已告之矣，軍有七日之糧爾。」莊王怒曰：「吾使子往視之，子曷爲告之？」司馬子反曰：「以區區之宋，猶有不欺人之臣，可以楚而無乎？是以告之也。」莊王曰：「諾。舍而止。雖然，吾猶取此然後歸爾。」司馬子反曰：「然則君請處于此，臣請歸爾。」莊王曰：「子去我而歸，吾孰與處于此？吾亦從子而歸爾。」引師而去之，**故君子大其平乎已也。此皆大夫也，其稱人何？貶。曷爲貶？平者在下也。**

楚莊王圍宋，只剩下七日軍糧，於是派遣大夫司馬子反前往宋城一窺虛實，卻見到宋大夫華元，告之以「易子而食，析骸而炊」的慘況，「君子見人之厄則矜之，小人見人之厄則幸之，吾見子之君子也，是以告情于子」，華元的話說得非常懇切，子反亦以楚的實況告知：「諾，勉之矣！吾軍亦有七日之糧爾，

盡此不勝，將去而歸」。在這番對話中，看不到「爾虞我詐」的求勝場面，卻見到二位大夫的「君子之風」。經文以「宋人及楚人平」來記事，傳文的看法是「外平不書？此何以書？大其平乎已也」，可見，對於二位大夫之協平是肯定的。「此皆大夫也，其稱人何？貶。曷為貶？平者在下也」，傳文對於經文以「人」來書寫大夫，看出其中的「貶」意，雖然戰爭之議平為可喜，但是由大夫主其事，身份卻不得體。在《公羊傳》的詮釋下，我們可以看出《春秋》「是非褒貶」條理非常清楚，絲毫不相循苟。

在〈竹林〉篇中，董仲舒藉問難的方式，闡述了對這件事的看法：

「司馬子反為其君使。廢君命，與敵情，從其所請，與宋平。是內專政而外擅名也。專政則輕君，擅名則不臣，而《春秋》大之，奚由哉？」

曰：「為其有慘怛之恩，不忍餓一國之民，使之相食。推恩者遠之而大，為仁者自然而美。今子反出己之心，矜宋之民，無計其閒，故大之也。」

難者曰：「《春秋》之法，卿不憂諸侯，政不在大夫。子反為楚臣而恤宋民，是憂諸侯也；不復其君而與敵平，是政在大夫也。溴梁之盟，信在大夫，而諸侯刺之，為其奪君尊也。平在大夫，亦奪君尊，而《春秋》大之，此所閒也。且《春秋》之義，臣有惡，君名美。故忠臣不顯諫，欲其由君出也。……此為人臣之法也。古之良大夫，其事君皆若是。今子反去君近而不復，莊王可見而不告，皆以其解二國之難為不得已也。奈其奪君名美何？此所惑也。」

曰：「《春秋》之道，固有常有變，變用於變，常用於常，各止其科，非相妨也。今諸子所稱，皆天下之常，雷同之義也。子反之行，一曲之變。獨修之意也。夫目驚而體失其容，心驚而事有所忘，人之情也。通於驚之情者，取其一美，不盡其失。……今子反往視宋，聞人相食，大驚而哀之，不意之至於此也，是以心駭目動而違常禮。禮者，庶於仁，文質而成體者也。『當仁不讓。』此之謂也。《春秋》之辭，有所謂賤者，有賤乎賤者。夫有賤乎賤者，則亦有貴乎貴者矣。今讓者，《春秋》之所貴，雖然，見人相食，驚人相爨，救之忘其讓，君子之道有貴於讓者也，故說《春秋》者，無以平定之常義，疑變故之大，則義幾可諭矣。」（《繁露・竹林》）

由此處我們可以看出，董仲舒發凡《春秋》義法完全不拘於經文字面與傳文之解釋，當然，「不拘」並不是「推翻」或「反對」之意，而是董仲舒有自己的看法，由經傳而出，作更細密的補充。他採用傳文「大其平」之意，再進一步爲「大夫主其平」發表看法，他以「慘怛之恩」，「爲仁者自然而美」來推闡孟子的「推恩」之仁，並且引用「禮」的精神：「禮者，庶於仁，文質而成體者」，以禮之「質義」突破禮之「文體」，從「常」與「變」來辨別天下人的責備與子反平戰行爲的本質，「變用於變，常用於常，各止其科，非相妨也」。經文對於這件事，只書寫「宋人及楚人平」一句話，《公羊傳》由經文敘事及於魯以外之「宋、楚」二國，而推闡《春秋》必有深旨；董仲舒則更進一步還原當時的情境，從《春秋》這一則經傳記事，去討論這一件事的事理，由「慘怛之恩」的推想，一方面突顯經文爲何書寫這一則「外平」事件，是因爲事件本身寓有「變故」的特殊意義，而另方面也突顯這件變故之所以特別值得書寫，是因爲在事件中，當事人展現出「推恩之仁」。

　　值得注意的是，董氏此處所謂「救之忘其讓」，「讓」指的是什麼呢？我們從難者的問題可以找到答案，所謂「讓」，是指君臣之序讓。難者謂司馬子反「內專政而外擅名也，專政則輕君，擅名則不臣」，所根據的是：

　　　　《春秋》之法：「卿不憂諸侯，政不在大夫」。
　　　　《春秋》之義：「臣有惡，君名美。故忠臣不顯諫，欲其由君出也」。
　　　　　　　　……此爲人臣之法也。古之良大夫，其事君皆若是。

這二條「《春秋》之法」、「《春秋》之義」所談的內容是君臣相接之道。其中，「臣有惡，君名美。故忠臣不顯諫，欲其由君出也」這一段話，更容易使人聯想成是法家的「君尊臣卑」，而謂董仲舒乃「儒學法家化」之人物。但是事實上，董仲舒在此處並未採用這二條「常法」、「常義」，董氏除了以常、變「各止其科，非相妨也」，說明了此處不宜取用這二條「常法」、「常義」的態度之外，甚至不惜回歸儒學「禮」的本質去探討，在常法、常義所講究的禮儀序讓之上，更有足貴而成就「禮」的文采與體貌者，那就是儒學的中心命脈：「仁」。也就是說，道德的履行在非「常」的狀況之下，可以凌駕乎君臣的禮儀序讓之上，這是儒學的「禮法」與法家的「律法」根本命脈的差異。「君子之道，有貴於讓者」，乃至於君臣之「序讓」亦然。董仲舒再次強調，論裁事理，必須將事理置諸於「常」與「變」去衡量，「無以平定之常義，疑變故之大，則義幾可諭矣」。

五、《春秋》災異記事之義：修身審己、明善心以反道

「災異」在《公羊傳》裏，本來是分別指「災害」、「怪異」這二種屬性不同的事件（詳見第二章第三節二）。董仲舒將《春秋》中這二類之記事，統合以「悖亂之徵」加以詮釋，二者遂合一而論：

> 天地之物，有不常之變者，謂之「異」；小者謂之「災」。（《繁露・必仁且智》）

> 書日蝕、星隕、有蜮、山崩、地震、夏大雨水、冬大雨雹、隕霜不殺草、自正月不雨，至於秋七月、有鸜鵒來巢，《春秋》異之，以此見**悖亂之徵，是小者不得大，微者不得著**，雖甚末，亦一端，孔子以此效之，吾所以貴微重始是也，因惡夫「推災異之象於前，然後圖安危禍亂於後者」：非《春秋》之所甚貴也。然而《春秋》舉之以爲一端者，亦欲其省天譴而畏天威，內動於心志，外見於事情，**修身審己，明善心以反道者也**，豈非貴微重始、慎終推效者哉！（《繁露・二端》）

董仲舒以「貴微重始」的態度去看待這一類「悖亂之徵」，也就是說，董仲舒只「回顧」已發生之事，對於該則事件爲何發生之「始」由，加以反省。而不是藉「災異」以預言未來。所以，董氏論「災異」之義，完全不等於後世所謂之「圖讖」。此處〈二端〉即明言：「惡夫『推災異之象於前，然後圖安危禍亂於後者』，非《春秋》之所甚貴也」。董仲舒對於《春秋》災異記事的詮釋，是以「反省」爲基本立場，「省天譴」、「畏天威」，「修身審己，明善心以反道」。在〈賢良對策三〉亦有云：

> 孔子作《春秋》，**上揆之天道，下質諸人情，參之於古，考之於今**。故《春秋》之所譏，災害之所加也：《春秋》之所惡，怪異之所施也。**書邦家之過，兼災異之變，以此見人之所爲**，其美惡之極，乃與天地流通而往來相應，此亦言天之一端也。（〈賢良對策三〉）

「揆之天道」的目的，在「質諸人情」。「參之於古」的用意，在「考之於今」。《春秋》裏所記述的一切災害、怪異，《春秋》是以「譏」、「惡」的態度來書寫。所以，董仲舒對於《春秋》「書邦家之過，兼災異之變」的看法是：「以此見人之所爲」也。所以，董仲舒釋解《春秋》災異記事，是站在道德反省的立場，爲人世的改善而發，與「迷信」毫無關係。

第三節　《春秋》義法與政治理念

　　董仲舒在〈仁義法〉特別強調「治身」與「治民」二者並不相同。《春秋》「刺上之過，而矜下之苦。小惡在外弗舉，在我書而譏之」，「我」在《春秋》是指「魯國」；對後世詮釋《春秋》的學者而言，便是指在位的王者。董仲舒認為，《春秋》「王魯」，以魯史為材料，呈現王者的風範，等待「後有王者，舉而開之」（《史記‧孔子世家》）因此，《春秋》書「上之過」，是以「治身」的標準而譏刺；一事二面：刺「上之過」，同時，亦悲憫「下之苦」；矜憐「下之苦」則是以「治民」的立場作觀察。董氏認為，「《春秋》之所治，人與我也。所以治人與我者，仁與義也。以『仁』安人，以『義』正我」（〈仁義法〉），換言之，「治身」應秉「正己」之「義」；「治民」則應持「愛人」之「仁」。

> 孔子謂冉子曰：「治民者，先富之而後加教。」語樊遲曰：「治身者，先難後獲。」以此之謂**治身之與治民，所先後者不同焉矣**。《詩》曰：「飲之食之，教之誨之。」先飲食而後教誨，謂「治人」也。又曰：「坎坎伐輻，彼君子兮，不素餐兮。」**先其事，後其食**，謂「治身」也。（《繁露‧仁義法》）

「先富後教」是指「治民愛人」而非「持身奉己」。「先其事、後其食」則是指「治身」正己，而非「持以律人」。抒發「治身」與「治民」不同，在政治思想中，提醒所有在位者，必須清楚認知自己的立場，掌握正確的「治身」與「治民」的分寸、原則，這是董仲舒在儒學「德教」的政治主張中，於先秦儒學德教思想有所超越、發明的地方。也使得董仲舒由《春秋》義法而抒發政治理念時，不是僅止於上位者「修身持德」的抽象泛論而已，更是由「安人、愛人」的「治民」眼光，具體呈現王者應操持的政治理念和實際作為。

一、以「貴元」架構政治典範

　　《公羊傳》在《春秋》隱公元年對「元年，春，王正月」的看法是：「元年者何？君之始年也。春者何？歲之始也。王者孰謂？謂文王也。曷為先言王而後言正月？王正月也。」董仲舒本著《公羊傳》對經之首文的詮釋，歸結出《春秋》有「貴元」之意：

> 《春秋》何貴乎元而言之？**元者，始也**，言「本正」也；道，王道也。**王者，人之始也**。王正則元氣和順，風雨時、景星見、黃龍下；王不正則上變天，賊氣並見。（《繁露‧王道》）

「貴元」就是「重始」。董仲舒詮釋《春秋》「貴元」，其重點不在於宇宙天道之「元」；人世王道之「本」如何得「正」，才是他所關心的論題。想要建立社會秩序，其首要就是辨正此秩序何爲「本」、何爲「末」，而後，才能序列正確而不失其則。董仲舒指出：「王道」是《春秋》「貴元」的內容，其中，「人」的部份，以「王者」爲始，王者正己，則「元氣和順，風雨時，景星見，黃龍下」；王不正，則「上變天，賊氣並見」。人倫秩序中，王先得正，而後其「政」才能風調雨順、百姓安和，此處的「元氣」、「賊氣」，是指政績的「氣象」，也就是政局清明與否所呈現出來的社會現象。和宇宙結構毫無關係。所以，「貴元」之「元」，與「元氣」之「元」，完全不同。董仲舒「貴元」之「元」是「開始」、「根本」的概念，特別是在人世事理的探究上，董氏認爲，唯有追溯根本，找出事情的始由，由本之「正」開始，所有的秩序才能一一納入常軌：

> 一元者，大始也。……《春秋》之道，以「元之深」正天之端，以「天之端」正王之政，以「王之政」正諸侯之即位，以「諸侯之即位」正「竟內之治」。五者俱正，而化大行。(《繁露‧玉英》)

「元之深」、「天之端」、「王之政」、「諸侯之即位」、「竟內之治」，就是藉由「正」的功夫，在典範的仿效中，建立秩序的常軌。爲什麼說是「典範」的仿效呢？我們必須再一次強調，董氏春秋學政治理念的基本觀念，就是「仁義法」，也就是「治身」與「治民」，「仁」是指愛人，以仁安人，以仁治民。「義」是指「正己」，不是正別人、正百姓，而是「正己」，正己而後「仁人」。社會秩序的建立，其過程不是訴諸於「律法」，而是以「正己爲始」，透過典範的建立和仿效而達成。所以，董仲舒春秋學所倡導的「仁義法」，不同於法家之「法」，而非常重視習俗之「化」，正己、仁人、而後「化成」。但是，典範的學習，必須有所「本」，所以，董仲舒以「貴元」去詮釋《春秋》「元年，春，王正月」，並以《公羊傳》的論點爲基礎，而呈現董仲舒「王道」的政治理念。然而，在「貴元」而求「本」的體系中，勢必遭遇到的問題是：「王者，人之始」，而「王者之始」又將歸本於何處呢？這個問題，董仲舒就在「元年，春，王正月」這一句話中找到答案：

> 《春秋》之文，求「王道之端」，得之於「正」。「正」次王，「王」次春。「春」者，天之所爲也；「正」者，王之所爲也。其意曰：上承天之所爲，而下以正其所爲，正「王道之端」云爾。……王者欲

> 有所爲，宜求其端於天。天道之大者在陰陽。陽爲德，陰爲刑；刑
> 主殺而德主生。（〈賢良對策一〉）

這裡的關鍵是王者「上承天之所爲，而下以正其所爲，正王道之端」，「正其
所爲」是指王者「正己」之義，王者之正己，爲「王道之端」。但是，王者應
如何「正己」呢？「王者欲有所爲，宜求其端於『天』」。難道是將「天」視
爲神、視爲人格天，而奉此神人之旨？當然不是。我們可以從董仲舒的話裏，
找到所謂的「天」：「春者，天之所爲也」、「天道之大者在陰陽，陽爲德，陰
爲刑，刑主殺而德主生」。所謂的「天」，是來自於自然界的「取象」，經由興
發而得到啓示：

> 天地者，萬物之本，先祖之所出也。廣大無極，其德昭明，歷年眾
> 多，永永無疆。天出至明，眾知類也，其伏無不炤也；地出至晦，
> 星日爲明不敢闇，君臣、父子、夫婦之道取之此。（《繁露・觀德》）

> 人生於天，而取化於天。喜氣取諸春，樂氣取諸夏，怒氣取諸秋，
> 哀氣取諸冬，四氣之心也。……寒暑移易其處，謂之敗歲；喜怒移
> 易其處，謂之亂世。明王正喜以當春，正怒以當秋，正樂以當夏，
> 正哀以當冬。上下法此，以取天之道。春氣愛，秋氣嚴，夏氣樂，
> 冬氣哀。愛氣以生物，嚴氣以成功，樂氣以養生，哀氣以喪終，天
> 之志也。……春主生，夏主養，秋主收，冬主藏。生溉其樂以養，
> 死溉其哀以藏，爲人子者也。（《繁露・王道通三》）

也就是，「王道之端」在於「王者正己」，「王者正己」又取則於「天之所爲」，
天之所爲，就是體現在自然界陰陽四時的變化，換言之，董仲舒春秋學中的
「王道」，其社會秩序之達成，是取象於自然法則而來：

> 四時之行，父子之道也；天地之志，君臣之義也；陰陽之理，聖人
> 之法也。（《繁露・王道通三》）

由自然法則之取象而至社會秩序之建立，「王者」處於關鍵性的地位，所以，
在〈立元神〉中，董氏談到：

> 君人者，國之元，發言動作，萬物之樞機，樞機之發，榮辱之端也。
> 失之毫厘，駟不及追。（《繁露・立元神》）

無論是「人之元」、「國之元」、「天地之元」，董仲舒「貴元」的原始動機，並
不在「宇宙生成結構」的本源探討，而是人世社會秩序「典範」的追尋。而
社會秩序的典範，終究歸本於人身所處的大環境──天地自然之秩序。這是

董仲舒由《春秋》「元年，春，王正月」而得來的啓示：

> 故「春正月」者，承天地之所爲也，繼天之所爲而終之也，其道相
> 與共功持業〔註25〕。……《春秋》明得失，差貴賤，本之天；王之
> 所以失天下者，使諸侯得以大亂之説，而後引而反之，故曰博而明，
> 深而切矣。（《繁露·重政》）

「明得失，差貴賤，本之天」，由自然秩序而得來的啓示，不應該被視爲「神
祕」的「人格天」。而董仲舒所謂的「元之深正天之端」，「天之端正王之政」，
就是以「正本」的態度，上溯秩序的本源於「天地自然」。在〈觀德〉篇，董
氏強調「君臣父子夫婦之道，取之天地」，「天地者，萬物之本也，先祖之所
出也」，以及在〈賢良對策三〉所云：「天者，群物之祖也」，〈順命〉所云：「天
者，萬物之祖也」，天地與人分開，將天地看作爲萬物的共同之本以及人的祖
先所從出之原，並將天地的法則看成了君臣、父子、夫婦之道，所取之作爲
大禮的終極根源。原來在董仲舒的眼裏，天地之間的關係，亦如君臣、父子
之間的關係。他在《春秋繁露·五行對》中，就以《孝經》中所謂「孝」乃
「天之經，地之義」，來說明五行的相生及四時的承遞。所謂「天之經」即「諸
父所爲，子皆奉承而續行之」。也就是「父授之，子受之」；所謂「地之義」，
即「下事上，如地事天」。風雨乃地所爲，而地「不敢有其功名，必上之于天，
命若從天命，勤勞在地，名一歸于天」。《春秋繁露，陽尊陰卑》中，董氏談
到君臣關係時亦指出：

> 是故《春秋》君不名惡，臣不名善；善皆歸于君，惡皆歸于臣。臣
> 之義，比于地。故爲人臣者，視地之事天也。爲人子者，視土之事
> 火也。是故孝子之行，忠臣之義，皆法于地也。地事天也，猶下之
> 事上也。

由此表明，天與地的關係，也是君臣、父子關係的類推，亦即類于上下、相
生的關係。如此，「天」便成了宇宙及萬物最後的本原；這是由董仲舒類推與
倫理的思維方式而來的結果。

> 惟聖人能屬萬物於一而繫之元也，終不及本所從來而承之，不能遂
> 其功，是以《春秋》變一謂之元，元猶原也，其義以隨天地終始也。

〔註25〕 錢唐校此段文字，將之移至〈玉英〉。蘇輿據錢唐校，疑似之際，而於〈玉英〉、
〈重政〉兩存其文。本文認爲，此段文字原本置於〈重政〉，錢唐只憑己意，
以文意較暢爲由而擅改，並不妥當。本文仍視之爲〈重政〉之文。

故人惟有終始也，而生不必應四時之變，故元者爲萬物之本。……
本天元命而共達其所爲也。(《繁露・重政》)

「元者爲萬物之本」，「元猶原也，其義以隨天地終始」，無論是「人之元」、「國之元」、「天地之元」，乃至「天元命」，其實「元」不必指一特定對象，在董仲舒的思維裏，「元」是「正本歸原」的一種探求過程，每一群類各有其「元」，總合而成的「大統類」，亦有大統類之元，「元」代表的是「共達其所爲」，究「本」之所從本。

值得注意的是，董仲舒認爲，「《春秋》變一謂之『元』」，〈賢良對策三〉也說：

《春秋》謂一元之意。一者，萬物之所從始也。元者，辭之所謂大也。謂一爲元者，視大始而欲正本也。(〈賢良對策一〉)

孔子之前的魯史記是否寫作「元年」，我們無由可考。夏曰「歲」，商曰「祀」，周曰「年」。徐復觀氏依《書・洛誥》「稱秩元祀」、〈酒誥〉「惟元祀」，周因商「祀」之用法未改，但已有稱「元」者，而臽鼎「唯王元年六月既望乙亥」、師酉敦「唯王元年正月」等，周已改「祀」稱「年」，故稱「即位」之年爲「元年」看來，「稱君即位之年爲『元祀』、『元年』，乃商周史臣記載之常例，絕無書即位之年爲『一年』之事」〔註26〕。《公羊傳》對於「元年」，亦只釋爲「君之始年」也，並無其它深意。那麼，「《春秋》何貴乎元而言之，言本正也。」(〈竹林〉)、「謂一元者，大始也。知元年志者，大人之所重，小人之所轉」(〈玉英〉)、「《春秋》之序辭也，置王於春正之間，非曰『上奉天施下正人，然後可以爲王』云？」(〈竹林〉)，這些由經文「元年，春，王正月」而來的釋義，顯然都是董仲舒詮釋《春秋》之發凡。

關於董仲舒在〈二端〉提到的《春秋》之道，「五者俱正而化大行」之「五者」，與何休《文諡例》之「五始」是否相同呢？根據徐彥疏在「隱公元年」下引用的何休《文諡例》之說來看，何休「五始」是指「元年，春，王，正月，公即位」，然而董仲舒「五者俱正而化大行」之「五者」指的是「元之深，天之端，王之政，諸侯之即位，境內之治」，二者完全不同。董氏所言「五者」，乃是由社會秩序歸本於自然秩序，其所謂「元」是「正本」之意。而何休所言之「五始」，似乎只是就經文字面用字加以劃分爲「五」，彼此之間並無一貫的理念存乎其中。又何休對於「元」的解釋：「變一爲元，元者，氣也。無

〔註26〕徐復觀，《兩漢思想史》卷二，台北：學生書局，1989 年 9 月，P352。

形以起，有形以分，造起天地，天地之始也。」何氏「變一為元」的說法，不見於《公羊》經傳，而見於董氏所論，因此，後世學者極易將何休對於「元」的解釋，與董仲舒「變一謂之元，元猶原也，其義以隨天地終始也」之說相混淆〔註27〕。《春秋繁露》中，「元氣」凡兩見：

> 《春秋》何貴乎元而言之？**元者，始也**，言「**本正**」也；**道，王道也。王者，人之始也**。王正則元氣和順，風雨時、景星見、黃龍下；王不正則上變天，賊氣並見。（《繁露‧王道》）

> 一國之君，其猶一體之心也。……親聖近賢，若**神明**皆聚於心也；上下相承順，若**肢體**相為使也；布恩施惠，若**元氣**之流皮毛腠理也；百姓皆得其所，若**血氣**和平，形體無所苦也；無為致太平，若**神氣**自通於淵也。（《繁露‧天地之行》）

〈王道〉篇之「元氣」，前文已論述，與「賊氣」相對，分別指政治之清明或邪亂。〈天地之行〉的「元氣」，則是與「神明」、「肢體」、「血氣」等並列，以形容「一國之君猶一體之心」。顯然，二氣「元氣」都不是「貴元」之「元」〔註28〕。董仲舒謂《春秋》有「貴元」之義，是從「王道」成治的考量去發揮，並不是何休「造起天地」的氣化宇宙論的觀點。王永祥氏總結學者對董

〔註27〕 蘇輿在〈玉英〉「《春秋》變一謂之元。元猶原也，其義以隨天地終始也」下，就引用何休對「元」的看法加以注釋（《義證》，P68）。王先謙在蘇輿文後加案有云：「其實何本於董，義當有所受之。但董不言元氣，何足成之耳」言下之義，已區別出董、何二人對於「元」說法不同之意。

〔註28〕 徐復觀氏在《兩漢思想史》卷二（P354）由《繁露》出現「元氣」一詞，而認為：「在仲舒心目中元年的元，實際上是視為元氣之元。」金春峰氏在《漢代思想史》論及董仲舒之思想特點時，就以何休的「元氣」作為證據，論證董氏之「元」亦為元氣，其主要的理由是(1)這是公羊家自己的說法。(2)這是漢人的解釋，比之后人，更為可信（北京：中國社會科學，1997年12月，P146）。徐、金二人顯然都忽略了董氏之所以論「貴元」之說，並非為架構哲學思想的意義而立論，乃是就《春秋》「元年，春，王正月」而發之詮釋。于首奎在《兩漢哲學新探》裏，對「元氣說」有不同的看法，他認為，董仲舒的「元」，根本不是指作為宇宙本原的「元氣」，而是指事物的開始（四川：四川人民出版社，1998年，P161）。周桂鈿氏由于氏之說而進一步提出：「董仲舒用之作為宇宙本原的『元』，就是『開始』的意思，它只是純時間的概念，不包含任何物質性的內容，似乎也不包含人的意識，只是純粹的概念。……因此，董仲舒的『宇宙本原論』，可以稱為『元一元論』。」（周氏著，《董學探微》，北京：北京師範大學，1989年1月，P38）本文認為，董仲舒「貴元」之「元」不同於「元氣」之「元」，應該從「王道」政治的「正本」去詮釋，而非以「宇宙論」結論生成去看待。

仲舒春秋學「貴元」之「元」的研究提出精闢的論點，他認爲：

> 要揭開董著中「元」的奧祕，絕不可忘記董仲舒對《春秋》「元年，春，王正月」的微言大義，而孤立地對每句話中之「元」望文生義地解釋。〔註29〕

本文亦同意這個看法。如果，搬開「王道」的深義，而只是由「元」字去暢談董仲舒的「宇宙觀」，對董仲舒作爲政治理念的「貴元」論，將難以避免產生錯誤而偏頗的成見。〔註30〕

二、「尊尊」與「存郊」

　　董仲舒詮釋《春秋》提倡「貴元正本」，將王道之端繫於君而上承自天，〈玉杯〉云：

> 《春秋》之法，以人隨君，以君隨天。曰：緣民臣之心，不可一日無君，一日不可無君，而猶三年稱子者，爲君心之未當立也，此非以人隨君耶？孝子之心，三年不當，三年不當而踰年即位者，與天數俱終始也，此非以君隨天邪？故屈民而伸君，屈君而伸天，《春秋》之大義也。（《繁露・玉杯》）

「以人隨君，以君隨天」，就是「貴元」的履行，「國之元」爲君，「君之元」爲天，董仲舒以《春秋》諸侯之即位爲例，一方面「三年稱子」，這是孝子之心；但是國不可一日無君。因此，禮制上，踰年即位，這是與天數俱終始。「三年不當，踰年即位」，就是「以人隨君，以君隨天」。「隨」，是賓主身份的區別，「賓隨主」之意。在主從順位上，由「人」而「君」而「天」，層層上溯其「元」，這也是一種「尊尊」的展現。此處值得注意的二點是：(1)「天數」，指的是國君朝代之遞衍，意義近於「國運」，所謂的「天」，指的是社會群體的大環境。「緣民臣之心，不可一日無君」，「天數」指的是社會秩序不可一日無君之「理」。(2)「屈民而伸君，屈君而伸天」，《春秋》大義也。所謂的「屈」、「伸」，在董氏春秋學中，並非絕對的尊卑，而是相對的身份、角色的扮演，類似於禮儀中的「賓」和「主」。

〔註29〕 參見王永祥，《董仲舒評傳》（中國思想家評傳叢書），南京：南京大學，1995年9月，P92。

〔註30〕 例如勞思光氏在《新編中國哲學史》云：「漢儒昧於心靈之自覺義，只在一『粗陋宇宙論』架構中，處理哲學問題。……『天人相應』之問題，持此說者，固以董仲舒爲主要代表。」（第二冊，P10）

　　董氏所言之「尊卑」，並非法家崇高與卑微之「尊卑」，而是由天地自然之取象由來，落實在禮制中的主客序位之「尊卑」：

> 禮者，繼天地，體陰陽，而慎主客，序「尊卑、貴賤、大小」之位，而差「外內、遠近、新故」之級者也，以「德」多爲「象」。萬物以廣博眾多、歷年久者爲「象」。其在天而象「天」者，莫大日月，……其得「地」體者，莫如山阜。「人」之得天得眾者，莫如受命之天子。下至公、侯、伯、子、男，海內之心懸於天子，疆內之民，統於諸侯。孔子曰：「唯天爲大，唯堯則之。」則之者，大也。「巍巍乎其有成功也」，言其尊大以成功也。唯「田邑之稱，多著主名」。「君將不言臣，臣不言師」。「王夷、君獲，不言師敗」。……齊桓、晉文不尊周室，不能霸；三代聖人不則天地，不能至王；階此而觀之，可以知天地之貴矣。(《繁露・奉本》)

貴元推本的終極是「天」，也就是「天地自然」。因此，在政體上的「尊卑、貴賤、大小」之位，藉由禮制中的「主」、「客」關係，彰顯出彼此相對身份行事之所宜然。而行事所宜然的標準，來自於「取象」，董氏云：「禮者，繼天地，體陰陽，而慎主客，序尊卑、貴賤、大小之位，而差外內、遠近、新故之終者也。」，顯然，在董氏而言，講究尊卑序位的「禮」，其取象於天地人而來的社會秩序，與《荀子・禮論》「上取象於天，下取象於地，中取則於人，人所以群居和一之理盡矣」相一致〔註31〕。禮的序位，以「德多」爲象，萬物以廣博眾多、歷年久者爲象，人的取則，則以「受命之天子」爲取則之所由，「下至公、侯、伯、子、男，海內之心懸於天子；疆內之民，統於諸侯」，所謂的「取則」，董氏的解釋是「唯天爲大，唯堯則之」之「則」，也就是「尊大」，並非「定律令」之意。因此，「尊『尊』」者，作爲序位之「尊」，是相對的身份，是主客之「尊」。作爲「『尊』尊」的態度而言，是典範的取則，是尊大之「尊」。「齊桓、晉文不尊周室，不能霸。三代聖人不則天地，不能至王」，「尊尊」所象徵的，是秩序的建立，在董氏春秋學的架構中，「尊尊」是由「尊君」到「尊天」的實踐。〈觀德〉有云：「《春秋》百禮之貴，皆編於月，月編於時，時編於君，君編於天」，在一統的漢代盛世，尊尊的履行，呈現在禮制的實踐中。

〔註31〕參見楊濟襄，〈荀子政治思想與其「禮」論的關聯〉，《中山中文學刊》第一期，1995年6月，P23。

郊義,《春秋》之法,王者歲一祭天於郊,四祭於宗廟。宗廟因於四時之易,郊因於新歲之初,聖人有以起之,其以祭不可不親也。**天者,百神之君也,王者之所最尊也**。以最尊天之故,故易始歲更紀,即以其初郊。郊必以正月上辛者,言以所最尊,首一歲之事。每更紀者以郊,**以郊祭首之,先貴之義,尊天之道也**。(《繁露·郊義》)

「郊義,《春秋》之法」,「天者,百神之君也,王者之最尊也」。董氏認為,「尊天之道」由郊禮之貴可見其然:

《春秋》之義,國有大喪者,止宗廟之祭,而不止郊祭,不敢以父母之喪,廢事天地之禮也。父母之喪,至哀痛悲苦也,尚不敢廢郊也,孰足以廢郊者?故其在《禮》亦曰:「喪者不祭,唯祭天為越喪而行事。」夫古之畏敬天而重天郊,如此甚也。

今群臣學士不探察,曰:「萬民多貧,或頗饑寒,足郊乎?」是何言之誤!天子父母事天,而子孫畜萬民。**民未遍飽,無用祭天者,是猶子孫未得食,無用食父母也**。言莫逆於是,是其去禮遠也。

禮者,先貴而後賤,孰貴於天子?天子號天之子也。奈何受為天子之號,而無天子之禮?**天子不可不祭天也,無異人之不可以不食父**。為人子而不事父者,天下莫能以為可。今為天之子而不事天,何以異是?

是故天子每至歲首,必先郊祭以享天,乃敢為地,**行子禮也**;每將興師,必先郊祭以告天,乃敢征伐,**行子道也**。(《繁露·郊義》)

這是董仲舒以《春秋》議論時事之一例。董氏反對當道者廢郊禮,因此由《春秋》之義「國有大喪者,止宗廟之祭,而不止郊祭,不敢以父母之喪,廢事天地之禮也」,來說明郊祭之貴。董仲舒之所以力保「郊祭不可廢」,和他的「尊尊」之道繫於「天」有關。但是,對於「尊尊」於「天」,他的思維方式並非將「天」視為「天神」,而是以倫理的思維方式,認為「天子不可不祭天也,無異人之不可以不食父」、「民未遍飽,無用祭天者,是猶子孫未得,食無用食父母也。言莫逆於是,是其去『禮』遠也」。由民之「尊君」到君之「尊天」,董氏的眼裏皆為「行子道也」。值得一提的是,照董氏所說的「《春秋》之義」來看,《春秋》「不止郊祭,不敢以父母之喪,廢事天地之禮」,似乎《春秋》郊祭之禮未曾中廢。這裏存在的問題是,魯並非天子,以禮制而言,非王者不得祭天,魯何以得行郊禮?由此處董氏之文意來看,且絲毫無任何魯

僭位於郊禮的懷疑，「行郊禮而不止」，儼然成爲「《春秋》之義」。吾師一田在《春秋吉禮考辨》中，已由《禮記》中述及「魯得郊祭上帝」之相關諸文考證：當時魯之郊祀上帝，已與晉、齊之望祀山川，同被視爲「常禮」，既爲「常禮」，則應爲天子所賜而非僭位〔註32〕。「魯郊非禮」之說，見於《公羊傳》：

◎僖公三十一年

經：夏，四月，四卜郊不從，乃免牲，猶三望。

（傳）：曷爲或言三卜？或言四卜？三卜，禮也；四卜，非禮也。三卜何以禮？四卜何以非禮？求吉之道三。禘、嘗不卜，郊何以卜？<u>卜郊，非禮也。卜郊何以非禮？魯郊，非禮也。魯郊何以非禮？天子祭天，諸侯祭土。天子有方望之事，無所不通。諸侯山川有不在其封內者，則不祭也。</u>曷爲或言免牲？或言免牛？免牲，禮也；免牛，非禮也。免牛何以非禮？傷者曰牛。三望者何？望祭也。然則曷祭？祭泰山、河海。曷爲祭泰山、河海？山川有能潤于百里者，天子秩而祭之。觸石而出，膚寸而合，不崇朝而遍雨乎天下者，唯泰山爾。河海潤于千里。猶者何？通可以已也。何以書？<u>譏不郊而望祭也。</u>

【何休解詁】（「卜郊，非禮也……魯郊，非禮也」句下）禮，天子不卜郊。……以魯郊非禮，故卜爾。昔武王既沒，成王幼少，周公居攝，行天子事，制禮作樂，致太平，有王功。<u>周公薨，成王以王禮葬之，命魯始郊，以彰周公之德。非正，故卜。</u>三卜，吉則用之，不吉則免牲。……

首先，有關「非禮」的部份，我們對於傳文有重新理解的必要。何休《解詁》雖然說「以魯郊非禮，故卜」、「非正，故卜」，但細觀其文云：「周公薨，成王以王禮葬之，命魯始郊，以彰周公之德」，言下之意，魯行郊祭，乃是成王所命並非僭位。如此說來，謂《公羊傳》所謂「魯郊，非禮」、何休所云「非正」，均是指「有異於諸侯之常」，「非『常禮』」之意，不應以「僭位」去理解。關於「成王所命」，董仲舒在〈郊事對〉中有相關論述：

〔註32〕詳見周何（一田）先生，《春秋吉禮考辨》，嘉新水泥公司文化基金會研究論文第一○一種，P30～31。

臣湯謹問仲舒：「魯祀周公用白牡，非禮也。」臣仲舒對曰：「禮也。」

臣湯問：「周天子用騂犅，群公不毛。周公，諸公也。何以得用純牲？」

仲舒對曰：「武王崩，成王立，而在襁褓之中，周公繼文武之業，成二聖之功，德漸天地，澤被四海，故成王賢而貴之，詩云：『無德不報。』故成王使祭周公以白牡，上不得與天子同色，下有異於諸侯。

臣仲舒愚以爲『報德之禮』。」（《繁露‧郊事對》）

《禮記‧郊特牲》有云：「萬物本乎天，人本乎祖，此所以配上帝也。郊之祭也，大『報本反始』也」。雖然董仲舒文句中未提到「成王命魯始郊」，而篇名〈郊事對〉又恐爲後人所加，不足爲據。然而，同樣論云「周公成二聖」、「成王賢而貴之」之事，同時，也述及成王對於周公有異於「常禮」的「報德之禮」。

其次，對於傳文「卜郊，非禮也」也有重新認識的必要。傳文的行文方式，的確容易使人誤釋以爲：「郊不須卜，故『卜郊、非禮』，既然非禮，則此處何須卜？因爲魯行郊祭，僭位不合禮」。然而這並非傳文眞正的文意。我們姑且先不論，傳文所云之「非禮」是指「非『常禮』」，而不是指「不合禮」。從傳文本身文句，仔細玩味其意旨，將可發現其中若干蹊蹺：

（一）傳文「卜郊，非禮也」。是指尋常之禮，郊祭即不卜？或是單指這次「四卜」之郊爲「非禮」的特殊狀況？傳文自云：「三卜，禮也。四卜，非禮。三卜何以禮？四卜何以非禮？……」顯然，傳文認爲「三卜之郊」爲合禮。不合禮的原因在「四卜」，而非郊是否「卜」。《公羊》認爲「三卜之郊」爲「禮」，實際上，郊祭是否有「卜」？吾師一田依《禮記‧郊特牲》有「卜郊」之文而考證：「《春秋》書卜郊者，實止卜其郊日，非卜祀之可否。」（《春秋吉禮考辨》，P28）如此看來，何休《解詁》「禮，天子不卜郊」不僅於禮未合，於《公羊傳》文意亦未合。周師引用王夫之《春秋稗疏》卷一云：「（公羊）又云禘嘗不卜，卜郊非禮。何休謂天子不卜郊，魯郊非禮故卜，尤爲曲說。使魯知其不正，則不郊矣，何卜之有。」，王夫之也認爲：「是則魯郊用卜與禮之僭否，本不相涉，而謂魯郊非禮故卜者，公羊家說耳，不可視爲史實如此。」（P28）實際上，「魯郊非禮故卜」應只是何休個人的意見。

《公羊傳》云：

……三卜，禮也；四卜，非禮也。……禘、嘗不卜，郊何以卜？

卜郊，非禮也。卜郊何以非禮？魯郊，非禮也。……

既已云「三卜，禮也」，則可見「卜郊，非禮也」之所以「非禮」，是緣由於「卜」的次數不合禮，並非「卜郊」這件事不合禮〔註33〕。既然《公羊傳》已知「三卜之郊」爲合禮，何以此處又云：「禘、嘗不『卜』，郊何以『卜』」？本文認爲，《公羊傳》的發問，是針對經文的書寫方式而問。

閔公二年經：「夏五月乙酉，吉禘于莊公」

僖公八年經：「秋，七月，禘於太廟，用致夫人」

桓公十四年經：「乙亥，嘗」

可見，「禘」皆未書「卜」，「嘗」亦未書「卜」。

何以僖公三十一年這一則記「郊」的經文，卻特別書「卜」呢？

「卜郊，非禮也」。傳文的意思應該是：經文之所以對這一則「郊」事，特別寫出「卜」，是因爲「卜」不合禮（「四卜」的緣故）。

「卜郊何以非禮？魯郊，非禮也。」：爲何卜郊達「四卜」的非禮程度呢？傳文藉機說明：「魯郊，本來就不是一般尋常的郊禮」。

我們何以得知，傳文「禘、嘗不卜，郊何以卜」是在討論經文書寫方式的問題，而不是在討論實際行禮的儀式問題呢？除了傳文已明言郊祭「三卜，禮也」之外，還有另一條關鍵線索。

（二）經文云；「四卜，郊不從，乃免牲。猶三望」。傳文除了討論經文「卜郊」的敘事觀點之外，還特別指出，經文之所以寫出「猶三望」有特別的譏刺之意：「猶者何？通可以已也。何以書？譏『不郊而望祭』也」。經文寫出「猶三望」，並不是譏「三望」之不合禮，而是譏祭禮之失序：「不郊而望」。也就是說，傳文對於魯國的祭禮，認爲「郊而望」是正確的，「不郊而望」是錯的，因此經文譏之。如此，更可證明傳文之前所云：「卜郊，非禮也」，並非指魯國行「卜郊」爲「非禮」，而是指經文之所以書「卜郊」，是因爲這一次的「卜郊」，四卜，不合禮。同時，既「未郊」，竟「又三望」，更失其禮序。《公羊傳》傳文，應如此解釋才算正解。何休「禮，天子不卜郊」、「以魯郊非禮，故卜爾」之說，對傳文的詮釋，完全扭曲了傳文之意。我們除了由傳文文句的推敲，可得傳文眞正的文旨之外，我們在董仲舒對於「郊禮」的論述，也找到了重要的輔證：

> 故《春秋》凡譏「郊」，未嘗譏「君德」不成於郊也。乃不郊而祭山

〔註33〕「郊三卜」爲合禮，不只見於《公羊傳》，《穀梁傳》亦有說：「郊三卜，禮也。四卜，非禮也，五卜，強也。」（哀公元年經文：「夏，四月辛巳，郊」下云）

川，失祭之敘，逆於禮，故必譏之。以此觀之，不祭天者，乃不可
祭小神也。**郊因先卜，不吉不敢郊。百神之祭不卜，而郊獨卜，郊
祭最大也**。(《繁露・郊祀》)

董氏亦指出，《春秋》所譏者，在於「不郊而祭山川」，「失祭之敘，逆於禮」，
與《公羊傳》「譏不郊而望祭」之說完全一致。同時，董仲舒也特別說明了「郊」
必先「卜」，「不吉不敢郊，百神之祭不卜，而郊獨卜，郊祭最大」，如果，《公
羊傳》誠如何休所云：「禮，天子不卜郊」之意，則董仲舒所言，將與《公羊
傳》完全牴牾。事實上，這是不可能的事情，因為，董仲舒與《公羊傳》成
書時代最為接近，再加上，董氏於當時治《公羊春秋》，名聞天下，董氏對《公
羊傳》的看法又是堅信不移、極力擁護：「《春秋》赴問數百，應問數千……
翻援比類，以發其端，卒無妄言而得應於《傳》者。」(〈玉杯〉)董仲舒所論，
只有發凡《公羊傳》，卻從未有和《公羊傳》衝突牴牾者。再加上，由《禮記》
相關文獻之考證，證實何休所言，於史實不合，董、何二人釋《公羊》，孰是
孰非，不議可知。本文前文曾論及，董仲舒指出「《春秋》之義，國有大喪
者，止宗廟之祭，而不止郊祭，不敢以父母之喪，廢事天地之禮」(〈郊祭〉)，
如此尊崇「郊禮」，當然和董仲舒治《春秋》，以「天」作為「尊尊」之終極
有關。

　　然而，董氏謂「不止郊祭」之《春秋》之義，我們卻無法在經文字面看
出來。二百四十二年之間，「郊」之事，常事不書，所書皆為變故之「郊」，
如：「鼷鼠食郊牛，牛死，改卜牛」(定公十五年)一類。吾師一田亦云：

> 經不書郊，非無邪事，蓋常禮行得其正，史不備載。若凡事皆書，
> 記一公之治，亦當廣及數十萬言矣。故於『郊』，或失時，或牛牲有
> 變，或屢卜不從，以事出非常，始著之《春秋》以志其異。……常
> 郊得正，無它事故，乃有襄、定間六十七年不書郊；以有事故，乃
> 有成公七年、十七年，及定末、哀初之連書不絕。(《春秋吉禮考辨》，
> P32)

依董氏所云，「《春秋》之義，不止郊祭」，而郊祭之事卻未能悉見於經。可見，
董氏論《春秋》義法，並非只在字面「書文之處」論之。〈玉杯〉有云：「『今
夫天子逾年即位』，『諸侯於封內三年稱子』，皆不在經也，而操之與在經無以
異。非無其辨也，有所見而經安受其贅也」。董氏以「尊尊」而論郊祭之不可
廢，云「《春秋》之義，不止郊祭」者，當為「安受其贅」這一類經文書寫方

式之發凡。

「尊尊」除了發揚於禮制中的「郊祭」之外，由天而降及人事者，「尊尊」之義，亦皆多見於禮制之奉行：

> 《春秋》立義：天子祭天地。諸侯祭社稷。諸山川不在封內不祭。有天子在，諸侯不得專地，不得專封，不得專執天子之大夫，不得舞天子之樂，不得致天子之賦，不得適天子之貴。君親無將，將而誅。大夫不得世。大夫不得廢置君命。（《繁露‧王道》）

以上這些「尊尊」為立義的《春秋》之法，都是《公羊傳》對於《春秋》義旨的發揮。所不同的是，《公羊傳》所云，只是就經義的闡述去發論，而董氏居於一統盛世之局，這些《春秋》義法，已經不只是《春秋》的文旨而已，一經摘出並列於〈王道〉，顯然已經成為漢武當朝，臣下奉持「尊尊」王義的「行為守則」了。

三、德等則親親：「正己」與「安人」的雙重意涵

《公羊傳》在成公十五年經「鍾離之會」〔註34〕下有提到：「《春秋》內其國而外諸夏，內諸夏而外夷狄，王者欲一乎天下，曷為以外內之辭言之？言自近者始」，《春秋》「異內外」有「親疏遠近」之別，「自近者始」，這是廣義的「親親」。其內外之別，是魯國與諸夏，諸夏與夷狄，兩兩相對的說法。另外，《春秋》的書寫方式，有「錄內略外」之旨，隱公十年《公羊》經、傳有云：

> ◎隱公十年
>
> 經：六月壬戌，公敗宋師于菅。辛未取郜，辛巳取防。
>
> （傳）：取邑不日，此何以日？一月而再取也。何言乎一月而再取？甚之也。內大惡諱，此其言甚之何？**《春秋》錄內而略外。**
> **於外，大惡書，小惡不書。於內，大惡諱，小惡書。**

同時，對於「諱」的筆法，《公羊傳》亦直接寫出：「《春秋》為尊者諱，為親者諱，為賢者諱。」（閔公元年經文：「冬，齊仲孫來」下）為這三種身份的人以「諱」筆記事，背後其實有不同的情感和考量，《穀梁傳》很精要地指出：「為尊者諱恥，為賢者諱過，為親者諱疾。」（成公九年經「晉欒書帥師伐鄭」

〔註34〕成公十五年　經：冬，十有一月，叔孫僑如會晉士燮、齊高無咎、宋華元、衛孫林父、鄭公子鰍、邾婁人會吳于鍾離。

下）而關於「內大惡諱」，「內」是指魯國。其身份是屬於「為親者諱」，因為同血親的情感因素，而以「諱」筆書其「大惡」。此處之「親」，是指血親之「親」，為狹義的「親親」。

對於因為血親的緣故而在書「惡」時以諱筆行文，下筆時的情感是很沈痛的，所以《穀梁傳》說「為親者諱疾。」但是這種疾惡之情，又可能因為其它因素的左右，而起微妙的變化。例如，因史事發生時間距今之遠近，情感也會有差異。亦即董仲舒以「三等之世」分析《春秋》筆法時所說的：「微其辭，痛其禍，殺其恩。」（〈楚莊一〉）關於廣義的「親親」，也就是「異內外」，通常與史料時間之遠近，錯綜交織而成「遠外近內」的各種書寫方式。此處我們所要分析的是，單單就血親因素的考量而書寫的諱筆，其中含有多少隱微？而董仲舒又如何去看待和詮釋？

「為親者諱」與「內大惡諱」嚴格說來，二者並不等同。「內大惡諱」是為魯國內事而諱，必定是「為親者諱」無疑。但是「為親者諱」不盡然是指為魯國而諱，所謂「親」者，還包含了同血親的其它國，也就是「同姓國」。和魯有血親的同姓國，又可再依身份而區分為「諸夏之同姓國」（如：衛、邢）、「夷狄之同姓國」（如：吳）。在《公羊傳》而言，傳文明白寫出「為親者諱」者，只有一條，就是：

◎閔公元年

　　經：冬，齊仲孫來。

　　（傳）：齊仲孫者何？公子慶父也。公子慶父，則曷為謂之齊仲孫？繫之齊也。曷為繫之齊？外之也。曷為外之？**春秋為尊者諱，為親者諱，為賢者諱。**子女子曰：「以『春秋』為《春秋》，齊無仲孫，其諸吾仲孫與？」

「齊仲孫」事實上，就是魯國公子慶父。所以，對《公羊傳》來說，「為親者諱」的這一條經文，與「內大惡諱」意義相同。其餘，《公羊傳》傳文並未再就「為親者諱」者有發論。但是，董仲舒〈觀德〉篇裏提到「親親」者，顯然不只是就「內大惡諱」（涉及「魯」國者）而言，因為，他所援舉的事例，不只考慮到同姓，同時也兼具了「諸夏」與「夷狄」二種同姓國的身份：

　　「德」等也，則先親親；「魯十二公」等也，而定、哀最尊；「衛俱諸夏也」，善稻之會，獨先內之，為其與我同姓也；「吳俱夷狄也」，

租之會，獨先外之，爲其與我同姓也。「**滅國五十有餘**」，獨先諸夏；
「**魯、晉俱諸夏也**」，譏二名，獨先及之。「**盛伯、郜子俱當絕**」，而
獨不名，爲其與我同姓兄弟也。「**外出者眾**」，以母弟出，獨大惡之，
爲其亡母、背骨肉也。「**滅人者莫絕**」，衛侯燬滅同姓獨絕，賤其本
租而忘先也。「<u>親</u>」等，<u>從近者始</u>，立適以長，母以子貴先。（《繁露·
觀德》）

董氏所援引的這一大群《春秋》經文裏，有關「親親」書寫態度的事例，我
們可以發現，其指涉的事件不只是與「惡事」相關者的討論。還包含另一種
隱微情感就是，因爲「同姓」而產生的友善、親密。也就是，董仲舒從《春
秋》經文中所看到的「親親」筆法，不只是「爲親者諱」而已，還有因爲「同
姓」的兄弟情誼而產生的特殊書寫方式如：

（一）
◎「衛俱諸夏也」，善稻之會，獨先內之，爲其與我同姓也。
◎「滅國五十有餘」，獨先諸夏。
◎「盛伯、郜子俱當絕」，而獨不名，爲其與我同姓兄弟也。

其中，「滅國五十有餘，獨先諸夏」，因爲涉及龐大的「諸夏」經文群組，而
且其文意有深入探討之必要，本文已另立專章討論。另外剩下的二則事例，
由董仲舒的詮釋，我們可以看出其共同點：「爲其與我同姓也」，同時，董氏
也認爲，這是經文所以採取特別的書寫方式的原因：

※衛俱諸夏也，善稻之會，獨先內之：
◎襄公五年
經：仲孫蔑、衛孫林父會吳于善稻。

對於經文以「仲孫蔑、衛孫林父會吳于善稻」的方式來記載，而非用「仲孫
蔑會衛孫林父及吳某人于善稻」或「仲孫蔑、衛孫林父、吳某人會于善稻」
等等方式來書寫，董仲舒有特別的看法。值得注意的是，這三個國家都是「同
姓國」，但是，對於魯而言，一爲諸夏（衛），一爲「夷狄」（吳），既然都是
同姓，魯對於「諸夏」的衛國理當又比「夷狄」的吳要來得親近。所以，經
文就把「仲孫蔑、衛孫林父」並列，至於吳，則以「會」字隔開，以示親疏
有別。

這一則經文並未涉及「諱惡」。儘管皆爲同姓國，但是又可再以「親親」

的原則區別出其中的「親疏」，這是董仲舒相對辨證的思維方式，而且，我們可以從中感受到董氏有突顯「諸夏」的意圖，所以才刻意援引這一則三者皆為「同姓國」的經文，去比較其中的夷夏之別。很顯然，這是董仲舒精心的安排；因為，在〈觀德〉緊接著的下文，就是吳這個同姓夷狄國和其他夷狄國的比較（「吳俱夷狄也，祖之會，獨先外之，為其與我同姓也」）。董仲舒對於《春秋》事例的援引與詮釋之巧妙，其用心之深，不得不使人佩服。

　　※盛伯、郜子俱當絕，而獨不名：

　　◎文公十二年

　　　經：春王正月，盛伯來奔。（《穀梁》、《左傳》作「郕伯」）

　　　（傳）：盛伯者何？失地之君也。何以不名？兄弟辭也。

　　◎僖公二十年

　　　經：夏，郜子來朝。（《穀梁傳》、《左傳》均無發論）

　　　（傳）：郜子者何？失地之君也。何以不名？兄弟辭也。

因為「與我同姓」的緣故，經文才以特別方式書寫，這是董仲舒對這二則經文的看法。顯然，董氏的意見是依循《公羊傳》「失地之君也。何以不名？兄弟辭也」的說法而發凡。只是，傳文沒有特別指出「親親」，而董氏加以指明罷了。

　　既然是因為「兄弟辭」，所以對於「失地之君」仍以舊稱書寫而未記「名」示「絕」（《春秋》對於絕國之君，以「記名」為書寫之常法），那麼，我們是否可以在經文中尋找其他「非同姓國」的「失地之君」，然後觀察經文是否書「名」，以印證董氏所說是否屬實？

　　果然，我們在經文中找到另一則「失地之君」的記載：

　　◎桓公七年

　　　經：夏，穀伯綏來朝。鄧侯吾離來朝。

　　　（傳）：皆何以名？失地之君也。其稱侯朝何？貴者無後，待之以

　　　　初也。

對於「失地之君」，《公羊傳》昭示經文有「貴者無後，待之以初」的態度，所以仍稱其爵名。這二位「非同姓國」的「失地之君」，果然寫出了人名！雖然傳文並未提到「兄弟辭」與否的討論。但是，我們不禁佩服董仲舒對於《春秋》事例細密的觀察。經文之陳辭，是否真有董氏所詮釋的「親親」的書寫態度，我們無由得知。但是，董氏的詮釋在經文的記事中，可以得到成立，

確是不容否認的事實。

另外，既然是「失地之君」，當然我們也可以說它是「諱惡」，而歸入下一類（二）之經文群組的討論。但是，這二國國君並不是在這一則經文中「失地」，而且董仲舒的文義不在「隱諱」失地之惡，而在強調——未書「名」示「絕」之「親親」。董氏在此處所討論的經文書寫方式——「親親」文旨，顯然是就「同姓」之親密友善而詮釋。

在董仲舒所援引的有關「親親」的經文事例中，還有另外一類就是，與「惡事」相涉時，如何展現「親親」之旨的事例：

（二）

◎「吳俱夷狄也」，柤之會，獨先外之，爲其與我同姓也。

◎「魯、晉俱諸夏也」，譏二名，獨先及之。

◎「外出者眾」，以母弟出，獨大惡之，爲其亡母、背骨肉也。

◎「滅人者莫絕」，衛侯燬滅同姓獨絕，賤其本祖而忘先也。

這一組事例中，除了「外出者眾，以母弟出，獨大惡之，爲其亡母、背骨肉也」這一則，董氏未清楚指出爲何人何事而尚待考證之外，其證諸則，我們將對照《公羊》經、傳分析如下：

※吳俱夷狄也，柤之會，獨先外之：

◎襄公十年

經：春，公會晉侯、宋公、衛侯、曹伯、莒子、邾婁子、滕子、
薛伯、杞伯、小邾婁子、齊世子光會吳于柤。

（公羊傳無發論）

◎襄公十年

經：夏，五月甲午，遂滅偪陽。公至自會。

（公羊傳無發論）

襄公十年「柤之會」，經文以兩「會」之辭的特殊方式來記錄與會之國，《公羊傳》雖然沒有任何的說解。但是在之前成公十五年「鍾離之會」，經文同樣爲「兩會之辭」的寫法，《公羊傳》即已指出，「兩會之辭」是「外吳」的意思：

◎成公十五年

經：冬，十有一月，叔孫僑如會晉士燮、齊高無咎、宋華元、衛
孫林父、鄭公子鰍、邾婁人會吳于鍾離。

（傳）：曷爲殊會吳？外吳也。曷爲外也？《春秋》內其國而外諸

夏，內諸夏而外夷狄。王者欲一乎天下，曷爲以外內之辭言

之？言自近者始也。

董氏在〈觀德〉篇也認爲「鍾離之會」：「吳，魯同姓也，鍾離之會，不得序
而稱君，殊魯而會之，爲其夷狄之行也」。既然「兩會之辭」已經確認是──
不與夷狄同列而另外以「會」字加以區隔的「外吳」之意。襄公十年《公羊
傳》無發論的「柤之會」，董氏爲何又提出：「吳俱夷狄也，柤之會，「獨」先
外之，爲其與我同姓也」的說法？

首先，我們必須先認識「柤之會」。由經文「柤之會」之後，緊接著書寫
「『遂』滅偪陽」。可以明顯看出，「柤之會」之後，各國隨即聯軍「滅偪陽」，
可以說，「柤之會」的目的就是爲了商議如何出兵「滅偪陽」。諸國相會以滅
偪陽，此等惡事，爲《春秋》所譏。雖然《公羊傳》對此事無發論。但是我
們卻可以在《穀梁傳》中找到相關的論述：

◎襄公十年

經：夏，五月甲午，遂滅傅陽。

（穀梁傳）：遂，直遂也，其曰「遂」何？不以中國從夷狄也。

經：公至自會。

（穀梁傳）：會夷狄不致，惡事不致，此其致，何也？存中國也。

中國有善事，則并焉；無善事，則異之存之也。汲鄭伯，逃

歸陳侯。致柤之會，存中國也。

《穀梁傳》的意見是：如果是和夷狄集會，或者是在外面作了惡事，對於魯
君的返國告至宗廟，《春秋》會以「不記載『告至』」的方式，表達對這次魯
君出境所爲之事的反對。但是，這一次「柤之會」卻書「至」，《穀梁傳》認
爲，是爲了替中原國家的道德行爲保留最後一點尊嚴，所以採取尋常如以往
的方式，照常書「至」。依《穀梁傳》來看，「柤之會」同時兼具「會夷狄」、
「行惡事」，實在可惡至極，連經文的告「至」，亦成了「諱惡」之筆。

倘若我們來分析「柤之會」的與會國身份，可以發現：若以「同姓」與
否來區分，「姬姓國」實際上並不止夷狄之吳，還包括了諸夏之衛、晉等國；
若以夷、夏身份來區分，夷狄國並不只是吳國，另外還有莒國。但是，諸夏
聚會的目的是要滅人之國（偪陽），可謂皆爲「夷狄之行」；董仲舒認爲，「柤
之會」在眾夷狄之中，唯獨以兩會之辭「外吳」，經文「會又會」的敘事，不

只是「外吳」、視吳爲夷狄而已。吳本來就是夷狄，魯此處又與之一起去滅人之國；「吳俱夷狄也，柤之會，獨先外之，爲其與我同姓也」，董仲舒特別強調魯會同「同姓」之夷狄國一起會商爲歹的惡事。值得注意的是，董氏在此透露了《公羊》、《穀梁》皆未言及的訊息：「獨先外之，爲其與我同姓也」，也就是說，若爲惡事，《春秋》將因爲「血親」的關係，更加嫉痛而特別貶惡。

※魯、晉俱諸夏，譏二名，獨先及之

「譏二名」僅見於《公羊傳》，《穀梁傳》、《左傳》都沒有這種看法。《公羊傳》認爲經文有「譏二名」者，只有二次。分別散見於定公六年和哀公十三年。

（1）魯國仲孫何忌

◎定公六年

　　經：季孫斯、**仲孫忌**帥師圍運。

　　（傳）：此仲孫何忌也，曷爲謂之仲孫忌？譏二名。<u>二名，非禮也</u>。

　　（《穀梁傳》、《左傳》均無發論）

定公六年三傳經文都寫作「仲孫忌」。《春秋》只有這一則經文作「仲孫忌」，其它地方三傳經文皆作「仲孫何忌」。而定公六年又只有《公羊傳》認爲是「譏二名」，《穀梁傳》、《左傳》均無發論。

（2）晉國魏曼多

晉國魏曼多在《公羊傳》的經文裡共出現二次：哀公七年作「魏曼多」，哀公十三年作「魏多」。《穀梁傳》、《左傳》也是各出現二次，但是均作「魏曼多」，並無「魏多」的稱呼。也就是說，《公羊傳》也只有哀公十三年經文作「魏多」，被認爲是「譏二名」。至於《穀梁傳》、《左傳》經文都寫作「魏曼多」，當然，就沒有「譏二名」的看法。

◎哀公七年

　　經：晉**魏曼多**帥師侵衛。（三傳均無發論）

◎哀公十三年

　　經：晉**魏多**帥師侵衛。（三傳只有《公羊》經文作「**魏多**」，與《穀梁》、《左傳》作「**魏曼多**」不同）

　　（公羊傳）：此晉**魏曼多**也，曷爲謂之晉**魏多**？譏二名，二名，非

　　　　　禮也。

《公羊傳》認爲，「仲孫何忌」、「魏曼多」這二個名稱，之所以經文有不同的寫法，是因爲「何忌」、「曼多」名稱不雅的關係。董氏也認同「譏二名」之說，而且還指出經文二則「譏二名」之事，見於魯、晉二國，和魯、晉都是諸夏的身份有關。如果是未開化的夷狄，名稱不雅，情猶可原。但是以諸夏文化而言，不雅之名就顯得諷刺。這是董仲舒對於《公羊傳》的「譏二名」所增加的新詮釋。

　　董仲舒強調譏二名「獨先及之」的理由是——「魯、晉俱諸夏也」。同時，董仲舒還以此例作爲「德等也，則先親親」的示範。也就是說，在同樣「名不雅馴」的事例中，《春秋》優先以「諸夏」爲譏刺的對象。換言之，「諸夏」的身份，並沒有因爲「親親」的諱惡之筆，而使評論的標準較寬鬆；相反的，卻因爲優先成爲被糾正的對象，所以被董仲舒視爲是「親親」的表現。

※滅人者莫絕，衛侯燬滅同姓獨絕

《公羊傳》認爲是「滅同姓」的經文事件，只有三則：

◎莊公八年

　　經：夏，師及齊師圍成，成降于齊師。秋，師還。

　　（傳）：成者何？盛也。盛則曷爲謂之成？諱滅同姓也。曷爲不言
　　　　　降吾師？辟之也。還者何？善辭也。此滅同姓何善爾？病之
　　　　　也，曰：師病矣！曷爲病之？非師之罪也！

◎僖公二十五年

　　經：春，王正月丙午，衛侯燬滅邢。

　　（傳）：衛侯燬，何以名？絕。曷爲絕之？滅同姓也。

◎哀公八年

　　經：春，王正月，宋公入曹，以曹伯陽歸。

　　（傳）：曹伯陽何以名？絕之。曷爲絕之？滅也。曷爲不言其滅？
　　　　　諱同姓之滅也。……（本文案：「宋：子姓。曹：姬姓，與魯
　　　　　同姓」。）

莊公八年齊、魯滅盛，傳文未曾書「絕」字。哀公八年曹被宋滅，《公羊傳》認爲，經文所以書寫曹伯的名字，是因爲曹國從此就滅絕了。僖公二十五年衛滅邢，結果經文不是寫出被滅的邢國國君之名，反而寫出滅人之國的衛侯之名。《公羊傳》認爲，寫出「名」是因爲「絕」：衛滅同姓，所以，斷絕和

衛的關係。

哀公八年傳文和僖公二十五年傳文，二處傳文同樣書「絕」，卻性質不同：一爲針對「被滅者」（哀公八年），一爲針對「滅人者」（僖公二十五年）。董氏所說的「滅人者莫『絕』」，顯然是指哀公八年傳文這一類對「被滅者」（而非「滅人者」）書「名」示「絕」的事件。而所謂「滅同姓獨絕」者，則是特別指「僖公二十五年衛滅邢」這件「滅同姓」之事。

董氏認爲，在這一則記事中，經文之所以改變「書寫『被滅者』之名以示絕」的寫法，而對滅人的衛侯加以書「名」，是因爲經文對衛侯「賤其本祖而忘先」的行爲加以貶惡的關係。董氏詮釋《春秋》經文的「親親」之旨，顯然不是只從「諱惡」之筆去觀察。對於傷害「親親」之情的事件，經文往往以特殊的寫法來書記，董氏認爲，這就是《春秋》展露「親親」之旨的地方。

以上三則事例，同是魯的同姓國，這些「同姓國」與惡相涉時，《春秋》如何書寫呢？我們可以發現，董仲舒在此所援舉的事例，並沒有關於「內大惡諱」的討論，董氏一方面以「同姓血親」爲主軸，去比較「同姓」國在諸夏和夷狄之間，《春秋》持論的份際有何差別？另方面，董氏透過「同姓血親」的「親親」觀念，作出《公羊傳》所未有的詮釋就是，一旦面臨惡事，「同姓血親」並非得到赦免，而是「獨大惡之」、「獨先外之」、「獨絕」、「獨失及之」，難道這是受到法家「刻薄寡恩」的影響？本文並不這麼認爲，我們若仔細察看董氏所以「獨大惡之」、「獨絕」的原因是，「爲其亡母、背骨肉也」、「爲其賤其本祖而忘先也」，顯然董氏並非爲「寡恩」而獨惡、獨絕。相反的，就是「爲其與我同姓也」，爲了提倡「親親之恩」，所以，董氏主張，任何戕害「親親」之旨的行爲，都應該予以貶惡。那麼，董氏對於「親親」的這項詮釋，是否與《春秋》「錄內略外」的原則相衝突呢？《春秋》「錄內略外」的作法是「於外，大惡書，小惡不書」、「於內，大惡諱，小惡書」。董仲舒此處既然是討論同姓之「親親」，那麼，應該比對的是「於內，大惡諱；小惡書」這條原則，也就是「錄內」的部份。值得注意的是，所謂「大惡諱」，不代表隱瞞或寬赦。傳文所說的「大惡諱，小惡書」，應該是和「大惡書，小惡不書」作對比，大惡的情節較小惡嚴重，所以，外大惡「書」，外小惡「不書」；那麼，內大惡「諱」，內小惡「書」，「諱」的指責之意自然又比「書」要來得更進一步。所以，「諱」的筆法，雖然是隱晦的陳詞，但是，代表的卻是更強烈的貶

責和譏刺。如何以「隱晦的文詞」表達「更深的貶惡」呢？辭與旨、貶惡與隱晦，二者之間的糾葛從《公羊傳》以來，就一直存在於《春秋》「諱」筆的詮釋系統裡。董仲舒治《春秋》，特別重視人、我之分，「《春秋》之所治，人與我也。」所以治人與我者，仁與義也）（〈仁義法〉），「以仁安人，以義正我」，對於《春秋》之「諱」筆，董仲舒提出關鍵性的說明：

> 《春秋》，義之大者也：得一端而博達之，**觀其是非，可以得其正法；視其溫辭，可以知其塞怨**。是故**於外，道而不顯；於內，諱而不隱**。
> 於尊亦然，於賢亦然。此其別內外、差賢不肖而等尊卑也。（《繁露‧楚莊王》）

「觀其是非，可以得其正法」，雖然是隱晦的文詞，卻可以藉事理的推敲得知其中的是非曲直。「視其溫辭，可以知其塞怨」，雖然文辭婉轉，但是卻可在事理的對照之下，表達出沈痛的貶惡和譏刺。董仲舒：「於外，道而不顯。於內，諱而不隱」。是針對《公羊傳》「錄內略外」：「於外，大惡書；於內，大惡諱」所作的詮釋。基於「諱而不隱」以及「以義正己」、「躬自厚而薄責於人」的立場，董仲舒對《春秋》「親親」的義法，並不從「為親者諱」或「內大惡諱」的「諱」筆上去發揮，而是由「事理」去呈現《春秋》基於「親親」的友愛而流露在敘事觀點上的態度，如：「善稻之會，獨先內衛」、「失地之君而獨不名」；以及由「正己之義」而流露出的，對「同姓之惡」嫌惡尤深的作法，如：「滅同姓獨絕」、「譏二名，獨先及」。

　　在董仲舒所援引的「親親」的《春秋》事例中，我們於是可以看到「親親」同時呈現了由「同姓兄弟」之情誼而來的「獨先內之」、「俱當絕而獨不名」，以及由「正己以嚴」而來的「獨先外之」、「滅人者莫絕，滅同姓獨絕」，這二種乍似相反，卻又同出於儒學的「親親之仁」與「正己之義」。董仲舒在〈仁義法〉中所說的「《春秋》刺上之過而矜下之苦，小惡在外弗舉，在我書而誹之」。「我」在大一統盛世，所指的不是《春秋》中的「魯」或「諸夏」，而是指以漢天子為中心，由同姓血親而逐外擴展的，相對的「人」與「我」的思維。董仲舒對《春秋》「親親」之義的闡釋，既包含血親之恩，也包含同姓之義；既有仁人之愛，亦有嫌惡之絕。如果我們將董氏的春秋學內容重置回漢武當世，諸侯國勢力高張跋扈的場景，對於漢代儒學有別於先秦，而呈現反映時代精神的務實與用世的作風，會有更深刻的體認。

　　董氏在〈觀德〉所提及的「親親」，還有值得注意的一點是：「德等也，

則先親親」，在「德」同等的情況下，才論及此一「德等」中的「親親」。也就是說，在「親親」之上，還有一個更先決的要件，就是「德」：

> 至德以受命，豪英高明之人輻輳歸之。高者列爲公侯，下至卿大夫，濟濟乎哉，皆以「德」序，……當其如此也，惟「德」是親，其皆先其親：是故周之子孫，其「親」等也，而文王最先；「四時」等也，而春最先；「十二月」等也，而正月最先。（《繁露・觀德》）

「至德以受命，豪英高明之人輻輳歸之」，「德」，我們不能說它完全與「道德」屬性無關；但實際上，除了道德屬性之外，更關鍵的要項，應該說是來自於「天」所賦予的特質，這種特質構成不同的德等。此處我們不打算深入探討董仲舒來自於天之「德」，和當時宇宙氣化觀的關係，只想強調，不能再單純只以「道德心性」之「德」去看待董仲舒「皆以德序」、「惟德是親」之「德」。尤其是「惟德是親，皆先其親」接下來所援的例證，更可使我們看出，所謂「德」，是指同屬性的「德等」，「周之子孫，其『親』等也，而文王最先」、「『四時』等也，而春最先」、「『十二月』等也，而正月最先」，在「周王」、「四季」、「十二月」各自的「德等」中，董仲舒發揮其「貴元」的主張，在「序位」上，以「元始」爲先。接下來，董氏才在「德」等的狀態下，談論「同屬性的群組」中（即「德」等），以「先親親」爲原則。如果在「先親親」的狀態下，遇到「親」等的情況，則又以「從近者始」爲原則。

> ◎「德」等也，則先親親；「魯十二公」等也，而定、哀最尊。……

> ◎「親」等，從近者始，立適以長，母以子貴先。

除了之前所討論過的「衛俱諸夏也」、「吳俱夷狄也」……各德等中的「親親」之外，董仲舒在「德等也，則先親親」的事例中，首先援引的事例：「『魯十二公』等也，而定、哀最尊」。在「德等」的群組中，才考慮「親親」，「魯十二公」同爲魯君，與魯同爲血親之親，這時，則以時間距今爲近者爲優先。若是時間又同爲當世呢？則又以「血親近」者爲原則，如：「立適以長」，「母以子貴」爲序位之先。董氏相對辨證的思維於此展露無遺。

董仲舒由治《春秋》而興發的「親親」之義，在漢代大一統政局下展現怎樣的面貌呢？

> 立適，以長不以賢；立子以貴不以長。立夫人以適不以妾。天子不臣母后之黨。

> 親近以來遠，未有不先近而致遠者也。故內其國而外諸夏，內諸夏

而外夷狄，言自近者始也。(《繁露・王道》)

董仲舒將《公羊》一系論者所發揮的義法，用以作爲「禮制」的架構原則。
「親親」在禮制中，成爲「立適長」、「立夫人」、「不近外戚」的行爲守則。
至於由「親親」而延伸的「異內外」，在大一統之世，顯然成爲「中央」與
「地方」、「漢世」與「外藩」的代名詞，「內其國而外諸夏，內諸夏而外夷
狄」的《春秋》義法，成了「親近以來遠，未有不先近而致遠者」的外交策
略。「親親」置於「德等」之下，同時也顯現在董仲舒對《春秋》事例的詮釋
觀點：

> 《春秋》列序位、尊卑之陳，累累乎可得而觀也。雖闇至愚，莫不
> 昭然。公子慶父，罪亦不當繫於國，以親之故爲之諱〔註35〕，而謂
> 之「齊仲孫」，去其「公子」之親也。**故有大罪，不奉其天命者，皆
> 棄其天倫**。(《繁露・順令》)

◎閔公元年

> 經：冬，齊仲孫來。

> （傳）：齊仲孫者何？公子慶父也。公子慶父，則曷爲謂之齊仲孫？
> 　　　　繫之齊也。曷爲繫之齊？外之也。曷爲外之？春秋爲尊者諱，
> 　　　　爲親者諱，爲賢者諱。子女子曰：「以『春秋』爲《春秋》，
> 　　　　齊無仲孫，其諸吾仲孫與？」

公子慶父之母爲齊姜，慶父爲齊之外甥，公子慶父弒閔公，爲亂於魯，《春秋》
以「內大惡諱」之筆，不稱其爲魯公子，而稱呼他作「齊仲孫」。董仲舒以這
一則事例來說明《春秋》列序位，以「天命」之德爲主，慶父之罪惡，不應
再以魯國之血親去連繫彼此的關係，《春秋》去其「公子」之親，對於「不奉
天命」者，皆「棄其天倫」，董仲舒將「親親」繫於「德」之下，在事理判斷

〔註35〕◎莊公二十七年　經：秋，公子友如陳，葬原仲。（傳）：……公子慶父、公
　　　　子牙、公子友皆莊公之母弟也。公子慶父、公子牙通乎夫人以脅公，季子
　　　　起而治之，則不得與於國政，坐而視之則親親。因不忍見也，故於是復請
　　　　至于陳，而葬原仲也。

　　　◎僖公元年　經：冬，十月壬午，公子友帥師，敗莒師于犂，獲莒挐。（傳）：……
　　　　季子治內難以正，禦外難以正。其禦外難以正奈何？公子慶父弒閔公，走
　　　　而之莒，莒人逐之，將由乎齊，齊人不納，卻反舍于汶水之上，使公子奚
　　　　斯入請。季子曰：「公子不可以入，入則殺矣！」奚斯不忍反命于慶父，自
　　　　南涘，北面而哭。慶父聞之曰：「嘻！此奚斯之聲也，諾已。」曰：「吾不
　　　　得入矣！」於是抗輈經而死。……

時，成爲一種價值觀，由此則釋義可以具體、清楚地展現出來。

四、《春秋》敬賢重民，任德不任刑

（一）由《春秋》無「義戰」，得「敬賢愛民」之旨

《春秋》中之戰伐記事，所在多有。董仲舒卻認爲，《春秋》反戰，而有「《春秋》無義戰」之說：

> 難者曰：「《春秋》之書戰伐也，有惡有善也。惡詐擊而善偏戰，恥伐喪而榮復讎，奈何以**《春秋》爲無義戰而盡惡之也**？」曰：「……**《春秋》愛人，而戰者殺人**，君子奚說善殺其所愛哉？故《春秋》之於偏戰也，猶其於諸夏也，引之魯，則謂之外，引之夷狄，則謂之內；比之詐戰，則謂之義，比之不戰，則謂之不義；故<u>盟不如不盟，然而有所謂善盟；戰不如不戰，然而有所謂善戰</u>；不義之中有義，義之中有不義；辭不能及，皆在於指，非精心達思者，其孰能知之。（《繁露・竹林》）

董氏以其相對辨證的思維，論述《春秋》之於偏戰，乃「善其偏」而「不善其戰」，並從《春秋》「愛人重民」的觀點，來證明《春秋》反戰的立場：

> <u>《春秋》之法，「凶年不修舊」</u>，意在無苦民爾；苦民尚惡之。況傷民乎？傷民尚痛之，況殺民乎？故曰：<u>凶年修舊則譏。造邑則諱。</u>是<u>害民之小者，惡之小也；害民之大者，惡之大也</u>。今戰伐之於民，其爲害幾何？考意而觀指，則<u>《春秋》之所惡者，不任德而任力，驅民而殘賊之。其所好者，設而勿用，仁義以服之也</u>，……<u>《春秋》之所善也</u>。夫德不足以親近，而文不足以來遠，而斷斷以戰伐爲之者，此固《春秋》之所甚疾已，皆非義也。（《繁露・竹林》）

董氏由《春秋》凶年「修舊則譏，造邑則諱」，詮釋《春秋》行文之「價值觀」，以「害民之小」者，爲小惡；「害民之大」者，爲大惡。這是非常務實用世的觀點，言下之意，可以看出董仲舒論《春秋》之「善」、「惡」，不完全是由人物德性之善惡去評定，而是由政事之中，「予民福祉」與否爲善惡之依據。《春秋》所據往史，本質上就是「政事」之書，然而，論「政事」之善惡者，實未必以「人民」爲考量，亦有以「富國強兵」爲尚者，以「民」爲政事之本，是先秦儒學政治思想的特徵之一，董仲舒亦秉承此項特質論釋《春秋》之義。同時，又提出「任德不任刑」的觀點，董氏所謂「德」，包含「道德」而更擴

大內涵及於「天命」，值得注意的是，董氏所言「任」與「不任」，並非「存」與「廢」的二分概念：

> 天出陽，爲暖以生之；地出陰，爲清以成之。**不暖不生，不清不成。**然而計其多少之分，則**暖暑居百而清寒居一。德教之與刑罰猶此也。**故**聖人多其愛而少其嚴，厚其德而簡其刑，**以此配天。(《繁露・基義》)

> **天之任陽不任陰，好德不好刑**如是。故陽出而前，陰出而後，尊德而卑刑之心見矣。陽出而積於夏，任德以歲事也；陰出而積於冬，錯刑於空處也。(《繁露・天道無二》)

董氏類比的思維，將「德」、「刑」類比於「陽」、「陰」，對「天」而言（大自然之「天」），「天」、「地」缺一不可，猶「陽」、「陰」並存而「德」、「刑」同操，只是其分量比重，多寡輕重的調整罷了，並無「存」或「廢」的問題。因此，聖人由天之啓示而有興發「多其愛而少其嚴，原其德而簡其刑」以配「天」。所以，董仲舒強調《春秋》之所惡，「任德不任力，驅民而殘賊之」，至於《春秋》所好，爲「以仁義服民」，刑力「設而勿用」，猶如天、地之主、從，刑與德並非偏廢其一，而是以德爲主，以刑爲賓。

董仲舒以《春秋》「愛民」之心志論《春秋》無「義戰」，並進一步宏揚《春秋》以「文德爲貴而威武爲下」的精神：

> 夫執介冑而後能拒敵者，故非聖人之所貴也，君子顯之於服，而勇武者消其志於貌也矣。故**文德爲貴，而威武爲下，此天下之所以永全也。**於《春秋》何以言之？孔父義形於色，而姦臣不敢容邪；虞有宮之奇，而獻公爲之不寐；晉屬之強，中國以寢尸流血不已。故武王克殷，禪冕而撝笏。虎賁之王脫劍，安在勇猛必在武殺然後威，是以**君子所服爲上矣。**(《繁露・服制像》)

這是由「任德不任刑」所延伸的概念。之所以「文德爲貴，而威武爲下」，天下得以永全，必須有先決條決，就是國之「任賢」，「任賢」才能弭戰事於無形，「任賢」才能使姦宄無可容存。在「任賢」得治的條件下，「文德」才可能居於「威武」之，上不以「刑」制百姓，更不以「戰事」傷人民。

夫莊王之舍鄭，有可貴之美，晉人不知其善，而欲擊之〔註36〕。所

〔註36〕宣公十二年　經：楚子圍鄭。夏，六月乙卯，晉荀林父帥師及楚子戰于邲，
晉師敗績。(傳)：大夫不敵君，此其稱名氏以敵楚子何？不與晉而與楚子爲

－335－

救已解，如挑與之戰，此<u>無善善之心，而輕救民之意也，是以賤之</u>。
<u>而不使得與賢者爲禮</u>：秦穆侮蹇叔而大敗〔註37〕。鄭文輕眾而喪師
〔註38〕。<u>《春秋》之敬賢重民如是</u>。是故戰攻侵伐，雖數百起，必一
二書，傷其害所重也。（《繁露·竹林》）

董仲舒由《春秋》「與楚子爲禮」的晉楚邲之戰，嘉許楚莊王之所得稱霸，在
於「善善」、「救民」之心。晉失其善，故而慘敗。又藉秦晉崤之戰蹇叔哭師
以及鄭伯惡高克，終而棄師的事例，說明《春秋》「不與賢」者，將不與序位
於禮而稱治。在董氏看來，儘管《春秋》大小戰役數百起，但是《春秋》不
與戰、無「義戰」，雖然書寫戰事，目的其實在「傷其害所重」，突顯「敬賢
重民」的義旨。

董仲舒在《春秋》「十指」中，關於「敬賢重民」特別提出「論賢才
之義，別所長之能」、「親近來遠，同民所欲」之二指，並且指出，《春
秋》十指「義法」若得其用，則「百姓安」、「仁恩達」、「百官序」
等成治之效自然可及。董仲舒在〈立元神〉裏也曾提到「任賢」之
效：體國之道，在於尊、神。<u>尊者所以奉其政也</u>，神者所以就其化
也，故不尊不畏，不神不化。<u>夫欲爲尊者在於任賢</u>，欲爲神者在於
同心。<u>賢者備股肱，則君尊嚴而國安</u>，同心相承則變化若神，莫見
其所爲而功德成，是謂尊神也。（《繁露·立元神》）

董仲舒爲景帝時博士，又正值武帝崇儒方興之際，由此足以推見武帝崇儒之
前，文景二世崇尚黃老治術之風，董氏皆曾躬逢其時，因此，我們可以在《春
秋繁露》中，舉凡言及君臣之術者，多有黃老治術「術不欲見」、「貴神崇化」

礼也。曷爲不與晉而與楚子爲禮也？莊王伐鄭，勝乎皇門，放乎路衢。鄭伯
肉袒，左執茅旌，右執鸞刀，以逆莊王。……莊王親自手旌，左右撝軍退舍
七里。……既則晉師之救鄭者至曰：「請戰。」莊王許諾。……莊王鼓之，晉
師大敗，晉眾之走者，舟中之指可掬矣。莊王曰：「嘻！吾兩君不相好，百姓
何罪？」令之還師而佚晉寇。

〔註37〕僖公三十三年　經：夏，四月辛巳，晉人及姜戎敗秦于殽。（傳）……秦伯將
襲鄭，百里子與蹇叔子諫曰：「千里而襲人，未有不亡者也。」秦伯怒曰：「若
爾之年者，宰上之木拱矣，爾曷知！」師出，百里子與蹇叔子送其子而戒之
曰：「爾即死，必於殽之嶔巖，是文王之所辟風雨者也，吾將尸爾焉。」子揖
師而行。百里子與蹇叔子從其子而哭之。秦伯怒曰：「爾曷爲哭吾師？」對曰：
「臣非敢哭君師，哭臣之子也。」……

〔註38〕閔公二年　經：十有二月，鄭棄其師。（傳）：鄭棄其師者何？惡其將也。鄭
伯惡高克，使之將逐而不納，棄師之道也。

的色彩。學術之發展，不能自外於歷史潮流的影響，董仲舒政治理論中，語及君臣治術者，有黃老治術之用，並不令人訝異。然而，在治《春秋》詮釋義法之時，董氏從未以黃老學術詮釋《春秋》事例，可見，黃老學術並非董氏所奉，董氏語及黃老學術者，多與「陰陽氣化」、「養生治術」有關，這應該是當時社會普遍的觀念和想法，本論文不在此深論。由〈立元神〉中所云的「任賢」爲股肱，可以看出是國君所以「奉其政」，而其治終究能「成其化而若神」者，必須訴諸於「任賢」，與法家政治憑靠「法術勢」的謀略而成治者，並不相同。董仲舒認爲，天下是否能得治，關鍵不在天子的謀略之術，而在於是否能「任賢」而「百官序位得其所」：

> 氣之清者爲精，**人之清者爲賢**。治身者以積精爲寶，**治國者以積賢爲道**。身以心爲本，國以君爲主。精積於其本，則血氣相承受；**賢積於其主，則上下相制使**；血氣相承受，則形體無所苦；**上下相制使，則百官各得其所**；形體無所苦，然後身可得而安也；**百官各得其所，然後國可得而守也**。夫欲致精者，必虛靜其形；**欲致賢者，必卑謙其身**。形靜志虛者，精氣之所趣也；**謙尊自卑者，仁賢之所事也**。故治身者務執虛靜以致精，**治國者務盡卑謙以致賢**。能致精則合明而壽，**能致賢則德澤洽而國太平**。(《繁露·通國身》)

董仲舒論治術，黃老之學的色彩從〈通國身〉這段話可以一覽無遺，「治身」從精、氣、神到虛靜合明而得壽，治國則以積賢任能、上下制禮得其序、「百官得其所」爲必然途徑。〈精華〉云：「以所任賢，謂之主尊國安。所任非其人，謂之主卑國微。萬世必然，無所疑也。……故吾按《春秋》而觀成敗，乃切怛怛於前世之興亡也。」國治太平而「德澤洽」，這是儒學循禮德教的本旨，縱使黃老之學盛行，其思維風格已深入當代各技術層面如養生、醫學、乃至君臣治「術」等方面，身逢其時的董仲舒，推崇孔子，弘揚儒學，在「術」的層面，特別是陰陽、養生、治術方面，反映了時人黃老學術的風格，但是，在儒學本旨的把握、《春秋》義法的詮釋，乃至道德行爲、倫常秩序的提倡、愛民任賢等觀念的落實，站在人民的立場以衡定政治價值、得失，董仲舒皆是奉儒學爲本宗。

（二）天之生民，非爲王也；天立王，以爲民也

董仲舒治《春秋》是以弘揚儒學，推明孔子爲目的。其《春秋》義法以及春秋學之內容，終究爲當道者作何種「利用」，其功過並非董仲舒治學之始

料所及〔註39〕，同時，我們也不應該認為董氏春秋學是為干祿仕途而發之御用儒學。由〈堯舜不擅移湯武不專殺〉中的文旨，我們將可有清楚的認識：

> **天之生民，非為王也；而天立王，以為民也。**故其德足以安樂民者，天予之；其惡足以賊害民者，天奪之。《詩》云：「……侯服於周，天命靡常。」言天之無常予，無常奪也。……**王者，天之所予也，其所伐皆天之所奪也**。……故夏無道而殷伐之，殷無道而周伐之，周無道而秦伐之，秦無道而漢伐之；有道伐無道，此天理也。（《繁露·堯舜不擅移湯武不專殺》）

董仲舒以「天之無常予，無常奪」、「王者，天之所予也；其所伐皆天之所奪也」，對天子提出警告，而天之所奪或所予，便是以「其德足以安樂民者，天予之」，「其惡足以賊害民者，天奪之」為標準，換言之，也就是以「人民」來觀察天之所予奪。董仲舒提出的「天之生民，非為王也」、「天立王，以為民也」，對人主而言，無疑是刺耳忠言；倘若，董氏春秋學是為帝王量身訂做，又怎麼可能發出此類言論？

徐復觀氏認為，董仲舒「對人君所提出的要求，都是出自很嚴肅的心理。這是了解董氏思想的一個要點」，徐氏引用《漢書·眭弘傳》所記載，弘因「大石自立，僵柳復起」，即說曰：

> **先師董仲舒有言**，雖有繼體守文之君，不害聖人之受命。漢家堯後，有傳國之運。漢帝宣誰？差天下求索賢人，禪以帝位；而退自封百里，如殷周二王後，以承順天命。

眭弘最終以此伏誅。徐氏認為，董仲舒「天立王，以為民也」的思想，在其再傳弟子眭弘的表白上，清楚可見。「他（董氏）在維護大一統的專制政體的內心，認定此一致體，是應當在『天下為公』的大原則下運行的」〔註40〕。「王者，民之所往。君者，不失其群者也。故能使萬民往之，而得天下之群者，無敵於天下」（〈滅國上〉）以「民心」歸趨為王者天命之所在，董仲舒政治理

〔註39〕 徐復觀氏曾論及：「也有壞君壞人，假借經傳中的文句以濟其私，濟其惡；在兩漢中假借得最多的，《詩》的是『無德不報』，《書》是『車服以庸』，常被假借去封贈佞幸宦戚之德；而假借得最毒的是《公羊傳》的「人臣無將，將而死」，被假借去以興起大獄，慘殺無辜。但這究竟是極少數；而且專制者本可以無所不假借。」（《中國經學史的基礎》，台北：學生書局，1990 年 7 月，P239）

〔註40〕 參見徐復觀，《兩漢思想史》卷二，台北：學生書局，1989 年 9 月，P306。

念中的「王者」，不應只是被視爲「君權神授」而已，更精確的說法是，王位的合理性，來自於「天」，至德受命於天，而所謂「德」，何由顯現？其具體反映就在於民心之所向。得民心者得天下，這是儒學一貫的政治訴求。

（三）養民富民，不奪民時；除專殺之威，以仁寬民

《春秋》「貴元」義法的發揮，就是上溯王道之本，董仲舒所言「王道之端」，雖「上承於天」，實則「下正王之所爲」而行於「民」，〈王道〉即有云：「五帝三王之治天下，不敢有君民之心」：

> 《春秋》何貴乎元而言之？元者，始也，言本正也；道，王道也。王者，人之始也。王正則元氣和順，風雨時、景星見、黃龍下；王不正則上變天，賊氣並見。**五帝三王之治天下，不敢有君民之心。什一而稅。教以愛，使以忠，敬長老，親親而尊尊，不奪民時，使民不過歲三日。民家給人足**，無怨望忿怒之患、強弱之難，無讒賊妒疾之人，**民修德而美好**。（《繁露·王道》）

此處可以看到董仲舒實際的政策主張：「什一而稅」、「教民使民」、「親親尊尊」、「不奪民時」，力求「民家給人足」，是典型儒學政治以「民」爲政策中心考量的實踐，在《漢書·食貨志》中，更可看到董仲舒上書的實質內容，與先秦儒學在野而談「政治理念」相較，董仲舒的政治主張顯然更重視時代的反省，與人民需求的體認：

> 是後，**外事四夷，內興功利，役費並興，而民去本**。董仲舒說上曰：「春秋它穀不書，至於麥禾不成則書之，以此見聖人於五穀最重麥與禾也。今關中俗不好種麥，是歲失春秋之所重，而損生民之具也。願陛下幸詔大司農，使關中民益種宿麥，令毋後時。」又言：「**古者稅民不過什一，其求易共；使民不過三日，其力易足。民財內足以養老盡孝，外足以事上共稅，下足以畜妻子極愛，故民說從上**。至秦則不然，用商鞅之法，改帝王之制，除井田，民得賣買，富者田連仟伯，貧者亡立錐之地。又顓川澤之利，管山林之饒，荒淫越制，踰侈以相高；邑有人君之尊，里有公侯之富，小民安得不困？又加月爲更卒，已復爲正，一歲屯戌，一歲力役，三十倍於古；田租口賦，鹽鐵之利，二十倍於古。或耕豪民之田，見稅什五。故貧民常衣牛馬之衣，而食犬彘之食。重以貪暴之吏，刑戮妄加，民愁亡聊，亡逃山林，轉爲盜賊，赭衣半道，斷獄歲以千萬數。**漢興，循而未**

改。古井田法雖難卒行，宜少近古，限民名田，以澹不足，塞并兼之路。**鹽鐵皆歸於民。去奴婢，除專殺之威。薄賦斂，省繇役，以寬民力。然後可善治也。**」仲舒死後，功費愈甚，天下虛耗，人復相食。(《漢書‧食貨志》)

這裏充分流露對秦朝法政的不滿，提到「漢興，循而未改」而有務求「更張」之志，董仲舒所論之更張，不只是禮制文采上的改易，還包括經濟政策上的制行，可以說，在政策實質內容上，董氏反對法家，以「儒學內容」豐富其「政治主張」之架構，從未有疑義。在養民富民的訴求上，我們彷若看到孟子的翻版：

滕文公問爲國。孟子曰：「民事不可緩也。……民之爲道也，有恆產者有恆心，無恆產者無恆心。苟無恆心，放僻邪侈，無不爲已。及陷乎罪然後從而刑之，是罔民也。……夏后氏五十而貢，殷人七十而助，周人百畝而徹。其實皆**什一也**。……**設爲庠序學校以教之。**庠者養也，校者教也，序者射也。夏曰校，殷曰序，周曰庠，學則三代共之，皆所以明人倫也。**人倫明於上，小民親於下**。有王者起，必來取法，是爲王者師也。(《孟子‧滕文公上》)

王如施仁政於民，省刑罰，薄稅斂，深耕易耨；壯者以暇日修其孝悌忠信，入以事其父兄，出以事其長上，可使制梃以撻秦楚之堅甲利兵矣。(《孟子‧梁惠王上》)

董仲舒在〈竹林〉論楚大夫司馬子反「推恩爲仁」，不應治以「專擅輕君」之罪的這段話，更是徹底看出董氏之學並非御用儒學，更非「法家化」之儒學：

「司馬子反爲其君使。廢君命，與敵情，從其所請，與宋平。是**內專政而外擅名也。……而《春秋》大之，奚由哉**？」

曰：「爲其有慘怛之恩，**不忍餓一國之民，使之相食。推恩者遠之而大，爲仁者自然而美。今子反出己之心，矜宋之民，無計其間，故大之也**。」(本文案：可見《春秋》所大者，並非「內專政而外擅名」)

難者曰：「《春秋》之法，卿不憂諸侯，政不在大夫。……《春秋》之義，臣有惡，君名美。故忠臣不顯諫，欲其由君出也。《書》曰：『爾有嘉謀嘉猷，入告爾君於內，爾乃順之於外，曰：此謀此猷，惟我君之德。』此爲人臣之法也。古之良大夫，其事君皆若是。**今**

子反去君近而不復，莊王可見而不告，皆以其解二國之難爲不得已也。奈其奪君名美何？此所惑也。」

曰：「《春秋》之道，固有常有變，變用於變，常用於常，各止其科，非相妨也。……禮者，庶於仁，文質而成體者也。『當仁不讓。』此之謂也。……今讓者，《春秋》之所貴，雖然，見人相食，驚人相鬵，救之忘其讓，君子之道有貴於讓者也，故說《春秋》者，無以平定之常義，疑變故之大，則義幾可諭矣。」（《繁露‧竹林》）

「慘怛之恩」、「不忍人之心」、「推恩」，這些都是孟子「民本」、「仁民」的政治主張。「《春秋》之法，卿不憂諸侯，政不在大夫」、「《春秋》之義，臣有惡，君名美。故忠臣不顯諫，欲其由君出」，這是「古之良大夫，其事君皆若是」的「人臣之法」。但董氏在此卻提出「常變」的觀念，以「當仁不讓」、「仁民爲尚」的主張，突破所謂的「人臣之法」，認爲在必要的應變時，可以置「仁道」於「君道」之上。董氏云：「《春秋》之道，固有常有變，變用於變，常用於常，各止其科，非相妨也。」、「說《春秋》者，無以平定之常義，疑變故之大，則義幾可諭」。在常與變的衡量下，一以仁義爲準則，所以在〈精華〉篇裡，董氏亦云：

《春秋》慎辭，謹於名倫等物者也。……名倫弗予，嫌於相臣之辭也。是故大小不踰等，貴賤如其倫，義之正也。

大旱，陽滅陰也。陽滅陰者，尊厭卑也，固其義也，雖大甚，拜請之而已，敢有加也？大水者，陰滅陽也。陰滅陽者，卑勝尊也，日食亦然。皆下犯上，以賤傷貴者，逆節也，故鳴鼓而攻之，朱絲而脅之，爲其不義也。此亦《春秋》之不畏強禦也。

故變天地之位，正陰陽之序，直行其道而不忘其難，義之至也。是故脅嚴社而不爲不敬靈，出天王而不爲不尊上，辭父之命而不爲不承親，絕母之屬而不爲不孝慈，義矣夫。

常義之正爲「大小不踰等，貴賤如其倫」，是爲《春秋》所慎者。但是，若遇到逆節不義之事，《春秋》亦不畏強禦而攻治之。董氏所要強調的是「變天地之位，正陰陽之序」，如大水、日食一類逆亂之事，「脅嚴社而不爲不敬靈」；這是在遭「變」的情況下，雖知其難亦不得不爲者。乃至若爲「義之至」，「出天王而不爲不尊上」，直行其道亦不忘其難。在專制政體的漢武之世，如此主張的董氏之學，怎能說它是干祿御用之學呢？

近人余英時氏不察〈竹林〉「臣有惡，君名美。故忠臣不顯諫」，實乃「難者」所言而爲董氏反駁者，竟以謂：

> 董仲舒事實上是竊取了法家的「尊君卑臣」之論。……不過董氏托其說於《春秋》而已。這也是「儒學法家化」的一個顯例。董氏的《春秋繁露》中，「尊君卑臣」的議論甚多，如〈竹林〉篇亦云：「《春秋》之義，臣有惡，君名美。故忠臣不顯諫，欲其由君出也。《書》曰：『爾有嘉謀嘉猷，入告爾君於內，爾乃順之於外，曰：此謀此猷，惟我君之德。』此爲人臣之法也。古之良大夫，其事君皆若是。」這正是「善皆歸於君」的具體說明。〔註41〕

余氏爲中研院院士，乃當代學界之名望，所著影響吾輩後學不知凡幾，其猶對董學誤會如此之深，不禁令小子潸然。

（四）「屈民而伸君，屈君而伸天」的正確理解

誤解董氏之學爲帝王工具，甚至以爲董氏之學乃「陽儒陰法」，「漢儒的法家化已達到了驚人的程度」〔註42〕，多是斷章取義執引董氏在〈玉杯〉所言之「屈民而伸君，屈君而伸天」此語爲據，〈玉杯〉該段文句原意如下：

> 《春秋》之法，以人隨君，以君隨天。曰：緣民臣之心，不可一日

〔註41〕余英時，〈反智論與中國政治傳統〉，《歷史與思想》，台北：聯經出版社，1989年4月，P39～42。

〔註42〕余英時氏在〈反智論與中國政治傳統〉中誤以爲董仲舒的「陽尊陰卑」、「王道三綱」是「絕對」的秩序，而倡論董氏爲「儒學法家化」之典型：「我們不能不承認漢儒的法家化，實已達到了驚人的程度。以往研究董仲舒的人都注意他吸收陰陽五行的學說的一方面，對於他受法家影響的部份則未能給予足夠的重視。這也許是由於他「緣飾」的手段巧妙之故罷！但是我並不是說董仲舒祇是一個「陽儒陰法」的思想家……他至少還敢於假借『春秋之義』來『貶天子』，雖則所貶的祇是歷史上的天子。」（《歷史與思想》，台北：聯經出版社，1989年4月，P42～43）余氏所言，與《春秋繁露》之實質內容去意甚遠，董氏所言之「尊卑」，是「相對」的秩序，而非絕對的尊崇或貶抑。董氏以「陽陰」、「天地」、「尊卑」爲類比，正如「陽」、「陰」不可偏廢，崇「天」之同時，亦讚美「地」之能容。董氏所言之「尊卑」，是儒學禮制中的主從尊卑，而非法家絕對服從之尊卑，此爲一。又董氏對於當代天子亦多有直言不諱之論，如：「天之生民，非爲王也；天立王，以爲民也」（〈堯舜不擅移·湯武不專殺〉）、「王承天意以成民之性爲任者也。今案其眞質而謂民性已善者，是失天意而去王任也。萬民之性苟已善，則王者受命尚何任也？」（〈深察名號〉），董氏並非只藉《春秋》之義繩貶歷史上的天子，此爲二。顯然，余氏所論之董學乃斷章取義之偏論。

無君，一日不可無君，而猶三年稱子者，爲君心之未當立也，此非以人隨君耶？孝子之心，三年不當，三年不當而踰年即位者，與天數俱終始也，此非以君隨天邪？**故屈民而伸君，屈君而伸天，《春秋》之大義也**。（《繁露‧玉杯》）

這是董代討論禮制「新君即位，而猶三年稱『子』」之事。董仲舒指出，君父卒逝，新君即位而猶服喪「三年稱『子』」，爲「君心之未當立也」（「爲人君之心」尚未建立完備），只是因爲「緣民心，不可一日無君」，所以才勉強在喪期內即位，這就是「以人隨君」。那麼，《春秋》爲什麼在「踰年」方書「即位」呢？董氏認爲，是因爲「與天數俱終始」的緣故，與天數俱終始而展開新朝，這就是「以君隨天」。如此說來，董氏所論《春秋》大義「屈民而伸君，屈君而伸天」者，並不是在講政治地位孰輕孰重的問題，而是在討論禮制儀節的原則。在禮文序位上，「尊尊」的履行，由「民」而歸元於「天」。在「新君即位」的禮制上，董氏本可以完全不提及「民」，而直接倡談「天數」，但是，董氏特別強調了「緣民臣之心」，從另一個角度來看，正代表董氏在論禮治政時，總是不遺漏「人民」爲考量，在乎「民」的想法和視野，雖然在禮制儀文中的賓主序位，「民」爲賓，「君」爲主；「君」爲賓，「天」爲主。但是這種相對賓主的關係，與「敬賢重民」的政治理念並不相衝突。

五、以「正己之義」除細故之患，以「安人之仁」絕亂塞害於未然

董仲舒《春秋》「十指」所論，爲《春秋》義法的作用，董氏云：「十指者，事之所繫也。『王化』之所由得流也。」其中有所謂「舉事變，見有重」、「見事變之所至」、「因其所以至者而治之」三指，董仲舒謂此三指之效爲：

舉事變見有重焉，則百姓安矣

見事變之所至者，則得失審矣。

因其所以至而治之，則事之本正矣。

由「百姓安」、「得失審」、「事本正」的成效，可以推知這「三指」是董氏春秋學對「在位者」惕勵治事的方針。關於「舉事變，見有重」，董氏在《繁露‧盟會要》有云：

蓋聖人者貴除天下之患。貴除天下之患，故《春秋》重而書天下之

患遍矣。以爲本於見天下之所以致患，其意欲以除天下之患，何謂哉？**天下者無患，然後性可善**；性可善，然後清廉之化流；清廉之化流，然後王道舉，禮樂興，其心在此矣。……是以**君子以天下爲憂**也，患乃至於弑君三十六，亡國五十二，**細惡不絕之所致**也。辭已喻矣。（《繁露·盟會要》）

此處所論之「貴除天下之患」，是指何患呢？董氏云：「患乃至於弑君三十六，亡國五十二，細惡不絕之所致矣」，所謂「細惡」，是指君之「細惡」？或是臣子之「細惡」呢？這一點，將關係到董氏所論「聖人者，貴除天下之患」到底是「除臣子之患務盡」的法家「恐怖政治」？或是「除人君己患務盡」的儒學「德化於民」？董氏云：「天下者無患，然後性可善」，「然後清廉之化流」，「然後王道舉，禮樂興」，「心」在此矣。「心」是指在位者的「心志」，至少有志於「舉王道，興禮樂」，使民性淳善，教化風行。我們隱約可以看出儒學「德化於民」的基調，而不似法家恐怖政治之手腕。然而，對於何謂「細惡不絕」，乃致「弑君三十六，亡國五十二」？我們必須對照〈滅國〉上、下篇所云之「存亡之端」，方可得知詳盡的文旨：

王者，民之所往。君者，不失其群者也。故能使萬民往之，而得天下之群者，無敵於天下。

※弑君三十六，亡國五十二：

小國德薄，不朝聘大國，不與諸侯會聚，孤特不相守，獨居不同群，遭難莫之救，所以亡也。非獨公侯大人如此，生天地之間，根本微者，不可遭大風疾雨，立鑠消耗。衛侯朔固事齊襄，而天下患之，虞、虢並力，晉獻難之。《繁露·滅國上》………… 存亡之端1

晉趙盾，一夫之士也，無尺寸之土，一介之眾也。而靈公據霸主之餘尊，而欲誅之，窮變極詐，詐盡力竭，禍大及身。推盾之心，載小國之位，孰能亡之哉？故伍子胥，一夫之士也，去楚，干闔廬，遂得意於吳。**所託者誠是，何可禦邪？**楚王髡托其國於子玉得臣，而天下畏之。虞公托其國於宮之奇，晉獻患之。及髡殺得臣，天下輕之，虞公不用宮之奇，晉獻亡之。**存亡之端，不可不知也。**《繁露·滅國上》………… 存亡之端2

諸侯見加以兵，逃遁奔走，至於滅亡而莫之救，平生之素行可見也。隱代桓立，所謂僅存耳，使無駭帥師滅極，內無諫臣，外無諸侯之

救……此無以異於遺重寶於道而莫之守，見者掇之也。（《繁露‧滅
國上》）⋯⋯⋯⋯⋯⋯⋯⋯⋯⋯⋯⋯⋯⋯⋯⋯⋯⋯⋯⋯⋯⋯ 存亡之端 3

齊桓爲幽之會〔註43〕，衛不至，桓怒而伐之〔註44〕；狄滅之，桓憂
而立之。〔註45〕

魯莊爲柯之盟〔註46〕，劫汶陽，魯絕，桓立之。

邢杞未嘗朝聘〔註47〕，齊桓見其滅，率諸侯而立之。

〔註43〕莊公二十七年　經：夏，六月，公會齊侯、宋公、陳侯、鄭伯，同盟于幽。
〔註44〕莊公二十八年　經：春，王三月甲寅，齊人伐衛，衛人及齊人戰，衛人敗績。
　　　　（傳）：伐不日，此何以日？至之日也。戰不言伐，此其言伐何？至之日也。
　　　　《春秋》伐者爲客，伐者爲主，故使衛主之也。曷爲使衛主之？衛未有罪爾。
　　　　敗者稱師，衛何以不稱師？未得乎師也。
〔註45〕僖公二年　經：春，王正月，城楚丘。（傳）：孰城之？城衛也。曷爲不言城
　　　　衛？滅也。孰滅之？蓋狄滅之。曷爲不言狄滅之？爲桓公諱也。曷爲爲桓公
　　　　諱？上無天子，下無方伯，天下諸侯有相滅亡者，桓公不能救，則桓公恥之
　　　　也。然則孰城之？桓公城之。曷爲不言桓公城之？不與諸侯專封也。曷爲不
　　　　與？實與而文不與。文曷爲不與？諸侯之義，不得專封。諸侯之義不得專封，
　　　　則其曰實與之何？上無天子，下無方伯，天下諸侯有相滅亡者，力能救之，
　　　　則救之可也。
〔註46〕莊公十三年　經：冬，公會齊侯，盟于柯。（傳）：何以不日？易也。其易奈
　　　　何？桓之盟不日，其會不致，信之也。其不日何以始乎此？莊公將會乎桓，
　　　　曹子進曰：「君之意何如？」莊公曰：「寡人之生，則不若死矣！」曹子曰：「然
　　　　則君請當其君，臣請當其臣。」莊公曰：「諾。」於是會乎桓。莊公升壇，曹
　　　　子手劍而從之。管子進曰：「君何求乎？」曹子曰：「城壞壓竟，君不圖與？」
　　　　管子曰：「然則君將何求？」曹子曰：「願請汶陽之田。」管子顧曰：「君許諾。」
　　　　桓公曰：「諾。」曹子請盟，桓公下與之盟。已盟，曹子摽劍而去之。要盟可
　　　　犯，而桓公不欺；曹子可讎，而桓公不怨。桓公之信著乎天下，自柯之盟始
　　　　焉。
〔註47〕僖公元年　經：齊師、宋師、曹師次于聶北，救邢。（傳）：救不言次，此其
　　　　言次何？不及事也。不及事者何？邢已亡矣。孰亡之？蓋狄滅之。曷爲不言
　　　　狄滅之？爲桓公諱也。曷爲爲桓公諱？上無天子，下無方伯，天下諸侯有相
　　　　滅亡者，桓公不能救，則桓公恥之。曷爲先言次而後言救？君也。君則其稱
　　　　師何？不與諸侯專封也。曷爲不與？實與而文不與。文曷爲不與？諸侯之義
　　　　不得專封也。諸侯之義不得專封，則其曰實與之何？上無天子，下無方伯，
　　　　天下諸侯有相滅亡者，力能救之，則救之可也。
　　　　僖公十四年　經：春，諸侯城緣陵。（傳）：孰城之？城杞也。曷爲城杞？滅
　　　　也。孰滅之？蓋徐、莒脅之。曷爲不言徐、莒脅之？爲桓公諱也。曷爲爲桓
　　　　公諱？上無天子，下無方伯，天下諸侯有相滅亡者，桓公不能救，則桓公恥
　　　　之也。然則孰城之？桓公城之。曷爲不言桓公城之？不與諸侯專封也。曷爲
　　　　不與？實與而文不與。文曷爲不與？諸侯之義不得專封也。諸侯之義不得專
　　　　封，則其曰實與之何？上無天子，下無方伯，天下諸侯有相滅亡者，力能救

用心如此，豈不霸哉？故以**憂天下**與之。(《繁露·滅國下》)

〈滅國上〉指出，「弒君三十六，亡國五十二」其所以亡，在於不察「存亡之端」：

1. 小國德薄，獨居不群。不相朝聘、會聚，遭難無援，所以亡也。

2. 不知任賢託國，所以亡也。

3. 平生之素行不良。諸侯見其有兵禍，紛紛走避而莫之救，所以亡也。

由這三項所以滅亡的原因來看，其存亡之端皆繫於「君」。所謂「細惡」，是指國君既無「仁」以安人，又無「義」以正己。也就是說，「貴除天下之患」，「患」之所在，在君主而不在臣子。「貴除天下之患」是君王嚴格地自我要求，是「正己」的反省，而非治臣民的手段。「《春秋》，義之大者也」(〈楚莊王〉)，「王道舉，禮樂興，其心在此矣」，「君子以天下為憂」。「憂天下」之「心」，是治人之「仁心」。細惡不絕所致之患，來自於不知「正己」之「義」；欲成王道，興禮樂之「心」，則求自於「仁」心。

〈滅國上〉所云，乃「弒君三十六，亡國五十二」不知正己的細惡之端。〈滅國下〉則云桓公有「憂天下」之心，以見其成霸、成治之由。

《春秋》之所治，人與我也。所以治人與我者，仁與義也。以仁安人，以義正我，故仁之為言人也；義之為言我也，言名以別矣。仁之於人，**義之與我者，不可不察也。眾人不察，乃反以仁自裕，而以義設人**，詭其處而逆其理，鮮不亂矣。是故人莫欲亂，而大抵常亂；凡以闇於人我之分，而不省仁義之所在也。是故**《春秋》為仁義法，仁之法在愛人，不在愛我；義之法在正我，不在正人；我不自正，雖能正人，弗予為義；人不被其愛，雖厚自愛，不予為仁**。(《繁露·仁義法》)

「以仁安人」即是「憂天下」之心，既憂天下，則「觀物之動，而先覺其萌」，「絕亂塞害於將然而未形之時」：

雋，《傳》無大之之辭；公追戎於濟西〔註48〕，自為追，則善其所恤遠也。兵已加焉，乃往救之，則弗美；未至，豫備之，則美之，善其救害之先也。**夫救蚤而先之，則害無由起，而天下無害矣**。然則

之，則救之可也。

〔註48〕「公追戎於濟西」此數字，為盧文弨所校補。

觀物之動，而先覺其萌，絕亂塞害於將然而未形之時，《春秋》之志
也，其明至矣。非堯舜之智，知禮之本，孰能當此？故救害而先知
之，明也。公之所恤遠，而《春秋》美之，詳其美恤遠之意，則天
地之間，然後快其仁矣。非三王之德，選賢之精，孰能如此？（《繁
露‧仁義法》）

「絕亂塞害於將然而未形之時」，是用在「仁人之憂」上，而不是用來對付異
己，錯解成「君親無將，將而誅」的恐怖政治〔註49〕，〈仁義法〉中援引了「僖
公二十六年公追齊師至巂，弗及」與「莊公十八年公追戎于濟西」二件事，
屬事見義，具體說明何爲「絕亂塞害於將然而未形之時」：

◎僖公二十六年

　經：齊人侵我西鄙。公追齊師至巂，弗及。

　（傳）：其言「至巂，弗及」何？侈也。

◎莊公十八年

　經：夏，公追戎于濟西。

　（傳）：此未有言伐者，其言追何？大其爲中國追也。此未有伐中
　　　　國者，則其言爲中國。追何？大其未至而豫禦之也。其言于
　　　　濟西何？大之也。

「兵已加，乃往救」，傳文云：「弗及」。顯然，救援已失去第一時間之效，而
顯得多餘了。至於「追戎於濟西」，乃「兵未至而豫備之」，因此，《春秋》稱
美之，突顯「『救』蚤而先之，則『害』無由起，而天下無害」。很顯然，「絕
亂塞害」是指仁者安民，爲之先憂，也就是董氏所謂之「恤遠」而「快其仁」。

　　事實上，「絕亂塞害」必須要有卓越的眼光，以及處事的智慧，才能化解
危機於「將然而未形」之時。董氏也明白指出，「非堯舜之智，知『禮』之本，
孰能當此？」、「非三王之德，選賢之精，孰能如此？」，因此，董仲舒認爲，

〔註49〕徐復觀將〈盟會要〉之「聖人貴除天下之患」、〈十指〉之「舉事變見有重焉」、
〈王道〉之「誅惡不得遺細大」，皆釋爲君王不放過臣下小惡之意。而云：「通
過《公羊傳》以了解《春秋》，並沒有仲舒所說的大禍患是來自於小惡，所以
便不放過小惡的意思。至莊公三十二年《公羊傳》「君親無將，將而誅焉」；
此語又見於昭公元年《公羊傳》；「將」是意念之動；「將而誅焉」，是說臣
子動了意念要弒君親，雖未成事實，也必加以誅戮；這兩句話在漢代的政治
冤獄中，發生了很大的作用，由此可見其流弊之大（《兩漢思想史》卷二，
P339）。

儘管王者之治成於「以仁安人，以義正己」的「仁義法」，而具體的落實「仁義法」，就是訴諸於「禮」的制定與教化。

> 凡<u>百亂之源，皆出嫌疑纖微</u>，以漸寖稍長，至於大。聖人「章其疑者，別其微者，絕其纖」者，<u>不得嫌，以蚤防之</u>。聖人之道，眾堤防之類也，謂之度制，謂之禮節，故<u>貴賤有等，衣服有制，朝廷有位，鄉黨有序，則民有所讓而不敢爭</u>，所以一之也。（《繁露‧度制》）

以「仁」之心，防患於未然之前，這是儒家「禮」的精神，也是儒學「禮法」不同於法家「刑律之法」的地方。「百亂之源，皆出嫌疑纖微」，以「漸寖」而至於「大患」，無論是「正己」或「安人」，「禮」的精神，便在於「章其疑，別其微，絕其纖」，使「不得嫌」而「蚤防之」。禮之「文」，在「貴賤有等，衣服有制，朝廷有位，鄉黨有序」，禮之「質」則爲「仁義法」。

徐復觀氏也注意到董仲舒春秋學中，「仁義法」的關鍵地位，他說：

> 仲舒發揮《春秋》仁義之旨，而參以己意，用心懇篤，切近政治人生，欲有以救其偏弊，即在現在，仍富於極大啓發性，而又未嘗違反先秦儒家本義的，莫要於〈仁義法〉第二十九。但在他的整個思想中，發生影響最小，甚至不曾發生影響的，也是這一篇。孔子作《春秋》，是非二百四十二年之事，當然有一個大標準，這即是「義」……史公在〈史記自序〉中說：《春秋》制義法。「義」就是「法」。……《公羊傳》主要是把禮凸顯到前面，義是禮的內容，禮是義的形式。……《公羊傳》沒有把「仁」凸顯出來，既重視人民，則禮義必以仁爲基底，不言仁而仁行乎禮義之中，仲舒則特別把《春秋》中的「仁」凸顯出來。……他的基本用心，卻是想在這種崇高偉大政治結構之下，實現他以人民爲主體的理想政治。所以，他便針對一般的知識份子，尤其是針對著統治集團，提出「仁義法」這一篇莊嚴的理論。（《兩漢思想史》卷二，P367～368）。

徐復觀氏雖然注意到「仁義法」在董仲舒春秋學中的特殊性，卻並未將董氏「仁義法」的精神完全呈現出來。董仲舒認爲，《春秋》所治者爲「人與我」，整部《春秋》就是一部「仁義法」，「以仁安人，以義正我」。徐氏指出「仁」在董仲舒春秋學中的「重要性」，卻未看出「義」在董氏春秋學中的「特殊性」。《春秋》爲政事之書，一般人只想到治民、治人，哪裏想到所治爲「己」呢？

以「義」正「我」，而不是正「百姓」、正「臣下」、正「別人」，有多少「在位者」讀《春秋》，會注意到「仁」為安人，而「義」卻在「正我」呢？《公羊》一系論者治《春秋》，於「禮」、「義」之事理多有辨裁，然而，以「仁義法」指出「仁義」為「禮」之質，而正因為「禮」以「仁義」為質，「禮文」亦成了經世不易之「法」，董仲舒的「仁義法」較諸荀子所言之「禮法」，對於區分人我之分際，有了更精確的補充，這正是董仲舒的成就。

董仲舒治《春秋》，「十指」義法所云之「舉事變，見有重」、「見事變之所至」、「因其所以至而治之」，之所以能達到「百姓」安、「得失」審、「事本」正，便是在《春秋》事例中，循其「禮」，見王道「仁義」之法，既以「絕亂塞害，憂天下」之「仁」以安人；又秉持「天下之患，出於細惡不絕」的反省來「正己」。只有深入「仁義法」的要旨：「以仁安人，以義正己」，才能正確理解「見天下之所致患」，以及「絕亂塞害於將然而未形之時」，然後，明瞭董仲舒春秋學「舉王道，興禮樂」的深義。

六、《春秋》尊禮重信以成王化

《春秋》之義，貴信而賤詐（〈對膠西王越大夫不得為仁〉）。我們可以在宋襄公的事例上，看出董仲舒「不由其道而勝，不如由其道而敗」的價值觀：

> 善宋襄公不厄人，不由其道而勝，不如由其道而敗，《春秋》貴之，
> 將以變習俗，而成王化也。（《繁露·俞序》）

《公羊傳》稱許宋襄公：「君子大其『不鼓不成列』，臨大事而不忘大禮，有君而無臣，以為雖文王之戰，亦不過此」〔註50〕。董氏明白的指出，《春秋》嘉許宋襄公，是基於「變習俗，成王化」的目的，也就是說，在位者不應該像市井小民一般，以功利的得失去衡量事理的價值；驅利避害是人的通性，但是站在「官方」的立場，應該負擔起道德提倡、教化人心的工作，而不應該和庶民一起向功利沉淪。

〔註50〕僖公二十二年　經：冬，十有一月己巳朔，宋公及楚人戰于泓，宋師敗績。
（傳）：偏戰者日爾，此其言朔何？《春秋》辭繁而不殺者，正也。何正爾？
宋公與楚人期，戰于泓之陽。楚人濟泓而來。有司復曰：「請迨其未畢濟而擊之。」宋公曰：「不可。吾聞之也：君子不厄人。吾雖喪國之餘，寡人不忍行也。」既濟，未畢陳，有司復曰：「請迨其未畢陳而擊之。」宋公曰：「不可。吾聞之也：君子不鼓不成列。」已陳，然後襄公鼓之，宋師大敗。故君子大其「不鼓不成列」，臨大事而不忘大禮，有君而無臣，以為雖文王之戰，亦不過此也。

　　提倡教化，必須倚賴在位者，更明顯的事例見於宋伯姬、齊桓公之事例：

> 《春秋》尊禮而重信。信重於地，禮尊於身。何以知其然也？宋伯姬疑「禮而死於火」，齊桓公疑「信而虧其地」，**《春秋》賢而舉之，以為天下法，曰禮而信**。禮無不答，施無不報，天之數也。（《繁露・楚莊王》）

宋伯姬因守禮而死於火，齊桓公因重信而虧損疆地。守禮反而喪命，重信卻總是被欺負，如此一來，庶民百姓就會懷疑「守禮重信」似乎是愚蠢的行為？既然有這種嫌疑，《春秋》就會加以突顯，使尊禮重信者得到推崇；他們為奉守德行而付出的犧牲，在天地之間有所迴響，就能進而帶動社會秩序的良善，這是《春秋》帶給為政者的啟示。「《春秋》賢而舉之，以為天下法，曰禮而信」，由這裡可以看出，儒學中的「法」，並非律令條文，而是「典範的提倡」，使人進而以「道德行為」作效法的對象。道德是自發的行為，合於「禮法」的道德行為，必須藉由「提倡」使人心嚮往而布乎四肢。至於律法刑罰只能遏惡，卻不能啟發人心對良善的嚮往。

　　孔子云：「道之以政，齊之以刑，民免而無恥；道之以德，齊之以禮，有恥且格。」（《論語・為政》），在《春秋》的記事中，清楚的以事例的面貌呈現出來。董仲舒藉由研治《春秋》，再次伸張《春秋》對執政者的啟示。然而，道德的奉行，在講究成效的治國大事上，是否緩不濟急呢？這是在位者對先秦儒學的「德教」主張，普遍有所質疑的地方。在《春秋》的事例中，雖然企圖勾勒理想的「王者形象」，但實際上，王者似乎仍然只存在於「三代」，除了遙不可及的三代之治外，可否進一步對儒學的德教「成效」，提出具體而成功的案例說明？這是西漢當政者對於儒學所提出的要求。西漢儒者有一個絕佳的案例，就是不行仁政而猝逝的秦朝政體。「多行不義必自斃」，秦政為「不行德教」的下場，作了現世的示範，對於繼秦而起的漢代政局來說，秦就是一個最佳的警示。如何成就王者的風範？這是《春秋》褒善貶惡真正的目的。如何證明「道德的實踐」有實際的「政治功效」？為了使儒學能夠見用於執政者，董仲舒援《春秋》「霸主」為例說明，「霸主」之所以有別於其他諸侯國而能成就「霸業」，就在於道德的履行。

> 齊桓挾賢相之能，用大國之資，即位五年，不能致一諸侯。<u>於柯之盟，見其大「信」，一年而近國之君畢至</u>，鄄幽之會是也。其後二十

年之間亦久矣，尚未能大合諸侯也。至於<u>救邢衛之事，見存亡繼絕</u>之「義」，<u>而明年遠國之君畢到，貫澤、陽谷之會是也。故曰「親近</u><u>者不以言，召遠者不以使」，此其效也</u>。

其後矜功，振而自足，而不修德，故楚人滅弦而志弗憂，江黃伐陳而不往救，損人之國而執其大夫，不救陳之患而責陳不納，不復安鄭，而必欲迫之以兵，**功未良成而志已滿矣**。故曰：「管仲之器小哉！」此之謂也。自是日衰，九國叛〔註51〕矣。（《繁露·精華》）

齊桓挾賢相之能，用大國之資，即位五年，不能致召任一位諸侯。卻在柯之盟〔註52〕展現「信」的風度，使得近國之君咸來臣服。狄滅邢、衛（僖公元年、二年），齊桓出兵相救，存亡既絕之「義」，儼然有大國之風，在貫澤、陽谷之會〔註53〕上，遠國之君畢到。「親近者不以言，召遠者不以使」，端賴「德化」之「效」。

道德的履行，使齊桓由一般的諸侯國躋身為霸主；齊桓成為霸主之後，卻背離德業，矜功自足；德業不修，諸國之間的扶弱濟傾、誓師會同，皆無法服眾。終而導致諸國在葵丘之盟叛離。董仲舒以《春秋》齊桓稱「霸」的事例，由史事洞察出，道德行為的展現實為成就霸業的必要條件。

然而，「以力假仁」的霸主終究與王者並不等同。對於霸主「致天子，誅

〔註51〕僖公九年　經：九月戊辰，諸侯盟于葵丘。（傳）：「桓之盟不日，此何以日？危之也。何危爾？貫澤之會，桓公有憂中國之心，不召而至者，江人、黃人也。葵丘之會，桓公震而矜之，叛者九國。震之者何？猶曰振振然。矜之者何？猶曰莫若我也」。

〔註52〕莊公十三年　經：冬，公會齊侯，盟于柯。（傳）：何以不日？易也。其易奈何？桓之盟不日，其會不致，信之也。其不日何以始乎此？莊公將會乎桓，曹子進曰：「君之意何如？」莊公曰：「寡人之生，則不若死矣！」曹子曰：「然則君請當其君，臣請當其臣。」莊公曰：「諾。」於是會乎桓。莊公升壇，曹子手劍而從之。管子進曰：「君何求乎？」曹子曰：「城壞壓竟，君不圖與？」管子曰：「然則君將何求？」曹子曰：「願請汶陽之田。」管子顧曰：「君許諾。」桓公曰：「諾。」曹子請盟，桓公下與之盟。已盟，曹子摽劍而去之。要盟可犯，而桓公不欺；曹子可讎，而桓公不怨。桓公之信著乎天下，自柯之盟始焉。

〔註53〕僖公二年　經：秋，九月，齊侯、宋公、江人、黃人盟于貫澤。（傳）：「江人、黃人者何？遠國之辭也。遠國至矣，則中國曷為獨言齊、宋至爾？大國言齊、宋，遠國言江、黃，則以其餘為莫敢不至也」。僖公三年　經：秋，齊侯、宋公、江人、黃人會于陽穀。（傳）：此大會也，曷為末言爾？桓公曰：「無障谷，無貯粟，無易樹子，無以妾為妻。」

亂、繼絕存亡，侵伐會同」的作爲，《公羊傳》即已提出「實與而文不與」的看法，強調「予之爲伯」是《春秋》在「上無天子，下無方伯」的不得已情況下，爲了突顯「救中國，攘夷狄」而採取的變通作法。董仲舒在〈楚莊王〉裡也加以申論云：「《春秋》常於其嫌得者，見其不得也」，並舉出「齊桓不予專地而封，晉文不予致王而朝，楚莊弗予專殺而討。三者不得，則諸侯之得，殆此矣」爲例證。春秋時代霸主與周王，一爲諸侯，一爲天王；在「禮制血統」上有貴賤尊卑的分別；但是，對於身處一統之世的漢代儒者而言，「不予諸侯」並非關鍵的論題。如何使天子臨朝，成就王者之治，顯然才是問題的重心。因此，我們可以看到董仲舒對於《春秋》事例中的霸主有二種態度，一方面由霸主所以能成霸，在於「貴信重義」、「知賢奉上」等道德倫理的實踐，進而論證先秦儒學的「德教」確有其「效」：

> 齊桓晉文擅封，**致天子，誅亂、繼絕存亡，侵伐會同**，常爲本主。
> 曰：桓公救中國，攘夷狄，卒服楚，晉文再致天子；皆止不誅，善其牧諸侯，**奉獻天子而服周室，《春秋》予之爲伯**，「誅意」不誅辭之謂也。（《繁露・王道》）

> 《春秋》明此存亡，道可觀也。……觀乎齊桓、晉文、宋襄、楚莊，知任賢奉上之功。（《繁露・王道》）

董仲舒推崇霸主所以能成霸，面對繼秦而起的漢代政局，唯獨不提五霸中的秦繆公，這一點是很值得玩味的。在論證儒學「德教」之「效」外，之於《春秋》霸主，董仲舒還有另一方面的態度就是，批評霸主並非眞正的王者：「仲尼之門，五尺童子，言羞稱五伯；爲其詐以成功，苟爲而已」，董仲舒認爲，對於五霸應該有正確的認知，也就是：「五伯者，比於其他諸侯爲賢者，比於仁賢，何賢之有？」（〈對膠西王越大夫不得爲仁〉）。「相對思維」的方式，使得董仲舒既由《春秋》之霸主事例，得證「道德」爲用之「效」；又由霸主之不修德業而衰，論證「王、霸之異」，取決於二者對道德理念信守態度之差異。

第四節　以《春秋》「大一統」論禮制

一、《公羊傳》「大一統」之義

《公羊傳》以「大一統」之旨釋《春秋》之義，見於：

◎隱公元年

　　經：春，王正月。

　　（傳）：元年者何？君之始年也。春者何？歲之始也。**王者孰謂？
　　　　謂文王也。曷為先言王而後言正月？王正月也。何言乎王正
　　　　月？大一統**也。

此段文字，經何休《文諡例》之發揮，而有「元、春、王、正月、公即位」
——「五始」之例（見徐彥疏《解詁》「隱公元年」下引）。然而，究其原
始，《公羊傳》之「元」、「春」，不過為「君之始年」、「歲之始」，別無其他深
義，依《公羊傳》的看法，「王正月」微言之旨其實在「大一統」，也就是藉
「王」之正月，來彰顯對「王道」的嚮往和「王者之世」的渴望。

　　《公羊傳》大「一統」之義，在於使天下定於一。此可分別從兩方面言
之：即就一統之形式言，乃一統之天下；就一統之人物言，則是定于一尊之
王。所謂一統之形式，意即天下之土地人民，均一乎一人之下。傳言「王者
欲一乎天下」（公羊成公十五年傳）、「王者無外」（公羊隱公元年、桓公八年、
僖公二十四年、成公十二年傳），表明周王朝是大一統的王朝，王朝所統轄的
各諸侯國，均歸周王朝所有，都是周天子的屬下，因此，對周天子來說，天
下的每一寸土地、每一個諸侯國，不管其遠近如何，其政令教化，無遠弗屆，
不僅皆為「內」，且無內外之別，如同《詩·小雅·北山》所云：「溥天之下，
莫非王土。率土之濱，莫非王臣。」

　　所謂「大」，是重視、突顯之意；所謂「一統」，即是「以德行仁」的王
道。然則「一統」與「統一」有何差異呢？統一，乃約束力之象徵，肅齊天
下於一；以力假仁之霸道世界，即為統一之結果。「一統」與「統一」有王道
與霸道的分別，《公羊傳》每每在霸道政治中，特別推崇王道的展現，「統一」
實寓於「一統」之下。

　　然而，對於定天下於一的漢代政體而言，它是憑藉「以力假仁」的方式，
終而定天下政權於一。「馬上得天下，不能馬上治天下」，所以從高祖之世開始，
「如何以撥亂為始，終而返於『正』」始終是在位者所嘔思的問題。

二、禮制作科，才能完成漢世之「大一統」

　　《春秋》隱公「元年春，王正月」，《公羊傳》曰：「何言乎王正月？大一
統也。」董仲舒特別重視「大一統」，在〈賢良對策〉第三他說：「《春秋》大

一統者，天地之常經，古今之通誼也。」認為《公羊春秋》所提出的「大一統」思想是宇宙不變的真理、古今通用之準則。

「大一統」的實質內容，在《公羊傳》而言，是「尊王」之義；意即認為《春秋》期待王者重現，使天下之民不再紛擾於戰事，「德教」之社會秩序亦得以重建。

董仲舒所居處的時代，是天下已定於一的漢世；終止戰事的紛擾，顯然已非「大一統」的訴求內容，因此，在〈賢良對策三〉中，他對武帝的建言，顯然是因應漢代當世政治所需之「大一統」內容，而落於「德教」秩序的要求：

> 《春秋》「大一統」者，天地之常經，古今之通誼也。今師異道，人異論，百家殊方，指意不同，是以<u>上亡以持一統</u>：<u>法制數變，下不知所守</u>。臣愚以為諸不在「<u>六藝之科</u>」、「<u>孔子之術</u>」者，皆絕其道，勿使並進。邪辟之說滅息，然後<u>統紀可一而法度可明</u>，民知所從矣。
> 〈賢良對策三〉

所謂「上亡以持一統」、「法制數變，下不知所守」，「六藝之科」、「孔子之術」者，當是就禮文度制而言，所以，在《繁露・度制》董氏有云：

> 凡衣裳之生也，為蓋形暖身也，然而<u>染五采、飾文章者</u>，非以為益肌膚血氣之情也，<u>將以貴貴尊賢，而明別上下之倫，使教亙行，使化易成，為治為之也</u>。若<u>去其度制</u>，使人人從其欲，快其意，以逐無窮，是大亂人倫，而靡斯財用也，失文采所遂生之意矣。<u>上下之倫不別</u>，其勢<u>不能相治</u>，故苦亂也：嗜欲之物無限，其勢<u>不能相足</u>，故苦貧也。<u>今欲以亂為治，以貧為富，非反之「制度」不可</u>。（《繁露・度制》）

「將以貴貴尊賢，而明別上下之倫，使教亙行，使化易成，為『治』為之也」，明別上下之倫，使教亙行、化易成，必須藉由「治」。我們從上文文意可知：「未治」者，其原因來自於「度制」、「禮文」之未修，而造成「上下之倫不別」而「不能相治」，「嗜欲之物無限」而「不能相足」的亂象。當務之急，欲「以亂為治」、「以貧為富」，只有訴諸於「制度」之建立，也就是以「禮」來達成「統紀一，法度明，民知所從」的任務。

「禮」的制定，來自於取象，董仲舒在《春秋》得到啟發：

> 禮者，<u>繼天地，體陰陽，而慎主客</u>，序「尊卑、貴賤、大小」之位，

而差「外內、遠近、新故」之級者也，以「德」多爲「象」。萬物以廣博眾多、歷年久者爲「象」。其在天而象「天」者，莫大日月，……其得「地」體者，莫如山阜。「人」之得天得眾者，莫如受命之天子。下至公、侯、伯、子、男，海內之心懸於天子；疆內之民，統於諸侯。孔子曰：「唯天爲大，唯堯則之。」則之者，大也。「巍巍乎其有成功也」，言其尊大以成功也。唯「田邑之稱，多著主名」。「君將不言臣，臣不言師」。「王夷、君獲，不言師敗」。……齊桓、晉文不尊周室，不能霸；三代聖人不則天地，不能至王；階此而觀之，可以知天地之貴矣。（《繁露‧奉本》）

董氏引用孔子之語：「唯天唯大，唯堯則之」來肯定天子取象於天，將如堯「巍巍乎其有成功」之治。效法「天」，是受命之天子所應爲。一旦人君以天之「自然律」爲則，尊天敬天。下至公、侯、伯、子、男，皆可得到「尊尊」典範的取法，而心懸於天子；疆內之民，也將因爲諸侯尊天子，而統於諸侯。一層又一層上溯於「元本」，正是典範的追尋與學習。取法於「自然律」的「社會秩序」，所以能成功；董仲舒之所以能論述得如此肯定，是因爲他在《春秋》事例中找到了「尊尊」的秩序，並以之爲「王道」的示範：

※「田邑之稱，多著主名」：

◎昭公元年

經：晉荀吳帥師敗狄于大原。

（傳）：此大鹵也，曷爲謂之大原？**地物從中國，邑人名從主人**。原者何？上平曰原，下平曰隰。

※「『君將』不言臣，『臣（將）』不言師」：

◎隱公武年

經：秋，衛師入盛。

（傳）：曷爲或言率師或不言率師？「將尊師眾」稱「某率師」，「將尊師少」稱「將」；「將卑師眾」稱「師」，「將卑師少」稱「人」。「君將」不言率師，書其重者也。

※「王夷、君獲，不言師敗」：

◎成公十六年

經：晉侯及楚子、鄭伯戰于鄢陵，楚子、鄭師敗績。

（傳）：**敗者稱師，楚何以不稱師？王痍也**。王痍者何？傷乎矢
也。然則何以不言師敗績？末言爾。

◎僖公十五年

經：十有一月，壬戌，晉侯及秦伯戰于韓，獲晉侯。

（傳）：此偏戰也，何以不言師敗績？**君獲，不言師敗績也**。

我們可以看出，董仲舒對《春秋》的詮釋，其實是透過《公羊》一系的解經
論點而來，只不過，董氏根據這些論點，「意有所指」的往「尊尊」的方向去
詮釋，最後歸納出：「天地至貴」、「三代聖人不則天地，不能至王」、「齊桓、
晉文不尊周室，不能霸」……由「天」而「王」而「諸侯」，取法乎上，而逐
次往下序列成效的政治社會的倫理模式。

「人」之得天得眾者，莫如受命之天子。如何才能突顯天子承天受命，
之於百姓乃位居「主」的序位呢？最好的方式，就是訴諸於禮制。在人世禮
制中，「天子」的序位居於「主」位，「禮」制的根本精神就在於「繼天地，
體陰陽」而慎「主客」，然後「序尊卑、貴賤、大小之位，差外內、遠近、新
故之級」。

但是何以得知「禮制」可以確保得治成效呢？董氏引用《春秋》「西狩獲
麟」之事來說明，有「非力之所能致而自至」者。天子所爲之事，是否能得
到治世呈祥的樣貌（天容），就在於天子是否由《春秋》事例得到啓發，進一
步履行《春秋》的「仁義法」：

> 有非力之所能致而自至者，西狩獲麟，受命之符是也。然後**託乎《春
> 秋》正不正之間而明改制之義**，一統乎天子而**加憂於天下之憂也**，
> 務除天下所患而欲以上通五帝下極三王，以**通百王之道**而隨天之終
> 始，**博得失之效**而考命象之爲；極「理」以盡「情性之宜」，則天容
> 遂矣。（《繁露・符瑞》）

《春秋》爲「仁義法」，天子藉由《春秋》事例，能否瞭然明白「改制」之義。
關鍵在於：天子能否「加憂於天下之憂」、「務除天下之患，以通百王之道」。
「憂天下」是以「仁」安人，絕患塞害於未然。除「天下所有致患之因」以
「正己」，天子才能通達「百王所以爲王」之道。〈仁義法〉有云：

> 《春秋》刺上之過，而矜下之苦，小惡在外弗舉，在我書而誹之。……
> 以「自治之節」治人，是居上不寬也；以「治人之度」自治，是爲
> 禮不敬也；爲禮不敬，則傷行而民弗尊；居上不寬，則傷厚而民弗

　　親。弗親則弗信，弗尊則弗敬。二端之政詭於上，而僻行之則誹於

　　下，仁義之處，可無論乎！（《繁露‧仁義法》）

「以自治之節治人，是居上不寬」、「以治人之度自治，是爲禮不敬」。「居上不寬」的後果是，民風不再淳厚，而百姓與上位者弗親弗信。「爲禮不敬」的下場是，天子斲害自己的「德行」、敗壞受命於天之「德」（亦即天子不再尊「天德」），那麼人民自然也不再奉守尊尊的倫理。所以，〈符瑞〉談天子如何得治以逐「天容」；董氏認爲，必須先「極理以盡情性之宜」：「通百王之道」、「博得失之效」，終而「隨天之終始，考命象之爲」。「極理以盡情生之宜」便是透過「禮文」來達成。「通百王之道」則是「禮質」：「仁義心志」的內省外施。「博得失之效」是體察於民。「王者，民之所往；君者，不失其群」（〈滅國上〉），唯有參驗政策的得失，方能得民所往，與民同群。「隨天之終始，考命象之爲」，非力之所能致而自至之「天容」，自得其逐。

三、漢世改制之必要

　　《史記‧儒林列傳》云：「《禮》固自孔子時而其經不具。及至秦焚書，書散亡益多」，就記錄禮儀節文的典籍而言，〈儒林傳〉敘禮之傳承，與他經相較，的確顯得單薄。然而，自孔子以降，「禮」爲「行仁」的工夫，「立於禮」、「約之以禮」，人的行爲以「禮」爲節制。儒學中對於禮意的闡發，並未因秦暴政而中斷。由古禮以發現禮意，闡發「禮」的本質精神，並且因應時代而對「禮」加以新評價、新解釋，以期在時代中，樹立個人、政治、社會群體合理的生活方式和道德的實踐。由荀子所論之「禮法」到西漢大小戴記中的諸篇討論，可以看出先秦儒者對於闡釋「禮意」所作的努力。《春秋》三傳，亦無不以「禮」爲綱紀，作事理的分析。漢沿承秦統一的龐大帝國，除刑法、官制，因襲秦之餘緒以外，此龐大帝國中，人倫相接、上下相與的合理模式與行爲價值觀的建立，在實際的應用施行上，可謂一片空白，並非叔孫通的朝儀可以充數的。徐復觀在《中國經學史的基礎》中於是說明：

　　西漢儒者由賈誼以降，莫不繼先秦儒者的努力，希望以重新評價之禮，來塡補此一空虛，將政治、社會、人生的運行，規整於更合理的軌轍之上。此司馬遷《史記》中〈禮書〉、〈樂書〉的所以成立。而在西漢的重要奏議中，幾乎無不涉及禮的問題。……此種事實及其意義，是遠在儀禮傳承系統之上的」（P168）。

在這樣的背景之下，董仲舒以「禮制」實現真正「大一統」的主張，便格外令人注意。值得一提的是，漢興至於武帝，已有五世，叔孫通因「秦儀」而制訂之禮制，亦已有規模。如何能有充分理由去說服武帝進行「改制」呢？

首先，董仲舒在〈賢良對策三〉便根據「因秦儀」這一項，提出反駁：

> 道之大原出於天，天不變，道亦不變，是以禹繼舜，舜繼堯，三聖相受而守一道，亡救弊之政也，故不言其所損益也。繇是觀之，**繼治世者其道同，繼亂世者其道變。今漢繼大亂之後，若宜少損周之文致，用夏之忠者**。〈賢良對策三〉

董氏所持的立場是「繼治世者其道同，繼亂世者其道變」，漢既然去秦暴政，繼大亂之後，就不應該在禮制上因承秦儀。董氏並以「博得失之效」的方法，將漢興以來「常欲善治而至今不可得」的原因，歸咎於「禮制之失」：

> **為政而不行，甚者必變而更化之，乃可理也。**當更張而不更張，雖有良工不能善調也；當更化而不更化，雖有大賢不能善治也。故**漢得天下以來，常欲善治而至今不可善治者，失之於當更化而不更化也**。〈賢良對策一〉

何以「為政若不行」，必變而更化「乃可理」呢？因秦之制又有哪些不當呢？董仲舒提出他的看法：

> 《春秋》曰「王正月」，《傳》曰：「王者孰謂？謂文王也。曷為先言王而後言正月？王正月也。」「何以謂之王正月？」曰：「**王者必受命而後王。**王者必**改正朔，易服色，制禮樂**，**一統於天下，所以明易姓，非繼人，通以己受之於天也**。王者受命而王，制此月以應變，**故作科以奉天地**，故謂之『王正月』也。」（《繁露‧三代改制質文》）

董仲舒以《春秋》「王正月」之微言為例，「正月」隸屬於「王」之下，代表每一位王者必有「受命」而來；王者受命而王，「制此月以應變」，應變的方式，是「作『科』以奉天地」，才能「一統於天下」。王者以禮「大一統」，對於秦以力取而統一之帝國，其儀制不應承襲的關鍵因素在於：「所以明易姓，非繼人，通以己受之於天」，也就是藉禮制之更張，突顯對秦暴政的揚棄，表示漢世作風不同於秦，更意味漢取代秦乃「受天之命」，使政治倫理與秩序，得到完全合理的解釋。所以，董氏再度強調：

> 道者者，萬世亡弊；弊者，道之失也。……三王之道所祖不同，非其相反，將以捄溢扶衰，**所遭之變然也**。故孔子曰：「亡為而治者，

其舜虖！」改正朔，易服色，以順天命而已……故王者有改制之名，
亡變道之實。〈賢良對策三〉

「改制」的方法，是「順天命」；「改制」的目的，在使普天之民明瞭朝代已
經「易姓」、而非「父子相承」之新君。同時，宣告前朝已經結束。現在是應
天而起，爲民而立之「天子」〔註54〕新朝。對於新王改制的內容，《繁露・楚
莊王》有更詳細的描述：

今所謂「新王必改制」者，非改其道，非變其理；受命於天，易姓
更王，非繼前王而王也。若一因前制，修故業，而無有所改，是與
繼前王而王者無以別。受命之君，天之所大顯也。事父者承意，事
君者儀志，事天亦然；今天大顯已，物襲所代，而率與同，則不顯
不明，非天志。故必「徙居處、更稱號、改正朔、易服色」者，無
他焉，不敢不順天志而明自顯也。若夫大綱、人倫、道理、政治、
教化、習俗、文義盡如故，亦何改哉？故王者有改制之名，無易道
之實。（《繁露・楚莊王》）

「新王改制」，改的不是人倫道理、政治教化、習俗文義，所改的是「居處、
稱號、正朔、服色」，以表示「易姓更王」，非「繼前王而王」。簡言之，所謂
「改制」，是一種政治手腕。漢代人之「改制」，在今人眼裏，顯得難以理解，
但是仔細想想，二千年台灣總統大選之後，民進黨侯選人登上總統寶座，而
後爲表示與舊制國民黨時代有別，遂發行「新鈔」，依時人之意識形態，摘下
原本紙鈔上的「莊介石」圖像。民主時代，何嘗不也有「改制」之手腕？基
於「意識形態」而有所行動；董仲舒所採取的，時人能接受的意識形態，就
是「應天」、「順天」、「受命於天」。

制度文采玄黃之飾，所以明尊卑，異貴賤，而勸有德也。故《春秋》
受命所先制者，改正朔，易服色，所以應天也。然則宮室旌旗之制，
有「法」而然者也。〈賢良對策二〉

「改正朔」、「易服色」，是在位者「應天」的手腕，訴諸於禮文，同時達成「明
尊卑、異貴賤、勸有德」建構社會秩序的目的。「順天志」既然得落實於具體
的禮文，那麼，又該如何興辦呢？董仲舒提出有「法」而然，這個「法」，就
是他「三統說」的內容。

〔註54〕〈堯舜不擅移、湯武不專殺〉：「天之生民，非爲王也。而天立王，以爲民
也。」

四、董仲舒「三統」禮制之內容

　　「三統說」是董仲舒的歷史觀，以黑統、白統、赤統循環反覆，將朝代之遞嬗視爲三統之循環，王者繼位之後，新王朝之度制必須改制以應天，表示新王乃受天命而立：董仲舒在〈三代改制質文〉云：

　　　　故《春秋》<u>應天作新王之事，時正黑統，王魯、尚黑，絀夏、親周、</u>
　　　　<u>故宋</u>，樂宜招武，故以虞錄親，樂制宜商，合伯子男爲一等。

孔子藉《春秋》記事之褒貶，呈現王者行事應有的氣象和風度。雖然《春秋》實際上並非受命的「新王」，但是卻代表了一位理想中的王者，董仲舒在《春秋》中看出「王道」之義，由《春秋》之記事，歸納出理想的新王朝所擁有的度制，這個度制在董氏的詮釋之下，其禮文皆順天志、應天而發。「《春秋》應天作新王之事」，依董仲舒的「三統說」來看，《春秋》代表「新王」之制，繼周代「赤統」之後，應爲「黑統」，所以「尚黑」。

　　　　<u>《春秋》作新王之事，變周之制</u>，當正黑統，而殷、周爲王者之後；
　　　　<u>絀夏</u>，改號禹謂之帝，<u>錄其後以「小國」</u>，故曰絀夏。(〈三代改制質
　　　　文〉)

董仲舒「三統說」認爲，一位新王接受天命，建立一個新王朝之後，必須封前二個王朝的後代爲王。周初曾封夏朝的後代於杞，封殷商的後代於宋，讓他們在自己的封地內，奉行其正朔。《春秋》既爲「新王」之制，往上推去，只封前二個王朝的後代，即周、商二王；以杞爲後的夏，因爲與當時統治者的距離相形遙遠，所以，被絀於「三統」之外，亦即所謂的「絀夏」〔註55〕。爲殷商後代的宋，春秋封其後人，使他來繼承「白統」，所以說「故宋」；周是春秋以前的王朝，春秋也封其後人，使他來繼承「赤統」，所以說「親周」。這便是董仲舒「三統說」的基本架構，「三統」的歷史觀是董仲舒的發明〔註56〕。董仲舒的「三統說」其實只到「《春秋》應天作新王」，對秦漢該

〔註55〕《春秋》曰：「杞伯來朝。」王者之後稱公，杞何以稱伯？《春秋》上絀夏，
　　　　下存周，以《春秋》當新王。……《春秋》作新王之事，變周之制，當正黑
　　　　統，而殷、周爲王者之後，絀夏，改號禹謂之帝，錄其後以小國，故曰絀夏。
　　　　存周，以《春秋》當新王。不以「杞侯」，弗同王者之後也。……稱「子」又
　　　　稱「伯」何？見殊之小國也。
〔註56〕《公羊傳》宣公十六年傳文雖有「新周」一詞：「成周宣謝災，何以書？記災
　　　　也。外災不書，此何以書？新周也。」由文義可知，此處乃論述內外親疏之
　　　　辨，「新周」實爲「親周」之意。但是，與「三統說」朝代遞衍之「親周」，
　　　　毫無關係。

以何法何統繼之未予說明。

> 「王者**改制作科**奈何？」曰：「當十二色，曆各法而正色，逆數，三
> 而復；紺三之前，曰五帝，帝迭首一色，順數五而相復；禮樂各以
> 其『法』象其宜，順數四而相復；咸作國號，遷宮邑，易官名，制
> 禮作樂。（〈三代改制質文〉）

統整〈三代改制質文〉所云之「改制作科」，我們對於董仲舒「三統說」，至少可以掌握下列三項特徵：

（一）夏、商、周三代各別用以正月爲建寅（一月）、建丑（十二月）、建子（十一月）等不同的曆法，而王朝交替時的制度改革，必須順從此三種的曆法之循環，這就是「三正說」。王者受命而王的第一件大事就是「制正月」，制正月的目的是以正月統天下，使得自然界與人類社會皆繫於正月。因爲制正月是以正月統天下，所以三正即有三統之義。三正中萬物始齊，都可以體現統始之義，而王者可於「三統」中當「一統」以治天下。公羊家之所以用三正來說三統，是因爲《春秋》經記載「王正月」、「王二月」、「王三月」，以正月來統繫天下，代表不同的王統。曆法上的「子、丑、寅」相當於「黑統、白統、赤統」。改制的重要項目：「易服色」一定順從此三統的循環。

（二）董仲舒認爲三統是「逆數三而復」、「各法而正色」，並且「禮樂各以其法、象其宜」而不同。三代雖改正，但是必以「三」統天下，「同時稱王者」三，以大國存二王之後。就董氏而言，三統的內容有變化，即是可由任何三個朝代組成，不過，三統的形式上的含意是固定不變的。再說，前王有可能被新王取代，而每當一王興起受命而王時，此一新王之統加入三統，同時有一舊王之統就從三統退出，如此，形成一具有新內容的三統。舊統退出三統之後，不再稱王，而稱爲「帝」，帝數有五，而形成五帝。新帝進入之後，五帝中的最前一帝就退出，稱爲「皇」，如此仍然保持五帝，而九皇中的最前一皇退出而成爲「民」。

（三）董氏認爲三統的禮制是不同的，每一王興起，就必須要建一新統，而在這新統中，正朔、服色、禮樂政制等都與前一統不同，以表示新統受命

又「故宋」一詞，不見於《公羊傳》，而二見於《穀梁傳》。《穀梁傳》桓公二
年「其不稱名，蓋爲祖諱也。孔子故宋也。」襄公九年「外災不志，此其志，
何也？故宋也。」此處「故宋」一詞，乃指孔子先祖淵源於宋。與「三統說」
朝代遞衍之「故宋」，亦毫無關係。
至於「新王」之說，則完全未見於三傳。

於天，而非繼人。

本文將董氏在〈三代改制質文〉所談到的「黑、白、赤」各統的內容作統整，列表置於本節文末之附錄。（參見表一：〈三代改制質文〉三統禮制一覽表）

董仲舒的「三統說」和「五德終始說」是否相類呢？

關於「五德終始」，卻我們可以在《呂氏春秋‧應同》中略知一二：

> 凡帝王之將興也，天必見祥乎下民：黃帝之時，先見大螾大螻，黃帝曰：土氣勝，土氣勝，故**其色尚黃，其事則土**。及禹之時，天先見草木秋冬不殺，禹曰：木氣勝，木氣勝，故**其色尚青，其事則木**。及湯之時，天先見金，刃生于水，湯曰：金氣勝，金氣勝，故**其色尚白，其事則金**。及文王之時，天先見火，赤鳥銜丹書見于周社，文王曰：火氣勝，火氣勝，故**其色尚赤，其事則火**。代火者必將水，天且先見水氣勝，故**其色尚黑，其事則水**。

這是從五行生剋出發，說明歷史是依五行的運轉而有王者的代興，為了適應五行的運轉和天的機祥，必須在人事上有所相應，這就是《史記》所說的「載其機祥度制」，這種相應便是其色尚黃（或青、白、赤、黑），其事則土（或木、金、火、水）等等，從這一總則出發而制訂種種細節。五行家的時間觀可分為二：一為「四時相生」：「木火金水」（按自然四時之序，前者生後者，而成循環。「土」另有所置）。一為「朝代相勝」：「土木金火水」（政局終始，後者勝克前者，亦成循環，「土」與於「五德」之終始）。「五德終始」的順序為後者，茲將《呂氏春秋‧應同》五德與朝代、服色度制之關係列表於後：

五行	土	木	金	火	水
服色	黃	青	白	赤	黑
朝代	黃帝	夏	商	周	（新王朝）

我們可以發現，董仲舒「三統說」事實上是脫胎自「五德終始說」。

首先，董仲舒「三統說」：「白赤黑」的次序與「五德終始」是一致的。董氏從「五德」之中粹取其三，然後再以此粹取之「三統」者，自為循環。但是，循環的次序、朝代的遞衍，與「五德終始說」之排列，完全相同。

> 五德終始：（「黃青白赤黑」→「黃青白赤黑」→「黃青白赤黑」→⋯⋯）
> 三統：（「白赤黑」→「白赤黑」→「白赤黑」→⋯⋯）

其次，我們發現，董氏粹取的關鍵，在於「紺夏」，「五德終始說」循環之前的原型，一旦「紺夏」，就成了「三統」。五行的時間觀有二，但是，董仲舒卻採取了「終始相勝」這一種，也就是與「五德終始說」相同。可見，董氏的「三統」之序，並非隨意的排列。而是擷取自「五行相勝」而來。

　　馮友蘭曾論及董仲舒的「三統說」，與本文乍似有不同的看法，馮氏認爲：「三統說其表面上和五德終始說顯得相似，其實這兩者根本不同，因爲在五德終始說的歷史觀中，五行通過其相生相剋的原理推進王朝的變化，其中五行的相生相剋就是歷史變化的動力。……董仲舒所說的三統不是歷史變化的動力，而只不過是新王受命的一種表徵而已，而且新王受命完全按照天意來決定的，而天意是由於永久不變的『道』而表現出來的。」〔註57〕

　　事實上，本文亦同意馮氏之看法，「三統說」在獨立於「五德終始」之後，即展開自己的一套循環機制，與「母體」（五德終始）脫離關係。而且，「三統說」著重在改朝換代之後，「禮制」當如何更化。至於預言下一個朝代如何如何，並非「三統說」所在意。「推災異之象於前，然後圖安危禍亂於後者，非《春秋》之所甚貴」（〈二端〉），「誠勉反省過去，厭惡預言未來」，向爲董氏學說的風格。「五行的相生相剋」這種歷史變化的動力，本來就不是「三統說」所重，禮制如何表徵奉行，才是董氏春秋學所關注。儘管如此，「三統說」之源，出自「五德終始」卻不容否認。

　　董仲舒在〈三代改制質文〉中，除了禮制「三統」之外，還有所謂的「四法」，也就是「商」、「夏」、「質」、「文」：

> 禮之所重者，在其志。志敬而節具，則君子予之知禮。志和而音雅，則君子予之知樂。志哀而居約，則君子予之知喪。故曰：非虛加之，重志之謂也。志爲質，物爲文。文著於質，質不居文，文安施質？質文兩備，然後其禮成。文質偏行，不得有我爾之名。俱不能備而偏行之，寧有質而無文。（《繁露·玉杯》）

> 四法修於所故，祖於先帝，故四法如四時然，終而復始，窮則反本，四法之天施符授聖人王法，則性命形乎先祖，大昭乎王君。（《繁露·三代改制質文》）

董仲舒把「商、夏、質、文」之四法比擬四時，而且把四法與天地結合而提示王朝交替的原理，即是主天法商（舜）、主地法夏（禹）、主天法質（湯）

〔註57〕馮友蘭，《中國哲學史新編》第二冊，北京：人民出版社，1964年，P126。

和主地法文（文王）。此四者「終而復始」地循環，而爲「四法」。「四法」中，反映了董仲舒相對辨證的思維方式，「商」禮爲「文」，「夏」禮爲「質」；董氏在「主天法商（文）」之外，又再區分一類爲：「主天法質」；在「主地法夏」（質）之外，又另爲一類：「主地法文」。徐復觀認爲，董仲舒之「以質救文」觀念是與當時的政治、社會的實況有關，即是，文景時代政治因諸侯王的僭侈，社會因商業資本及地主的發達，生活豪侈成爲風氣。至武帝而朝廷爲首倡，因此，董仲舒以「質」的觀念加以補救，是很有意義的。（《兩漢思想史》卷二，P350）

「四法」亦有相應的朝代與受命，「四法」的禮制與「三統說」根本無法相搭配，似乎是二種不同的度制。在此，我們一併將〈三代改制質文〉中所論列之「四法」，並列比較於表二，以見其詳目，而不再贅論。（參見本節文末所附表二：〈三代改制質文〉「四法」禮制（商、夏、質、文）一覽表）

表一：〈三代改制質文〉三統禮制一覽表

三正色統	黑	白	赤
正日月朔位	營 室	虛	牽 牛
斗 建	寅	丑	子
天統之氣	始通化物	始蛻化物	始施化物
物 象	物見萌達	物初芽	物始動
朝正之服色	黑	白	赤
首之服色	藻 黑	藻 白	藻 赤
正路輿之色	質 黑	質 白	質 赤
馬匹之色澤	黑	白	赤
大節綬幘之色	尙 黑	尙 白	尙 赤
旗幟之色	黑	白	赤
大寶之玉澤	黑	白	赤
郊 牲	黑	白	騂
犧 牲	犧牲角卵	犧牲角繭	犧牲角栗
冠禮之位	冠於阼	冠於堂	冠於房
昏禮之逆位	逆於庭	逆於堂	逆於戶
喪禮之殯位	東階之上	楹柱之間	西階之上
祭 牲	黑 牡	白 牡	騂 牡

薦　品	尚　肝	尚　肺	尚　心
樂器質色	黑	白	赤
法不刑	有身、懷任、新產	有身、懷任	有身（重懷藏以養微）
日　分	平　明	鳴　晨	夜　半
朝正之時	平　明	鳴　晨	夜　半
刑　德	是月不殺，聽朔廢刑發德，具存二王之後也。	是月不殺，聽朔廢刑發德，具存二王之後也。	是月不殺，聽朔廢刑發德，具存二王之後也。

〈三代改制質文〉三代、三統禮制對照表

色　統	白	赤			黑
朝　代	湯	文　王	武　王	周　公	《春秋》
變	變　夏	變　殷			變　周
稱　號	殷	周			新　王
親	夏	殷			周
故	虞	夏			宋
絀	唐（帝堯）	虞（帝舜）			夏
五帝之祖	赤帝神農	黃　帝			
九　皇		神　農			
宮　邑	下洛之陽	豐	鄗	洛　陽	
相官之名	尹	宰			
樂	濩　樂	武　樂	象　樂	汋　樂	韶　舞
禮	質　禮	文　禮			宜商（質禮）

表二：〈三代改制質文〉「四法」禮制（商、夏、質、文）一覽表

四法	主天法商而王	主地法夏而王	主天法質而王	主地法文而王
陰陽	佚　陽	進　陰	佚　陽	進　陰
親尊	親親而多仁樸	尊尊而多義節	親親而多質愛	尊尊而多禮文
立嗣	予　子	與　孫	予　子	與　孫
篤厚	母　弟	世　子	母　弟	世　子
父母、子	妾以子貴	妾不以子稱貴號	妾以子貴	妾不以子稱貴號
	昏冠之禮，字子以父	昏冠之禮，字子以母	昏冠之禮，字子以父	昏冠之禮，字子以母
夫婦	別眇夫婦，對坐而食	別眇夫婦，同坐而食	別眇夫婦，對坐而食	別眇夫婦，同坐而食
	喪禮別葬	喪禮合葬	喪禮別葬	喪禮合葬

祭禮	祭禮先臊	祭禮先亨	祭禮先嘉疏	祭禮先秬鬯
	夫妻昭穆別位	婦從夫爲昭穆	夫妻昭穆別位	婦從夫爲昭穆
爵祿	制爵三等	制爵五等	制爵三等	制爵五等
	祿士二品	祿士三品	祿士二品	祿士三品
明堂禮制	制郊宮 明堂圓	制郊宮 明堂方	制郊宮 明堂內圓外橢	制郊宮 明堂內方外衡
	其屋高嚴侈圓	其屋卑污方	其屋如倚靡圓橢	其屋習而衡
	祭器圓	祭器方	祭器橢	祭器衡同，作秩機
	玉厚九分	玉厚八分	玉厚七分	玉厚六分
	白藻五絲	白藻四絲	白藻三絲	白藻三絲
	衣制大上	衣制大下	衣長前袵	衣長後袵
	首服嚴圓	首服卑退	首服圓轉	首服習而垂流
	鸞輿尊，蓋法天列象	鸞輿卑，法地周象載	鸞輿尊，蓋備天列象	鸞輿卑，備地周象載
	垂四鸞	垂二鸞	垂四鸞	垂二鸞
	樂載鼓	樂設鼓	樂桯鼓	樂縣鼓
	用錫舞	用纖施舞	用羽籥舞	用萬舞
	舞溢圓	舞溢方	舞溢橢	舞溢衡
	先毛血而後用聲	先亨而後用聲	先用玉聲而後烹	先烹而後用樂
	正刑多隱，親戚多諱	正刑天法	正刑多隱，親戚多赦	正刑天法
	封禪於尙位	封壇於下	封壇於左位	封壇於左位

〈三代改制質文〉「四法」禮制與受命朝代一覽表

天授	舜	禹	湯	文 王
四法	主天法商而王	主地法夏而王	主天法質而王	主地法文而王
祖錫姓	姚 氏	姒 氏	子 氏	姬 氏
出生源始		禹生發於背	契母吞玄鳥卵生契，契先發於胸，性長於人倫	后稷母姜原，履天之跡而生后稷，后稷長於邰土，播田五穀
形體	形體大上而圓首，而明有二童子	形體長，長足跂，疾行先左，隨以右，勞左佚右	體長專小，足左扁而右便，勞右佚左	形體博長，四乳大足
性	長於天文，純於孝慈	長於行，習地明水	長於天光，質易純仁	長於地文勢

第五節　由《春秋》「正名」以論「成性之教」

董仲舒論「性」，主要在《春秋繁露》第三十五〈深察名號〉和第三十六〈實性〉這二篇，由於〈實性〉內容簡短，且又與〈深察名號〉文字多有雷同；因此，董氏論「性」之文，可說是以〈深察名號〉爲主。在〈深察名號〉中，董氏提到：《春秋》「辨物之理，以正其名。名物如其眞，不失秋毫之末」。先秦儒學「性善」、「性惡」之討論，顯然不是董氏關注的焦點。因爲，董氏之所以提到「性」，目的不在探討「性」究竟善不善，而在於檢討孟子所言「性善」這個「名稱」，是否合乎《春秋》「辨物之理」、「名如其眞」的要求。對於《春秋》正名以明辨事理，董氏有詳細的說明：

> 欲審曲直，莫如引繩；欲審是非，莫如引名。名之審於是非也，猶繩之審於曲直也。詰其名實，觀其離合，則是非之情不可以相讕已。
>
> （《繁露・深察名號》）

基於「正名以明是非」的立場，來檢討先秦儒學「性善」一詞，換言之，董氏論「性」，是以「教化之推行」爲考量，循著聖人謹於「正名」的態度，加以評論孟子「性善」這個名稱，於推行「王教」有何不妥之處。

一、董仲舒論「性」，會通先秦儒學孟、荀二家之說

董仲舒在〈實性〉提出自己對於「性」的定義：

> 「性」者，宜知名矣，**無所待而起，生而所自有**也。善所自有，則教訓已非「性」也。是以米出於粟，而粟不可謂米；玉出於璞，而璞不可謂玉；**善出於性，而性不可謂善**。（《繁露・實性》）

「善出於性，而性不可謂善」一語道出董氏的立場：同意「善」由「性」而來；但卻反對「性善」這個名稱。董仲舒以「米出於粟」、「玉出於璞」來比喻「善出於性」，亦即：人性其實包含「能善之質」，所以才有「成善」之可能。在〈實性〉裡，他援引了另一組比喻，來說明「無所待而起，生而所自有」爲「性」：

> 善如米，性如禾。禾雖出米，而禾未可謂米也。**性雖出善，而性未可謂善也**。米與善，人之繼天而成於外也，非在天所爲之內也。**天所爲，有所至而止。止之內謂之「天」，止之外謂之「王教」**。「王教」在「性」外，而性不得不遂。故曰**「性有善質，而未能爲善」**也。豈敢美辭，其「實」然也。天之所爲，止於繭麻與禾。以麻爲布，

> 以繭爲絲，以米爲飯，**以性爲善，此皆聖人所繼天而進也，非情性**
> **質樸之能至也，故不可謂性。**（《繁露‧實性》）

「天之所爲」謂「性」；「人之繼天而成於外」者，謂「善」。人繼於天，而能成德進善，董氏認爲，必須仰賴「王教」之化。「止之內謂之『天』，止之外謂之『王教』」，「善出於性，而性不可謂善」，這是董氏對「性」與「善」的看法。

「性不可謂善」，是否意味著「性即不善」？

事實上，這正是董仲舒所要特別澄清的二個不同命題。董氏謂「性不可謂善」，是從「辨物正名」的立場去分析，他認爲「聖人謹於正名」，「君子於其言，無所苟而已」（〈深察名號〉），因此，孟子不應該用「性善」這樣的名稱來討論人性問題。從「教民」的觀點來看，董氏認爲：「性善」這一個名稱，容易誤導人民；「不順於爲政之道」，絕非出自聖人命名之手筆：

> 孔子曰：「名不正則言不順。」今謂性已善，不幾於無教而如其自然？
> 又不順於爲政之道矣。（《繁露‧實性》）

> 萬民之性苟已善，則王者受命尚何任也？……「自成功而無賢聖」，
> 此世長者之所誤出也，非《春秋》爲辭之術也。不法之言、無驗之
> 說，君子之所外，何以爲哉？（《繁露‧深察名號》）

董氏以「非《春秋》爲辭之術」去批評「性善」這個名稱；他認爲「性善」這個名稱之所以「名不正」，在於容易使人望文生義，誤以爲：「無教而如其自然」即可爲「善」。如果王者也這麼認爲，那麼天下教化之事，還有誰能夠去推動呢？爲了矯正「自成功而無賢聖」這種想法，董氏對王者撂下重話：「萬民之性苟已善，則王者受命尚何任也」？「王『承天意以成民之性』爲任者也。今案其眞質而謂民性已善者，是失天意而去『王任』也」（〈深察名號〉）！王者的任務就在於「成民之性」，如果王者天眞的以「性善」爲由──「無教而如其自然」，所面臨的後果就是「失天意而去王任」。

值得注意的是，董氏「成民之性」這個說法。既然是說「成『民之性』」，而非「易『民之性』」，那麼，就代表「性並非惡」。實際上，董氏自己也明白的指出：：「性待教而爲善」、「天生民，性有善質而未能善」，「聖人莫謂『性善』，累其名也」；言下之意，「性不可謂善」並不代表「性即不善」：

> 性待教而爲善。此之謂眞天。**天生民，性有善質而未能善，於是爲**
> **之立王以善之，此天意也。**民受「未能善之性」於天，而退受「成

性之教」於王。（《繁露・深察名號》）

「性有善質」，待「教而成善」。董仲舒這個觀念，同時會通了先秦儒學孟子、荀子二家之論「性」。

董仲舒亦肯定人性「天生有善」，並非悲觀的以為人「同於禽獸，待教而後與禽獸異」。董仲舒認為，人的本質在受教之前，已「貴於萬物」：

> 聖人何其貴者？起於「天」，至於「人」而畢，畢之外謂之「物」；物者投其所貴之端，而不在其中。以此見**人之超然萬物之上，而最為天下貴也。人，下長萬物，上參天地**。故其治亂之故，動靜順逆之氣，乃損益陰陽之化，而搖蕩四海之內。物之難知者若神，不可謂不然也。（《繁露・天地陰陽》）

人超然萬物之上，而最為天下貴。那麼，何以見人之性亦有善呢？董氏在〈玉英〉云：

> 公觀魚於棠，何惡也？**凡人之性，莫不善義，然而不能義者，利敗之也**。故君子終日言不及利，欲以勿言愧之而已，愧之以塞其源也。夫處位動風化者，徒言利之名爾，猶惡之，況求利乎？故天王使人求賻求金，皆為大惡而書。今非直使人也，親自求之，是為甚惡。譏，何故言觀魚？猶言觀社也，皆諱大惡之辭也。

這是董氏由《春秋》「公觀魚於棠」、「天王使人求賻求金」這一類惡事而抒發的感觸，「處位動風化者，徒言利之名爾，猶惡之，況求利乎」，董氏亦認為「人之性，莫不善義」，可見人性有善之質，之所以不能合於義，是受到「利」蒙蔽的緣故，此處董氏由「利」之敗「義」，論「莫不善義」之「性」，與《孟子・梁惠王上》所云「義利之辨」〔註58〕義旨相同。在〈竹林〉篇，對於此天生之「性」，董氏更以「天施」來稱之：

> 《春秋》之序辭也，置王於春正之間，非日：『上奉天施而下正人，然後可以為王也』云爾？今**善善惡惡，好榮憎辱，非人能自生，此天施之在人者**也，君子以天施之在人者聽之，則丑父弗忠也，**天施**

〔註58〕孟子見梁惠王。王曰：「叟不遠千里而來，亦將有以利吾國乎？」孟子對曰：「王何必曰利？亦有仁義而已矣！王曰：何以利吾國。大夫曰：何以利吾家。士庶人曰：何以利吾身。上下交征利，而國危矣！萬乘之國，弒其君者必千乘之家；千乘之國，弒其君者必百乘之家。萬取千焉，千取百焉，不為不多矣！苟為後義而先利，不奪不饜，未有仁而遺其親者也！未有義而後其君者也！王亦曰『仁義』而已矣，何必曰利？」（《孟子・梁惠王上》）

之在人者，使人有廉恥，有廉恥者，不生於大辱。

雖然董仲舒將「善善惡惡，好榮憎辱」視爲天之所施，而非人能自生；如此一來，不正表示著此「天施」之「善善惡惡，好榮憎辱」，非人所爲而成，而是來自於天賦予人之「性」？由「天施之在人者，使人有廉恥」可以充分看出，董氏所謂之「性」，並非「不善之性」；董氏所謂「性不可謂善」，並非認爲「性即不善」。董仲舒所批評的，不是「性善」這個觀點，而是「性善」這個名稱；「性善」一詞，被董氏視爲「不正之名」。董氏將《春秋》「春王正月」之辭序，詮釋成「上奉天施而下正人，然後可以爲王」，這種「上奉天施」的觀點，承沿了孟子「人心固有四端」之「性」的說法；至於「人之繼天而成於外」、「性待教而爲善」，與《荀子‧儒效》所言之「性也者，吾所不能爲也，然而可化也」，寄望王者重視「成性之教」，行「教化之治」，亦有相同之用心。

二、董仲舒以「性情相與」論「王道之教」

天地生予人之「性」，除了「善質之『性』」外，還有「情欲之『性』」，這是董仲舒之所以重新檢討孟子「性善」這個辭稱，認爲不應該以「善」這個字，直接去稱呼「人性」的最主要原因。董氏以《春秋》「正名」之大義，強調「性善」爲「不正」之「名」：以「善」名「性」，不符合「性」兼含「善質」與「情欲」的事實：

> 是正名號者於天地，天地之所生，謂之性、情。「性情相與」爲一瞑。情亦性也。謂性已善，奈其情何？故聖人莫謂：「性善」，累其「名」也。身之有性情也，若天之有陰陽也。言人之質而無其情，猶言天之陽而無其陰也。（《繁露‧深察名號》）

董氏以人之「性、情」類比於天地之「陰、陽」，善質之「性」猶如「陽」，情欲之「性」猶如「陰」；「陰、陽」並存於天地，猶如「善質」與「情欲」，同時存在於人；這是董氏類比的思維方式：以「具體的形象比喻」來訴求他所欲論述之義旨。同時，這裡亦可看出董氏對事理之分析，採取了相對而辨證的思維方式：天生之「性」（大類），其中又可再分爲「善質之『性』」（小類）與「情欲之『性』」（小類）。也就是說，「性」的詞義，有大類與小類之分，「天之所爲、生而所自有」之「性」，是大類之「性」；「善質」、「情欲」之「性」，是小類之「性」。董氏反對用「性善」這個名稱，因爲，以「善」

稱「性」，將使一般人輕易混淆大類（天生之「性」）與小類（善質之「性」）這二種「性」。

如此說來，我們也可以同理類推——儘管董仲舒極力贊成荀子「化性」之「禮教」，但是，荀子使用「性惡」這個詞，以「惡」稱「性」，同樣也會造成大類（天生之「性」）與小類（情欲之「性」），這二種「性」的混淆，是以與孟子所言之「性善」一詞相同，同屬於未能明辨事理、不能完整含括事實的「不正之名」。

董氏既然以「陰、陽」來類比「性、情」，因此也不免用「陰陽」的氣化理論，來說明人的「性、情」，並且論證何以「教化為王者之任」：

> 生之自然之資謂之「性」。性者，質也。……仁貪之氣，兩在於身。身之名，取諸天。天兩有陰陽之施，身亦兩有貪仁之性。……故「性」比於禾，「善」比於米。米出禾中，而禾未可全為米也。善出性中，而性未可全為善也。……「性」有似目，目臥幽而瞑，待覺而後見。當其未覺，可謂有見質，而不可謂見。今萬民之性，有其質而未能覺，譬如瞑者待覺，教之然後善。當其未覺，可謂有善質，而未可謂善，與目之瞑而覺，一概之比也。（《繁露·深察名號》）

陰陽氣化理論主張，宇宙萬物（包含天地）皆由「陰陽二氣」和合化成，因此，萬物天生之「性」中，皆同時包含「陰、陽」這二種屬性，人之「性」亦然。董氏由「陰、陽之施」類比「人性」亦含「貪、仁」這二種屬性，這種類比之所以能夠成立而為當時人所接受，完全是因為，其理論基礎實架構在漢人「陰陽氣化」的認知思維上。

> 美事召美類，惡事召惡類，類之相應而起也。……陰陽之氣，因可以類相益損也。天有陰陽，人亦有陰陽。天地之陰氣起，而人之陰氣應之而起，人之陰氣起，天地之陰氣亦宜應之而起，其道一也。（《繁露·同類相動》）

> 推天地之精，運陰陽之類，以別順逆之理。安所加以不在？在上下，在大小，在強弱，在賢不肖，在善惡。惡之屬盡為陰，善之屬盡為陽。陽為德，陰為刑。刑反德而順於德，亦權之類也。雖曰權，皆在「權成」。（《繁露·陽尊陰卑》）

「惡之屬盡為陰，善之屬盡為陽」，「貪」為陰，「仁」為陽，在氣化類應的思維中，這種類比才能說得通。以董氏之文義來看，所謂「貪仁之性」，「仁」

是人性之善質，「貪」則爲人性之情欲。〈深察名號〉云：「性比於禾，善比於米。米出禾中，而禾未可全爲米也。善出性中，而性未可全爲善」，「性未可全爲善」，是因爲人性之中包含情欲，不純爲善質，這是董氏以「禾」與「米」，來比喻「人性」實可再區分出「性」與「情」這二部分。

爲了說明其所謂之「性」、「情」之別，董氏除了以「禾」與「米」來比喻，也同時以眼睛的「瞑」與「覺」來比擬，以說明「人性」之中，又可再區分爲不同小類之「屬性」。這種推類的方式，與《荀子・正名》所云之「共名」、「別名」的辨別完全一致：

> 同則同之，異則異之。單足以喻則單，單不足以喻則兼，單與兼無所相避則共；雖共，不爲害矣。知**異實者之異名**也，故使異實者莫不異名也，不可亂也，猶使**同實者莫不同名**也。故萬物雖眾，有時而欲遍舉之，故謂之物，**物也者，大共名也**，推而共之，共則有共，**至於無共然後止**；有時而欲偏舉之，故謂之鳥獸，鳥獸也者，**大別名**也。**推而別之，別則有別，至於無別然後止**。……此制名之樞要也。後王之成名，不可不察也。

制名的目的是爲了要如其眞、因其實，因此，制名的原則就是「同則同之，異則異之」；董氏論「人性」，不諱言人天生有「貪、仁」之屬性，這也就是董氏明明贊成孟子「性善」之實質，卻又在「性善」這個名稱上作文章，反對以「善」總括「性」的關鍵原因。

董氏雖自云，辯證孟子「性善」之名，乃是由《春秋》「辨物之理，以正其名」、「聖人謹於正名」（〈深察名號〉）的啓發而來；實際上，我們卻可以看到董氏關於「正名」的推論方式，與《荀子・正名》在「名實」上的論辨完全相合。荀子云：「知異實者之異名也，故使異實者莫不異名也，不可亂也」（〈正名〉），與董氏「別物之理，以正其名，名物必各因其眞」的堅持，其理念完全一致。

同時，荀子在〈正名〉裡也強調：所謂的「性」是：「生之所以然者謂之『性』，……不事而自然，謂之『性』。荀子也認爲，「性」的內容，包含了人的「自然生理本能」以及對「聲色食物的需求之情」，人的「情」和「欲」，皆不學而能、與生俱來，都屬於人的本性：

> 「性」者，天之就也；「情」者，性之質也；「欲」者，情之應也。（《荀子・正名》）

荀子明白指出，天生之「性」中，包含著「情欲」。董仲舒在〈賢良對策一〉中也清楚地指出：「命者天之令也，性者生之質也，情者人之欲也」，而「善質之性」與「情欲之性」實同存於天所賦予人的「性」之中，關於「人性」之中包含著「情欲」的這個觀點，董仲舒與荀子相當接近。基於對人性的認知，荀子終究將「化民為善」的責任，託付與「王教」與「人師」：

> 王者之制名，名定而實辨，道行而志通，則慎率民而一焉。……今聖王沒，名守慢，奇辭起，名實亂，是非之形不明，則雖守法之吏、誦數之儒，亦皆亂也。若有王者起，必將有循於舊名，有作於新名。然則所為有名，與所緣以同異，與制名之樞要，不可不察也。（《荀子・正名》）

《論語・子路》記載了孔子對於「名」的看法：

> 子路曰：「衛君待子而為政，子將奚先？」子曰：「必也正名乎！」子路曰：「有是哉，子之迂也！奚其正？」子曰：「野哉，由也！君子於其所不知，蓋闕如也。名不正，則言不順；言不順，則事不成；事不成，則禮樂不興；禮樂不興，則刑罰不中；刑罰不中，則民無所措手足。故君子名之必可言也，言之必可行也。君子於其言，無所苟而已矣！」

孔子論「正名」，本來就是基於政治教化之作用去考量，與名家以邏輯觀念馳騁「名實」之說，在精神與立意上皆不相同。荀子認為王者之制名，「名定而實辨，道行而志通，則慎率民而一焉」，由此可見，荀子亦以政治作用考量「正名」的必要，可以說是繼承了發揮孔子「正名」的精神；王者有辨名與正名的責任，「名實亂，是非之形不明」，王者不僅不能成治，終將至於危亂的下場。可見，「正名」是「王教」必然的措施。除此之外，「王教之化」的具體途徑，就是訴諸於「師法」。

> 人之生固小人，無師無法則唯利之見耳。人之生固小人，又以遇亂世，得亂俗，是以小重小也，以亂得亂也。……人無師無法，則其心正其口腹也。（《荀子・榮辱》）

> 人之性惡，其善者偽也。……從人之性，順人之情，必出於爭奪，合於犯分亂理，而歸於暴。故必將有師法之化，禮義之道，然後出於辭讓，合於文理，而歸於治。用此觀之，然則人之性惡明矣，其善者偽也。（《荀子・性惡》）

荀子大談「師法之化，禮義之道」，顯然由他對於「人性」的看法而來。荀子認爲「從人之性，順人之情」，必造成相與爭奪的亂象，只有「師、法」與「禮、義」，才能以「教化」根本袪除人性在「情欲之利」上的蒙昧。既然以「化」言「師、法」，那麼，荀子所謂之「師」當不同於法家「以吏爲師」，所謂之「法」，亦不同於法家「律令之法」。荀子所謂「師法之化」，應與「禮義之道」一起合論，指的就是「人師」之教與「王道」之化。

董仲舒也和荀子一樣，大力主張王者有教民、化民的任務。在董氏學術中，這方面的訴求完全表現在，對於孟子「性善」之名的批駁上。更特別的是，董氏是以《春秋》「正名」之義法來討論「性善」這個名稱的，於是，我們可以看到如下的論證方式：

> 《春秋》之辭，內事之「待」外者，「從外」言之。今萬民之性，待「外教」然後能善，「善」當與「教」，不當與「性」。（《繁露‧深察名號》）

董仲舒援用《春秋》義法：「內事之待外者，從外言之」〔註59〕來論述「善當與『教』，不當與『性』」。本來，「內事之待外者，從外言之」是公羊一系論者對於《春秋》經文書寫原則的描述，但是，董仲舒視之爲義法，將這條《春秋》書寫記事之原則，延伸發揮，入於事理之判斷；特別是用來判斷「性善」這個名稱的不妥。此處所云之「外教」，就是〈實性〉所云「止之內謂之『天』，止之外謂之『王教』」之王教。由於主張人之「性」同時含有「善質之『性』」與人欲之『情』」，所以董氏在批評「性善」之名時，也把「成性之教」的任務，託付於王者：

> 性待教而爲善。此之謂「眞天」。天生民，性有善質而未能善，於是爲之立王以善之，此天意也。民受「未能善之性」於天，而退受「成性之教」於王。王承天意以成民之性爲任者也。（《繁露‧深察名號》）

> 今案其眞質，而謂民性已善者，是失天意而去王任也。萬民之性苟已善，則王者受命尚何任也？其設名不正，故棄重任而違大命，非法言也。（《繁露‧深察名號》）

民受「未能善之性」於天，而退受「成性之教」於王，董氏甚至明白指出，「天

〔註59〕桓公十三年　經：春，二月，公會紀侯、鄭伯。己巳，及齊侯、宋公、衛侯、燕人戰，齊師、宋師、衛師、燕師敗績。（傳）：曷爲後日？恃外也。……內不言戰，此其言戰何？從外也。曷爲從外？恃外故從外也。……

生民，性有善質而未能善，於是爲之立王以善之」，這當然是董氏藉天意來詮
釋人事，然而，我們卻可以看出董氏政治思想中一個極重要的觀念——所謂
的「王」，是「承天意以成民之性爲任」之人。若是誤會孟子「性善」之說，
而謂「民性已善」遂不致力教化，那麼，「王者受命尙何任也」？在董氏看來，
「性善」之名的討論，意義根本不在「性」是否爲善，而在於「性善」爲不
正之名；「設名不正」，將導致王者「棄重任而違大命」的嚴重後果。

> 性者，天質之樸也；善者，王教之化也。無其質，則王教不能化；
>
> 無其王教，則質樸不能善。質而不以善「性」，其名不正，故不受也。
>
> (《繁露·實性》)

因爲強調「性者，天質之樸」、「善者，王教之化」，所以董氏反對孟子「性善」
這個名稱，謂之「其名不正，故不受也」。我們可以說，董氏論「性」，完全
站在「王教之化」的立場去考量，而與孟子「心性論」的探討有所不同。這
方面，董氏與荀學較爲接近。

荀子以「人師之教」宏揚「六藝之學」。人師與王道之教化，實際的內容
是經典的傳授與經義的提倡：

> 學惡乎始？惡乎終？曰：其數則始乎誦經，終乎讀禮；其義則始乎
>
> 爲士，終乎爲聖人。……故《書》者，政事之紀也；《詩》者，中聲
>
> 之所止也；《禮》者，法之大分、類之綱紀也。故學至乎禮而止矣，
>
> 夫是之謂道德之極。《禮》之敬文也，《樂》之中和也，《詩》、《書》
>
> 之博也，《春秋》之微也，在天地之間者畢矣。(《荀子·勸學》)

> 國將興，必貴師而重傅，貴師而重傅則法度存。國將衰，必賤師而
>
> 輕傅，賤師而輕傅則人有快，人有快則法度壞。(《荀子·大略》)

荀子之所以勸學興教，重「王道之化」、尊「師道之法」，皆與其「人之性惡，
其善者僞也」的主張有關。主張「性待教而善」，與荀子論「性」相類的董仲
舒，也同樣非常重視「人師之教」，並主張「六藝之學」：

> 君子知在位者之不能以惡服人也，是故簡六藝以膽養之。《詩》《書》
>
> 序其志，《禮》《樂》純其美，《易》《春秋》明其知。六學皆大，而
>
> 各有所長。《詩》道志，故長於質；《禮》制節，故長於文；《樂》詠
>
> 德，故長於風；《書》著功，故長於事；《易》本天地，故長於數；《春
>
> 秋》正是非，故長於治人；能兼得其所長，而不能遍舉其詳也。(《繁
>
> 露·玉杯》)

董氏對六藝之學的看法是：「在位者之不能以惡服人」，所以君子「簡六藝以
贍養之」。言下之意，董氏認爲六藝之學本是應「教化成善」而發。這些先秦
儒學的經典，在荀子而言是成就個人學養「始乎爲士，終乎爲聖人」的途
徑，但是到了董仲舒，卻更加強調其「教化成善」的經世作用，使六藝之學
不只是「獨善其身」之資，更是「兼善天下」之器。爲了使六藝之學發揮
「兼善天下」的經世作用，人師如何引導學習經典，就成了經典能否用世的
關鍵：

> 能説鳥獸之類者，非聖人所欲説也；**聖人所欲説，在於説仁義而理**
> 之，知其分科條別，貫所附，**明其義之所審，勿使嫌疑，是乃聖人**
> **之所貴而已矣**。不然，傳於眾辭，觀於眾物，説不急之言而以惑後
> 進者，君子之所甚惡也。奚以爲哉？**聖人思慮，不厭晝日，繼之以**
> **夜，然後萬物察者，仁義矣**。由此言之，尚自爲得之哉。故曰：於
> 乎！**爲人師者，可無慎邪！夫義出於經；經，傳「大本」也**。棄營
> 勞心也，苦志盡情，頭白齒落，尚不合自錄也哉！（《繁露・重政》）

董氏以「仁、義」統貫經典之義旨，「經」之所傳，爲仁義之大本。董仲舒明
確的指出，人師所傳，當以闡釋經典義旨，昭明經義嫌疑爲重，而不是「傳
於眾辭，觀於眾物」，説一些迷惑後學的「不急之言」。這一點，我們可以由
董氏治《春秋》「從變從義，一以奉人」、「不任於辭，方可適道」（《繁露・精
華》）的方法上得到印證。

　　人師的教學內容是六藝經典，而人師的教學方法又是如呢？荀子提到：

> 師術有四，而博習不與焉。**尊嚴而憚**，可以爲師；**耆艾而信**，可以
> 爲師；**誦説而不陵不犯**，可以爲師；**知微而論**，可以爲師。故師術
> 有四，而博習不與焉。（《荀子・致士》）

> 禮者，所以正身也；**師者，所以正禮也**。……情安禮，知若師，則
> 是聖人也。故非禮，是無法也；非師，是無師也。……**故學也者，**
> **禮法也**。夫師以身爲正儀，而貴自安者也。（《荀子・修身》）

所謂的「師術」，是談「爲師之道」，荀子一再強調：「師術」與「博習」無關，
「學問永遠勝過學生」並非良師的必要條件，筆者曾在一則書籤上看過這樣
一則箴言而深有所感：「教育，不是在他人的腦子裏打下一個自己的烙印。教
育，是在他人的心靈上點燃一根發亮的燭光。」誠如〈勸學〉所言：「青，取
之於藍，而青於藍；冰，水爲之，而寒於水」。「禮者，所以正身；師者，所

以正禮」，荀子所強調的「師術」：「尊嚴而憚」、「耆艾而信」、「誦說而不陵不犯」、「知微而論」，其主旨正是要求爲人師者「以身爲正儀」，樹立良好的人格典範。對於爲人師的要件，董仲舒也同樣強調「道德操守」的重要：

> 善爲師者，既美其道，有愼其行，齊時蚤晚，任多少，適疾徐，造而勿趨，稽而勿苦，省其所爲，而成其所湛，故力不勞而身大成。此之謂聖化，吾取之。（《繁露・玉杯》）

「善爲師者，既美其道，有愼其行」，除了「術業有成」之外，董氏也同時要求人師「愼其行」，「以身作則」加上「因材施教」，在教學效果上達到「力不勞而身大成」的「聖化」作用。

荀子以「禮義法度」導化「人之情性」：

> 古者聖王以人之性惡，以爲偏險而不正，悖亂而不治，是以爲之起禮義、制法度，以矯飾人之情性而正之，以擾化人之情性而導之也。始皆出於治、合於道者也。（《荀子・性惡》）

「起禮義、制法度」，禮義、法度的目的，在於導正人的「情性」。董仲舒也認爲，制禮者必須先「明於情性」，所制之禮，方能導民之性；「明於情性，乃可與論爲政，不然，雖勞無功」（〈正貫〉），由此可以看出，董氏論「情性」、明「情性」，都是爲了「爲政」之需。而董氏政治思想的核心，就在於落實禮制之「質」與「文」。明於情性，則能制禮以導民之性，正如〈賢良對策二〉所云：

> 天者，群物之祖也。……建日月風雨以和之，經陰陽寒暑以成之。故聖人法天而立道，亦溥愛而亡私，布德施仁以厚之，設誼立禮以導之。

「布德施仁」是涵養禮制的實質精神，「設誼立禮」則是以「法天」爲原則所建構之制度。

荀子談師法之教，非常重視「積漸」的功夫，尤其，特別重視「習俗」之化：

> 師法者，所得乎積，非所受乎性，性不足以獨立而治。性也者，吾所不能爲也，然而可化也。積也者，非吾所有也，然而可爲也。注錯習俗，所以化性也；并一而不二，所以成積也。習俗移志，安久移質。並一而不二，則通於神明，參於天地矣。（《荀子・儒效》）

這種「積漸成善」的方法，亦爲董仲舒所重視，在〈賢良對策三〉董氏

提到：

> 眾眾少成多，積小致鉅，故聖人莫不以晻致明，以微致顯。是以堯
> 發於諸侯，舜興虖深山，非一日而顯也，蓋有漸以致之矣。
>
> 積善在身，猶長日加益，而人不知也；積惡在身，猶火之銷膏，而
> 人不見也。非明虖情性、察虖流俗者，孰能知之？

「成性之教」並非一日可即，「明虖情性、察虖流俗」者，方知「積漸」之功
不可忽視。重視「教化之漸」、「仁誼之流」，董仲舒在〈賢良對策二〉以「儒
學之德教」和「法家之刑法」作比較時，也說：

> 武王行大誼，平殘賊，周公作禮樂以文之，至於成康之隆，圄圄空
> 虛四十餘年，此亦教化之漸而仁誼之流，非獨傷肌膚之效也。至秦
> 則不然。師申商之法，行韓非之說，憎帝王之道，以貪狼爲俗，非
> 有文德以教訓於天下也。……外有事君之禮，內有背上之心，……
> 刑者甚眾，死者相望，而姦不息，俗化使然也。故孔子曰：「導之以
> 政，齊之以刑，民免而無恥」，此之謂也。

在暢談「王道」之時，董仲舒總不忘強調，人民的「習俗」與「王化」密切
相關：

> 善宋襄公不厄人〔註60〕，不由其道而勝，不如由其道而敗，《春秋》
> 貴之，將以變習俗，而成王化也。（《繁露・俞序》）

對宋襄公「不鼓不成列」、「臨大事不忘大禮」的作風，《公羊傳》嘉許他「有
『君』而無『臣』」（只有想到自己要保持人君的風度，而不在意自己淪爲人
臣的後果）、「雖文王之戰亦不過此」。董仲舒卻從更務實的觀點認爲，《春
秋》之所以嘉許宋襄公，目的在於藉宋襄公樹立天下遵禮守道的典範，「變習
俗，成王化」，改變天下功利爭勝的價值觀，成就以道德行爲作評價標準的王
化之世。

〔註60〕僖公二十二年　經：冬，十有一月己巳朔，宋公及楚人戰于泓，宋師敗績。
　　　　（傳）：偏戰者日爾，此其言朔何？《春秋》辭繁而不殺者，正也。何正爾？
　　　　宋公與楚人期，戰于泓之陽。楚人濟泓而來。有司復曰：「請迨其未畢濟而擊
　　　　之。」宋公曰：「不可。吾聞之也：君子不厄人。吾雖喪國之餘，寡人不忍行
　　　　也。」既濟，未畢陳，有司復曰：「請迨其未畢陳而擊之。」宋公曰：「不可。
　　　　吾聞之也：君子不鼓不成列。」已陳，然後襄公鼓之，宋師大敗。故君子大
　　　　其不鼓不成列，臨大事而不忘大禮，有君而無臣，以爲雖文王之戰，亦不過
　　　　此也。

三、董仲舒論「性」較孟、荀二家更細密

董仲舒在〈深察名號〉、〈實性〉這二篇對於孟子「性善」的批評，首先是由「辨別名實」的觀點提出質疑——「天地之所生，謂之性情。……情亦性也，謂性已善，奈其情何」：

> 欲審曲直，莫如引繩；**欲審是非，莫如引名**。名之審於是非也，猶繩之審於曲直也。詰其名實，觀其離合，則是非之情不可以相讕已。**今世闇於性，言之者不同，胡不試反「性」之「名」？「性」之名，非「生」與？如其生之自然之資謂之「性」。**性者，質也。詰性之質於善之名，能中之與？既不能中矣，而尚謂之質善，何哉？（《繁露・深察名號》）

董仲舒認爲，「聖人莫謂性善，累其名也」。「性」既含「善質之性」與「情欲之性」，人之「欲」未必盡爲善，若以「性善」之名行世，將造成在論「性」的問題上，是非不明、爭議不休。

令人奇怪的是，若從「辨物之理，以正其名」的立場，反對孟子「性善」之名，那麼，對於同樣提出「性惡」之名的荀子，亦應該有所批評才是。但是董氏卻只有對孟子反覆的質疑，絲毫未曾語及荀子。

其次，董仲舒由「性」含「性情」二者，而提出「性待教而爲善」之說。董氏認爲，孔子並未說出「性善」之名，就是因爲「性，待外教然後能善，善當與『教』，不當與『性』」：

> 今萬民之性，待「外教」然後能善，**「善」當與「教」，不當與「性」**，與「性」，則多累而不精。**「自成功而無賢聖」，此世長者之所誤出也，非《春秋》爲辭之術也。**不法之言、無驗之說，君子之所外，何以爲哉？（《繁露・深察名號》）

在董仲舒當時，必定已經產生某些由孟子「性善」說而來，「自成功而無賢聖」一類的謠言，所以董仲舒才「意有所指」的說：「此世長者之所誤出也，非《春秋》爲辭之術」。既然，「善」當與「教」，不當與「性」，所以，董氏就由《春秋》「正名」義法而抒發「非其眞，弗以爲名」的觀點，而重新檢討孟子「性善」一詞，是否適用於論「性」。

荀子對孟子「性論」的批評，主要在於「性」、「僞」之分：

> **孟子曰：「人之學者，其性善。」**曰：是不然！是**不及知人之性**，而**不察乎人之性僞之分**者也。凡性者，天之就也，不可學，不可事。

> 禮義者，聖人之所生也，人之所學而能，所事而成者也。**不可學、**
> **不可事而在人者，謂之性；可學而能、可事而成之在人者，謂之偽，**
> **是性、偽之分也。**今人之性，目可以見，耳可以聽。夫可以見之明
> 不離目，可以聽之聰不離耳；目明而耳聰，不可學明矣。(《荀子·
> 性惡》)

荀子所說的「偽」，是「人為」的意思；與董仲舒「性待教而為善」之「教」，
意義相同。董氏由「性待教而為善」加以批駁孟子「性善」之名不正，與荀
子強調「性、偽之分」而謂孟子「不及知人之性」，董、荀二人的觀點是一致
的。

　　董氏除了與荀子觀點相同，一致認為「性」亦含「欲」、故而不當言「善」
之外，由「正名」、「性待教」批評孟子「性善」這個詞稱，董氏自己也對「性」
提出了更細類的分析：

> **性有善端**，童之愛父母，**善於禽獸，則謂之善，此孟子之善**。循三
> 綱五紀，通八端之理，忠信而博愛，敦厚而好禮，乃可謂善，此聖
> 人之善也。(《繁露·深察名號》)

事實上，董仲舒並未完全駁斥「性善說」，董氏亦同意「性」中有「善質」，
那麼，董仲舒如何一方面同意有「善質之性」，一方面又認為「性待教而為善」？
孟子所謂「性善」之「善」與荀子「人為之善」，皆稱為「善」，二者又有何
差異呢？

> 或曰：「**性有善端，心有善質，尚安非善？**」應之曰：「非也。繭有
> 絲而繭非絲也。卵有雛而卵非雛也。比類率然，有何疑焉。」天生
> 民有大經，言性者不當異。然其**或曰性也善，或曰性未善，則所謂**
> **善者，各異意也**。(《繁露·深察名號》)

藉著自問自答的方式，董氏為「性有善端」、「心有善質」二者，何以不足以
謂「性善」而作說明。董仲舒引用孔子所云「善人吾不得而見之，得見有常
者斯可矣」(《論語·述而》)之語，而指出「善人未易當」。既然，善人不易
當，則孔子所謂之「善」，絕非等同孟子「我固有之」的「四端」之善〔註61〕。

〔註61〕《孟子·告子上》載：
　　或曰：『有性善，有性不善，是故以堯為君而有象，以瞽瞍為父而有舜，以紂
　　為兄之子且以為君，而有微子啓、王子比干。』今曰『性善』，然則彼皆非歟？
　　孟子曰：「乃若其情則可以為善矣，乃所謂善也。若夫為不善，非才之罪也。
　　惻隱之心，人皆有之；羞惡之心，人皆有之；恭敬之心，人皆有之；是非之

董仲舒在此對於孟子「性善」之「性」作了更細密的分析，而認爲：聖人之所謂「善」，並非如同孟子所說的「善於禽獸」之「善」〔註62〕而已。

> 聖人之所謂善，未易當也，非善於禽獸則謂之善也。使動其端善於禽獸則可謂之善，善奚爲弗見也？夫「善於禽獸」之未得爲「善」也，猶「知於草木」而不得名「知」。（《繁露‧深察名號》）

董氏認爲，孔子所言之「善」，應該是「循三綱五紀，通八端之理，忠信而博愛，敦厚而好禮」乃可謂「善」，與孟子「人有善端」，「善於禽獸即謂之『善』」，「善」的尺度標準高低層次差異很大；董氏的看法是：萬民之性「善於禽獸而不得名善」，猶如「知於草木而不得名『知』」。至於有關董氏〈深察名號〉所云「聖人之善」者：「循三綱、五紀，通八端之理，忠信而博愛，敦厚而好禮，乃可謂善」。我們可以看出，這裡的「善」已非天生自然、不可爲不可事之「性」。「聖人之善」是指高標準的道德行爲。荀子說「人僞之善」，所謂「化性起僞」之「僞」，與董仲舒所說的「聖人之善」的「善行」，性質極爲近似。荀子云「師法之化」、「禮義之道」，以作爲「化性起僞」的途徑，而董仲舒則藉「聖人之善」的描述，具體指出道德明目，更詳細的補充了荀子由「化性」到「起僞」的功夫。

> 質於禽獸之性，則萬民之性善矣；質於人道之善，則民性弗及也。「萬民之性善於禽獸者」許之，「聖人之所謂善者」弗許。吾質之命「性」者，異孟子。孟子下質於「禽獸之所爲」，故曰「性已善」；吾上質於「聖人之所爲」，故謂「性未善」。（《繁露‧深察名號》）

董仲舒對於「人性」善不善的問題，直接指出所謂「善」或「不善」，是依尺度標準而有不同的答案。董氏擺脫孟、荀二家「性善」、「性惡」的糾葛，而提出二種他對於「性」的看法：一是「質於禽獸之性」則萬民之性善，一是「質於人道之善」則民性弗及善；前者是與「禽獸之所爲」相比較，而曰「性已善」的孟子之「善」；另一類則是「上質於聖人之所爲」，而言「性未善」的聖人之「善」。我們在這裡可以看出，董仲舒分析事理所常用的──相對的思維方式。

　　心，人皆有之。惻隱之心，仁也；羞惡之心，義也；恭敬之心，禮也；是非之心，智也。仁義禮智，非由外鑠我也，我固有之也，弗思耳矣。故曰：求則得之，舍則失之。

〔註62〕孟子曰：「人之所以異於禽獸者幾希，庶民去之，君子存之。舜明於庶物，察於人倫；由仁義行，非行仁義也。」（《孟子‧離婁下》）

　　既然董氏認爲「聖人之善」是就較高的道德標準而言，那麼，有沒有所謂的「聖人之性」呢？董氏以「天之所爲」、「生所自有」爲「性」，那麼，以聖人與斗筲之民來說，二者「天之所爲」、「生所自有」的「性」是否相同呢？董氏在《繁露・實性》云：

> 「聖人」之性不可以名「性」，「斗筲」之性又不可以名「性」；「中民」之性如繭如卵。卵待覆二十日而後能爲雛，繭待繰以涫湯而後能爲絲；性待漸於教訓而後能爲善。善，教訓之所然也，非質樸之所能至也，故不謂性。

董氏既云「聖人之性不可以名性」、「斗筲之性不可以名性」，言下之意，天所生於人之「性」，因人而異，所以才有所謂的「聖人之性」、「斗筲之性」。不過，我們必須注意到，董氏這段話的主旨，不在於探討「性」是否有「聖人」、「中民」、「斗筲」之分；而在於從「性待漸於教訓而後能爲善」的教化觀點，去思考該如何拿捏教化的方式和標準。「百未有一」的「聖人之性」，是特殊的個案，不應該援引作爲設計教化方式的對象。同樣，「斗筲之性」亦然。畢竟，「聖人之性」與「斗筲之性」，並非「尋常」的通例。猶如孔子在《論語・陽貨》所云：「唯上知與下愚不移」。董氏認爲，爲達到教化的效果而討論「人性」，就不該以「聖人之性」與「斗筲之性」這二類特殊案例去談，而應該採取一般人的狀況——也就是「中民之性」去討論。衡量施教對象之程度，目的在找到適合多數人而較恰當的施教方式，這時，不應該以「上智」或「下愚」這二種人來作活動設計之取樣。

　　董氏雖然提到「聖人之性」、「中民之性」、「斗筲之性」，學界亦多認爲董氏是「性三品說」的主張者；然而，本文卻認爲，董氏論性，只是用來突顯常與變、多與寡的一種「相對的舉例」，並非嚴謹的思想分析。不應該逕以董氏舉例式的說明，即視爲董氏將「性」分爲「三品」。

> 名「性」，不以「上」，不以「下」，以其「中」名之。性如繭如卵。卵待覆而成雛，繭待繰而爲絲，性待教而爲善。此之謂「眞天」。（《繁露・深察名號》）

如何論述人之「性」才能得到公正的答案？董仲舒以爲，應以「中民」作討論的對象。「中民」只是一個泛稱，相對於「聖人」與「斗筲」而言，並非專指某類特定人士。孟子「性善」之「善」，董仲舒認爲，這是與「禽獸相比」而謂人爲「善」；從道德實踐的評價來說，人貴於萬物，若只以「異於禽獸」

則謂之「善」，這樣的「善」層次太低，並非聖人期望於「人」之「善」。董氏明白指出，孔子所謂「善」，「非善於禽獸則謂之善」。至於荀子謂「生之所以然爲性」，董氏則指出「生之所以然之性」中，其實還可依特質的不同再區分出「聖人之性」、「斗筲之性」，乃至於絕大多數人的「中民之性」……等等。從實現教化的立場而言，「中民之性」應該被突顯，而不是只一概持論「生之所以然」爲「性」的說法。相較於孟、荀而言，董仲舒以落實教化的目的去討論「人性」，在論述的過程中，已經較孟、荀二家所論之「性」，作出更細目的反省和討論。

第五章　董仲舒春秋學「遠外近內」考義 —— 源於現存注本採何休《解詁》之說而導致之誤解

　　《春秋繁露》的注本，見於著錄者，有《經義考》所錄之宋代章樵《春秋繁露補注》十八卷，明代吳廷舉《春秋繁露節解》十卷〔註1〕，另外，在《溫州經籍志》亦著錄清代孫林《春秋繁露廣義》〔註2〕，范希曾補正《書目答問》亦錄董金鑑《春秋繁露集注》〔註3〕。這些注本，很可惜今日僅存書目而不見其書。雖然盧文弨校本在刊刻時，偶而可見以小字作校註說明，然終究並非完整的注本。《春秋繁露》今存之完整注本則僅有凌曙的《春秋繁露注》（清嘉慶二十年，1815 A.C.）〔註4〕，以及蘇輿的《春秋繁露義證》（清宣統元年，1909 A.C.）〔註5〕；民國以後，賴炎元氏以蘇輿《義證》爲底本，完成標點、排版之《春秋繁露今註今譯》〔註6〕（1980 A.C.）。

〔註1〕 朱彝尊，《點校補正經義考》（許維萍等點校，林慶彰等編審），台北：中研院文哲所，1999 年初版。

〔註2〕 參見賴炎元，《春秋繁露今註今譯》，台北：台灣商務印書館，1984 年 5 月初版，P3。

〔註3〕 清·張之洞，《書目答問》（范希曾補正，蒙文通校點），台北：漢京出版社，1984 年。

〔註4〕 清·凌曙，《春秋繁露注》，皇清經解續編（卷八六五～八八一），台北：復興出版社，1972 年。

〔註5〕 清·蘇輿，《春秋繁露義證》（新編諸子集成第一輯），北京：中華書局，1992 年 12 月。

〔註6〕 同註2。

　　凌曙注本是以聚珍本爲底本〔註7〕，參酌明代王道焜刻本、清代盧文弨等
校本而成；蘇輿《義證》也是以聚珍本爲底本，並參酌盧文弨校本、凌曙注
本、以及王先謙之刻本等，彙整考訂、重新注釋，於凌氏注本之外多有發
明，卷首並附〈董子年表〉、〈春秋繁露考證〉，賴炎元氏允之爲「目前最好的
『注本』」。至於賴炎元氏之《今註今譯本》，由於新加標點，在顧及譯本文意
順暢之下，句讀斷句與盧文弨以來之版本多有不同，賴氏自云：「注譯這部
書，是以蘇輿《春秋繁露義證》爲底本，以《漢魏叢書》程榮本、何允中
本、盧文弨校本、凌曙注本爲輔本，互相參校，其他如孫詒讓《札迻》、俞樾
《諸子平議》、劉師培《春秋繁露斠補》等，都斟酌採用。」這是第一本《春
秋繁露》白話譯本，《春秋繁露》以發凡公羊春秋經義爲旨要，與《公羊》
經、傳不同的是，《繁露》的行文並非採取今文經學者「問答、語錄」的方
式，而是以通篇「評論、陳述」鋪排，抒發對經傳義理潛思之所得。爲求論
點之確鑿，董氏不厭其煩羅列《春秋》所言事件，以證成其所論爲不誣；然
而，其語法用詞，時代與今日睽違已久，再加上酣暢行文，對於指涉的《春
秋》史事往往簡略陳詞、一筆帶過，通篇著重於經義之隱微處，反覆辨證；
其義所及，雖深遠精瞻，或切合史事而立論，對西漢時人去古未遠來說，董
氏治《春秋》，堪稱爲「儒者之宗」〔註8〕，但時至今日，史事未明、所論未
詳，乃至凌曙、蘇輿等人注解同一章句，對於董氏指陳之《春秋》經傳，究
爲何年何事？竟往往有不同的看法。因此，對於董仲舒春秋學經義之發凡，
多有未合。

　　由於凌曙、蘇輿二人對《春秋繁露》的注解，專注於尋繹董氏文中指稱

〔註7〕《春秋繁露》的版本，今本《永樂大典》所收錄者，爲宋寧宗嘉定三年（1210
　　　　A.C.）樓鑰以潘景憲所藏本（凡十七卷，八十二篇，與《隋志》、《崇文總目》
　　　　著錄相同；其中缺三篇，實七十九篇）爲底本，與當時京師印本、胡矩刻本
　　　　互相校讎而成，明代刻本有《漢魏叢書》程榮本，何允中本，蘭雪堂活字本，
　　　　王道焜本等。清朝乾隆三十八年（1773 A.C.）四庫館臣根據永樂大典所存樓
　　　　鑰本，加以斠訂印行，世稱「聚珍版」本。其後，盧文弨以聚珍本爲主，取
　　　　明代刻本互校，參與校訂者有趙曦明、江恂、段玉裁、錢唐……等十二人，
　　　　刻於《抱經堂叢書》之中。（以上資料參考自凌曙《注・敘》以及蘇輿《義證・
　　　　序》）。
　　　　民國賴炎元氏認爲，這是當今《春秋繁露》最好的「校本」。（賴氏，《春秋繁
　　　　露今註今譯・自序》）
〔註8〕《漢書・五行志上》（卷二十七上）：「漢興，承秦滅學之後，景、武之世，董
　　　　仲舒治公羊春秋，始推陰陽，爲儒者宗。」

的事件，是見於《公羊》經、傳中哪一年的記事？以便於循沿何休《解詁》所言的三世條例去說釋董文。章句餖飣之餘，並未著眼於董氏對經義的發明、以及《繁露》援引大量《春秋》所載史事的用意。賴炎元氏在翻譯《繁露》文句時，也發現了凌、蘇二人注解簡略、甚至無法通釋原義的情況，所以，賴氏的註譯，除了以前列之校本、注本，重新斷句、更動標點之外，在通釋董氏文旨、闡發董氏春秋學精義方面，亦卓然有著。然而，賴炎元氏用心雖深，卻未著手於《公羊》經傳原文之考釋，其立論釋意，完全仰賴凌、蘇二人之注本。因此，凌、蘇二人之註解若有滯塞未明，賴氏之譯注亦往往闇昧難辨。誠如賴氏於其註譯本〈自序〉所言：

　　　　這部書（《春秋繁露》）雖然經過校正，有些地方還是無法解說。
本文追究其「無法解說」的根本原因發現，最主要的癥結來自於何休《解詁》〔註9〕以降，以「三世異辭」爲條例的公羊學解經方式；掣肘於何休在《公羊》經傳「字面用語」所架構出的「義例」，無視於董氏所倡「《春秋》無達辭」的治經方法，特別是清代常州公羊學盛行，更是以何休《解詁》爲大纛，以致於不僅在《公羊傳》的註解釋義上無法得到通貫，對董氏春秋學義理之發凡，也往往有錯誤的理解。本文因以凌曙《注》，蘇輿《義證》爲中心，對照二人注解滯礙之處，並援引《公羊》經、傳原文去破解何休《解詁》所帶來的迷思，以進一步釐清今本《繁露》注本對董仲舒春秋學經義釋解之問題。

第一節　《春秋繁露》「遠外近內」解義

　　《春秋》三傳中，《公羊》、《穀梁》詳於解釋經義，《左傳》則致力於經文事實之陳述，《左傳》主「事」，敘事以見本末，公、穀主「義」，借事以明義。所謂「其事則齊桓、晉文；其文則史，……其義則丘竊取之矣。」（《孟子‧離婁下》）綜觀兩百四十二年間之事，《春秋》之成書，夫子寄望於茲，必出以敬慎之筆，其「義」絕非僅止於約其文辭、去其煩重而已。然而《春秋》經文簡要，三傳各有所長。《公羊》認爲「大義」繫之於「微言」，昭公十二年傳文云：

　　　《春秋》之信史也，其序則齊桓、晉文，其會則主會者爲之也，<u>其</u>

〔註9〕阮元刊刻，《十三經注疏》（台北：藝文印書館，1989年），對《公羊》經傳所採用的版本，便是何休解詁、徐彥疏的注疏本。在阮元刻本中，何休著作的全名是《春秋公羊經傳解詁》，本文皆以《解詁》簡稱之。

　　　辭則丘有罪焉耳！

於是，從《公羊傳》以下，《公羊春秋》一脈之解經學者，無不於經文的遣辭用句裡，尋找聖人所寄寓的褒貶深義。誠如《漢志》所言「昔仲尼歿而微言絕，七十子喪而大義乖」，孔子因魯史而爲《春秋》，《春秋》本來是信史，但是在孔子寓褒貶而行之以文辭之後，《春秋》已不再以歷史事實的呈現爲主要目的，取代而起的，是道德褒貶的訴求。爲隱寓「大義」，《春秋》在「微言」文辭的書寫上，必定已更動了原來史料之史官「常筆」，所以孔子自云：「其『辭』則丘有罪焉」。

　　　三傳各有所長，對於經義的闡發已不盡相同。正如蔣伯潛氏所言：

　　　大義尚可於文字間求之，微言則誠如《列子‧說符》所謂『不以言言之』矣。……蓋微言非經孔子口授，不能領會，而大義則孔子弟子尚能即經文以尋繹之耳。〔註10〕

《公羊傳》以口語問答的方式，詮釋了經文謹慎用字所欲傳達的義理，透過《公羊傳》所闡釋的經義和治經的門徑，後世治《春秋》之《公羊》學者，紛紛以此《公羊》經義爲基礎，再度回到《春秋》經文中，尋找「微言」的線索，透過傳文的引導，對《春秋》經義有更豐富的闡釋；而這樣的闡釋，又由於時空環境的變遷，經術、政治、思想的交互影響，在道德褒貶的價值觀上有不同的認知，對於經義自有不同的判斷和理解。因此，後世之「公羊學」，雖然是研究《公羊傳》、推闡《春秋》微言大義所形成的學術體系；事實上，後世《公羊》學所論之內容，往往已和《公羊》經、傳原貌大異其趣。董仲舒與何休皆爲《公羊傳》以降之《公羊》學者，爲顯見二人所論之《公羊》義理旨趣不同，本文乃以《公羊傳》爲中心作主題的探討，然後以此主題比較出董、何二人學術與《公羊傳》所論之異同。

一、《公羊傳》對「遠外近內」的詮釋

　　　內外之辨，夷夏之別，是《公羊傳》所強調的經義之一，這項經義是由《春秋》經文的書寫方式歸納得來。

　　　◎隱公十年

　　　　經：六月，壬戌，公敗宋師于菅。辛未，取郜。辛巳，取防。

　　　　（傳）：內大惡諱，此其言甚之何？春秋錄內而略外。於外，大惡

〔註10〕蔣伯潛，《十三經概論》，上海：上海古籍出版社，1983年4月，P456。

書，小惡不書；於內，大惡諱，小惡書。

「內大惡，諱」，所謂「內」是指魯國，由於《春秋》是以魯史爲基本材料而寫成，所以對於本國的醜事，罪惡深重者，《春秋》經文基於顧及本國臉面之立場，在書寫時會特別用隱晦的寫法加以避諱。所以「錄內而略外。於外，大惡書、小惡不書；於內，大惡諱，小惡書」，這是《公羊傳》對經文書寫方法的解讀。「內」與「外」本來是魯國「本國」與「非本國」之別；但是，孔子藉《春秋》以言天子之事，從天子的立場來看，「內」與「外」就變成了「諸夏」與「夷狄」之別。以諸夏爲內，夷狄爲外，在《公羊傳》中分別有「不與夷狄之執中國」（隱公七年、僖公二十一年）、「不與夷狄之獲中國」（莊公十年）、「不與夷狄之主中國」（昭公二十三年、哀公十三年）的記載，在亂世政局陵夷的經文記事裡，《公羊傳》「異內外」的主張，是站在維護諸夏執政的立場而發論。

　　然而《春秋》內容包容二百四十二年之史事，在漫長的時空裡，諸夏、夷狄政局陵替，屢有變遷。因此，《公羊傳》認爲，經文書寫時考慮的夷夏之別，是以文化行爲的判定作標準。

◎昭公二十三年

　　經：秋七月，戊辰，吳敗頓、胡、沈、蔡、陳、許之師于雞父。
　　　　胡子髡、沈子楹滅，獲陳夏齧。

　　（傳）：此偏戰也，曷爲以詐戰之辭言之？不與夷狄之主中國也。
　　　　　　然則曷爲不使中國主之？中國亦新夷狄也。

◎定公四年

　　經：冬，十有一月，庚午，蔡侯以吳子及楚人戰于伯莒。楚師敗
　　　　績。

　　（傳）：吳何以稱子？夷狄也而憂中國。

當時的局勢，諸夏互相攻伐，滅同姓、棄禮義，假若身份位居諸夏，而實際行爲卻等同於野蠻的夷狄，經文即以夷狄視之，用對待夷狄的方式去書寫該則記事。總言之，若從夷夏內外之辨去看「遠外」、「近內」，那麼，經文「遠」與「近」的書寫態度，就是親疏之別的實踐。

　　除了夷夏親疏的考慮之外，由於孔子對於當代所見之事的褒貶直陳，自然基於彼此身份等種種顧忌，在用詞記載上有敦厚行文的考量。屬性類似的事件，發生在兩百年前與發生在當世，書寫記載自有不同的避諱，其隱晦的

程度當然也就不相同。也就是說，史事時間之「遠」、「近」，是夷夏親疏之辨以外，另一個會影響經文書記方式的因素。《公羊》在隱公元年、桓公二年、哀公十四年傳文都強調：「所見異辭、所聞異辭、所傳聞異辭」，由「所見」之當代，上推至「所聞」之近代，再上溯至「所傳聞」之古代；以「見」、「聞」、「傳聞」，呈現出史事追溯，時間由近而遠的歷程。在歷史洪流裡，時間與孔子相距較遠的史事，雖然避諱的顧忌少了，但是，可參詳的史料，也因為時間遙遠的關係而容易有闕如的遺憾。例如：

◎隱公元年

　　經：公子益師卒。

　　（傳）：何以不日？遠也。所見異辭，所聞異辭，所傳聞異辭。

隱公元年，魯國公子益師卒，傳文以「遠也」闡釋「不日」的原因，既是魯國公子，怎能說與魯國關係遙遠呢？所以，此處所謂「遠」，應是指時間之「遠」，所以傳文才又曰「所見異辭，所聞異辭，所傳聞異辭」。時間距離當世久遠，史料不足徵，因此而有「異辭」（即：有別於書寫常例所慣用的筆法），和親疏夷夏之別無關。又如：

◎桓公二年

　　經：三月，公會齊侯、陳侯、鄭伯于稷，以成宋亂。

　　（傳）：內大惡諱，此其目言之何？遠也。所見異辭，所聞異辭，
　　　　　所傳聞異辭。隱亦遠矣，曷為為隱諱？隱賢而桓賤也。

桓公二年魯國和各諸夏國「成宋國之亂」這件大惡事，本來經文是應該為「內大惡」而行文隱晦，但因為時間與孔子當時已相隔久遠，為顧忌彼此身份而要求的避諱，已經喪失了必要性，所以經文改變了書寫的原則，採取有別於「內大惡，諱」的做法，以所謂的「異辭」直接寫出魯國本國之大惡。至於時間與孔子當時代較接近的史事，可以徵引的史料，相形之下顯得較豐富。《公羊傳》哀公十四年所云：

　　《春秋》何以始乎隱？祖之所逮聞也。所見異辭，所聞異辭，所傳
　　聞異辭。何以終乎哀十四年？曰：備矣。

《春秋》經文止於哀公十四年，而孔子卒逝於哀公十六年。我們無法臆度，倘若孔子晚卒十年，《春秋》經文的書寫是否仍然僅止於哀公十四年？但是我們可以由《史記·孔子世家》對孔子所載得知：

　　乃因史記作《春秋》，上至隱公，下訖哀公十四年。十二公。……以

　　繩當世貶損之義，後有王者舉而開之，《春秋》之義行，則天下亂臣

賊子懼焉。……孔子年七十三，以魯哀公十六年，四月，己丑卒。

〔註11〕

《春秋》的成書目的，是「以繩當世貶損之義」；以待「後有王者舉而開之」，
顯然，司馬遷並不認爲，孔子「因史記作《春秋》」的目的是「受命於魯，以
隱公爲始受命王」（何休隱公元年、七年《解詁》）。既然是「繩當世貶損之義」，
以待「後有王者」，那麼，《公羊傳》所云「何以終乎哀十四年？曰：備矣」，
「備」就不應該理解成：「哀公時《春秋》內容已『完備』」。《孟子‧滕文公
下》有云：

　　世衰道微，邪說暴行有作：臣弒其君者有之，子弒其父者有之。孔

　　子懼，作春秋。

既是「貶損當世」，邪說暴行與時俱增，何來已經「完備」而不再書寫的道理？
再者，追溯此處《公羊傳》「所見異辭，所聞異辭，所傳聞異辭」的行文，其
時間歷程是由當世漸溯及遠，至遠世之「所傳聞世」，而後乃論：「何以終乎
哀十四年」，語氣是由所傳聞之遠世而下，詢問何以要歷經二百四十二年，寫
到哀公十四年呢？「備」應該理解爲：因爲時代接近，史料詳備，所以孔子
特別書寫到近世，一直到其臨終前二年爲止。

　　《春秋》撰寫內容的年代，其史料的篩選、掌握和收集，「時間」遠近是
影響經文史料取決、用詞隱晦與否的關鍵因素。時間較接近者，資料來源雖
然豐富，但人世來往關係、身份牽絆亦相形密切，避諱的需求也同時增加，
文字記載的隱晦度隨之而提高。誠如定公元年《公羊》傳文所云：「定、哀多
微詞，主人習其讀而問其傳，則未知己之有罪焉爾」。

◎哀公二年

　　經：晉趙鞅帥師納衛世子蒯聵于戚。

　　（傳）：戚者何？衛之邑也。曷爲不言入于衛？父有子，子不得有

　　　　　　父也。

這是衛國的亂事。蒯聵無道，衛靈公因而逐兒輩的蒯聵，改立孫輩的輒。衛
靈公與蒯聵，蒯聵與輒，都是「父與子」的關係。對於「晉國出師『入』衛
以迎蒯聵於戚」這件事，《公羊》傳文認爲：歷史事實是「晉入于衛」，因爲
「父有子，子不得有父」（意即：父親可以如此對待兒子，兒子卻不可以如此

〔註11〕司馬遷，《史記‧孔子世家》卷四十七，頁84。

對待父親）的關係，經文隱晦其詞，不寫「晉入衛」，而寫「晉納衛世子」。

衛國之於魯，是「外」；本來對於外國史事，《春秋》應該是秉持「錄內略外」的原則，「大惡書，小惡不書」（隱公十年傳），根本不須要考慮「隱晦其詞」的問題，但是對於衛國這件亂事的記載，《公羊傳》卻因爲哀公時事，與孔子時代接近，而以「隱晦用字」的眼光去理解經文。同樣是這個事件，哀公三年亦有後續記載：

◎哀公三年

經：春，齊國夏、衛石曼姑帥師圍戚。

（傳）：齊國夏曷爲與衛石曼姑帥師圍戚？伯討也。此其爲伯討奈何？曼姑受命乎靈公而立輒，以曼姑之義爲固，可以距之也。輒者曷爲者也？蒯聵之子也。然則曷爲不立蒯聵而立輒？蒯聵爲無道，靈公逐蒯聵而立輒。然則輒之義可以立乎？曰：可。其可奈何？不以父命辭王父命，以王父命辭父命，是父之行乎子也；不以家事辭王事，以王事辭家事，是上之行乎下也。

寫出衛國國君輒命石曼姑出兵討蒯聵，《公羊》傳文以「王父命辭父命」、「王事辭家事」允許這件兵事，認爲衛與齊聯合出兵，是「伯討」。本來，這件事和魯國一點關係也沒有，《春秋》經文卻加以記載，傳文特別從「探求經義」的立場去發論。哀公年間的這件事情之所以能得到充分的記載和討論，應該與時代相近、史料詳備有關；在《公羊》傳文看來，儘管是衛國之事，《春秋》仍加以書寫，藉以呈現「撥亂反正」的用心，並作爲行爲價值取捨依循之示範。

我們若從時間遠近的因素來分析經文的書寫方式，那麼，「遠」、「近」就是指和孔子當世相距的時間，而所謂的「外」、「內」，就是指因應於時間遠近的考量，經文在書寫行文時避諱與隱密的程度。時間遠者，行文隱晦少，如同書寫「外事」；時間近者，行文顧忌多，又因爲史料較豐富，所以經文記載之，如同書寫「內事」般的隱晦和詳盡。

二、《春秋繁露》「遠外近內」說考辨

「內外」，是指《公羊傳》分析經文書寫方式和詮釋經文義理時，因爲書寫對象的夷夏親疏身份，而在避諱筆觸的顧忌上有所考量。「遠近」，則是指

書寫的事件、對象，依時、空遠近之背景因素，或因爲史料詳闕，或因爲位居比鄰，而在行文記事時，對於書寫模式加以斟酌。「內外」與「遠近」，並非分開計量，《公羊傳》在分析經文事件時，往往同時考慮、對照，以突顯經文斟酌字句、彰顯「大義」的用心。不論是「內外」或「遠近」，《公羊傳》在分析經文時，這些考慮因素都有共同的基礎，就是：以寓「褒貶大義」爲前提。

◎成公十五年

經：冬，十有一月，叔孫僑如會晉士燮、齊高無咎、宋華元、衛孫林父、鄭公子鱃、邾婁人會吳于鍾離。

（傳）：曷爲殊會吳？外吳也。曷爲外也？《春秋》內其國而外諸夏，內諸夏而外夷狄。王者欲一乎天下，曷爲以「外內之辭」言之？言「自近者始」也。

成公十五年鍾離之會的經文中，傳文的說解，就是《公羊》同時合「遠近」、「內外」二種觀點以釋經的最佳示範：

表一：公羊傳所認為的：《春秋》經行文因素分析一覽表

大　　　義	寓義褒貶（含「親親」、「尊尊」、「賢賢」）			
書寫對象之身份與時空	A.夷夏親疏		B.客觀時空	
	內	外	近	遠
經文之書寫態度 （內：親）（外：疏）	錄　內 避諱多 隱晦深	略　外 避諱少 隱晦淺	避諱多 隱晦深	避諱少 隱晦淺
史料之詳闕			時：史料詳	時：史料闕

說明：1.「夷夏親疏、內外」與「客觀時空、近遠」，皆以「寓義褒貶」爲首要考慮之因素。
　　　2. 每一位書寫對象（或事件）都必須同時在 A 欄及 B 欄各選一項。
　　　3. A 欄中，因爲夷夏親疏是相對而可能改變的，所以用虛線區隔之。

　　鍾離之會，經文的記載出現了「二『會』之辭」，把吳國排除在與會的諸夏國之外，另外特別序列吳「與會」的事實；傳文認爲，「外吳」是「《春秋》內其國而外諸夏，內諸夏而外夷狄」的表現，這是傳文用「內外」（夷夏之別）的觀念去解經；既然吳是夷狄，爲什麼經文又加以書載而不隱晦呢？此處，《公羊》傳文提到所謂「外內之辭」，意即：夷狄（外）被諸夏接納（內）的記載。接納的原因，我們由傳文可知，是「王者欲一乎天下」，傳文認爲，「以『外

內之辭』言之」、「言自近者始也」。王者一統天下，自近者始，這裡的「近」，有二種可能的意思，其一為空間遠近之「近」，鍾離或位於吳境之內〔註12〕，因此，雖然「殊吳」，但經文仍然承認吳與會〔註13〕。另一因素是，吳與魯同為姬姓國〔註14〕，因為同姓血親的關係，所以吳雖為夷狄，與會時《春秋》仍然記錄其與會之事實，只是在書寫方式上作了些許的變更。

董仲舒在《春秋繁露》中，也談到「自近者始」：

> 親近以來遠，未有不先近而致遠者也。故內其國而外諸夏，內諸夏
> 而外夷狄，言自近者始也。(〈王道〉)

雖然文字與成公十五年鍾離之會《公羊》傳文極為相似，但是，董氏所面臨的是漢代一統的盛世，而非《公羊傳》所論之《春秋》諸國的會盟，所以，董氏在〈王道〉裏，釋《公羊傳》「自近者始」為「親近以來遠，未有不先近而致遠」，成為王朝「化及四方」的外交策略。〔註15〕

〔註12〕對於這一則鍾離之會，《穀梁傳》云：「會又會，外之也。」只落在「內外夷夏」去談；《左傳》云：「十一月，會吳于鍾離，始通吳也。」也只是說，諸夏開始與吳國有來往。由二傳我們皆找不到線索來解釋《公羊傳》之「自近者始」。不過，我們找到在昭公四年《穀梁傳》之「慶封封乎吳鍾離」，以及昭公二十三年《左傳》之「吳人伐州來，楚薳越帥師，及諸侯之師，奔命救州來。吳人禦諸鍾離。」，可以確定，鍾離可能就在吳境之內，就算魯成公之時，尚不屬吳境，鍾離亦距吳不遠。在鍾離開會，或許因為離吳國近，故准許吳與會；亦或是諸夏為壯大勢力而為盟，吳距離諸夏近，因此，諸夏與吳聯盟而選擇於鍾離開會。不論答案為何，都可以確定，此處「自近者始」，就空間因素而言，是可以說得通的。

〔註13〕類似的例子，還有桓公二年（經）：「秋，七月，蔡侯、鄭伯會于鄧。」（傳）：「離不言會，此其言會何？蓋鄧與會爾。」蔡、鄭二國會於鄧，明明只是二國之「儷（離）商」，經文卻以「會」書之。傳文認為：因為地主國「鄧」亦與會，所以，經文以書「會」，來表示實際與會者實有三國，非二國之「離會」。可見，《公羊傳》對於盟會地點的所在，亦尊重在地國可能有與會之事實。

〔註14〕董氏在《繁露・觀德》提到：「吳，魯同姓也，鍾離之會，不得序而稱君，殊魯而會之，為其夷狄之行也」。近人陳槃氏《春秋大事表列國爵姓及存滅表譔異》，考證清・顧棟高《春秋大事表》所記，引證《論語・述而》：「陳司敗問：『昭公知禮乎？』孔子曰：『知禮。』孔子退，揖巫馬期而進之，曰：『吾聞君子不黨，君子亦黨乎？君取於吳為同姓，謂之吳孟子（諱言「姬」）。君而知禮，孰不知禮？』」證明吳為姬姓國無誤（陳槃，《春秋大事表列國爵姓及存滅表譔異・參・補記》，頁 692）。

〔註15〕既然是「自近者始」，為何還另外以兩「會」之詞將吳與諸夏國區隔開？董氏認為，此時的吳國，仍未脫夷狄的行止，因此《春秋》「殊魯而會」。由此可以看出，董氏對春秋學的詮釋，認為《春秋》對夷狄行止的譴責，其注重更甚於「同姓血親」、「時空遠近」之上。對於漢王朝來說，「親近以來遠，未有

　　「遠近」除了從「空間位置」去討論外，亦可從「時間遠近」去闡明。
隱公元年《公羊傳》云：「何以不日？遠也。所見異辭，所聞異辭，所傳聞異
辭」，以「所見、所聞、所傳聞」論時間歷程，但是，《公羊》傳文並未指出
「所見世」、「所聞世」、「所傳聞世」的具體時間表。為此，董仲舒在〈楚莊
王〉裏，提出比《公羊傳》更詳細的說明：

> 《春秋》分十二世以為三等：有見，有聞，有傳聞。有見三世，有
> 聞四世，有傳聞五世。故哀、定、昭，君子之所見也。襄、成、文、
> 宣，君子之所聞也。僖、閔、莊、桓、隱，君子之所傳聞也。所見
> 六十一年，所聞八十五年，所傳聞九十六年。於所見微其辭；於所
> 聞，痛其禍；於傳聞，殺其恩。與情俱也。……屈伸之志，詳略之
> 文，皆應之。吾以其近近而遠遠，親親而疏疏也，亦知其貴貴而賤
> 賤，重重而輕輕也。有知其厚厚而薄薄，善善而惡惡也，有知其陽
> 陽而陰陰，白白而黑黑也。百物皆有合偶，偶之合之，仇之匹之，
> 善矣。(〈楚莊王〉)

不只分十二世為「三等」，並且指出各世之中的國君與歷時年代。對所謂的「異
辭」，董氏主要從經文如何「寓褒貶大義」的表達方式上去立說：於「所見世」
表達褒貶，因事件人物都在當世，所以用「微辭」隱晦地陳述；於「所聞世」
表達褒貶，因為時間相去未遠，事情的來龍去脈可以掌握得清楚，所以往往
痛心地指陳出其中的禍事；至於更遙遠的「所傳聞世」，由於史料未必詳盡，
對於所欲表達的史事與褒貶，若是文獻足徵，就不須要再有太多的顧忌和隱
晦。

　　董氏的「三等」，是根據「見、聞、傳聞」這三世所鋪陳出來的歷史觀。
對於經文的書寫態度，他以「與情俱也」去解釋，看出何以經文在三世之事
的敘述上，書寫方式會有「微其辭、痛其禍、殺其恩」的差異。同時，董氏
也把時間遠近對經文記載用詞的影響，由「屈伸之志」與「詳略之文」二方
面去考量，並把這些因素一起置於經文寓含的「近近遠遠」、「親親疏疏」、「貴
貴賤賤」、「重重輕輕」、「厚厚薄薄」、「善善惡惡」、「陽陽陰陰」、「白白黑黑」
等「大義」的前提之下。董仲舒對「三世異辭」的發揮，並未與《公羊傳》
相悖，只是以《公羊傳》為基礎，作更細目的補充。〈奉本〉對於「時間遠近」

不先近而致遠」，注重道德行為，重點不在區別夷、夏身份；而在如何統領夷、
夏，化及四方。

與史料、經文陳詞的關係，有明確的說明：

> 郑婁庶其、鼻我，郑婁大夫其於我無以親，以「近」之故，乃得顯明。隱、桓，親《春秋》之先人也。益師卒而不日；於稷之會，言其成宋亂；「以遠外也」。黃池之會，以兩伯之辭，言不以爲外，「以近內也」。（〈奉本〉）

董氏此處清楚的提到「遠外」、「近內」。所謂「遠外」，是指對於年代久遠之事，以「外詞」直陳之；「近內」則是指，對於年代接近當世者，以「內詞」隱晦之。承襲《公羊傳》解經的方法，董氏亦以寓褒貶大義爲解經之基本要題。他特別說明，《春秋》所述雖然以魯史爲中心，但是孔子「緣魯」以言「王義」，在對魯史敘述和記載用詞裏，區別出道德行事的「是與非」，也披陳出禮制在「別嫌疑」上的講究，顯現出王者治世的榜樣和風範。

晉乘楚杌，魯爲春秋；魯國十二公之記事，應有當初每一位當其時的史官，以當世的眼光和立場所寫下來的原始史料。董氏認爲，孔子「追溯史事」以「言王義」，所以對這些史料、事蹟、傳聞，除了考慮「時間遠近」、「史料詳闕」，同時也兼顧褒貶、內外之義；也就是《繁露·楚莊王》所說的「與情俱也」、「微其辭、痛其禍、殺其恩」、「屈伸之志，詳略之文，皆應之」。在〈奉本〉裏，董氏爲《春秋》的下筆態度作了更貼切的比喻：「殺隱、桓以爲遠祖，宗定、袁以爲考妣」，用規勸考妣的心情，去記載定、哀時事的褒與貶；敘述隱、桓時事的心情，就像是爲後生晚輩講述遠祖的行事，其中的是與非，都是爲了提供後輩借鑑和省思〔註16〕，這是董氏透過《公羊》一脈解經觀點去認識《春秋》，並對《春秋》之遣詞用句，予以「至尊且高，至顯且明」的評價〔註17〕。爲了具體呈現《春秋》「緣魯以言王義」、「殺隱、桓以爲遠祖，宗定、哀以爲考妣」，董氏遂列舉《春秋》經文中的若干寫法爲例證，以說明他所看到的《春秋》經文「遠外」、「近內」的行文筆觸。

（一）董仲舒春秋學之「內外觀」：
王道的擴展延伸──緣魯以言王義

「王義」是董仲舒眼中《春秋》經的內容和成書的主要目的；「緣魯」

〔註16〕《繁露·俞序》亦有云：「仲尼之作《春秋》也，『上』探正天端，王公之位，萬民之所欲；『下』明得失，起賢才，以待後聖」。

〔註17〕《史記·孔子世家》：「《春秋》筆則筆，削則削，子夏之徒不能贊一辭。」（《史記》卷四十七，頁84）

則是「王義」的表述方式。如何在魯史中示範出王者禮制的精義呢？除了微言褒貶的寄寓外，《春秋》經文亦有無關乎褒貶的記事；而這些既與褒貶無關，又與魯國無涉的事件，《春秋》經文為什麼要寫下它們呢？董氏認為，這是氣度與視野的問題。正如《孟子・滕文公下》所云：「《春秋》，天子之事也」。《春秋》「緣魯以言王義」，既然是憑藉魯史以示現王者的風範，所以若干事件儘管與魯無涉，卻是有為的王者所應該重視關心的「天下事」。可惜，當其時，王者不復。在董氏看來，《春秋》經文的記事，不只是內容闡述「王義」，乃至於記事的手法、方式，記事的視野、氣度，都是有意的展示「王義」。

> 今《春秋》緣魯以言王義，
> 殺隱、桓以為遠祖，宗定、哀以為考妣，
> 至尊且高，至顯且明。
> 其基壤之所加，潤澤之所被，條條無疆。
> ~~前是常數，十年鄰之，幽人近其墓而高明，~~（盧校為「訛」）
> 大國齊、宋，離不言會；
> 微國之君，卒葬之禮，錄而辭繁；
> 遠夷之君，內而不外。
> 當此之時，魯無鄙，
> 彊諸侯之伐哀者，皆言我。——《繁露・奉本》（盧文弨校本）

我們在這段話裏，面臨一個必須先解決、否則將使整段文義完全丕變的問題；就是：「當此之時」，是指何時呢？是指《春秋》經文內容橫跨的「二百四十二年」？還是如下文盧文弨校本「諸侯之伐哀者，皆言我」所釋，把這「當此之時」釋為「所見世」之最近者——魯哀公呢？這個問題的答案，將關係到如何解釋下文：大國「離不言會」、微國「卒葬之禮，錄而辭繁」、遠夷「內而不外」。

1. 董氏所云之「當此之時」，是指《春秋》經行文之二百四十二年。並非專指魯哀公時代。

首先，我們先討論「（彊）諸侯之伐哀者，皆言我」這句話在《春秋》經文中是否成立，以見所謂「當此之時，魯無鄙（疆）」的「當時」是指何時。本文檢索《春秋》經文中所有記「伐」而言「我」的戰事資料，將它羅列出來：

表二：《春秋》經文言「我」、言「伐」者一覽表

《春秋》紀年	三 等	經　　　　　　　　文
莊公九年	所傳聞之世	八月庚申，及齊師戰于乾時，我師敗績。 （傳）內不言敗，此其言敗何？伐敗也。曷爲伐敗？復讎也。
莊公十年	所傳聞之世	夏，六月，齊師、宋師次于郎，公敗宋師于乘丘。 （傳）其言次于郎何？伐也。伐則其言何？齊與伐而不與戰，故言伐也。我能敗之，故言次也。
莊公十九年	所傳聞之世	冬，齊人、宋人、陳人伐我西鄙。
僖公二十六年	所傳聞之世	夏，齊人伐我北鄙。
文公十四年	所聞之世	邾婁人伐我南鄙。
文公十七年	所聞之世	齊侯伐我西鄙。
成公二年	所聞之世	二年，春，齊侯伐我北鄙。
襄公八年	所聞之世	莒人伐我東鄙。
襄公十年	所聞之世	秋，莒人伐我東鄙。
襄公十二年	所聞之世	春，王三月，莒人伐我東鄙，圍台。
襄公十五年	所聞之世	夏，齊侯伐我北鄙，圍成。公救成，至遇。 （傳）其言至遇何？不敢進也。
襄公十五年	所聞之世	邾婁人伐我南鄙。
襄公十六年	所聞之世	齊侯伐我北鄙。
襄公十六年	所聞之世	秋，齊侯伐我北鄙，圍成。
襄公十七年	所聞之世	秋，齊侯伐我北鄙，圍洮。齊高厚帥師伐我北鄙，圍防。
襄公十七年	所聞之世	冬，邾婁人伐我南鄙。
襄公十八年	所聞之世	秋，齊師伐我北鄙。
襄公二十五年	所聞之世	春，齊崔杼帥師伐我北鄙。
定公七年	所見之世	齊國夏帥師伐我西鄙。
定公八年	所見之世	夏，齊國夏帥師伐我西鄙。
哀公八年	所見之世	吳伐我。
哀公十一年	所見之世	春，齊國書帥師伐我。

在表列中，值得注意的現象有二點：

**（1）僅以「哀公」年間之記事，去討論董氏「諸侯之伐『哀』者皆言
我」，並不合理。**

我們可以發現這些記伐、言「我」的經文，其時代並不只限於魯哀公。甚至，也不僅止於昭、定、哀之「所見世」時代。

在《春秋》二十二則言「我」的記伐戰事中，「所聞世」的部分就佔了十四則，經文記事實況似乎與董氏所言的「於所聞，痛其禍」相符合。其餘，在「所傳聞世」和「所見世」的時代，各自只有四則：「於傳聞，殺其恩」，所以連莊公九年魯國的敗戰亦不諱言。「於所見，微其辭」，「所見世」昭、定、哀，哀公之世言「我」記伐者，卻只有二則。在《春秋》經文二十二則「言『我』」的記伐戰事中，哀公年間只佔了二則。所以，只限於哀公年間去討論「言『我』」的「諸侯之伐」，顯然不合理。

（2）經文中所言之「我」，毫無疑問是指魯國。

那麼，我們再回來檢視〈奉本〉：

> 當此之時，魯無鄙（疆），（疆）諸侯之伐哀者皆言我。

這段話，該如何正確的釋義？

記「伐」而言「我」者，羅陳於《春秋》經二百四十二年之間，已無疑問。所謂「當此之時」，應是指二百四十二年《春秋》行文記載這段時間；而非單指「所見之世」，更非專論「哀公」之時。

「魯無鄙（疆）」，盧文弨校本雖云「本或作『疆』」，但盧氏正文釋之爲「疆」，並將此「疆」字屬下讀。爲此，凌曙《注》認爲：

> 盧本以疆作疆，屬下讀，大謬。無鄙疆，言王化所及者遠。

蘇輿《義證》也同意凌氏所言，認爲：

> 云『無鄙疆』，此所謂王義也。

蘇氏並引用朱一新《無邪堂答問》以及朱、蘇二人書信論學所語，朱氏謂：

> 魯無鄙疆，即<u>王道浹，人事備</u>，廣魯於天下之意，非謂魯之鄙疆果
> 遠也。盧校「疆」爲「疆」，誤。果如其說，上文之「條條無疆」，
> 又當作何解？

「人道浹而王道備」是董氏在《繁露・玉杯》所云之語：

> 《春秋》論十二世之事，人道浹而王道備。法布二百四十二年之中，
> 相爲左右，以成文采。其居參錯，非襲古也。（〈玉杯〉）

盧氏之校本與凌、蘇二人之注本,在〈奉本〉這段文字上的句讀並不相同。

從上下文義來看,董氏前文云:「緣魯以言王義」,此處以「王義」釋之為「當此之時,魯無鄙疆」,並無不妥。董氏認為,在二百四十二年之中,《春秋》論十二世之事,人道浹而王道備,而「王道」的展現,就在經文的記事中展現出來。《繁露·王道》也提到《春秋》記載用詞有示現「王道」經義的用心:

> 諸侯來朝者得「褒」:邾婁儀父稱「字」,滕薛稱「侯」,荊得「人」,介葛盧得「名」。……內出言「如」,諸侯來曰「朝」,大夫來曰「聘」,王道之意也。(〈王道〉)

那麼,該如何去正確理解《繁露·奉本》所云的「諸侯之伐哀者皆言我」這句話呢?既然,「記『伐』言『我』」之文,散見於《春秋》二百四十二年之中,並不僅限於哀公。而且,在「記『伐』言『我』」的二十二則經文中,哀公之事,也僅佔其二而已。因此,此句中的「哀」字,不應該是指哀公。

再者,〈奉本〉的這一段文字,在文獻傳世的過程中,亦有衍文訛誤的情況,例如:在「條條無疆」之後,「前是常數,十年鄰之,幽人近其墓而高明」這段文字,依盧文弨所校,判定為衍,應是屬實。此外,在「魯無鄙(疆)」部分,盧氏與凌、蘇二氏,又有「疆」與「彊」,以及「上讀」或「下屬」的爭議。無論是「魯無鄙」或「魯無鄙疆」,整句的句義差距並不大,都有「普天之下,莫非王土」之意。由於前文又有「條條無疆」一句,因此,本文從凌、蘇二人之說,讀成「魯無鄙疆」。誠如蘇輿在《義證·例言》所云:

> 是書宋本不多見,然據明校所引宋本參之,知已不免僞誤。

盧校本,與凌、蘇二人之注本,皆以何休「三世異辭」去看待這段文字,以為哀公居於何休所謂「太平世」,三人遂皆以董仲舒「當此之時,魯無鄙疆」之所謂「當時」,便是指何休所謂的「太平世」。並且,三人皆釋「哀」字為「哀公之世」不疑:凌、蘇二人之注本,皆從盧校本,以為「諸侯之伐哀者皆言我」,就是指哀公八年「吳伐我」及哀公十一年「齊國書帥師伐我」這二件事。然而,由本文表列可知,言「我」記「伐」之事,遍布於《春秋》三世之中,並非僅見於哀公,而何休所言之「據亂世、升平世、太平世」,根本不見於《公羊傳》,更非董氏春秋學之內容。既然,董氏認為「王道」之義,遍布二百四十二年之中,而言「我」記「伐」之事又多列於哀公以外之經文,董氏實無必要強調「諸侯伐而皆言『我』者」皆為哀公之事。

　　本文認爲，此處「哀」字或亦有訛誤的可能。《繁露‧俞序》有云：

　　仲尼之作《春秋》也，……故引史記，理往事，正是非，見王公，
　　史記十二公之間，皆衰世之事，故門人惑。孔子曰：「吾因其行事，
　　而加乎王心焉，以爲見之空言，不如行事博深切明。」（〈俞序〉）

〈俞序〉這段話特別提到「史記十二公之間，皆衰世之事」，孔子「因其行事，
而加乎王心」，既然董氏以《春秋》所記爲「衰世」之事，「當此之時，魯無
鄙疆，諸侯之伐哀者皆言我」，「哀」、「衰」二字字形相近，「哀」字，或可能
爲「衰」字之誤。

　　「我」字在經文中專指「魯國」，除非事關魯國，否則，經文不會以「我」
字行文。我們由上述《春秋》言「我」記「伐」之事看來，眾多的戰伐，魯
國並非皆爲當事國。那麼，此處的「諸侯之伐衰者『皆言我』」，應該不是指
經文在字面上以「我」字行文的意思。否則，這句話與經文實際的記載情況
就有出入。「諸侯之伐衰者『皆言我』」，應該是指《春秋》經文在書寫「戰伐」
史事時的一種態度，這種態度致使經文的陳述，透露出「我」的責任與使命。
由於《春秋》是以魯史記事爲示範，示範出一個王朝的禮制與氣象；所以，
放眼天下以爲視野，去關懷諸侯之間的伐戰，於《春秋》經文來說，毋寧是
對王者的期待，期許王者以天下爲己任。《公羊傳》屢番感嘆「上無天子、下
無方伯，天下諸侯有相滅亡者，力能救之，則救之可也」〔註18〕，也是這樣
的一種情愫。事實上，「皆言『我』」，對「我」的期許，便是董氏所言的「緣
魯以言王義」。

　　「諸侯之伐衰者皆言我」這句話，有二種可能的句讀方式：「諸侯之伐衰
者，皆言我」、「諸侯之伐，衰者皆言我」。以第一種句讀來說，「諸侯之伐衰
者，皆言我」，「衰者」當指被伐之國。然以經文記伐之事看來，有「齊伐魯」
（共十五次），甚或有「狄伐晉」（僖公八年）、「衛伐齊」（僖公二十六年）者，
「春秋之世，上無天子，下無方伯，天下諸侯有相滅亡者」（僖公二年傳），
被伐之國未必爲「衰者」。因此，本文並不採用第一種句讀方式。

　　倘若「哀」字果眞爲「衰」字之形訛，依第二種句讀方式，則文句應該
作「當此之時，魯無鄙疆，諸侯之伐，衰者皆言我」。如同《繁露‧俞序》所
言，孔子因「衰世之事」而「加乎王心」，「衰者」或指「衰世之事」，在諸侯

────────────

〔註18〕類似的言論，在僖公元年、二年、十四年、莊公四年、宣公十一年傳文都可
　　　　以看到。

相與伐的戰事中，不論和「魯國」有沒有關係，二百四十二年的《春秋》記事，都以王者的眼光把它當作是魯國的國內事加以記下來。

放眼《春秋》，雖以魯史爲主，然而，卻詳細的記下了各國相伐、無關乎魯的戰事，如：「莒人伐杞」（隱公四年經）、「楚人伐鄭」（僖公元年經）、「齊人伐山戎」（莊公三十年經）、「秦師伐晉」（宣公二年經）、「吳伐越」（昭公三十二年經）……等，以天下王土爲關心，不拘於魯國之內事，與董氏所云「緣魯以言王義」是相符合的。

2.《春秋》經文「緣魯以言王義」之書寫例證

董氏在《繁露‧奉本》爲說明「《春秋》緣魯以言王義」，而從經文的書寫方式中，舉出「『大國』齊宋，離（不）言會」、「『微國』之君，卒葬之禮，錄而辭繁」、「『遠夷』之君，內而不外」這三例，以作爲《春秋》「王義」的印證。

首先，我們可以注意到，這三種例子有層次上的安排，分別是「大國」、「微國」、「遠夷」。由三種不同的身分，來檢視《春秋》的行文，可見董氏在此的舉證是精心的揀擇，而非隨機的取樣。

其次，這三種例子——「大國」、「微國」、「遠夷」三種身份，經文對它們某一事件的書寫，有異於常書之態度；因此，董氏援之以爲證，看出《春秋》緣魯史以言「王義」的成書目的。

再者，既然討論的主題是經文，在《春秋》經文的書寫中見「王義」，那麼，這三種例子所指稱的事件，應該都是「經文」記事所錄，而非《公羊》傳文之闡意。由於是見於董氏文中的轉述，所以儘管該記事出自經文，但是董氏所謂的「離（不）言會」、「錄而辭繁」、「內而不外」三者，其字面卻未必見於經文。

（1）大國齊宋，離言會

①何爲「離會」？

所謂的「離會」，不見於經文。《公羊傳》僅有的二則相關論述，都以「離不言會」去討論經文對「離會」的書寫方式：

◎桓公二年

　　經：秋，七月，蔡侯、鄭伯會于鄧。

　　（傳）：離不言會。此其言會何？蓋鄧與會爾。

　　（穀梁傳、左傳皆未發論）

◎桓公五年

　　經：夏，齊侯、鄭伯如紀。

　　（傳）：「外」相如不書，此何以書？離不言會。

　　（穀梁傳、左傳皆未發論）

桓公二年的傳文，特別解釋蔡侯、鄭伯二國「會」於鄧，之所以經文用「會」字行文，是因爲實際上有三國與會（鄧國亦與會），所以，不算是「離會」。何爲「離會」？依何休《解詁》所注：「二國會曰『離』。」孔廣森在《春秋公羊通義》桓公二年經文下，特別注明：

> 離，儷也。儷，兩也。記曰：『離坐離立，毋往參焉。』二謂之離，三謂之參。《漢律》有『離載下帷』，言二人共載也。禮用兩鹿皮、古文《冠禮》云：『離皮，射以二人爲耦。』《三朝記》謂之『置離』。楚公子圍使二人執戈，謂之『離衛』。諸云『離』者，其義如此。〔註19〕

何休《解詁》和孔廣森《公羊通義》對於「離會」，重點都放在數字「二」，強調「二國」聚會是「離會」。依此看來，桓公二年《公羊》傳文似乎認爲，因爲實際與會有三國，所以經文仍以「會」字書寫。然而，傳文中「離不言會」，只有出現二次（蔡鄭、齊鄭），難道除此之外，經文沒有其它「二國聚會」的記事嗎？爲此，本文再度回到《春秋》經文本身，檢視經文之記事，是否還有其它二國與會的事實：

表三：《公羊》經傳「離會」（二國相儷聚會）一覽表

	《春秋》紀年	三等之世	經　　　文	相儷國
1	隱公元年	所傳聞世	（經）三月，公及邾婁儀父盟于眛。 （傳）及者何？與也，會及暨皆與。曷爲或言會，或言及，或言暨？會猶最也；及猶汲汲也；暨猶暨暨也。及我欲之，暨不得已也。儀父者何？邾婁之君也。何以名？字也。曷爲稱字？褒之也。曷爲褒之？爲其與公盟也。與公盟者眾矣，曷爲獨褒乎此？因其可褒而褒之。此其爲可褒奈何？漸進也。眛者何？地期也。	魯、邾婁
2	隱公二年	所傳聞世	（經）二年，春，公會戎于潛。	魯、戎

〔註19〕孔廣森，《春秋公羊通義》（《皇清經解》卷六七九～卷六九一），台北：復興出版社，1972 年，P9160。蘇輿在《義證》裏，也引用了孔廣森的意見作參照。

3	隱公六年	所傳聞世	（經）夏，五月辛酉，公會齊侯，盟于艾。	魯、齊
4	隱公九年	所傳聞世	（經）冬，公會齊侯于邴。	魯、齊
5	隱公十年	所傳聞世	（經）夏，五月，公會鄭伯于祁黎。	魯、鄭
6	桓公元年	所傳聞世	（經）三月，公會鄭伯于垂。鄭伯以璧假許田。（傳）……有天子存，則諸侯不得專地也。許田者何？魯朝宿之邑也。諸侯時朝乎天子，天子之郊，諸侯皆有朝宿之邑焉。此魯朝宿之邑也，則曷爲謂之許田？諱取周田也。諱取周田則曷爲謂之許田？繫之許也。曷爲繫之許？近許也。此邑也，其稱田何？田多邑少稱田，邑多田少稱邑。	魯、鄭
7	*桓公二年	所傳聞世	（經）秋，七月，蔡侯、鄭伯會于鄧。（傳）離不言會，此其言會何？蓋鄧與會爾。	蔡、鄭
8	桓公三年	所傳聞世	（經）三年，春，正月，公會齊侯于嬴。	魯、齊
9	*桓公三年	所傳聞世	（經）夏，齊侯、衛侯胥命于蒲。（傳）胥命者何？相命也。何言乎相命？近正也。此其爲近正奈何？古者不盟，結言而退。	齊、衛
10	桓公三年	所傳聞世	（經）公會齊侯于讙。	魯、齊
11	桓公三年	所傳聞世	（經）六月，公會紀侯于盛。	魯、紀
12	*桓公五年	所傳聞世	（經）夏，齊侯、鄭伯如紀。（傳）外相如不書，此何以書？離不言會。	齊、鄭
13	桓公六年	所傳聞世	（經）夏，四月，公會紀侯于成。	魯、紀
14	桓公十年	所傳聞世	（經）秋，公會衛侯于桃丘，弗遇。（傳）會者何？期辭也。其言弗遇何？公不見要也。	魯、衛
15	桓公十一年	所傳聞世	（經）公會宋公于夫童。	魯、宋
16	桓公十一年	所傳聞世	（經）冬，十有二月，公會宋公于闞。	魯、宋
17	桓公十二年	所傳聞世	（經）八月，公會宋公于郊。	魯、宋
18	桓公十二年	所傳聞世	（經）冬，十有一月，公會宋公于龜。	魯、宋
19	桓公十二年	所傳聞世	（經）丙戌，公會鄭伯，盟于武父。	魯、鄭
20	桓公十四年	所傳聞世	（經）十有四年，春，正月，公會鄭伯于曹。	魯、鄭
21	桓公十五年	所傳聞世	（經）公會齊侯于鄗。	魯、齊
22	桓公十八年	所傳聞世	（經）十有八年，春，王正月，公會齊侯于濼。	魯、齊
23	莊公二年	所傳聞世	（經）冬，十有二月，夫人姜氏會齊侯於禚。	魯夫人、齊
24	莊公七年	所傳聞世	（經）七年，春，夫人姜氏會齊侯於防。	魯夫人、齊

25	莊公七年	所傳聞世	（經）多，夫人姜氏會齊侯於穀。	魯夫人、齊
26	莊公十三年	所傳聞世	（經）多，公會齊侯，盟于柯。 （傳）何以不日？易也。其易奈何？桓之盟不日，其會不致，信之也。……要盟可犯，而桓公不欺；曹子可讎，而桓公不怨。桓公之信著乎天下，自柯之盟始焉。	魯、齊
27	莊公二十三年	所傳聞世	（經）十有二月甲寅，公會齊侯盟于扈。 （傳）桓之盟不日，此何以日？危之也。何危爾？我貳也。魯子曰：「我貳者，非彼然，我然也。」	魯、齊
28	莊公二十七年	所傳聞世	（經）二十有七年，春，公會齊伯姬于洮。	魯、齊伯姬
29	莊公二十七年	所傳聞世	（經）公會齊侯于城濮。	魯、齊
30	僖公十一年	所傳聞世	（經）夏，公及夫人姜氏會齊侯于陽穀。	魯、夫人齊
31	僖公十七年	所傳聞世	（經）秋，夫人姜氏會齊于卞。	魯夫人、齊
32	文公元年	所聞世	（經）秋，公孫敖會晉侯于戚。	魯大夫、晉
33	文公八年	所聞世	（經）多，十月壬午，公子遂會晉趙盾，盟于衡雍。	魯大夫、晉大夫
34	文公八年	所聞世	（經）乙酉，公子遂會伊雒戎，盟于暴。	魯大夫、戎
35	文公十三年	所聞世	（經）多，公如晉。（經）衛侯會于沓。 Ps《穀梁》經文作「衛侯會公于沓」，沓，衛地。	衛、魯
36	文公十三年	所聞世	（經）鄭伯會公于斐。 （傳）還者何？善辭也。何善爾？往黨，衛侯會公于沓，至得與晉侯盟。反黨，鄭伯會公于斐，故善之也。	鄭、魯
37	文公十六年	所聞世	（經）春，季孫行父會齊侯于陽穀，齊侯弗及盟。 （傳）其言弗及盟何？不見與盟也。	魯大夫、齊
38	宣公元年	所聞世	（經）公會齊侯于平州。	魯、齊
39	宣公七年	所聞世	（經）夏，公會齊侯伐萊。	魯、齊
40	宣公十一年	所聞世	（經）公孫歸父會齊人伐莒。	魯大夫、齊人
41	*宣公十一年	所聞世	（經）秋，晉侯會狄于欑函。	晉、狄
42	宣公十四年	所聞世	（經）多，公孫歸父會齊侯于穀。	魯大夫、齊
43	宣公十五年	所聞世	（經）十有五年，春，公孫歸父會楚子于宋。	魯大夫、楚
44	宣公十五年	所聞世	（經）仲孫蔑會齊高固于牟婁。	魯大夫、齊
45	成公五年	所聞世	（經）夏，叔孫僑如會晉荀秀于穀。	魯大夫、晉大夫

46	昭公九年	所見世	（經）九年，春，叔弓會楚子于陳。	魯大夫、楚
47	昭公十一年	所見世	（經）仲孫貜會邾婁子，盟于侵羊。	魯大夫、邾婁
48	昭公三十一年	所見世	（經）季孫隱如會晉荀櫟于適歷。	魯大夫、晉大夫
49	定公十年	所見世	（經）夏，公會齊侯于頰谷。	魯、齊
50	定公十二年	所見世	（經）冬，十月癸亥，公會晉侯，盟于黃。	魯、晉
51	*定公十四年	所見世	（經）秋，齊侯、宋公會于洮。	齊、宋
52	哀公六年	所見世	（經）叔還會吳于柤。	魯大夫、吳
53	哀公七年	所見世	（經）夏，公會吳于鄫。	魯、吳
54	哀公十年	所見世	（經）公會吳伐齊。	魯、吳
55	哀公十一年	所見世	（經）五月，公會吳伐齊。	魯、吳
56	哀公十二年	所見世	（經）公會吳于橐皋。	魯、吳

說明：1. 本表目的在查勘《春秋》經文書記裡，以「二國離會」之材料。因此，暫以與會國為篩選之主題。至於與會者身份，則姑且不限定。亦即，本表列包含「大夫相與會」、「夫人與會」之資料。

2. 「*」表示該則經文為「外國離會」。

在表列資料中，我們有了意外的發現：

「離不言會」見於《公羊傳》。但是，在眾多儷會的經文中，魯國與它國儷會，經文皆以「會」字書寫，並沒有傳文所謂的「『離』不言『會』」。再反觀提出「『離』不言『會』」的二則傳文，其當事國都是魯以外的國家（亦即為「外國」），傳文的「離不言會」似乎是只針對「外國」而言。也就是：只有在魯以外的國家，經文才有「離不言會」的情況。傳文說：「『離』不言『會』」，意思是只要與會國的數目只有二國（亦即「離會」），經文就不以「會」字記載它們開會的事實。然而，我們卻在《公羊》經傳中發現，事實並非如此。有更多的相儷國，彼此聚會，經文都是以「會」書之，並無《公羊傳》所謂「離不言會」的情況；除了宣公十一年「秋，晉侯會狄于攢函」與定公十四年「秋，齊侯、宋公會於洮」二則經文外，這些相儷國，經文以「會」書之者，都有一個共同的特徵，就是：相儷國之一者，必為「內」——魯國。也就是說，魯國之「會」，經文照常以「會」行文，《公羊傳》也不以「離」視之。

「離不言會」是《公羊傳》對經義的抒發；未見於《穀梁傳》與《左傳》，

可說是《公羊傳》特殊的解經觀點。

◎定公十年

經：夏，公會齊侯于頰谷。公至自頰谷。

（穀梁傳）：離會不致，何爲致也？危之也。

（公羊傳無發論）

與會國只有二國，《穀梁傳》也是以「離」（儷）視之。所以魯公與齊侯會於頰谷，《穀梁傳》同樣以「離會」去看待。至於經文在「離會」的行文上，是否有特別的書寫方式？在《穀梁傳》的論述裡，我們可以很輕易的看出《公》、《穀》二傳有不同的看法。《穀梁傳》認爲「離會不致」。一般而言，國君出國境，回國必須至宗廟行告至之禮，「致」意於祖先。史官方於史冊書寫國君回國：「至，自……」〔註20〕。《公羊傳》在意經文對於「二國儷會」的書面用語是否以「會」字行文，《穀梁傳》則是從經文是否書「致」，去看待經文對於該則「離會記事」的態度。

《公羊傳》認爲：《春秋》經文「『離』不言『會』」。然而，在眾多「相儷與會」的經文中，對於魯國與他國的「相儷與會」，而「經文皆以『會』字書之」的現象，《公羊》傳文竟視若無睹，完全未有任何的解釋與發論。倒是《公羊》傳文僅見的二則「『離』不言『會』」，都是在他國「相儷與會」時所發抒。經文中大量的資料顯示，魯國離會，經文仍以「會」字行文，並未如《公羊》傳文所謂的「『離』不言『會』」。由此看來，《公羊》從經文書「會」與否的用字上，去抒發「離不言『會』」，似乎有「內」（魯國）與「外」的雙重標準。

我們無法確定經文在記載「二國相會」時，有沒有「『離』不言『會』」的主意。雖然《公羊傳》並未明確提到，「離不言會」有「外」與「內」的區

〔註20〕 凡傳文言「致」者，經文必有「至自……」的事實。因爲行「告至之禮」於宗廟，所以傳文以「致」字記載「告至之禮」。《禮記·曾子問》亦云：「孔子曰：『諸侯適天子必告于祖，奠于禰……諸侯相見，必告于禰……反，必親告于祖禰，乃命祝史告至于前所告者，而后聽朝而入。』」，《左傳》桓公二年亦云：「凡公行，告于宗廟，反行，飲至，舍爵策勳焉，禮也」。飲至是慶賀國君平安歸來的一種祭典；夫孝子事親，出必告，返必面，以慰親心。故朝廷之禮，國君外出，必告於祖廟，回來時也要舉行飲至之禮，慶賀平安歸來；舍爵，是說國君飲酒完後，放下酒杯，此時史官便將國君爲國奔走之辛勞，書之於策，藏諸宗廟。可見「告至」乃國君出入本國國境時，行之於宗廟的禮儀。必須是眞正執行「告至之禮」後，史官才得書「致」於策。

別，但是我們從《春秋》經文中的五十六則二國離會的記事中，看到《公羊傳》唯獨在桓公二年經：「蔡侯、鄭伯會于鄧」以及桓公五年經：「齊侯、鄭伯如紀」，抒發「離不言會」之義，而這二次的與會國皆為外國；「內外之辨」──向為《公羊》所重視之解經觀點，對於傳文僅有的二次「離不言會」皆持論於外國，我們不應輕易視之為巧合。然而，我們不得不承認，就算以「內離會」、「外離會」分別詮釋，將「離不言會」視之為經文書寫「外事」的原則：魯儷可言「會」，外儷不可言「會」。經文中大量以「會」字書寫的「離會事實」，還是免不了有違迕之處。宣公十一年經「晉侯『會』狄於欑函」、定公十四年經「齊侯、宋公『會』於洮」，與會國都是「外國」，魯並未與會，但是經文卻以「會」字書寫。即使以「『內離』言『會』，『外離』不言『會』」的「內外觀」去討論，《公羊傳》所言「離不言『會』」仍然無法與經文完全符合。

為了維護《公羊傳》，何休《解詁》遂在此處援以「三世異辭」之說。由於宣公所屬為「所聞世」、定公所屬為「所見世」，所以，為了解釋這二則與傳文不符的經文，何休於桓公五年「齊侯、鄭伯如紀」的經文下，《解詁》云：

> 于所傳聞之世，「內離會」書，「外離會」不書。于所聞之世，書「外離會」。

何氏認為，從所聞世以降，對於「外離會」，經文同樣以「會」字書寫。這是何休為求「通釋」於經文，而對《公羊傳》所言的「離不言會」加以變通、補充。

《公羊》傳文「離不言會」能不能通釋經文，尚屬見仁見智，此處與向來以「經義」為重的董氏春秋學有關的，卻是另一個待解的疑問：《繁露‧奉本》所云之「大國齊宋，離（不）言會」，與會二國是「齊宋」，和「離不言會」的二則傳文之當事國──「蔡、鄭」，「齊、鄭」並不相合。那麼，董氏〈奉本〉所云「大國齊、宋」之「齊、宋」，又是否為「齊、鄭」之誤呢〔註21〕？而「大國齊、宋」，到底是「離言會」或「離『不』言會」呢？欲解決這個問題，必須重回《春秋》「離會」記事之經文，以及審視董仲舒〈奉本〉

〔註21〕 桓公二年　經：「秋，七月，蔡侯、鄭伯會于鄧」。(傳)：「離不言會，此其言會何？蓋鄧與會爾」。傳文雖言及「離不言會」，然而以傳文所認知，這次會議實有蔡、鄭、鄧三國與會，不算是「離會」。因此，符合傳文所言之「離不言會」者，只有桓公五年「齊、鄭」之離會。

前後文所倡言的「緣魯以言王意」，方能得到解答。

　　②董仲舒春秋學的新視野：「離言會、魯無鄙疆」

　　董仲舒在《繁露‧奉本》所云之「大國齊宋，離不言會」，我們若對照《公羊》僅有的二處「離不言會」傳文，馬上就會發現《繁露》所言之「齊宋」，與傳文指稱的「離不言會」的當事國不相合。

　　凌曙在「大國齊宋，離不言會」句下注稱：「原注一無『不』字」。凌曙所據之版本，乃盧文弨校訂本。盧氏在「大國齊宋，離不言會」句，引桓公五年經「齊侯、鄭伯如紀」之傳文：「離不言會」為例，懷疑《繁露》此處「齊宋」當作「齊鄭」。盧氏並且依傳文「離不言會」，在刊本時直接改動《繁露》「離言會」文句，而以「離不言會」付梓。

　　盧文弨因為《公羊》傳文有「離不言會」之明文，而懷疑「齊宋」為「齊鄭」之誤。凌曙《注》與蘇輿《義證》雖然都是採用盧文弨之《繁露》校本，但是凌、蘇二人根據何休《解詁》所云：

　　　　於所聞之世，見治升平，內諸夏而外夷狄。書外離會。（隱公元年《解詁》，十三經注疏本卷一，頁24）

認為〈奉本〉原文作「離言會」，未必為非。由〈奉本〉「大國齊宋」之「齊宋」與傳文「齊鄭」不合來看，盧校本改動原本之文字，刊為「離『不』言會」亦為可議。凌氏所謂「原注『一無「不」字』」者，蘇輿《義證》指出是「天啟本注云」。二人皆以為應還原為《繁露》天啟注本以前之文句：「離言會」才是。蘇輿《義證》甚至明白指出：

　　　　定十四年經書「齊侯宋公會於洮」，蓋即其例。盧據誤本改字合之，非也。（《義證》「大國齊宋」下云，P281）

何休以「三世異辭」的觀點，變通了《公羊傳》在桓公二年、五年（即「所傳聞世」）所抒發的「離不言『會』」的書法。承何氏之說，蘇輿也認為，到了所聞世、所見世，經文對於「外離」會，已經直接以「會」字書寫，如：定公十四年經文「齊侯宋公會於洮」，便是一例。所以，蘇氏主張，既然經文在定公十四年齊、宋二國的儷會，已經以「會」字書寫；那麼，〈奉本〉的文字，應該據「大國齊宋」這句話，把盧氏校本「離不言會」，改回以前「天啟注本」所云之「離言會」為是。

　　讓我們暫且擱下《公羊傳》所云的「離不言會」，以及何休、凌、蘇等人以「三世異辭」為傳文所作的巧釋；而回到《繁露‧奉本》的原文，從上下

文義來尋找正解〈奉本〉文字的線索。〈奉本〉援「大國齊宋之離會」、「微國之君，卒葬之禮，錄而辭繁」、「遠夷之君，內而不外」三個例子，說明《春秋》之所以有一些違背史官書法常例的記事，是因爲孔子「緣《春秋》以言王義」的心志，故「當此之時，魯無鄙疆」；因此，一些和魯國本國無關之事，《春秋》也將它寫進來，以突顯《春秋》所關心的視野不拘限於魯國，而是如同王者之心一般，以天下爲懷。衰世之事，魯國有「無可旁貸」的記載責任，這是董仲舒對《春秋》經文記事，闡發出來的「緣魯以言王義」。

所以，「微國之君，卒葬之禮」，本來是魯史所不記載的事件；但是《春秋》「錄而辭繁」；本來記載魯史，「遠夷之君」無關於魯，應該略而不錄，但是《春秋》在書寫時，卻也有「內而不外」的作法。如此看來，大國齊宋之會，董氏舉例的原始用意，也是想藉著經文記載了原本「與魯國無關」的離會，由此看出經文在記事上有「魯無鄙疆」、「緣魯以言王義」的用心。因此，所謂「大國齊宋」者，依董氏文意，絕非指稱與魯相儷謀會的「內離會」。那麼，我們再由《春秋》外離會的經文來檢視可能的線索：

表四：外離會（「魯以外」諸國之儷會）相關諸國一覽表

1	桓公三年	齊、衛	所傳聞世	（經）夏，齊侯、衛侯胥命于蒲。
2	桓公五年	齊、鄭	所傳聞世	（經）夏，齊侯、鄭伯如紀。 （傳）「外」相如不書，此何以書？離不言會。
3	宣公十一年 經文言「會」	晉、狄	所聞世	（經）秋，晉侯會狄于欑函。
4	定公十四年 經文言「會」	齊、宋	所見世	（經）秋，齊侯、宋公會于洮。

說明：桓公二年經文「蔡侯、鄭伯會于鄧」，傳文：「離不言會，此其言會何？蓋鄧與會爾」。雖然傳文提到「離不言會」，然深究傳文之意，可知，鄧之會實際有三國與會，並非「離會」。因此不列入此表。

齊宋之會，《春秋》經文只有一則：定公十四年洮之會。齊宋之會，本來與魯國無關，經文卻記載下來，董氏認爲這是《春秋》「魯無鄙疆」的緣故。齊宋之會，經文是以「會」字書寫，並沒有如桓公年間傳文所言之「離不言會」的情形。既然經文對齊宋之會的記載，是「離言會」；那麼，《繁露》的原文，應該以天啓本原注爲是，作「大國齊宋，離言會」。盧文弨以傳文「離不言會」校改《繁露·奉本》的文字，校改之後又因爲上文「齊宋」二國與

經文未合，於是又疑「齊宋」乃「齊鄭」之誤，可謂一波三折。倘若依盧氏所云，既改「離言會」爲「離不言會」，又改「齊宋」爲「齊鄭」，雖然與《公羊》經傳文字可以相合，但於董氏文義則迥然叛離。

對於「離會」在經文上的行文方式，《公羊》、《穀梁》二傳看法不同；顯然，這些不同的看法——關於經文行文方式的探討，實際上是傳文的闡發，未必與經文原意完全相符。《公羊傳》重視「離不言會」，認爲《春秋》經文對於外國相儷會商事宜，只是與當事國雙方有關，經文不至於以「國際會議」（「會」）的性質去看待與書寫。董氏此處文意所欲表達者，與《公羊傳》「離不言會」的重點不相同，董氏只是想藉著《春秋》連外國離會都記載，去彰顯《春秋》的王者氣度罷了。桓公五年「齊鄭離會」是歷史事實，《公羊傳》認爲，經文以「如紀」的寫法對離會事實輕描淡寫；而在董氏看來，經文既然寫下了「齊侯、鄭伯如紀」，就表示《春秋》所關心的對象，不限於魯國而已，這也是經文記事時「魯無鄙疆」這種「意識形態」的展現。

董仲舒所欲表達的是，《春秋》經文記事對「外離會」亦有關心；否則，《春秋》便不會寫下桓公五年以來，數則外離會的事實。但倘若董氏援引桓公五年經文對離會事實的書寫，來證明經文關心「外離會」，而該則傳文表達的卻是《公羊》「離不言會」的看法，如此一來，董氏所援引的經文事例，將正面與傳文文義有衝突，引起更多的誤解。至於桓公三年「齊侯、衛侯胥命於蒲」這則經文，《公羊》、《穀梁》都認爲這是經文有褒獎之意的一則記事；齊衛二國結言而信，保留古風，所以經文特別加以記載；這一則記事寓有褒美之意，並非單純的記事。《春秋》以「魯無鄙疆」的「王義」作爲成書之心志，所以經文記事不限於魯，這才是董氏〈奉本〉舉例訴求的主題。桓公三年「齊侯、衛侯胥命於蒲」這則經文顯然無法突顯董氏之文義；所以，不被董氏採用爲例證。

另外一則宣公十一年「晉侯會狄於攢函」，其實也是《春秋》記事性質的經文，但是董氏未以之爲例，因爲〈奉本〉的行文舉例，分別是「大國」、「微國」、「遠夷」三個層次。晉與狄，不適合並列於「大國」之列。所以，董氏唯有以「齊宋」洮之會爲例，說明經文以「魯無鄙疆」的心志，對於「外離會」亦有記載；這也是「外離會」經文中唯一可用的例子。

桓公五年《公羊》傳文以經文齊、鄭離會之事實，藉機抒發《公羊》「離不言會」的看法。而《繁露‧奉本》「大國齊宋，離言會」一句，是董氏抒發

其春秋學論點之評述，與《公羊》傳文於桓公五年抒發「離不言會」，用意並不相同。既然董氏〈奉本〉的行文舉例，文意強調的是「離言會」，那麼在經文四則「外離會」的記載中，也只有定公十四年「齊宋」洮之會，適合作為董氏春秋學「緣魯以言王義」，「大國」經文記事舉例之示範。

董氏釋經義，不拘於《公羊》傳文字面之記載用詞，《公羊傳》討論的焦點在「離不言會」的經文用詞，但董氏卻把目光移向經文記載外國「離會」史事的用心，而去探討齊、宋之「離」以「會」字書寫，所展現的「魯無鄙疆」的心志。他循著《公羊》一脈解經的眼光，重新審視《春秋》經文，開創了董氏春秋學嶄新的視野。

（2）微國之君，卒葬之禮，錄而辭繁

董氏在《繁露・奉本》提到「大國」、「微國」、「遠夷」三個層次的經文記事，突顯《春秋》行文下筆有「緣魯以言王義」的心志；不僅是「大國」齊、宋相儷謀會，經文有所記載；董氏認為，「微國之君，卒葬之禮，錄而辭繁」，對於「微國」國君的卒葬消息，多有所錄，也是孔子以「魯無鄙疆」作為《春秋》成書態度的證明。

①《春秋》微國之君「卒葬之禮」的記載

我們進入董仲舒治經的視野，想要檢索董氏論述由來的《春秋》經文，卻面臨：如何「篩選經文群組」的問題。董氏對「大國」、「微國」、「遠夷」三者之界定與區分，並沒有加以詳細說明。當然，這個界定並不是〈奉本〉行文的重點；董氏只是想藉這三個層次的例子，顯示經文有「王義」之「志」。前文「離言會」者，董氏指出是「大國齊宋」；但此處「卒葬之禮，錄而辭繁」的「微國」，究竟是指哪些國家呢？《公羊傳》明確指出是「微國」的國家只有四個，亦即「滕、薛、倪（小邾婁）、虞」：

◎隱公七年

　經：七年，春，王三月，*滕侯卒*。

　（傳）：何以不名？微國也。微國則其稱侯何？不嫌也。《春秋》
　　　　貴賤不嫌，同號；美惡不嫌，同辭。

◎隱公十一年

　經：十有一年，春，滕侯、薛侯來朝。

　（傳）：其言朝何？諸侯來曰朝，大夫來曰聘。其兼言之何？微國
　　　　也。

◎莊公五年

　　經：秋，倪黎來來朝。

　　（傳）：倪者何？**小邾婁也**。小邾婁則曷爲謂之倪？未能以其名通
　　　　也。黎來者何？名也。其名何？**微國也**。

◎僖公二年

　　經：**虞師、晉師滅夏陽**。

　　（傳）：**虞，微國也**，曷爲序乎大國之上？使虞首惡也。曷爲使虞
　　　　首惡？虞受賂，假滅國者道，以取亡焉。

但是這四則標示爲「微國」的傳文，卻只有一則記「卒」之經文。董氏謂「微
國之君，卒葬之禮，錄而辭繁」，既然是「錄而辭繁」，不應該只有隱公年間
這一則指出「微國」的「滕侯卒」經文而已。我們由此可得知，董氏所謂的
「錄而辭繁」，其指稱的「微國」記事，並非《公羊》在傳文字面明文寫出「微
國」二字之經文。

　②董仲舒春秋學的新視野：「卒葬之禮、魯無鄙疆」

　　欲找出董氏論述由來的這一個經文群組，我們必須破除對《公羊傳》「微
國」字面的依賴。由經文對外國國君的卒葬記事，去尋繹《春秋》經文所秉
持的心思和用意。由於董氏〈奉本〉行文之文旨，在探討《春秋》經文記載
了哪些和魯國無關的記事；所以，在卒葬經文的群組裏，我們排除了魯君卒
葬的經文，同時，也不包括所謂的「（周）天王崩」。爲了避免和《公羊傳》
的「微國」一詞有所糾葛，在探討董氏「微國之君」的卒葬記事時，本文之
表列資料直接採取「小國」一詞，來取代董氏的詞稱，避免和《公羊傳》指
稱的「微國」有所混淆。

表五：《春秋》外國「國君卒葬」記事一覽表

小國：

衛：

衛	隱5	夏，四月，葬衛桓公。	衛	桓12 桓13	丙戌，衛侯晉卒。 三月，葬衛宣公。
衛	莊25	夏，五月癸丑，衛侯朔卒。	衛	僖25	夏四月癸酉，衛侯燬卒。葬衛文公。
衛	宣9	冬，十月癸酉，衛侯鄭卒。	衛	成2 成3	庚寅，衛侯遫卒。 辛亥，葬衛繆公。

衛	成 14 成 15	冬，十月庚寅，衛侯臧卒。 春，王二月，葬衛定公。	衛	襄 29	庚午，衛侯衍卒。 秋，九月，葬衛獻公。
衛	昭 7	秋，八月戊辰，衛侯惡卒。 十有二月癸亥，葬衛襄公。	衛	哀 2	夏，四月丙子，衛侯元卒。 冬，十月，葬衛靈公。

鄭：

鄭	桓 11	夏，五月癸未，鄭伯寤生卒。 秋，七月，葬鄭莊公。	鄭	莊 21	夏，五月辛酉，鄭伯突卒。 冬，十有二月，葬鄭厲公。
鄭	僖 32	夏，四月己丑，鄭伯接卒。	鄭	宣 3	冬十月丙戌，鄭伯蘭卒。葬鄭繆公。
鄭	成 4	三月壬申，鄭伯堅卒。葬鄭襄公。	鄭	成 6	壬申，鄭伯費卒。
鄭	襄 2	六月庚辰，鄭伯睔卒。	鄭	襄 8	夏，葬鄭僖公。
鄭	昭 12	三月壬申，鄭伯嘉卒。 五月，葬鄭簡公。	鄭	昭 28	夏，四月丙戌，鄭伯寗卒。 六月，葬鄭定公。
鄭	定 9	夏，四月戊申，鄭伯囆卒。 六月，葬鄭獻公。			

曹：

曹	桓 10	春，王正月庚申，曹伯終生卒。 夏，五月，葬曹桓公。	曹	莊 24	冬，十有一月，曹伯射姑卒。葬曹莊公。
曹	僖 7	曹伯般卒。冬，葬曹昭公。	曹	文 9	秋，八月，曹伯襄卒。葬曹共公。
曹	宣 14	夏，五月壬申，曹伯壽卒。葬曹文公。	曹	成 13	曹伯廬卒于師。冬，葬曹宣公。
曹	襄 18 襄 19	冬，十月，曹伯負芻卒于師。葬曹成公。	曹	昭 14	三月，曹伯滕卒。秋，葬曹武公。
曹	昭 18	春，王三月，曹伯須卒。 秋，葬曹平公。	曹	昭 27 昭 28	冬，十月，曹伯午卒。 春，王三月，葬曹悼公。
曹	定 8	曹伯露卒。葬曹靖公。			

許：

許	僖 4	夏，許男新臣卒。葬許繆公。	許	文 5 文 6	冬，十月甲申，許男業卒。 春，葬許僖公。
許	宣 17	春，王正月庚子，許男錫我卒。 夏，葬許昭公。	許	襄 26	八月壬午，許男寗卒于楚。葬許靈公。
許	昭 19	冬，葬許悼公。	許	哀 13	夏，許男戌卒。葬許元公。

陳：

陳	桓 5	春，正月甲戌、己丑，陳侯鮑卒。 葬陳桓公。	陳	桓 12	八月，壬辰，陳侯躍卒。

陳	莊元 莊2	冬，十月乙亥，陳侯林卒。 春，王二月，葬陳莊公。	陳	僖12 僖13	冬，十有二月丁丑，陳侯處臼卒。 夏，四月，葬陳宣公。
陳	僖28	陳侯款卒。	陳	文13	夏，五月壬午，陳侯朔卒。
陳	宣12	春，葬陳靈公。	陳	襄4	春，王三月己酉，陳侯午卒。葬陳成公。
陳	昭8	夏四月辛丑，陳侯溺卒。葬陳哀公。	陳	定4	春，王二月癸巳，陳侯吳卒。 六月，葬陳惠公。
陳	定8	秋，七月戊辰，陳侯柳卒。 九月，葬陳懷公。			

滕：

滕	隱7	春，王三月，滕侯卒。	滕	宣9	八月，滕子卒。
滕	成16	夏，四月辛未，滕子卒。	滕	昭3	春，王正月丁未，滕子泉卒。 五月，葬滕成公。
滕	昭28	秋，七月癸巳，滕子甯卒。 冬，葬滕悼公。	滕	哀4	秋八月甲寅，滕子結卒。葬滕頃公。
滕	哀11	秋，七月辛酉，滕子虞母卒。 冬，十有一月，葬滕隱公。			

薛：

薛	莊31	夏，四月，薛伯卒。	薛	昭31	夏，四月丁巳，薛伯穀卒。 秋，葬薛獻公。
薛	定12	春，薛伯定卒。夏，葬薛襄公。	薛	哀10	薛伯寅卒。秋，葬薛惠公。

蔡：

蔡	隱8	夏，六月己亥，蔡侯考父卒。 八月，葬蔡宣公。	蔡	桓17	六月丁丑，蔡侯封人卒。 秋，八月，癸巳，葬蔡桓侯。
蔡	僖14	冬，蔡侯肸卒。	蔡	宣17	丁未，蔡侯申卒。葬蔡文公。
蔡	襄30	冬，十月，葬蔡景公。	蔡	昭13	冬，十月，葬蔡靈公。
蔡	昭20 昭21	十有一月辛卯，蔡侯廬卒。 春，王三月，葬蔡平公。	蔡	昭23	夏，六月，蔡侯東國卒于楚。
蔡	哀4	冬，十有二月，葬蔡昭公。			

杞：

杞	僖23	冬，十有一月，杞子卒。	杞	襄6	春，王三月壬午，杞伯姑容卒。 秋，葬杞桓公。
杞	襄23	三月己巳，杞伯丐卒。葬杞孝公。	杞	昭6	春王正月，杞伯益姑卒。葬杞文公。

杞	昭24	丁酉，杞伯鬱釐卒。葬杞平公。	杞	定4	五月，杞伯戊卒于會。葬杞悼公。
杞	哀8 哀9	冬，十有二月癸亥，杞伯過卒。 春，王二月，葬杞僖公。			

邾婁：

邾	莊16	邾婁子克卒。	邾	莊28	夏，四月丁未，邾婁子瑣卒。
邾	文13	邾婁子蘧篨卒。	邾	成17	邾婁子貜且卒。
邾	襄17	春，王二月庚午，邾婁子瞷卒。	邾	昭元	六月丁巳，邾婁子華卒。葬邾婁悼公。
邾	定3	三月辛卯，邾婁子穿卒。 秋，葬邾婁莊公。			

霸主國：

齊	桓14 桓15	冬，十有二月丁巳，齊侯祿父卒。 夏，四月己巳，葬齊僖公。	齊	莊9	秋，七月丁酉，葬齊襄公。
齊	僖17 僖18	十有二月乙亥，齊侯小白卒。 秋，八月丁亥，葬齊桓公。	齊	僖27	夏，六月庚寅，齊侯昭卒。 秋，八月乙未，葬齊孝公。
齊	文14	夏，五月乙亥，齊侯潘卒。	齊	宣10	己巳，齊侯元卒。葬齊惠公。
齊	成9	秋，七月丙子，齊侯無野卒。 冬，十有一月，葬齊頃公。	齊	襄19	秋，七月辛卯，齊侯瑗卒。 冬，葬齊靈公。
齊	哀5	秋，九月癸酉，齊侯處臼卒。 閏月，葬齊景公。	齊	哀10	三月戊戌，齊侯陽生卒。葬齊悼公。
晉	僖9	甲戌，晉侯詭諸卒。	晉	僖24	晉侯夷吾卒。
晉	僖33	冬，十有二月己卯，晉侯重耳卒。 癸巳，葬晉文公。	晉	文6	八月乙亥，晉侯讙卒。葬晉襄公。
晉	宣9	辛酉，晉侯黑臀卒于扈。	晉	成10	丙午，晉侯獳卒。
晉	襄15 襄16	冬，十有一月癸亥，晉侯周卒。 春，王正月，葬晉悼公。	晉	昭10	戊子，晉侯彪卒。葬晉平公。
晉	昭16	秋，八月己亥，晉侯夷卒。 冬，十月，葬晉昭公。	晉	昭30	夏，六月庚辰，晉侯去疾卒。 秋，八月，葬晉頃公。
宋	隱3	八月庚辰，宋公和卒。 癸未，葬宋繆公。	宋	莊2 莊3	冬，十有二月，乙酉，宋公馮卒。 夏，四月，葬宋莊公。
宋	僖9	九年春，王三月丁丑，宋公禦說卒。	宋	僖23	夏，五月庚寅，宋公慈父卒。
宋	文7	夏，四月，宋公王臣卒。	宋	成2 成3	八月壬午，宋公鮑卒。 乙亥，葬宋文公。
宋	成15	夏，六月，宋公固卒。 秋，八月庚辰，葬宋共公。	宋	昭10	十二月甲子，宋公戌卒。葬宋平公。

| 宋 | 昭 25 | 十有一月己亥，宋公佐卒于曲棘。 | | |
| | 昭 26 | 春，王正月，葬宋元公。 | | |

夷狄國：

楚	宣 18	甲戌，楚子旅卒。	楚	襄 13	秋，九月庚辰，楚子審卒。
楚	襄 28	乙未，楚子昭卒。	楚	昭元	冬，十有一月己酉，楚子卷卒。
楚	昭 26	九月庚申，楚子居卒。	楚	哀 6	秋，七月庚寅，楚子軫卒。
莒	成 14	春，王正月，莒子朱卒。	莒	昭 14	八月，莒子去疾卒。
吳	襄 12	秋，九月，吳子乘卒。	吳	襄 25	十有二月，吳子謁伐楚，門于巢卒。
吳	昭 15	春，王正月，吳子夷昧卒。	吳	定 14	吳子光卒。
秦	文 18	秦伯罃卒。	秦	宣 4	秦伯稻卒。
秦	成 14	秦伯卒。	秦	昭 5	秦伯卒。葬秦景公。
秦	定 9	秦伯卒。冬，葬秦哀公。	秦	哀 3	冬，十月癸卯，秦伯卒。葬秦惠公。

「卒葬記事」次數統計表（共 130 人）

小國：83 人										霸主國：29 人			夷狄國：18 人			
衛	鄭	曹	許	陳	滕	薛	蔡	杞	邾婁	齊	晉	宋	楚	莒	吳	秦
10	11	11	6	11	7	4	9	7	7	10	10	9	6	2	4	6

　　由表列資料，我們可以再次看出，董氏治《公羊春秋》不拘於傳文字面之用詞，而是從實際的經文事實去探討「經義」。《公羊》傳文所寫出的四個微國：「滕、薛、倪、虞」，除了滕、薛，這二個微國國君在《春秋》有卒葬經文外，其餘二國國君之卒葬，則無所記載。而滕、薛二國的卒葬經文，並不至於到董氏所謂「錄而辭繁」的地步。至此我們可以確認，探討董氏所謂的「微國」，不能夠矜持於《公羊》傳文特別提到「微國」字眼的國家。董氏所言之「微國」，應是泛指國力衰微之國，亦或許是相較於霸主國而言。而不只是《公羊》傳文寫出的「滕、薛、倪、虞」四個微國。

　　《春秋》經文，對於魯以外的國君，寫下卒葬記載者有一百三十人。除去霸主國和夷狄國之國君，小國國君之記卒葬者，共有八十三人；這意味著經文記錄小國國君的卒葬，至少就有八十三人次。而這八十三人或只書「卒」，或只書「葬」，或有既書「卒」又書「葬」，經文出現二則者。可見實際記載的經文數目不止八十三則，由表列看來，應是遠超過這個數字。以魯

史為主的《春秋》，實際上，大可以不必記載這些繁瑣的「微國卒葬」經文。所以，董仲舒認為，這是《春秋》下筆時，其成書目的有「緣魯以言王義」的心志，所以在材料的揀選時，自然地流露「魯無鄙疆」的作法。〔註22〕

《公羊》傳文曾經提及《春秋》對於「微國」記事，有如下的書寫原則：「貴賤不嫌，同號；美惡不嫌，同辭」〔註23〕。在爵號稱謂上，《春秋》不嫌棄微國，以應有的爵稱去稱呼它，不因大國、微國的認定而導致書寫有偏頗；在褒貶事理時，《春秋》對待大國、微國的態度也是公正的，絕不會因為大國、微國的差別，而對任一方有私袒；這是以往我們對「貴賤不嫌，同號；美惡不嫌，同辭」這一則傳文的理解。但是，我們可能從未思索過：所謂的「微國」記事，是指和魯國有關係、相涉及的微國？亦或是《春秋》也有記載一些與魯國絲毫不相涉的微國之事？既定的思維模式，可能讓我們直接把答案指向前者，因為《春秋》是魯史，當然與魯相涉，才有加以記載。

但是，董氏在《繁露・奉本》以「當此之時，魯無鄙疆」、「緣魯以言王義」，要我們去思考《春秋》經文中眾多的「微國之君，卒葬之禮」的條文，在這些所謂「錄而辭繁」的記事裏，我們才赫然注意到，這些微國之君的卒葬，《春秋》經文為什麼要這麼不厭其煩的記下來呢？雖然少數幾則經文與美惡褒貶有關，但絕多數的「卒葬」經文，幾乎只是記事的性質而已；甚且，有些微國之君，因為未入廟、史官未書其葬，所以連謚號都沒有寫下來；但是，《春秋》卻記其「卒」！

當然，我們可以冠冕堂皇的以「《春秋》本來就是記事之史書」，輕易打發此處的疑問。但是，我們卻難以掩飾由董仲舒治《春秋》的眼光所掀起的疑惑；不得不承認，倘若只保留幾則事關褒貶與爵稱的「微國之君」卒葬經文，而把剩餘、繁瑣的這些卒葬記錄加以刪除；實際上，對《春秋》經文的

〔註22〕 由表列資料，我們可以看到這些鋪陳在 242 年之間的國君卒葬記事，《春秋》所記並不是完整的資料，例如在 242 年間，「薛」國只有記卒四個國君。又夷狄國之中，楚國、秦國，都是在《春秋》文、宣之世以後，才有其國君之記卒。可見，《春秋》對國君卒葬之記事，在資料上似乎受到某種因素的左右而或詳或闕。也許是因為赴告文書的關係，魯國於收到他國赴告文書之後，方才依赴告的內容記事。對此，本文在下一節將有詳細的討論。

〔註23〕 隱公七年（經）：「七年，春，王三月。滕侯卒。」（傳）：「何以不名？微國也。微國則其稱侯何？不嫌也。《春秋》：貴賤，不嫌，同號；美惡，不嫌，同辭。」

影響，是非常有限的。也就是說，孔子其實可以不必在《春秋》裏記載這些微國之君的卒葬記錄，只須保留與禮制相關的記事即可。但是，《春秋》卻把這些卒葬記錄盡可能的寫下來。倘若，只是以討論「卒葬禮制」為目的而記錄，恐怕在諸夏大國的卒葬記事，會有更完備的呈現，而不是把目光放在這些微國之上。很顯然，《春秋》經文記下這些微國之君的卒葬，應該有其它的用意。

今本《公羊傳》並沒有這方面的討論，董仲舒把答案投注在「王義」的展現之上，這是董氏春秋學獨具的眼光。他認為衰世之事，魯無鄙疆，所謂的「皆言『我』」，就是以「普天之下，莫非王土」的眼光去看待天下事；因此，哪怕是微國之君，天王對其卒葬之事亦應加以重視。《春秋》雖然是以魯史為中心，但是，記錄下這麼多繁瑣的微國卒葬，董氏認為，這正是《春秋》「緣魯以言王義」的證明。

（3）遠夷之君，內而不外

①「內外之別」與「褒貶之義」是《公羊傳》分析夷狄經文群組的基本方法

「內諸夏而外夷狄」是《公羊》學者詮釋《春秋》與夷狄有關的經文記載，常援以立論的一句話。其出處是：

◎成公十五年

　　經：冬，十有一月，叔孫僑如會晉士燮、齊高無咎、宋華元、衛孫林父、鄭公子鰍、邾婁人會吳于鍾離。

　　（傳）：曷為殊會吳？外吳也。曷為外也？《春秋》內其國而外諸夏，內諸夏而外夷狄。王者欲一乎天下，曷為以外內之辭言之？言自近者始也。

《公羊傳》在經文的「兩『會』之詞」上，抒發其「內外之別」的看法。但是，《公羊傳》雖然講求「內外之別」，卻又把「褒貶大義」看作首要，而置於「夷夏內外」的講究之上，以致所謂的「內」與「外」並沒有絕對的標準，彷若「行義之徒」即內之；「不義之徒」即外之：

◎襄公二十九年

　　經：**吳子使札來聘。**

　　（傳）：吳無君無大夫，此何以有君、有大夫？**賢季子也。**何賢乎季子？讓國也。

◎宣公十二年

　　經：夏，六月乙卯，晉<u>荀林父</u>帥師及楚子戰于邲，晉師敗績。

　　（傳）：大夫不敵君，此其稱名氏以敵楚子何？**不與晉而與楚子爲**
　　　　禮也。

我們在此可以看出，《公羊傳》的解經方法，往往是以道德的實踐作爲評價的標準，然後再用這個標準在經文的遣詞用句裏，尋找足資輔證的證據。不過，雖然傳文是以褒貶大義的彰顯爲首要，我們還是可以隱約看出《公羊傳》以諸夏、中國爲重的情懷，如：

◎定公四年

　　經：冬，十有一月庚午，蔡侯以吳子及楚人戰于伯莒，楚師敗
　　　　績。

　　（傳）：吳何以稱子？**夷狄也而憂中國。**

◎哀公十三年

　　經：公會晉侯及吳子于黃池。

　　（傳）：吳何以稱子？吳主會也。吳主會則曷爲先言晉侯？**不與夷**
　　　　狄之主中國也。

所以，「褒貶之義」與「夷夏內外」，在傳文的解經意識裏，是二種交插互迭、靈活運用的方法。董仲舒春秋學裏，對夷狄的態度，基本上是沿承《公羊》治經的方法而來。但是，他卻在傳文主觀的褒貶之外，回到《春秋》經文本身，對《春秋》經文在夷狄的記事上，提出自己的新看法。

②董仲舒春秋學的新視野：「不外遠夷、魯無鄙疆」

　　董氏春秋學對諸夏與夷狄的看法，基本上是沿襲自《公羊》的解經觀點而來，「內其國而外諸夏，內諸夏而外夷狄」。在禮制上，《繁露》還特別看到了《春秋》經文「謹於名倫等物」的「慎辭」態度：

　　《春秋》慎辭，謹於名倫等物者也。是故小夷言伐而不得言戰，大
　　夷言戰而不得言獲，中國言獲而不得言執，各有辭也。有小夷避大
　　夷而不得言戰，大夷避中國而不得言獲，中國避天子而不得言執，
　　名倫弗予，嫌於相臣之辭也。是故大小不踰等，貴賤如其倫，義之
　　正也。（〈精華〉）

《繁露》有〈深察名號〉的篇章，顯現董氏對追究品類名號的重視，這種重視的態度用於解經之上，他認爲《春秋》在每一次事件的記載用詞，都是經

過最審慎的斟酌。所謂「名倫」，不只是萬物的品類名號而已，而是指在社會政治，倫常禮制上的對等關係，他由「小夷」、「大夷」、「中國」、「天子」的身份禮制，認爲《春秋》重視名倫，行文「各有辭也」。我們可以注意到，董氏治《春秋》與《公羊傳》一樣重視夷狄與諸夏之別；所不同的是，《公羊傳》講的是「魯國」、「諸夏」、「夷狄」的內外層次；而董氏卻是直言「天子」、「中國」、「大夷」、「小夷」的貴賤身份。由於董氏所居時代，已是一統的漢武盛世，基於實際政治，亟須指導「盛世如何成治」的治國方針，對「王義」的論述，亦成了時代要求的產物。董氏「緣魯以言王義」，直接以「天子」、「中國」的關係，去看待「魯」與「諸夏」。

　　《公羊傳》在「夷夏觀」所講究的褒貶大義，以道德行爲作爲判定「是否爲夷狄」的標準。《公羊》解經，對道德行爲的重視，甚至超過現實世界的夷、夏身份；董仲舒同樣也承襲了《公羊》解經的立場。

> 「《春秋》曰：『鄭伐許。』奚惡於鄭而夷狄之也？」曰：「衛侯遫卒，鄭師侵之，是伐喪也。鄭與諸侯盟於蜀，以盟而歸諸侯，於是伐許，是叛盟也。伐喪無義，叛盟無信，無信無義，故大惡之。」（〈竹林〉）

> 吳，魯同姓也，鍾離之會，不得序而稱君，殊魯而會之，爲其夷狄之行也。雞父之戰，吳不得與中國爲禮。至於伯莒、黃池之行，變而反道，乃爵而不殊。（〈觀德〉）

在個別事件的遣詞行文上，董氏鄭重提出了「《春秋》慎辭，謹於名倫等物」，呼籲當位者「大小不踰等，貴賤如其倫」方爲「義之正」。但是，一方面董氏也提出「《春秋》無達辭」的看法：

> 《春秋》無達辭，從變從義，而一以奉天。仁人錄其同姓之禍，固宜異操。晉，《春秋》之同姓也。驪姬一謀而三君死之，天下之所共痛也，本其所爲爲之者，蔽於所欲得位而不見其難也：**《春秋》疾其所蔽，故去其正辭**，徒言君之子而已。若謂奚齊曰：『嘻嘻！爲大國君之子，富貴足矣，何必以兄之位爲欲居之，以至此乎云爾。』錄所痛之辭也。

「無達辭」不等於「不慎辭」。相反的，就是因爲「慎辭」，所以在每一次個別事件，《春秋》往往仔細斟酌，爲了寓道德褒貶於其中，而考慮該如何陳辭才是最恰到好處？因此，董氏深爲肯定《春秋》記事行文的用心。但是，世

間之事難以雷同，縱使有類似的發展模式，其當事人的身份、事情的發展歷程也難以完全吻合。董氏治《春秋》，致力於「同屬性事件」經文記載的比較，而以「義旨的闡明」為解經之首要任務，因事置宜。從微觀的角度去分析，在每一次的記載作最恰當圓滿的表述，這是《春秋》的「慎辭」；同時亦以宏觀的視野，看出《春秋》為了寓褒貶大義於行文，而「從變」、「從義」的用心；因此，董氏謂《春秋》為「無達辭」。

我們由此可見，董氏解《春秋》經，雖然是由《公羊》入手，但是卻不拘泥於傳文；畢竟，傳文是輔助闡義的資料，經文才是真正的主角。所以，董氏在夷夏內外之辨上，看出《春秋》對「禮制等級」不相踰次的重視，也看出《春秋》寓褒貶、崇道德的用心。然而，就在夷夏內外之辨——「內諸夏、外夷狄」之時，董氏更加看出經文在行文敘述上，也有對遠夷「內而不外」的情況：

◎僖公二年

　經：秋，宋公、楚子、陳侯、蔡侯、鄭伯、許男、曹伯會于霍，執宋公以伐宋。

◎文公九年

　經：冬，楚子使椒來聘。

◎宣公十一年

　經：夏，楚子、陳侯、鄭伯盟于辰陵。

◎宣公十五年

　經：春，公孫歸父會楚子于宋。

◎昭公四年

　經：夏，楚子、蔡侯、陳侯、鄭伯、許男、徐子、滕子、頓子、胡子、沈子、小邾婁子、宋世子佐、淮夷會于申。

◎哀公十三年

　經：公會晉侯及吳子于黃池。

這些經文，既和褒貶大義沒有關係，也無關乎禮制名倫。《春秋》經文在成公十五年鍾離之會，因為有內外褒貶的用意，所以，用兩會之詞將吳國與諸夏區隔開；然而，無可諱言，《春秋》經文亦有將遠夷之君與諸夏並列的情況，傳文在這些事件上，甚至沒有為「遠夷之君」何以並列於此而發論說明；董

氏認爲，這些敘述性經文，既然無關乎道德褒貶，經文又對「遠夷之君」內而不外。可見《春秋》之行文有「魯無鄙疆」的態度。

董氏在《繁露・仁義法》中提到：

> **王者愛及四夷，霸者愛及諸侯，安者愛及封內，危者愛及旁側，亡者愛及獨身。獨身者，雖立天子諸侯之位，一夫之人耳，無臣民之用矣，如此者，莫之亡而自亡也。《春秋》不言伐梁者，而言梁亡，蓋愛獨及其身者也。**（〈仁義法〉）

這是董氏對「王義」的闡釋，在《春秋》「緣魯以言王義」的認知下，董氏特別以《春秋》經文中：「『大國』齊宋，離言會」、「『微國』之君，卒葬之禮，錄而辭繁」、「『遠夷』之君，內而不外」三種特殊的行文記事爲例證；這三種屬性的經文，似乎與傳文一向所倡言的「內外之別」、「褒貶大義」的常事書法不相同；董氏別具慧眼，認爲：在與道德褒貶無關的情形下，這些經文之所以並陳於《春秋》，益可見《春秋》「緣魯以言王義」的下筆氣度。

（二）董仲舒春秋學之「遠近觀」：
　　史料的詳略異同──殺隱桓、宗定哀

董仲舒以「內外觀」去看待《春秋》，理解經文普遍於「大國、微國、遠夷」的記載中，因爲「言王義」的心志而產生的特別書法；同時，也以「遠近觀」去考慮，《春秋》畢竟不同於當代史官記載當代事的筆觸，正視經文因爲時間歷程而產生的行文詳略與書法異同：

> 邾婁庶其、鼻我，邾婁大夫其於我無以親，以近之故，乃得顯明。隱、桓，親《春秋》之先人也，益師卒而不日。於稷之會，言其成宋亂，以遠外也。黃池之會，以兩伯之辭，言不以爲外，以近內也。
> （《繁露・奉本》）

1.以「近」之故，乃得詳明

董氏春秋學所謂的「近」，有二種意含：其一指「親親」之「近」，與血緣遠近、親疏內外有關。另一則指「史觀」之「近」，指史事與當代時空相距之遠近而言。此處，我們所要討論的是後者──「史觀」之「近」。

《公羊傳》雖然提出「所見異辭、所聞異辭、所傳聞異辭」，但是，究竟所謂的「異辭」，在經文中如何呈現？傳文並沒有進一步的說明。董仲舒除了以「見三世、聞四世、傳聞五世」指出傳文所言的年代，更明確的將《春秋》

十二公按序位佈陳於「所見、所聞、所傳聞」三世之中〔註24〕。此外，董氏並回到《春秋》經文裡，在二百四十二年的漫長時間中，以「三世史觀」去尋找經文對史事的書寫與記載，行文用詞是否有所異同。《繁露·奉本》提到「殺隱、桓以爲遠祖；宗定、哀以爲考妣」，這是董氏對三世史觀與經文史筆的關係所提出的大原則。在具體事例上，他舉出二個特別的經文書法加以說明：

（1）邾婁大夫來奔

董氏在《繁露·奉本》云：

　　邾婁庶其、鼻我邾婁大夫，其於我無以親，以近之故，乃得顯明。

關於邾婁庶其、鼻我二人之事，見於《春秋》經文：

◎襄公二十一年

　　經：邾婁<u>庶其</u>以漆、閭丘來奔。

　　（傳）：邾婁<u>庶其</u>者何？邾婁大夫也。邾婁無大夫，此何以書？重地也。

◎襄公二十三年

　　經：夏，邾婁<u>鼻我</u>來奔。

　　（傳）：邾婁<u>鼻我</u>者何？邾婁大夫也。邾婁無大夫，此何以書？以近書也。

傳文對於這二則邾婁大夫來奔的經文，有不同的解讀。前一則，《公羊》傳文認爲：《春秋》寫出其人之名，是因爲「予魯二邑」的緣故。董氏對此無所論，因此我們無法得知董氏是否贊成這個說法。後一則傳文提到「以近書」，則顯然爲董氏所採用。在〈奉本〉裡，董氏認爲這二則經文，邾婁大夫之所以書「名」，都是因爲「以近書」的緣故。董氏在〈奉本〉裡直接寫出「其於我無以親，以『近』之故，乃得顯明」；既然說是「其於我無以親」，可見此處所謂的「近」，並非指與魯國血親之遠近；而所謂的「殺隱、桓以爲遠祖；宗定、哀以爲考妣」，所討論的主題又是史書中十二公之時間歷程與史筆的關係。可

〔註24〕董氏在《繁露·楚莊王》云：「《春秋》分十二世以爲三等：有見，有聞，有傳聞。有見三世，有聞四世，有傳聞五世。故哀、定、昭，君子之所見也。襄、成、文、宣，君子之所聞也。僖、閔、莊、桓、隱，君子之所傳聞也。所見六十一年，所聞八十五年，所傳聞九十六年。」董氏所言，雖然是將魯國十二公，分爲「三等」，但是「三等」的內容亦有實際提到「世」，因此可知，董仲舒春秋學中的「三等」與「三世」實爲相同。

見，此處引用的「邾婁大夫來奔」的事例，其所謂「以『近』書」之「近」，
是時間史觀之遠近。

《公羊》傳文裡，提到「以近書」者，事實上還有另一則經文：

◎昭公二十七年

　　經：邾婁快來奔。

　　（傳）：邾婁快者何？邾婁之大夫也。邾婁無大夫，此何以書？以
　　　　　近書也。

董氏未舉此則「快來奔」之事以爲例，盧文弨校本因此認爲〈奉本〉此處可
能有闕文，盧校本遂在「鼻我」之後，「邾婁大夫」之前，補入「快」字——
這位邾婁大夫之名〔註25〕。值得注意的是，「鼻我大夫」這一則經文的年代在
襄公之世，而盧氏所補、今本〈奉本〉所無的「快大夫」這一則經文，是在
昭公之世。盧氏之所以補入隸屬於昭公之世（所見世）「快大夫」這一則經文，
主要的原因是，傳文所謂之「以近書」，盧氏認爲應該是「所見世」方爲「近」；
但是，董氏所引用的二個邾婁大夫事例，都隸屬於襄公之世（所聞世），因此，
盧氏刊印時，遂以昭公之世「快來奔」之事補入《繁露・奉本》的文字中。
然而，實際上「鼻我大夫」這一則襄公之世的經文，不僅傳文以之爲「近」，
董氏亦以之爲「近」；襄公之世，正隸屬於董氏所謂之「所聞世」，董氏所援
舉的「庶其、鼻我」二則經文都是襄公年間的記載；可見，董氏春秋學中，
所謂的「近」，並沒有專指「所見世」的意思。

（2）黃池之會

董氏在〈奉本〉所引用的另一個例子是「黃池之會，以兩伯之辭，言不
以爲外，以『近』內也」。關於黃池之會，見於《春秋》經文：

◎哀公十三年

　　經：公會晉侯及吳子于黃池。

　　（傳）：吳何以稱子？吳主會也。吳主會則曷爲先言晉侯？不與夷
　　　　　狄之主中國也。其言及吳子何？會兩伯之辭也。不與夷狄之
　　　　　主中國，則曷爲以會兩伯之辭言之？重吳也。曷爲重吳？吳
　　　　　在是則天下諸侯莫敢不至也。

經文同時並陳「晉侯」及「吳子」，傳文稱之爲「兩伯之辭」，對於經文何以

〔註25〕然而本文的看法是，董氏只是舉例一二以說明，對於經文之同類事例，並無
　　　完全列出之必要，盧氏所校或爲是，但未爲必然。

用這個方式行文書寫？《公羊》傳文認爲，這是經文用隱晦的文筆寫出吳國稱霸中國的事實：「吳在是則天下諸侯莫敢不至」，經文「兩伯之辭」的目的，是表明「不與夷狄主中國」的立場。董仲舒雖然沿用傳文「兩伯之辭」的詞稱，然而，董氏卻提出傳文之外另一個切入觀點，董氏在《繁露·觀德》云：

> 吳，魯同姓也，鐘離之會，不得序而稱君，殊魯而會之，爲其夷狄之行也。雞父之戰，吳不得與中國爲禮。至於伯莒、黃池之行，變而反道，乃爵而不殊。

從「鐘離之會」到「雞父之戰」，再到「伯莒、黃池之行」；由「夷狄之行，不得序而稱君」到「不得與中國爲禮」，再到「變而反道，乃爵而不殊」。董氏由《春秋》對吳國的記事，觀察出：吳國行徑之轉變，這是董氏對經義的闡發。由此，我們也可以見到董仲舒對於「黃池之會」的看法是：「吳『變而反道』，經文對吳『乃爵而不殊』」。所以，〈奉本〉引用「黃池之會」作例子：「兩伯之辭，言不以爲外，以『近』內也」，從時間史觀去解釋，哀公十三年經文同時書寫晉侯與吳子而「不以爲外」的筆法，是因爲時間「近」故而詳書。

2. 以「遠」之故，史料闕闇

如何在「遠近」關係上，妥善地表達出「親疏」的分別呢？在〈三代改制質文〉，董氏曾論及此問題：

> 周人之王，尚推神農爲九皇，而改號軒轅，謂之「黃帝」，因存「帝顓頊」、「帝嚳」、「帝堯」之帝號，絀虞而號舜曰「帝舜」，……黃帝之先謚，四帝之後謚，何也？……帝號尊而謚卑，故四帝後謚也。帝，尊號也，錄以小何？曰：**遠者號尊而地小，近者號卑而地大，親疏之義也。**

原來，「遠近」與「親疏」，在董仲舒的義理思想中並不是截然劃分的。董氏從「質」與「文」去討論禮制，「文」號「質」實，「號尊而地小」、「號卑而地大」，董氏是先以史觀的「遠近」爲主思考，再從中以「文」、「質」的變化，達到「辨別親疏」的目的。

在經文寫法的分析上，以史觀「遠近」爲主的思考，亦見於〈奉本〉：

> 隱、桓，親《春秋》之先人〔註26〕也，益師卒而不日。於稷之會，

〔註26〕「親」在此是血親的意思。例如〈竹林〉亦有類似的用語：「齊頃公『親』齊

言其成宋亂，以遠外也。

與〈三代改制質文〉：「遠者號尊而地小，近者號卑而地大，親疏之義也」所不同的，〈奉本〉這一段話的重點並不在於如何表達「親疏」之別，而是討論《春秋》所重視的「親親」觀念，如果放在時間史觀裡，也就是說，在寓褒貶的前提下，同樣有血親關係的這一群人和事件，時間的遠近在「親親」的經文群組裡，筆法是否有所不同？

《春秋》「錄內而略外」、「於『內』，大惡諱」，這是傳文在隱公十年所提到的二則書寫筆法〔註27〕。隱、桓二公時的魯國事，顯然為「內事」，因為《春秋》本為魯史，所以對魯國之事（內事）的記載，應該要比記載外國之事來得詳盡，同時，若是本國大惡之事，為顧及本國的聲譽以及書寫者的身份有所踰次的問題，則《春秋》經文或以隱晦之詞，或加以避諱來婉轉書寫。但是，董氏在〈奉本〉卻以二則隱公、桓公年間，有違上述書寫筆法的特殊記事來說明：所謂的「筆法」，是一般情況之下而言。若是時間久遠，史料已經有疏闕；或是特別的大惡，在時間的洪流裡已無隱諱之必要，卻有「褒貶以教來者」的作用，那麼，「錄內而略外」以及「內大惡，諱」，並不是牢不可破的定則。

（1）益師卒而不日

◎隱公元年

經：公子益師卒。

（傳）：何以不日？遠也。所見異辭，所聞異辭，所傳聞異辭。

魯國公子益師之卒，經文未書「日」，有違常理；《穀梁傳》云：「大夫日卒，正也；不日卒，惡也」。但是，《公羊傳》以「遠也」解釋「不日」，完全沒有提到不書「日」，與其人之「正」或「惡」是否有關。顯然，公、穀二傳的觀點不盡相同。由下文的「所見、所聞、所傳聞」，可以推知，所謂「遠」，應是指時間的遠近對史料記事的影響，所以，哪怕是魯國公子「益師之卒」，亦有因日期不詳，史料不足而記載未詳之處。

桓公之孫，國固廣大而地勢便利矣，又得霸主之余尊，而志加於諸侯。以此之故，難使會同，而易使驕奢。」

〔註27〕隱公十年（經）：「六月壬戌，公敗宋師于菅。辛未取郜，辛巳取防」。（傳）：「取邑不日，此何以日？一月而再取也。何言乎一月而再取？甚之也。內大惡諱，此其言甚之何？《春秋》錄內而略外，於外大惡書，小惡不書，於內大惡諱，小惡書。」

（2）稷之會

◎桓公二年

> 經：滕子來朝。三月，公會齊侯、陳侯、鄭伯于稷，以成宋亂。
>
> （傳）：內大惡諱，此其目言之何？遠也。所見異辭，所聞異辭，
>
> 所傳聞異辭。隱亦遠矣，曷爲爲隱諱？隱賢而桓賤也。

這裡再一次提到，「所見異辭，所聞異辭，所傳聞異辭」，三者之所以「異辭」，是時間因素所造成。本來，魯國的大惡，經文書寫時是要隱晦行文以避諱的。但是因爲時間離當代已十分久遠，所以傳文認爲，隱晦行文以避諱的必要性，似乎已經降低。

此處，《公羊》傳文提出另一個問題：既然時間久遠沒有避諱的必要，何以隱公年間之記事，仍然有避諱的手法呢？傳文在此藉機解釋，經文有「爲賢者諱」的作法。隱公是賢者，不管時間經過再久，傳文仍不掩其賢；這是落在經文「褒貶大義」的「義旨」上去談。對於褒貶大義的重視，傳文的講究當然又先於「時間遠近」與「內外親疏」之上。

不過，傳文所言的「爲賢者諱」，並不是董氏此處「殺隱、桓以爲遠祖；宗定、哀以爲考妣」的「時間史觀」所要強調的重點。對於「成宋亂」這件大惡事，經文之所以直言不諱，董氏謂之「以『遠』外也」。董氏解《春秋》經文，雖然繼承《公羊傳》「遠而異辭」的方向，但是在這一則經文上，董氏的焦點，關注在「時間遠近」與經文「記事方式」的關係，與《公羊傳》著重在「避諱」的討論並不相同。

三、何休以「三世說」釋「遠外近內」爲條例

（一）史料詳闕與《春秋》經文的「『義』與『辭』」

在《春秋》經文裡，「遠近」、「外內」各自有不同的指稱；所謂的「外」、「內」，是指以魯國爲中心（因爲《春秋》是以魯史爲原始材料），而後諸夏、夷狄，由中心往外推移，因爲相對的親疏關係，使得重視「親親尊尊」的《春秋》經文，在行文記事時，會因爲「內」、「外」的考量而斟酌書寫用語。「遠」、「近」指的是時間的久遠或接近，對於時間因素影響經文記事的方式，《公羊》傳文認爲：「所見異辭、所聞異辭、所傳聞異辭」，亦即以「所見、所聞、所傳聞」去說明孔子對於史料的處理，在時間上略分爲三個階段。這三個階段因爲有時間遠近的不同，因此，在原始材料上也有詳贍、粗疏的差別，如此

一來，導致《春秋》經文在記錄時會有不同的行文方式。孔子自云：「其『義』則丘竊取之。」（《孟子‧離婁下》）《春秋》以如何表露褒貶之「義」為行文主要考量，又因為史料詳疏不同，為了達到「寓義」與「微言」這二項需求，孔子勢必得在須要時「改易」史官在原始材料上的筆觸筆法〔註28〕，所以孔子亦自云：「其辭則丘有罪焉耳。」（《公羊》昭公十二年傳）。《孟子‧滕文公下》有云：

> 世衰道微，邪說暴行有作。臣弑其君者有之，子弑其父者有之。孔子懼，作《春秋》。《春秋》，天子之事也。是故孔子曰：『知我者其惟《春秋》乎，罪我者其惟《春秋》乎！

這是大家耳熟能詳的一段話，由「《春秋》，天子之事也」到「罪我者其惟《春秋》乎」，很容易讓人聯想成，孔子之所以「罪己」，是因為僭越身份而為《春秋》。但是，我們從文獻處理的角度去看，以「寓義」為行文目的，再加上原始史料記事疏密各不相同，《公羊傳》：「其辭則丘有罪焉」。以「異辭」說明夫子為求達「義」，而在行文上所作的斟酌與改易；讓我們可由孔子之「罪己」對《春秋》的『『義』與『辭』」，看到更深的層面，了解聖人著作的苦心孤詣。

　　既然是因時間因素而「異辭」，我們不免懷疑，在「所見、所聞、所傳聞」這三個階段裡，所謂的「異辭」，是指針對個別事件的取「義」，和史料詳闕去斟酌用字，導致經文寫法各有相異？或是指這階段與下階段有相異的用詞、不同的書法，但是在同一階段，也就是在「所見之世」、「所聞之世」、「所傳聞之世」裡，各自有其統一的書寫條例？

（二）何休以「君恩之殺」釋「三世異辭」之原由

　　何休在隱公元年經：「公子益師卒」，《公羊》傳文：「何以不日？遠也。所見異辭，所聞異辭，所傳聞異辭」下，《解詁》云：

> 「所見者」，謂昭、定、哀；己與父時事也。「所聞者」，謂文、宣、成、襄；王父時事也。「所傳聞者」，謂隱、桓、莊、閔、僖；高祖曾祖時事也。「異辭」者，見恩有厚薄、義有深淺，時恩衰義缺，將

〔註28〕司馬遷在《史記‧孔子世家》對於《春秋》的文辭與旨義，亦有相類的意見：「（《春秋》）約其文辭而指博。故吳、楚之君，自稱『王』，而《春秋》貶之曰『子』；踐土之會，實召周天子，而《春秋》諱之曰『天王狩於河陽』。推此類，以繩當世貶損之義，後有王者，舉而開之，《春秋》之義行，則天下亂臣賊子懼焉。」（《史記》卷四十七，〈孔子世家〉，頁84。瀧川資言，《史記會注考證》，台北：藝文印書館，1972年2月，P745）

以理人倫、序人類，因制治亂之法。故於「**所見之世**」，恩己與父之臣尤深：**大夫卒，有罪、無罪，皆日錄之**。「丙申，季孫隱如卒」是也。於「**所聞之世**」，王父之臣，恩少殺：**大夫卒，無罪者日錄；有罪者不日，略之**。「叔孫得臣卒」是也。於「**所傳聞之世**」，高祖、曾祖之臣，恩淺：**大夫卒，有罪、無罪，皆不日，略之也**。「公子益師、無駭卒」是也。

何休以「恩有厚薄，義有深淺」去理解傳文「何以不日？遠也」的「遠」字，顯然，他是直接以恩情厚薄對行文隱晦程度的要求，去解釋「所見、所聞、所傳聞」這三世之「異辭」。以「理人倫、序人類，因制治亂之法」作為「異辭」的產生原由和行文目的。而不是由時間遠近、原始材料詳疏有別，去解釋「遠而不日」。事實上，從《公羊》傳文的理解來看，經文之所以未寫出魯國公子卒的時間，也可能是因為年代相隔久遠，史料不足徵，經文才「不日」。如此一來，造成「所見、所聞、所傳聞」異辭之所謂「遠」者，就是指時間遠近之「遠」。

時間相隔之「遠近」，與「內外」恩情之親疏，本來就是《公羊傳》分析《春秋》經義的二個重要關鍵因素。而且這二個因素是經文在書寫用詞時，必須同時加以考慮者。然而，我們卻從隱公元年何休《解詁》看到：

於「**所見之世**」，恩己與父之臣尤深：**大夫卒，有罪、無罪，皆日錄之**。

於「**所聞之世**」，王父之臣，恩少殺：**大夫卒，無罪者日錄；有罪者不日，略之**。

於「**所傳聞之世**」，高祖、曾祖之臣，恩淺：**大夫卒，有罪、無罪，皆不日，略之也**。

何休完全從「君臣恩情之殺」去理解三個階段中的經文書法，從「恩尤深」上推至「恩少殺」，再上溯至「恩淺」，雖然亦鋪排呈現出時間歷程，然而，何休在其中完全沒有顧及史料在時間洪流裡流失的情況，他把同一世之中，經文的寫法「規格化」、「條例化」，彷若聖人記事完全沒有原始材料多寡詳闕的問題〔註29〕，二百四十二年間所有史書材料，皆「理想式」的詳備無遺，

〔註29〕實際上，「文獻不足」的問題是存在的。例如：孔子在《論語‧八佾》云：「夏禮，吾能言之，杞不足徵也；殷禮，吾能言之，宋不足徵也。文獻不足故也，足則吾能徵之矣。」

只待聖人加以篩選，而篩選的目的，或是以「日、不日」來突顯所書寫的對象「有罪」或「無罪」（如「所聞世」）？或是以皆「日錄」來昭顯「君恩浩蕩」（如「所見世」）？或是以皆「不日」來顯示「君恩已殺」（如「所傳聞世」）？此處的「君恩」與「罪臣」，究竟是《公羊》經傳之本旨？或是何休自己想法？

　　隱公元年經文「『公子』益師卒」，何休《解詁》卻大談經文「大夫卒」書寫方式；為求明確論證，本文在此特別表列《公羊》經傳所有的「公子卒」、「大夫卒」原文，一方面檢視「經文」的寫法是否真如何氏《解詁》所云：「三世」關係著經文「日不日」的行文？另方面也檢視「傳文」是否真如何氏所云：「異辭」是因為「君恩之殺」所致？本文同時亦依何氏《解詁》所云之「經文書寫條例」製表，以利與《公羊》經傳之原貌互相勘對：

表六：《公羊》經、傳「大夫卒」記事一覽表

所傳聞世：

	三　世	公羊經、傳
隱公三年	所傳聞世	（經）夏，四月辛卯，尹氏卒。 （傳）尹氏者何？天子之大夫也。其稱尹氏何？貶。曷為貶？譏世卿，世卿非禮也。外大夫不卒，此何以卒？天王崩，諸侯之主也。
隱公九年	所傳聞世	（經）俠卒。 （傳）俠者何？吾大夫之未命者也。
僖公十六年	所傳聞世	（經）秋，七月甲子，公孫慈卒。

所聞世：

文公十四年	所聞世	（經）九月甲申，公孫敖卒于齊。
宣公五年	所聞世	（經）叔孫得臣卒。
成公十七年	所聞世	（經）壬申，公孫嬰齊卒于貍軫。 （傳）非此月日也，曷為以此月日卒之？待君命然後卒大夫。曷為待君命然後卒大夫？前此者嬰齊走之晉，公會晉侯，將執公。嬰齊為公請，公許之反為大夫，歸。至于貍軫而卒。無君命不敢卒大夫，公至，曰：「吾固許之反為大夫。」然後卒之。
襄公五年	所聞世	（經）辛未，季孫行父卒。
襄公十九年	所聞世	（經）八月丙辰，仲孫蔑卒。
襄公二十二年	所聞世	（經）秋，七月辛酉，叔老卒。

襄公二十三年	所聞世	（經）己卯，仲孫遫卒。
襄公三十一年	所聞世	（經）秋，九月己亥，仲孫羯卒。

所見世：

昭公七年	所見世	（經）冬，十有一月癸未，季孫宿卒。
昭公二十三年	所見世	（經）癸丑，叔鞅卒。
昭公二十五年	所見世	（經）冬，十月戊辰，叔孫舍卒。
定公五年	所見世	（經）六月丙申，季孫隱如卒。
定公五年	所見世	（經）秋，七月壬子，叔孫不敢卒。
哀公三年	所見世	（經）秋，七月丙子，季孫斯卒。

表七：《公羊》經傳「公子卒」一覽表

所傳聞世：

	三 世	公羊經、傳
隱公元年	所傳聞世	（經）公子益師卒。 （傳）何以不日？遠也。所見異辭，所聞異辭，所傳聞異辭。
隱公八年	所傳聞世	（經）冬，十有二月，無駭卒。 （傳）此展無駭也，何以不氏？疾始滅也，故終其身不氏。
隱公五年	所傳聞世	（經）冬，十有二月辛巳，公子彄卒。
莊公三十二年	所傳聞世	（經）秋，七月癸巳，公子牙卒。 （傳）何以不稱弟？殺也。殺則曷為不言刺？為季子諱殺也。曷為為季子諱殺？季子之遏惡也，不以為國獄，緣季子之心而為之諱。……公子牙今將爾，辭曷為與親弒者同？君親無將，將而誅焉。然則善之與？曰：然。殺世子母弟，直稱君者，甚之也。季子殺母兄，何善爾？誅不得辟兄，君臣之義也。然則曷為不直誅，而酖之？行諸乎兄，隱而逃之，使託若以疾死然，親親之道也。
僖公十六年	所傳聞世	（經）三月壬申，公子季友卒。 （傳）其稱季友何？賢也。

所聞世：

宣公八年	所聞世	（經）仲遂卒于垂。 （傳）仲遂者何？公子遂也。何以不稱公子？貶。曷為貶？為弒子赤貶。然則曷為不於其弒焉貶？於文則無罪，於子則無年。

表八：何休「『大夫卒』，經文書『日』與否」之行文條例

三　世	所　　見	所　　聞	所　傳　聞
年代	昭、定、哀	文、宣、成、襄	隱、桓、莊、閔、僖
恩殺	恩己與父之臣尤深	王父之臣，恩少殺	高祖、曾祖之臣，恩淺
經文書法條例	大夫卒，有罪、無罪，皆日錄之。	大夫卒，無罪者日錄；有罪者不日，略之。	大夫卒，有罪、無罪，皆不日，略之也。
書法條例舉證	丙申，季孫隱如卒	叔孫得臣卒	公子益師、無駭卒

　　首先，在「所傳聞世」的部份，依何休之言，應該是「皆不日」，但是我們在「公子卒」的表列中，可以輕易發現，除了何休自己引證的「公子益師、無駭卒」二例為「不日」之外，其餘在所傳聞世裡的「公子卒」經文，全部都有書「日」。即：

　　　　隱公五年　　　　（經）冬，十有二月辛巳，公子彄卒。

　　　　莊公三十二年　　（經）秋，七月癸巳，公子牙卒。

　　　　僖公十六年　　　（經）三月壬申，公子季友卒

也就是說，何休所援引的舉證是片面的，他所引證的那二條經文，果然是「不日」，乍看之下，何休的條例似乎屬實，實際上，證之於他則經文卻完全不合；何休所言之書法，只能當「個案」，卻不能作為「條例」。由於何休混合「公子」與「大夫」二種身份一起討論，因此，我們在此也比對「大夫卒」表列中的「所傳聞世」部份，在三則經文中，發現「不日」者只有一條；對於何氏所云的「所傳聞異辭」，在「日」、「不日」的寫法上，這三則的《公羊》傳文完全不在意，也沒有任何討論。何休《解詁》所言，似乎是個人的意見而已，與傳文了無相涉。

　　在「所聞世」的部份，依何休條例所云，為「無罪者日錄，有罪者不日」。首先，我們在表列中找到「不日」的經文共有二則，分別是「公子卒」表列中的宣公八年經文「仲遂卒于垂」，以及「大夫卒」表列中的宣公五年經文「叔孫得臣卒」。何休以「叔孫得臣卒」作為所聞世「有罪者不日」的證明；從《公羊》傳文來看，叔孫得臣助公子遂為惡，於魯文公初喪，即如齊，促成宣公喪娶之事〔註30〕，「叔孫得臣卒」這則經文的確符合「有罪者不日」

〔註30〕叔孫得臣有罪，在《公羊》經、傳可以找到明確的記載：

　　　　文公十八年　　經：「秋，公子遂、叔孫得臣如齊」。

　　　　宣公元年　經：「公子遂如齊逆女。三月，遂以夫人婦姜至自齊」。（傳）：「遂

的書寫方式。

至於宣公八年「仲遂卒」經文，由傳文得知，仲遂就是公子遂，所以，與「叔孫得臣卒」同樣符合「有罪不日」的說法。不過，我們應該注意到，傳文只可看出二人的「罪狀」，至於是不是經文因二人「有罪」而「不書日」？傳文並沒有論及，這個看法是何休《解詁》自己的發明。另外，在所聞世的「大夫卒」經文中，何休認為「無罪者日錄」，但是由表列寫出日期的經文來看，《公羊傳》皆未發論；經文所以寫出其人「卒」的日期，是否代表當事人被《春秋》視為「無罪」？我們單由經文所記，無由得知。

在「所見世」的部份，依何休所言，「有罪、無罪、皆日錄」，由表列看來，「大夫卒」經文在這一部份雖然都寫出日期，但是由於《公羊》傳文皆未有論；所以，我們同樣無法得知，所見世的「大夫卒」經文皆書「日」，是否因為「君恩尤深」，所以「有罪、無罪皆日錄」？

綜合以上所論，我們可以得知：

1. 何休以「君恩之殺」作為「三世」異辭的原因，這樣的詮釋方式，未見於《公羊傳》，可以說是何休個人的發明。

2. 何休對《春秋》經文的書法，認為三世各有異辭。同一則條例，因為「三世」而產生三個階段的變化。

3. 何休所論「大夫卒」經文之三世條例：「有罪無罪皆不日」（所傳聞世）、「無罪者日錄，有罪者不日」（所聞世）、「有罪無罪皆日錄」（所見世）。對照經文的實際書寫狀況可發現，在「所傳聞世」部份，多有違迕，並非如何休所云：「有罪無罪皆不日」。可見，在「大夫卒」或「公子卒」的經文群組中，這種「三段式變化」，只能符合部份的個案，無法在經文中成為書寫的「條例」。

由於在「所聞世」和「所見世」部份，恰巧與該階段的經文書寫方式相符合，使我們不免產生另一個有趣的聯想：何休「三世異辭」，這種「一則條例卻有三段式變化」的法則，既然無法在這個經文群組裡說得通；倘若我們解開這種「三合一」的思維模式，改而採取「個別擊破」方式，以其中個別

何以不稱公子？一事而再見者，卒名也。夫人何以不稱姜氏？貶。曷為貶？譏喪娶也。喪娶者，公也，則曷為貶夫人？內無貶于公之道也。內無貶于公之道，則曷為貶夫人？夫人與公一體也。其稱婦何？有姑之辭也」。

宣公五年　經：「叔孫得臣卒」。

階段的書寫條例，一一對照整本《春秋》經文，那麼，有無可能在「大夫卒」或「公子卒」的經文群組裡，找到可以通釋《春秋》「大夫卒」或「公子卒」的書寫條例呢？

所傳聞世「有罪無罪皆不日」這部份的條例，已經被我們證實是違迕不可行的。可是，另外二世的條例，與經文所書寫的方式並無不符，我們能否從「無罪者日錄；有罪者不日」（所聞世）或「有罪無罪皆日錄」（所見世）二者之中，找出一條不只符合該世經文的書寫方式，而且也可以在另外二世得到相合：亦即能夠符合整本《春秋》，這一個「經文群組」書寫模式的「條例」呢？

本文在此將「所聞世」、「所見世」關於「公子卒」、「大夫卒」的經文，與何休所論的書寫條例比對如下：

表九：何休《解詁》之「大夫卒『三世』條例」分析
（「所傳聞世」已證實為「不合例」，故不論）

三 世	所 見 世	所 聞 世	
君恩之殺	恩己與父之臣尤深	王父之臣，恩少殺	
三世條例	大夫卒，有罪、無罪，皆日錄之。	大夫卒，無罪者日錄；有罪者不日。	
何休舉證	丙申，季孫隱如卒（日錄，故合例）	叔孫得臣卒（有罪，故合例）	
經文書寫實況	癸未，季孫宿卒。 癸丑，叔鞅卒。 戊辰，叔孫舍卒。 丙申，季孫隱如卒。 壬子，叔孫不敢卒。 丙子，季孫斯卒。	**不日** 叔孫得臣卒。 仲遂卒于垂。	**日** 甲申，公孫敖卒。 壬申，公孫嬰齊卒。 辛未，季孫行父卒。 丙辰，仲孫蔑卒。 辛酉，叔老卒。 己卯，仲孫遬卒。 己亥，仲孫羯卒。
根據傳文查證罪狀	君恩深，無論罪不罪皆「日錄」。	據《公羊》傳文所記事蹟來看，確實有罪	是否皆「無罪」？傳文無發論，故無法證實

我們立即可以發現，「所見世」的「有罪無罪皆日錄」，無法成為通貫全經的條例。因為，在「所聞世」之中，就同時出現了「日」、「不日」二種書法，「所見世」的「有罪無罪皆日錄」與經文的書寫模式顯然不相符。和「所傳聞世」「有罪、無罪皆不日」條例無法得證的情況相同，因為「所傳聞世」的經文，亦同時有「日」、「不日」二種書寫的模式。如此一來，能夠成為全

書「公子卒」或「大夫卒」書寫條例的，就只剩下「所聞世」的「無罪日錄，有罪不日」了。

　　但是考證是否爲《春秋》經文之書寫條例，並非我們在此行文之目的〔註31〕。因爲，就算這一則「所聞世」的書法條例，亦可以與另外二世經文的書法模式相合，成爲足以「通釋」全經之義例，它也已經不是何休在公羊學裡所倡論的「三世異辭」了。

　　所以，何休以「君恩之殺」去解釋三世各有異辭，由何休自己所舉證的「大夫卒」書例去看，就已經與經文多有不合。另外，何氏對《公羊》傳文「所見異辭、所聞異辭、所傳聞異辭」的發凡，又是否合於《公羊傳》本意呢？

　　《公羊傳》將《春秋》分爲所見、所聞、所傳聞三個階段，實具有歷史分期的意味。傳文以《春秋》作者的所見、所聞、所傳聞來解釋史料書載的異同。它認爲，距作者生活時代較遠的，作者已難詳知其情，文有不備，故記有缺失；總其原因即在於：「時代的久遠」〔註32〕。《公羊》解經，確實注意到歷史年代與史料詳闕的問題，所以傳文亦有以「無聞焉爾」釋經者。〔註33〕

〔註31〕事實上，「有罪不日，無罪日錄」這一則書寫條例，能不能在其他二世（所傳聞世、所見世）裡說得通？我們有考證上的困難。

　　首先，「大夫卒」之「大夫」，是專指魯國本國大夫？或是包含天子之大夫？例如：「所傳聞世」裏，隱公三年「夏，四月辛卯，尹氏卒」，《公羊》傳文有譏貶尹氏之意，然而經文卻書「日」（無罪日錄），既然「譏貶」，君氏究竟份屬「有罪」還是「無罪」呢？我們既無法徵知，又如何論其條例？

　　另外，「所傳聞世」裏另一則隱公九年經文：「俠卒」。經文只有二個字，若「有罪不日」屬實，那麼，經文「俠卒」，未書日，似乎就是指俠有罪，故卒不日。但是，實際上《公羊》傳文只說：「俠者何？吾大夫之未命者」，看不出其人有罪無罪。雖然，《穀梁傳》以「隱不爵大夫」（隱公不賜命大夫）去解釋，似乎罪不在俠。我們無法從三傳傳文找到其它事跡，來輔證俠有罪或無罪，又怎能談「俠卒」不日，合不合條例？

　　在「所見世」的部份，經文皆書日，但是傳文皆無發論。這幾則經文之所以皆書日，倒底是不是因爲「無罪」的關係呢？我們同樣也無法徵知。

〔註32〕隱公元年　經：「公子益師卒。」（傳）：「何以不日？遠也。所見異辭，所聞異辭，所傳聞異辭。」

〔註33〕隱公二年　經：「紀子伯、莒子盟于密」。（傳）：「紀子伯者何？無聞焉爾。」

　　桓公十四年　經：「夏，五。鄭伯使其弟語來盟」。（傳）：「夏五者何？無聞焉爾」。

　　文公十四年　經：「宋子哀來奔」。（傳）：「宋子哀者何？無聞焉爾」。

所見、所聞、所傳聞的不同，導致了「異辭」的產生，近世則詳，遠世則略，但這只是原則性的說明；史料的詳略與書寫，必須視個別事件的情況而論。遠世如「所傳聞世」者，亦有詳書，不見得因為時間遠就事事闕略。何休以「三世」看待「異辭」，「近世則詳，遠世則略」變成強制性的條例：「所傳聞世」之記載用詞必異於「所聞世」而簡略，「所聞世」之記載用詞亦必異於「所見世」而簡略。致使其所言之條例，一旦回到經文尋求印證，便屢有未合。「恩有厚薄、情有親疏」的內外之別，的確是經文「行諱」而為異辭的主要原因；然而，對於經文記事在「所見、所聞、所傳聞」三世中，個別偶發的異辭，除了考慮可能有「內外之別」──恩有厚薄、情有親疏的因素之外，也需要考量是否有「時間」因素在其中發酵：

◎桓公二年

　經：三月，公會齊侯、陳侯、鄭伯于稷，以成宋亂。

　（傳）：內大惡，諱。此其目言之何？遠也。所見異辭，所聞異辭，

　　　所傳聞異辭。隱亦遠矣，曷為為隱諱？隱賢而桓賤也。

本來經文常書之法是「內大惡，諱」，此處因為時代已久遠，在「寓『義』」的優先考量之下，經文對「成宋亂」之大惡，直書不諱；與平常的書法相較，自然成為「異辭」。隱、桓二公俱屬所傳聞之世，其褒貶隱晦之顧忌本應相同。但《公羊傳》於二公之大惡，因隱公有讓國之美，桓公有篡弒之惡，故一者諱之，一者貶之，顯然，賢與賤的講究，又勝於歷史時間遠近的講求之上。因時間遠近而產生的「異辭」，在面對道德的是非與褒貶時，《公羊》還是以道德價值的建立為重。

　　如此看來，《春秋》記事書寫所以有「異辭」，《公羊》傳文認為，應該考慮的背景因素包括了：褒貶大義之託寓；內外親疏之避諱；時間遠近之行文顧忌、史料詳闕；尊尊賢賢……等。這些因素，靈活的左右經文記載每一起「個別事件」所使用的辭語。《春秋》經文取材自史料，其中不乏看見史官慣用書記之常法與用語；然而，所謂的「異辭」，絕非僅只是何休以「君恩之殺」配合「三世說」作「三階段轉化」如此而已；若真有所謂的經文書寫「條例」，也絕不會單只考慮「三世」這個因素，就貿然作成制式化的「書寫規格」。

　　在「大夫卒」的經文群組中，何休經文以「日」、「不日」的變化，作為「三世異辭」的內容；然而，觀諸《公羊》傳文，除了隱公元年傳：「何以不日？遠也。」之外，再也沒有為「日」、「不日」所作的討論。可見，《公羊》

傳文並不在意「大夫卒」書「日」與不書「日」，在寫法上有何特別的深義。

◎成公十七年

> 經：壬申，公孫嬰齊卒于貍軫。

> （傳）：非此月日也，曷爲以此月日卒之？待君命然後卒大夫。曷
> 爲待君命然後卒大夫？前此者嬰齊走之晉，公會晉侯，將執
> 公。嬰齊爲公請，公許之反爲大夫，歸。至于貍軫而卒。無
> 君命不敢卒大夫，公至，曰：「吾固許之反爲大夫。」然後卒
> 之。

由傳文的意思看來，在這一則書寫日期的經文裡，《公羊》傳文對經文之所以書寫日期，完全不是由當事人「罪」與否、或「君恩深淺」與否去解釋。傳文所要表達的，儼然是禮制與史官書法的問題。公孫嬰齊並非卒於壬申這一天，只因爲成公曾許諾立他爲大夫，公孫嬰齊卻在半途卒於貍軫這個地方；傳文敘述整件事的過程，強調「無君命不敢卒大夫」（沒有國君的認可命令，不敢以大夫身份記其卒），成公至，曰：「吾固許之返爲大夫」，史官方記其卒。這件事，傳文藉著經文所書寫的日期，來發揮《公羊》對事理的看法。在《公羊》傳文的詮釋中，我們看到了史官書筆的敬愼，也看了魯公和嬰齊之間「重信」的情誼，《公羊》藉經文的書寫日期作楔子，抒發《公羊》一脈「尊禮重信」的敘事觀。

反觀何休在《公羊解詁》的論述，我們必須提出二個疑點：

1. 在「大夫卒」的經文群組中，強調「日」、「不日」，與「有罪」、「無罪」。這種釋經的手法，與《公羊》解經的觀點不相符合。

2. 何休以「大夫卒」書法，釋「公子益師卒」，混淆了「大夫」、「公子」這二種身份。《公羊》傳文並未視益師爲大夫，爲何何休逕以「大夫身份」論公子益師？

再者，由上引成公十七年「公孫嬰齊卒」這件事，我們可以知道，禮制上，「大夫」身份必須有「君命」才可承認；隱公九年《公羊》傳文在經文「俠卒」之下，指出經文單書「俠卒」二字，是因爲俠雖爲大夫，但隱公「未命」，所以經文未敢以「大夫」稱之〔註34〕。可見，「大夫」這個稱號，在《春秋》

〔註34〕隱公九年　經：「俠卒」。只書「俠卒」二字，其義未詳。三傳的說釋爲：
（傳）：俠者何？吾大夫之未命者也。
（穀梁傳）：俠者，所俠也。弗大夫者，隱不爵大夫也。隱之不爵大夫，何也？

經裡的使用是非常謹慎的。讓我們回溯本小節行文之初，何休在隱公元年經文：「公子益師卒」下的《解詁》：

◎隱公元年

　　經：公子益師卒。

　　（傳）：何以不日？遠也。所見異辭，所聞異辭，所傳聞異辭。

　　【何休解詁】……故於「所見之世」，恩己與父之臣尤深；大夫卒，有罪、無罪，皆日錄之。「丙申，季孫隱如卒」是也。於「所聞之世」，王父之臣，恩少殺；大夫卒，無罪者日錄，有罪者不日，略之。「叔孫得臣卒」是也。於「所傳聞之世」，高祖、曾祖之臣，恩淺；大夫卒，有罪、無罪，皆不日，略之也。「公子益師、無駭卒」是也。

經文以「公子」稱呼益師，但是何休在《解詁》中討論的卻是「大夫」卒的書寫方式，而不是「公子」卒的書寫，從我們的表列可以知道，經文中「大夫」有「大夫」的書寫方式，此或爲當時史官的史筆書法。無論如何，在禮制上或史筆中，「大夫」、「公子」是二種不同的概念。「公子」是血緣[註35]，「大夫」是爵命，二者或有可能重疊，然而，大夫未必是「公子」，公子也未必是「大夫」。《公羊》經文未載，傳文未書，何以何休直接認定益師的爵稱是「大夫」？

　　在《春秋》經文裡，公子益師只有出現一次，就是隱公元年經文：「公子益師卒」，我們比對三傳對這一則經文說釋：

◎隱公元年

　　經：公子益師卒。

　　（傳）：何以不日？遠也。所見異辭，所聞異辭，所傳聞異辭。

曰：不成爲君也。

（左傳）未發論。

《左傳》雖然未發論。但是今文《春秋》，公、穀二傳意見一致，都認爲俠是魯大夫，然因爲君未「命」，所以史書不以「大夫」稱之，經文當然也不書「大夫」之稱號。

對於俠，公、穀二傳都同意他是「未命之大夫」。《公羊》的說明較簡略，《穀梁傳》特別還解釋整件事的事由，是因爲「隱不爵大夫」，隱公始終認爲自己是暫代桓爲魯君，所以在隱公朝「不爵大夫」。

〔註35〕宣公十七年　經：「冬，十有一月壬午，公弟叔肸卒」。（左傳）：「冬，公弟叔肸卒，公母弟也。凡太子之母弟，公在曰公子，不在曰弟。凡稱弟，皆母弟也」。

《穀梁傳）：大夫日卒，正也；不日卒，惡也。

（左傳無發論）

赫然發現，我們對何氏二點疑問，竟然全部在《穀梁傳》的這一則傳文裏得到解決：

1. 經文「日」、「不日」的書法與當事人有何相干，《公羊》並未在意。以「日」、「不日」，去看待當事人行事的「有罪」、「無罪」，這是《穀梁傳》在「公子益師卒」下的說明。

2. 綜觀《春秋》經文與三傳，乃至十三經與先秦諸子、史漢之文獻，除了隱公元年這一則記載之外，「公子益師」完全沒有其他相關的文獻資料〔註36〕，也就是說，何休在「公子益師卒」經文下，所作的《公羊解詁》，竟是以《穀梁傳》對同則經文的說釋爲主架構。

《穀梁傳》謂：「大夫日卒，正也；不日卒，惡也」。何休因此發《公羊傳》所無，逕以「大夫」視公子益師；同時，《解詁》的內容，焦點亦完全落在「日」、「不日」與「有罪」、「無罪」的討論上，偏離了《公羊》一脈的解經觀點。由於《公羊傳》提出了「所見異辭、所聞異辭、所傳聞異辭」，何休遂以《穀梁傳》時月日例的解經觀點，修改爲「三段式變化」，來指稱《公羊傳》的「三世」與「異辭」，並且以「君恩之殺」作爲他「三世」條例的理論依據，把《春秋》經文之「異辭」，變成「書陳君恩」的制式化條例。

（三）何休《解詁》對「遠外近內」之看法

《公羊傳》對「遠外近內」的討論，實則爲二大主題，一爲「內其國而外諸夏，內諸夏而外夷狄」，一爲「所見異辭、所聞異辭、所傳聞異辭」。何休以「君恩之殺」作爲三世所以「異辭」的原因，而所謂的「君恩之殺」，實質上，已完全落在政治進化的立場上去詮釋，與「王魯」、「治世」息息相關，猶如何氏在隱公元年經文「公子益師卒」下之《解詁》云：「『異辭』者，見恩有厚薄，義有深淺，時恩衰義缺，將以理人倫、序人類，『因制治辭之法』」。所以，何休的「遠近內外」觀，在以「君恩之殺」（內外）釋「三世異辭」（遠近）的同時，二者無形之中已經合而爲一。

〔註36〕筆者實際登錄中央研究院電子文獻「瀚典資料庫」，檢索十三經、《史記》、《漢書》、以及陳郁夫先生故宮博物院網頁之「先秦諸子」電子全文索引，確認除了隱公元年《公羊》、《穀梁》二傳之外，魯公子益師，沒有任何他處之記載。

◎隱公元年

　　經：公子益師卒。

　　（傳）：何以不日？遠也。所見異辭，所聞異辭，所傳聞異辭。

　　【何休解詁】……「異辭」者，見恩有厚薄、義有深淺，時恩衰
　　　　義缺，將以理人倫、序人類，因制治亂之法。……

於「**所傳聞之世**」，見治起於衰亂之中，用心尚麤觕，故內其國而外
諸夏，先詳內而後治外。錄大略小。內小惡書、外小惡不書。大國
有「大夫」、小國略稱「人」。內離會書，外離會不書是也。

於「**所聞之世**」，見治升平，內諸夏而外夷狄。書外離會。小國有大
夫。宣十一年：「秋，晉侯會狄於攢函」，襄二十三年：「邾婁鼻我來
奔」是也。

至「**所見之世**」，著治大平，夷狄進至於爵，天下遠近小大若一，用
心尤深而詳。故崇仁義，譏二名，「晉魏曼多、仲孫何忌」是也。

表十：依隱公元年《公羊解詁》所列之：何休「三世異辭」條例一覽表

公羊傳	三世	所　見　世	所　聞　世	所　傳　聞　世
董仲舒	年　代	昭、定、哀	文、宣、成、襄	隱、桓、莊、閔、僖
何 休	君恩之殺	恩己與父之臣尤深	王父之臣，恩少殺	高祖、曾祖之臣，恩淺
	治世進化	治太平（用心尤深而詳）	治升平	起於衰亂（用心尚麤觕）
	內　外	夷狄進至於爵	內諸夏而外夷狄	內其國而外諸夏。
	書　法	天下遠近、小大若一	？	先詳內而後治外。 錄大略小。 內小惡書、外小惡不書。
		？	小國有大夫	大國有「大夫」。 小國略稱「人」。
		？	書外離會	內離會書，外離會不書
		譏二名，崇仁義	？	？
	經文事例	「晉魏曼多、仲孫何忌」是也。	宣11：「秋，晉侯會狄於攢函」 襄23：「邾婁鼻我來奔」	？

　　由表列與引文，我們可以清楚看到何休把《公羊》傳文所提到的「內外
觀」與「遠近觀」，一起糅合到「三世異辭」條例的架構中。可以說，是重新

以「三世」為綱領，將「內外」、「遠近」等觀念鋪排於其中。

1. 何休以「君恩之殺」釋「三世」之異辭，合「遠近內外」為一

表列中，第一列：「三世」，是《公羊傳》所提出的說法。第二列：三世之「年代」，是董仲舒所提出來的，將十二公配於「三世」之中。第三列以下：「君恩之殺」、「治世進化」，乃至將「內外」、「書法」等，各自分配於三世之政治進化中，這些是何休的發明。

（1）何休「內外遠近」書法的論述，與《公羊傳》迥異

① 何休「治世進化」的「遠近觀」，不同於《公羊傳》

《公羊傳》所云之「三世」：「所見、所聞、所傳聞」，只是歷史時間遠近的描述，並沒有政治社會進化階段之意。在《春秋》二百四十二年之中，亂臣賊子，世多有之。可是，在何休的進化觀中，除了隱公至僖公為亂世；文公以降，即被視為升平之世；昭公以降，則視為太平盛世。並且依照這樣的進化觀，去解釋《春秋》經文的記事方式，將「所聞世」所載事件，視為升平的表徵；將「所見世」的記載，視為太平的歌頌，例如：

◎宣公十一年

經：秋，晉侯會狄于攢函。

【何休解詁】「離」不言「會」。言「會」者，見所聞世治近升平，

內諸夏而詳錄之。

對於桓公年間二次《公羊》傳文提到「離不言會」，但實際上，大量魯國與他國儷會，經文卻以「會」字書寫的情況；何休以「三世之進化」去解釋經文何以書法不同。他認為，桓公年間位屬「所傳聞世」，因此，經文才有「離不言會」的情況；至於進入「所聞世」之後，「治近升平，內諸夏而詳錄之」，經文不論「內離會」或「外離會」，皆以「會」字書之。何休對於經文的書寫用字，一律放到「三世說」裡去詮釋，而不在意個別事件用字斟酌所寄寓之深義。

② 何休「小大若一」的「內外觀」，不同於《公羊傳》

《公羊傳》「內其國而外諸夏，內諸夏而外夷狄」之「內」與「外」，是相對性的指稱；通貫於《春秋》經文，關於親疏夷夏之辨的原則。但是何休將之置於「三世異辭」條例中，變成了固定的指稱。「內其國而外諸夏」專指「所傳聞世」，「內諸夏而外夷狄」則專指「所聞世」，為了避免「所見世」之

說明，付諸闕如，因此，何休自創了《公羊傳》所未有的「夷狄進至於爵」
的這種說法。

何休把隱公十年《公羊傳》所云之：

> 《春秋》錄內而略外。於外，大惡書，小惡不書；於內，大惡諱，
> 小惡書。

視爲只是「所傳聞世」的一項書法。如此一來，本來是《公羊傳》對《春秋》
行文記事的總綱，納入「三世異辭」的架構之後，就變成了只適用於「所傳
聞世」的書法定範。爲了呈現太平之世的進化歷程，何休於是又擬了《公羊
傳》所未有的「天下遠近、小大若一」的光景，以應和其所謂的「夷狄進至
於爵」。然而，這卻與《春秋》經文完全不相合。例如：

◎定公四年

> 經：冬，十有一月庚午，蔡侯以吳子及楚人戰于伯莒，楚師敗績。

> （傳）：**吳何以稱子？夷狄也而憂中國。**

《公羊》認爲，吳國在這次事件中，雖爲「夷狄」卻能「憂中國」，經文因此
稱之爲「子」，以示嘉許。何休的看法卻與傳文不相同，若按照何休「夷狄進
至於爵」的說法：定公四年，位屬「太平世」，「天下遠近，小大若一」，則除
了吳「進至於爵」，楚亦應「進至於爵」，何以此處吳稱「子」，楚卻稱「人」？
另外，同樣是定公四年的另一則稍後的經文云：

◎定公四年

> 經：庚辰，吳入楚。

> （傳）：**吳何以不稱子？反夷狄也。其反夷狄奈何？君舍于君室，**
> **大夫舍于大夫室，蓋妻楚王之母也。**

> 【何休解詁】據「狄人盟於邢」，有進行稱「人」。

經文未書吳國之爵，《公羊》傳文認爲：吳入楚，夷狄之行故態復萌，所以經
文除去其爵稱以貶之。如果以何氏「太平世，夷狄進至於爵」來看，既已進
於爵，竟然又被貶，該當如何釋其所謂之「太平世」呢？關於僖公二十年經
文「秋，齊人狄人盟於邢」，其下何氏《解詁》爲：「狄稱人者，能常與中國
也。」。而後在定公四年「吳入楚」下，何氏竟然引用「狄稱人」作爲「經文
對吳未稱子」的解釋，僖公二十年經文狄稱「人」，與此處「吳不稱子」，毫
無相關，何氏言不及義，避重就輕，令人錯愕。

何休關於「所見世」（太平世）「夷狄進至於爵」的看法，只是「『文』致

太平」而已，與《春秋》所記之歷史事實並不能相合；黃樸民氏認爲：哀公十三年《解詁》對經文：「公會晉侯及吳子於黃池」。傳文：「吳何以稱子，吳主會也」的注釋，十分典型地反映了何休在理想與現實之間的矛盾態度：〔註37〕

> 時吳強而無道，敗齊臨晉，乘勝大會中國。齊、晉前驅，魯、衛驂乘，滕、薛俠轂而趨。以諸夏之眾，冠帶之國，反背天子而事夷狄，恥甚不可忍言，故深爲諱辭。*使若*吳大以禮義會天下諸侯，以尊事天子，故敬稱子。（哀公十三年《解詁》）

爲了調和理想與現實之間的矛盾，何休不得不一方面承認夷、夏之間，在理想與現實中存在著實質的差異；實際史事裡，夷狄實仍「強而無道」，並非理想中的「使若『吳大以禮義會天下諸侯，以尊事天子』」。另方面，何氏又爲了圓滿自己所創的「太平世」：「夷狄進至於爵」的條例，只好假想、編造「夷狄業已尊事天子」的夢境。

此外，我們也可以發現，若依照何氏所云，《公羊傳》「內其國而外諸夏」的說法僅行於「所傳聞世」，而「所見世」乃「夷狄進至於爵」、「天下遠近、小大若一」。那麼，在「所聞世」：「內諸夏而外夷狄」的部份，經文詳略美惡的書法，又是如何呢？何氏並未有說明。

三 世	所 見 世	所 聞 世	所 傳 聞 世
治世進化	治太平（用心尤深而詳）	治升平	起於衰亂（用心尚麤觕）
內　外	夷狄進至於爵	內諸夏而外夷狄	內其國而外諸夏。
書　法	天下遠近、小大若一	？	先詳內而後治外。 錄大略小。 內小惡書、外小惡不書。

同時，何氏更加忽略了一點，所謂「內其國而外諸夏，內諸夏而外夷狄」，在《公羊傳》裡僅出現一次，就是在「所聞世」成公年間：

◎成公十五年

經：冬，十有一月，叔孫僑如會晉士燮、齊高無咎、宋華元、衛孫林父、鄭公子鰍、邾婁人會吳于鍾離。

〔註37〕黃樸民，《何休評傳》（中國思想家評傳叢書），南京：南京大學，1998 年 12 月。

（傳）：曷爲殊會吳？外吳也。曷爲外也？《春秋》內其國而外諸
夏，內諸夏而外夷狄。王者欲一乎天下，曷爲以外內之辭言
之？言自近者始也。

成公年間，隸屬於「所聞世」。倘若如何休所云，「所聞世」的條例僅是「內
諸夏而外夷狄」而已，那麼傳文又何必在此「所聞世」的「殊吳」寫法上，
贅言「內其國而外諸夏」這個「所傳聞世」的條例呢？又傳文既然已云「所
傳聞世」與「所聞世」的條例，爲何又獨缺「所見世」呢？「內其國而外諸
夏，內諸夏而外夷狄」是否果如何休所釋，以「三世說」切割爲二？是令人
懷疑的。況且，若「內其國而外諸夏」是「所傳聞世」的條例，爲何在「所
傳聞世」的記事中，沒有任何的申論？在《公羊傳》裏僅有的一次，卻出現
在「所聞世」的記事論述，而沒有出現在「所傳聞世」，更未與「所傳聞世」
的任一事件有所繫連。由此，我們認爲，「內其國而外諸夏，內諸夏而外夷
狄」不應依「三世說」而切割分論；由魯而諸夏，由諸夏而夷狄，由內而
外，逐一推移的相對說法，這是《公羊傳》詮釋經文「內外之辨」的總原
則，不應被分割配屬於三世之內，成爲片段而僵化的條例。何休的觀點，與
《公羊傳》未盡相合；所以，我們由表列也可以看出，所謂的「三世異辭」，
在書法條例上，並非皆可推闡出「三世進化」之書法。何氏的條例沒有辦法
自圓其說，以致於在三世條例的書法上，其說明多有闕如（表列中，以「？」
標示之）。

（2）何休「內外遠近」書法的論述，與董仲舒所論迥異

① 何休「治世進化」的「遠近觀」，不同於董氏春秋學之所論

董仲舒對《公羊傳》「所見、所聞、所傳聞」三者之發凡，在於明確指出
「見三世、聞四世、傳聞五世」；將魯國十二公之年世，具體因應於「三世」
之中。在經文書法上，董氏不過是從歷史時序的觀點，藉三世遠近之時間差
距，去分析經文敘述用詞有「微其辭、痛其禍、殺其恩」之不同。然而，董
氏並未將三世異辭「條例化」，更未將「三世」視爲「亂世、升平世、太平世」。
以三世作爲「政治社會進化」之歷程——「因三世之異辭，制治亂之法」，這
是何休的發明，並非董氏春秋學之內容。

董氏在《繁露・奉本》提到「殺隱、桓以爲遠祖，宗定、哀以爲考妣」，
來說明《公羊》傳文「定、哀多微辭」（定公元年傳）、以及隱桓皆爲「親《春
秋》之先人」，記事卻以「外辭」書寫的情況。董氏所論，以距離當世之遠近

時間，去分析《春秋》經文的書寫方式。何休承續了董氏「三世」十二公年代之配屬，卻單從「君恩之殺」與「治世進化」去論三世，並未從「時間遠近」去考量歷時經過二百四十二年的《春秋》史料，在書記時，時間因素、史料詳闕可能產生的行文斟酌和影響。何休所論，單單只在意「君恩」於「時間歷程」上的增殺。何休援董氏以「遠祖」、「考妣」喻十二公歷程的作法，亦以「己與君父」、「王父」、「高祖、曾祖」來比喻「君恩之殺」，認為「《春秋》據哀錄隱，上治祖禰」（隱公元年《解詁》）、「所以三世者，禮為父母三年、為祖父母期、為曾祖父母齊衰三月，立愛自親始」（同上）。雖然如此，何休以「治世進化」言三世遠近之書法條例，卻與秉持「《春秋》無達辭，從變從義」的董氏春秋學，在論點上，大相逕庭。桓公二年稷之會，經文「以成宋亂」下，傳文曰：「遠也，所見異辭，所聞異辭，所傳聞異辭」何休《解詁》云：

> 所以復發傳者，<u>益師</u>以臣見恩，此以君見恩，嫌義異也。
>
> **所見之世**，臣子恩其君父尤厚，故多微辭是也。
>
> **所聞之世**，恩王父少殺，故立煬宮不日，武宮日是也。
>
> **所傳聞之世**，恩高祖、曾祖又少殺，故「子赤卒，不日。子般卒，
> 日」是也。

何休認為「公子益師卒」之經文，乃「以臣見恩」；而此處「稷之會」，經文直言「成宋亂」，乃「以君見恩」。這二則何休以君恩厚薄去解釋的經文，董氏在《繁露·奉本》卻有完全不同的觀點：

> 隱、桓，親《春秋》之先人也。益師卒而不日；於稷之會，言其成
> 宋亂；以「遠」外也。

董氏不只沒有提及任何有關「君恩」的字句，還指出「益師卒」、「稷之會」，經文之所以有異於「內辭」常書之筆法，是因為二件事之發生時間，距當世已相當「久遠」，所以用「外辭」的方式去直言敘述，沒有隱晦其詞的必要。

◎襄公二十三年

> 經：夏，邾婁鼻我來奔。
>
> （傳）：邾婁鼻我者何？邾婁大夫也。邾婁無大夫，此何以書？以
> 近書也。
>
> 【何休解詁】以奔無他義，知以**治近升平**書也。所傳聞世，見治
> 始起，外諸夏，錄大略小，大國有大夫，小國略稱人。所聞

> 之世，內諸夏，治小如大，廩廩近升平，故小國有大夫，治
> 之漸也。見於邾婁者，自近始也。獨舉一國者，時亂實未有
> **大夫，治亂不失其實，故取足張法而已。**

襄公二十三年經文「邾婁鼻我來奔」，何休《解詁》認爲是「於所聞之世，見治升平，……小國有大夫」；同一則經文，恰巧董氏在〈奉本〉亦援之爲例：

> 邾婁庶其、鼻我，邾婁大夫其於我無以親，以近之故，乃得顯明。

董氏明白指出：邾婁大夫「其於我『無以親』，以『近』之故，乃得顯明」。何氏卻以「君恩少殺」詮釋之，將重點放在邾婁大夫之書其「名」，並以「小國有大夫」作爲「升平世」的表徵。可見，董、何二人之論點，完全不同。

②何休「小大若一」的「內外觀」，不同於董氏春秋學之所論

董仲舒認爲《春秋》「緣魯以言王義」，〈奉本〉所言之「當此之時，魯無鄙疆」，以「大國齊宋，離言會」、「微國之君，卒葬之禮，錄而辭繁」、「遠夷之君，內而不外」爲例，遍舉《春秋》在二百四十二年間之記事，來說明《春秋》眼界並不限於魯國；經文實以王者之氣度，藉魯史以寓褒貶、明是非。

董氏所言之《春秋》「緣魯以言王義」，只是託魯以言王義，並未尊魯爲王，黜周爲公侯。然而，何氏卻直云「王魯」，動輒言「內其國者，假魯以爲京師」（成公十五年《解詁》）、「《春秋》王魯，故言蒞以見王義」（僖公三年《解詁》）、「《春秋》王魯，託隱公以爲始受命王」（隱公元年《解詁》）、「《春秋》王魯，以魯爲天下化首」（隱公元年《解詁》）。雖然《解詁》亦有與董氏「緣魯以言王義」相疑似之詞，如：「《春秋》託王於魯，因假以見王法」（成公二年《解詁》）；然而通觀何休《公羊解詁》可以發現，何氏其說，疑似之際彷若董氏之「緣魯以言王義」，但終究旨義與董氏大不相同。董氏所重在「王義」之「義」，故而以爲《春秋》乃聖人藉魯史「言義述志」之作。何氏以「政治社會之進化」看待《公羊》所言之「三世異辭」，通篇倡談「君恩增殺」，其所重乃在「王」，而不在「義」。

何休認爲「內小惡書、外小惡不書」、「《春秋》錄內而略外」這些筆法，都只是「三世進化」中「所傳聞世」這個階段的內容而已。在「所聞世」、「所見世」，何休分別以「君恩增殺」視之爲「入升平」、「進太平」，而謂「夷狄進至於爵」，天下遠近小大若一。相較之下，董仲舒春秋學的內容，較近於《公羊傳》「內其國而外諸夏，內諸夏而外夷狄」的精神，以親疏之考量、夷狄行

爲之判定，作爲《春秋》二百四十二年記事之總領。例如：成公十五年「鍾
離之會」；董、何二人的看法分別是：

董仲舒《繁露・觀德》：

> 吳，魯同姓也，鍾離之會，不得序而稱君，殊魯而會之，爲其夷
> 狄之行也。雞父之戰，吳不得與中國爲禮。至於伯莒、黃池之行，
> 變而反道，乃爵而不殊。

【何休解詁】：内其國者，假魯以爲京師也。諸夏，外土諸侯也。謂
之夏者，大總下土言之辭也。不殊楚者，楚始見所傳聞世，尚外
諸夏，未得殊也。至於所聞世可得殊，又卓然有君子之行。吳似
夷狄差醇，而適見於可殊之時，故獨殊吳。

董氏以「夷狄之行」及「變而返道」，從道德行爲的表現，去看待吳國在《春
秋》經文不同記事中的寫法。何氏則是以「魯」爲京師，把「諸夏」當成是
「外土諸侯」，何休認爲，《春秋》經文是否將夷狄「殊」於諸夏，關鍵在於
該夷狄國「始見」於「所傳聞世」或「所聞世」，吳國適見於「可殊」之「所
聞世」，所以《春秋》經文方以「殊吳」之詞記鍾離之會。何休以「三世」作
爲經文遣詞用句之條例，其所重不同於董氏之「釋經義」，而在於援「經文」
以證自己「三世進化」之立論，由此可見一斑。

　　《公羊傳》二次論述「離不言會」，都在桓公年間，而且與會二國皆爲「外
國」〔註38〕。《春秋》經文實際的離會記載情況是，若其一爲魯國，則此次「離
會」，經文仍以「會」字行文書記；若二國皆爲魯以外之國，則經文或書「會」，
或不書「會」，如：桓公三年「齊侯、衛侯胥命于蒲」、桓公五年「齊侯、鄭
伯如紀」。傳文所說的「離不言會」，顯然並非經文之通例。所以，董氏便針
對《春秋》經文中的「外離會」，去探討經文在書寫記事中所寓含的「王義」；
而何休則以「三世異辭」，將《公羊傳》「離不言會」直接視爲「所傳聞世」
之條例，對於其後「所聞世」、「所見世」，何休則以「三世觀」之條例變化，
對傳文「離不言會」作修改：

董仲舒《繁露・奉本》：

> 大國齊、宋，離言會；微國之君，卒葬之禮，錄而辭繁；遠夷之

〔註38〕桓公二年　經：「秋，七月，蔡侯、鄭伯會于鄧」。（傳）：「離不言會，此其言
　　　　會何？蓋鄧與會爾」。
　　　　桓公五年　經：「夏，齊侯、鄭伯如紀」。（傳）：「外相如不書，此何以書？離
　　　　不言會」。

君，內而不外。當此之時，魯無鄙疆，諸侯之伐，衰者皆言我。

◎隱公二年

　　經：二年春公會戎于潛。

　　【何休解詁】：凡書「會」者，惡其虛內務、恃外好也。古者諸侯
　　　　非朝時不得踰竟。所傳聞之世，「外離會」不書、書「內離會」
　　　　者。《春秋》王魯，明當先自詳正，躬自厚而薄責於人，故略
　　　　外也。王者不治夷狄，錄戎者，來者勿拒，去者勿追。東方
　　　　曰夷，南方曰蠻，西方曰戎，北方曰狄。朝聘會盟，例皆時。

◎宣公十一年

　　經：秋，晉侯會狄于欑函。

　　【何休解詁】：「離」不言「會」。言「會」者，見所聞世，治近升
　　　　平，內諸夏而詳錄之。

董氏秉持《春秋》「緣魯以言王義」的立場，從「魯無鄙疆」的觀點，去解釋
《春秋》何以記載「與魯無關」的齊宋離會。何氏則認爲王者應當「先自詳
正，躬自厚而薄責於人」，以「魯」爲「王」去解釋《春秋》經文在所傳聞之
世：「『外離會』不書，書『內離會』」。

　　我們還可以注意到何休《解詁》自相矛盾的情形。隱公二年《解詁》云：
「凡書『會』者，惡其虛內務、恃外好也。」但是在宣公十一年《解詁》又
自云：「言『會』者，見所聞世，治近升平，內諸夏而詳錄之」。到底二國之
會，經文以「會」字書之，是「惡辭」或是升平之世的「美辭」？何休自爲
發凡，然而也自爲矛盾，同時，何休認爲「王者不治夷狄」；董氏則認爲《春
秋》「緣魯以言王義」，因爲「魯無鄙疆」的心志，所以王者對於遠夷之君「內
而不外」。由王者與夷狄的態度，亦可看出董、何二人治春秋學的立場與觀點，
截然不同。

2. 何休以「三世進化」觀之條例變化，解釋「所見異辭，所聞異辭，
　　所傳聞異辭」之檢討

　　何休持「三世進化」觀，以條例性的規則變化，去解釋《公羊》傳文所
謂的「所見異辭、所聞異辭、所傳聞異辭」。然而何休所論，往往只是單就某
一則經文爲據，在經傳中推敲得「例」，然後據「三世進化」觀點，再由此「例」
衍生出經文在三世之中的書寫規則。這樣的推敲過程，使得何休所發明的書

寫條例，總是僅只適用於他所據以持論的那一則原始經文；在「閉門造車」、規則性的推演理論爲「三世條例」之後，持此條例證之於經文，卻往往有牴牾難合的結果。以下，僅以數例呈現此窘況：

（1）何休「執君書『名』」書例之檢討

《春秋》經文中，國敗君被執，經文寫出執君之名者凡八條（參見表十一）。何休在《公羊解詁》中，論及經文「執君」書名與否，亦以「三世進化」觀去解釋：

◎僖公二十六年

經：秋，楚人滅隗，以隗子歸。

【何休解詁】：不名者，所傳聞世，見治始起，責小國略，但絕不誅之。

◎宣公十五年

經：六月，癸卯，晉師滅赤狄潞氏，以潞子嬰兒歸。

（傳）：潞何以稱子？潞子之爲善也，躬足以亡爾。……

【何休解詁】：……名者，示所聞世始錄小國也。……

何休認爲僖公年間「楚人以隗子歸」，隗子未書「名」，是因爲僖公位屬「所傳聞世」——「見治始起，責小國略」的緣故；而宣公年間「晉以潞子嬰兒歸」，之所以寫出潞子之「名」，何休則認爲，是因爲宣公位屬「所聞世」，所聞世「始錄小國」，故經文寫出潞子之名。

這樣以「三世」去條例化經文，於經文是否能相合？答案是否定的。莊公十年經文「荊敗蔡師于莘，以蔡侯獻舞歸」，傳文認爲：寫出蔡侯之名，是因爲蔡侯獻舞這個人從此在歷史上絕滅了的緣故[註39]。若以何休所云，「所傳聞世『不名』，責小國略」、「所聞世『名』，始錄小國」，那麼，莊公十年位屬「所傳聞世」，經文寫出蔡侯之名獻舞，該如何解釋呢？又襄公十六年，經文「晉人執莒子、邾婁子以歸」，皆未書執君之「名」，以何休所論，襄公位屬「所聞世」，則未書「名」又該如何釋之呢？何氏「三世異辭」之例，不合於《春秋》經文，於此可見其一。

〔註39〕〔徐彥疏〕：蓋以「絕」亦有二種：一是絕去其身。一是絕滅其國。蔡侯獻舞，大國之君，不能死難，爲楚所獲。

表十一：《公羊》經傳「執君以歸，書『名』與否」一覽表

書「名」：

	三　世	《公羊》經、傳
莊公十年	所傳聞世	經：秋，九月，荊敗蔡師于莘，以蔡侯獻舞歸。 （傳）荊者何？州名也。州不若國，國不若氏，氏不若人，人不若名，名不若字，字不若子。蔡侯獻舞何以名？絕。曷爲絕之？獲也。曷爲不言其獲？不與夷狄之獲中國也。 【何休解詁】對「執君書『名』」未有論。
宣公十五年	所聞世	經：六月癸卯，晉師滅赤狄潞氏，以潞子嬰兒歸。 （傳）潞何以稱子？潞子之爲善也，躬足以亡爾。雖然，君子不可不記也。離于夷狄，而未能合于中國，晉師伐之，中國不救，狄人不有，是以亡也。 【何休解詁】名者，示所聞世始錄小國也。
昭公十一年	所見世	經：冬，十有一月丁酉，楚師滅蔡，執蔡世子有以歸，用之。 （傳）此未踰年之君也，其稱世子何？不君靈公，不成其子。不君靈公，則曷爲不成其子？誅君之子不立，非怒也，無繼也。惡乎用之？用之防也。其用之防奈何？蓋以築防也。 【何休解詁】對「執君書『名』」未有論。
定公四年	所見世	經：夏，四月庚辰，蔡公孫歸姓帥師滅沈，以沈子嘉歸，殺之。 【何休解詁】對「執君書『名』」未有論。
定公六年	所見世	經：六年，春，王正月癸亥，鄭游遬帥師滅許，以許男斯歸。 【何休解詁】對「執君書『名』」未有論。
定公十四年	所見世	經：二月辛巳，楚公子結、陳公子佗人帥師滅頓，以頓子牄歸。 【何休解詁】對「執君書『名』」未有論。
定公十五年	所見世	經：二月，辛丑，楚子滅胡，以胡子豹歸。 【何休解詁】對「執君書『名』」未有論。
哀公八年	所見世	經：八年，春，王正月，宋公入曹，以曹伯陽歸。 （傳）曹伯陽何以名？絕之。曷爲絕之？滅也。曷爲不言其滅？諱同姓之滅也。何諱乎同姓之滅？力能救之而不救也。 【何休解詁】據以隗子歸不名。

未書「名」：

僖公二十六年	所傳聞世	經：秋，楚人滅隗，以隗子歸。 【何休解詁】不名者，所傳聞世，見治始起，責小國略，但絕不誅之。
僖公二十八年	所傳聞世	經：晉人執衛侯歸之于京師。 （傳）……衛侯之罪何？殺叔武也。何以不書？爲叔武諱也。《春秋》爲賢者諱。何賢乎叔武？讓國也。……此晉侯也，其稱人何？貶。曷爲貶？衛之禍，文公爲之也。文公爲之奈何？文公逐衛侯而立叔武，使人兄弟相疑，放乎殺母弟者，文公爲之也。 【何休解詁】對「衛侯未書『名』」無論。
襄公十六年	所聞世	經：晉人執莒子、邾婁子以歸。 【何休解詁】對「莒子、邾婁子未書『名』」無論。

（2）何休「所傳聞世，君未可『卒』」書例之檢討

何休在隱公七年經文「滕侯卒」下《解詁》云：

◎隱公七年

經：春，王三月。滕侯卒。

（傳）：何以不名？微國也。……

【何休解詁】：……滕，微國。所傳聞之世未可「卒」。所以稱「侯」而「卒」者，《春秋》王魯，託隱公以爲始受命王，滕子先朝隱公，《春秋》襃之以禮，嗣子得以其禮祭，故稱「侯」見其義。

言下之意，認爲經文「所傳聞世」微國之君卒，經文不以「卒」字書記。而此處對滕國國君之所以稱「侯」書「卒」，是因爲「《春秋》王魯」，「滕子先朝隱公」之故。關於滕侯稱謂之問題，本文在下一單元將仔細討論，在此我們先關注何氏所云：「所傳聞之世未可『卒』」這句話是否屬實？

何休在僖公四年，經文「蔡許繆公」下，《解詁》云：

◎僖公四年

經：葬許繆公。

【何休解詁】：得卒葬於所傳聞世者，許大小次曹，故卒少在曹後。

何休提到「許大小次曹，故『卒』少在曹後」，我們將《春秋》經文中，「所傳聞世」有關曹、許二國國君之卒葬記事比列而出，可以發現：

表十二：「所傳聞世」：「曹、許」二國國君《春秋》經文卒葬記事一覽表

所傳聞世				
曹	桓 10	春，王正月庚申，曹伯終生卒。夏，五月，葬曹桓公。	曹	莊 24	冬，十有一月，曹伯射姑卒。葬曹莊公。
許	僖 4	夏，許男新臣卒。葬許繆公。	曹	僖 7	曹伯般卒。冬，葬曹昭公。

何休言僖公四年經文「葬許繆公」，所謂「大小次曹，卒少在曹後」，是很不負責的說法：

（一）「卒葬」，乃人壽夭年所限，除非是同年時間相近之記事，否則何以能憑國力大小，而在經文中任意書寫某君之卒葬？

（二）我們由表列經文之記事，可以清楚看到僖公四年之前，二次書寫

曹君卒葬之經文，一在桓公十年，一在莊公二十四年。以時間距僖公四年「葬
許繆公」較近的莊公二十四年「曹伯躬姑卒」來討論，莊公一朝共有三十二
年，而後閔公二年，再而後才是僖公，僖公四年（656 B.C.）之記事，距離莊
公二十四年（670 B.C.）有十四年之久，怎能說是「『少』在曹後」？

　　（三）在這十四年之間，另有「衛」、「邾婁」、「薛」三國國君之卒葬記
事，何休竟然完全不顧，彷若曹、許之間，《春秋》再無其他卒葬記事，而逕
言「得卒葬於所傳聞世者，許大小次曹，故卒少在曹後」？

表十三：「莊公二十四年『曹伯射姑卒』」至「僖公四年『許男新臣卒』」
間，《春秋》經文中另有它國之卒葬記事一覽表

曹	莊 24	冬，十有一月，曹伯射姑卒。葬曹莊公。	衛	莊 25	夏，五月癸丑，衛侯朔卒。
邾	莊 28	夏，四月丁未，邾婁子瑣卒。	薛	莊 31	夏，四月，薛伯卒。
許	僖 4	夏，許男新臣卒。葬許繆公。			

我們再回到問題的核心──何休《解詁》謂：「所傳聞之世未可『卒』」這句
話，是否屬實呢？據何休所云，經文在所傳聞之世「未可卒」，滕國國君是因
為「王魯，先朝隱公」，所以經文特別書寫「滕侯」之「卒」。但是，我們由
何休所自云：「得卒葬於所傳聞世者，許大小次曹，故卒少在曹後」，與何休
在經文「滕侯卒」下之《解詁》所云：「所傳聞之世未可『卒』」二句話相比；
就可以得知，在「所傳聞世」記卒葬者，除了滕君，還有許君、曹君；何休
的話顯然自相矛盾。事實上，所傳聞世除了「王魯，先朝隱公」的滕君，經
文有記其「卒」之外，《春秋》經文在「所傳聞世」的卒葬記事，單是「外事」
（不包含天王與魯君），就有三十五次之多。何休所言條例不合於《春秋》經
文，於此可見其二。

表十四：《春秋》「所傳聞世」外國國君卒葬記事一覽表

次序	國	時間	《春秋》經文
1	宋	隱 3	八月庚辰，宋公和卒。癸未，葬宋繆公。
2	衛	隱 5	夏，四月，葬衛桓公。
3	滕	隱 7	春，王三月，滕侯卒。
4	蔡	隱 8	夏，六月己亥，蔡侯考父卒。八月，葬蔡宣公。

5	陳	桓 5	春，正月甲戌、己丑，陳侯鮑卒。葬陳桓公。
6	曹	桓 10	春，王正月庚申，曹伯終生卒。夏，五月，葬曹桓公。
7	鄭	桓 11	夏，五月癸未，鄭伯寤生卒。秋，七月，葬鄭莊公。
8	陳	桓 12	八月，壬辰，陳侯躍卒。
9	衛	桓 12	丙戌，衛侯晉卒。（桓 13）三月，葬衛宣公。
10	齊	桓 14	冬，十有二月丁巳，齊侯祿父卒。（桓 15）夏，四月己巳，葬齊僖公。
11	蔡	桓 17	六月丁丑，蔡侯封人卒。秋，八月，癸巳，葬蔡桓侯。
12	陳	莊元	冬，十月乙亥，陳侯林卒。（莊 2）春，王二月，葬陳莊公。
13	宋	莊 2	冬，十有二月，乙酉，宋公馮卒。（莊 3）夏，四月，葬宋莊公。
14	齊	莊 9	秋，七月丁酉，葬齊襄公。
15	邾	莊 16	邾婁子克卒。
16	鄭	莊 21	夏，五月辛酉，鄭伯突卒。冬，十有二月，葬鄭厲公。
17	曹	莊 24	冬，十有一月，曹伯射姑卒。葬曹莊公。
18	衛	莊 25	夏，五月癸丑，衛侯朔卒。
19	邾	莊 28	夏，四月丁未，邾婁子瑣卒。
20	薛	莊 31	夏，四月，薛伯卒。
21	許	僖 4	夏，許男新臣卒。葬許繆公。
22	曹	僖 7	曹伯般卒。冬，葬曹昭公。
23	宋	僖 9	九年春，王三月丁丑，宋公禦說卒。
24	晉	僖 9	甲戌，晉侯詭諸卒。
25	陳	僖 12	冬，十有二月丁丑，陳侯處臼卒。（僖 13）夏，四月，葬陳宣公。
26	蔡	僖 14	冬，蔡侯肸卒。
27	齊	僖 17	十有二月乙亥，齊侯小白卒。（僖 18）秋，八月丁亥，葬齊桓公。
28	宋	僖 23	夏，五月庚寅，宋公慈父卒。
29	杞	僖 23	冬，十有一月，杞子卒。
30	晉	僖 24	晉侯夷吾卒。
31	衛	僖 25	夏，四月癸酉，衛侯燬卒。葬衛文公。
32	齊	僖 27	夏，六月庚寅，齊侯昭卒。秋，八月乙未，葬齊孝公。
33	陳	僖 28	陳侯款卒。
34	鄭	僖 32	夏，四月己丑，鄭伯接卒。
35	晉	僖 33	冬，十有二月己卯，晉侯重耳卒。癸巳，葬晉文公。

（3）何休「小國卒葬『時月日』條例之檢討」

何休在《解詁》中，強調《春秋》曹國國君之卒葬記事，在日期的書寫上，有特別的用意：

◎桓公十年

　　經：十年，春，王正月庚申，曹伯終生卒。

　　經：夏五月葬曹桓公。

　　【何休解詁】：小國始卒，當卒月、葬時，而卒日、葬月者，曹伯
　　　　年老，使世子來朝，《春秋》敬老重恩，故爲魯恩，錄之尤深。

　　〔徐彥疏〕「注『小國』至『尤深』」。解云：**所傳聞之世，未錄小
　　　　國卒葬。所聞之世乃始書之。其書之也，卒月葬時，文九年
　　　　「秋，八月，曹伯襄卒」、「冬，葬曹共公」者是也。今卒日
　　　　葬月者，正以敬老重恩故也。**

◎莊公二十三年

　　經：冬，十有一月，曹伯射姑卒。

　　【何休解詁】：**曹達，《春秋》常卒月、葬時也。始卒日、葬月，
　　　　嫌與大國同，後卒而不日，入所聞世，可日不復日。**

何休所說內容，可歸納爲如下幾點：

　　①曹伯「年老，使世子來朝」，《春秋》因「敬老重恩」之故，在曹伯的
　　　卒葬記事上，「爲魯恩，錄之尤深」。

　　②「所傳聞世」之中，小國的卒葬記事，經文一般的書寫模式是「卒月、
　　　葬時」。「所聞世」則是「可日」。

　　③曹國因爲經文特意「著恩」書寫，因此，曹國的卒葬記事是：

　　　「所傳聞世」──卒日、葬月。

　　　「所聞世」──卒而不日。

　　（因曹國「所傳聞世」已書「日」，故入「所聞世」，「可日不復日」）

　　首先，我們由何休論曹伯之卒葬記事，就可以看出何休完全沒有歷史史
料的「時間」觀念。以何休所論而言，距離現今最久遠的所傳聞世，經文既
然因爲「著恩」而書寫得特別詳細，連「日」都書寫，「所聞世」距今較近，
何以反而不書「日」？再以何休「君恩之殺」的論點來說，「所傳聞世」爲「恩
淺」，「所聞世」爲「恩少殺」，「所見世」爲「恩尤深」。「所聞世」之「君恩」
應較「所傳聞世」爲深，何以「所傳聞之世」，曹伯卒葬，書「日」書「月」；

而「所聞世」卻變成「卒而『不日』」？可見，何休是根據經文之記載，勉強湊和「時月日」之例，試圖用《春秋》「敬老重恩於曹伯」去詮釋；不料，又與自己的「三世恩殺」說互相衝突。

關於何休所論之曹伯卒葬事例，經文實際的記載情況又是如何呢？

表十五：《春秋》曹伯卒葬記事一覽表

三世		經　　文	何休論「曹伯卒葬」之三世書例
所傳聞世	桓10	春，王正月庚申，曹伯終生卒。 夏，五月，葬曹桓公。	卒「日」；葬「月」。 （一般小國：卒「月」、葬「時」） ……後，卒而「不日」。
	莊24	冬，十有一月，曹伯射姑卒。葬曹莊公。	
	僖7	曹伯般卒。冬，葬曹昭公。	
所聞世	文9	秋，八月，曹伯襄卒。葬曹共公。	「不復日」。 （一般小國：可「日」）
	宣14	夏，五月壬申，曹伯壽卒。葬曹文公。	
	成13	曹伯廬卒于師。冬，葬曹宣公。	
	襄18 襄19	冬，十月，曹伯負芻卒于師。 葬曹成公。	
所見世	昭14	三月，曹伯滕卒。秋，葬曹武公。	？
	昭18	春，王三月，曹伯須卒。秋，葬曹平公。	
	昭27 昭28	冬，十月，曹伯午卒。 春，王三月，葬曹悼公。	
	定8	曹伯露卒。葬曹靖公。	

我們可以看到，果然如何休所言，「所傳聞世」的部份，第一則「曹伯終生卒」為「卒日、葬月」；而後，又正如何休在莊公二十三年《解詁》所云：「後，卒而不日」，「所傳聞世」部份的第二、三則，果然都是「卒而不日」。依何休「三世進化」觀來說，接下來的「所聞世」勢必「不日」。何休莊公二十三年《解詁》即云：「入『所聞世』，可日不復日」，果然，在曹伯卒葬記事的經文中，「所聞世」部份，多半是「不日」。

如果，何休所言，曹國國君卒葬之「時日月」條例是真實的；那麼，就不應該有例外，方可稱為書寫「條例」。但是，我們擺脫以上何休的「片面之詞」，完整的觀察《春秋》經文中，曹伯「三世」所有的卒葬記事；不難發現，為何在何休所論的曹伯記事中，只有「所傳聞世」和「所聞世」，而未見有「所

見世」之論？

在「所傳聞世」部份，何休所論與經文完全符合；在「所聞世」部份，何休所論，則已經有一則經文不相符，何休謂「卒而不日者」，在第五則宣公十四年「夏，五月壬申，曹伯壽卒」，經文既書「月」，又書「日」；顯然，何休所謂條例者，已有例外。至於「所見世」部份，經文或有書「月」，或不書，根本無法歸納所謂的「條例」。可見，何休論曹伯卒葬書「時月日」之例，只是根據「所傳聞世」部份的三則經文，理想化的推演成「三世」條例。但是，此項條例在「所聞世」、「所見世」，根本與經文書記的實際情況不相符。

何休論「曹伯卒葬『時月日』例」是如此，而一般的「小國」又如何呢？

◎哀公三年

經：冬，十月，癸卯，秦伯卒。

【何休解詁】：哀公著治太平之終。小國卒葬極于哀公者，皆卒「日」葬「月」。

◎昭公六年

經：六年，春。王正月。杞伯益姑卒。

【何休解詁】：不日者，行微弱，故略之。上「城杞」已貶，復「卒」略之者，入所見世，責小國詳，始錄內行也。諸侯內行小失，不可勝書，故於終略責之，見其義。

◎昭公十四年

經：八月，莒子去疾卒。

【何休解詁】：入昭公，「卒」不日、不書葬者，本篡，故因不序。

可知，何休認爲「太平世」小國卒葬，應「卒『日』、葬『月』」以彰著太平君恩，若經文於其卒葬「不日」，則是對其人之貶責。再配合上文論及曹伯卒葬時，所提到的一般「小國」的卒葬記事：所傳聞之世——「小國始卒，當卒月、葬時」（桓公十年《解詁》）、所聞之世——「入所聞世，可日」（莊公二十三年《解詁》）；我們再比較此處三則所見世之《解詁》，可以得知何休對於一般「小國」卒葬的「時月日」條例是，「所傳聞世」：「卒『月』、葬『時』」、「所聞世」：「可『日』」、「所見世」：「卒『日』、葬『月』」。但是，何休所論，與經文實際的書寫情況對照，又是如何呢？我們與前一單元所列的「《春秋》外國國君卒葬記事一覽表」相對照，而整理出與何休所云之「小國國君卒葬時月日例」不合的經文如下：

表十六：「一般『小國』卒葬之『時月日』書例」何休所論與經文事實 之比較一覽表

三世	何休所論	經文事實與何休所論不合者
所傳聞世	卒「月」葬「時」	隱公八年：夏，六月己亥，蔡侯考父卒。八月，葬蔡宣公。(卒「日」、葬「月」) 桓公五年：春，正月甲戌、己丑，陳侯鮑卒。葬陳桓公。(卒「二日」、葬「不月」) 桓公十一年：夏，五月癸未，鄭伯寤生卒。秋，七月，葬鄭莊公。(卒「日」、葬「時、月」) 桓公十二年：八月，壬辰，陳侯躍卒。(卒「日」，不書「葬」) 桓公十二～十三年：丙戌，衛侯晉卒。三月，葬衛宣公。(卒「日」；葬「月」) 桓公十七年：六月丁丑，蔡侯封人卒。秋，八月癸巳，葬蔡桓侯。(卒「日」、葬「日」) 莊公元二年：冬，十月乙亥，陳侯林卒。春，王二月，葬陳莊公。(卒「日」、葬「月」) 莊公十六年：邾婁子克卒。(卒「不日」，不書「葬」) 莊公二十一年：夏，五月辛酉，鄭伯突卒。冬，十有二月，葬鄭厲公。(卒「日」、葬「月」) 莊公二十五年：夏，五月癸丑，衛侯朔卒。(卒「日」，不書「葬」) 莊公二十八年：夏，四月丁未，邾婁子瑣卒。(卒「日」，不書「葬」) 僖公四年：夏，許男新臣卒。葬許繆公。(卒「時」，葬「不月」) 僖公十二～十三年：冬，十有二月丁丑，陳侯處臼卒。夏，四月，葬陳宣公。(卒「日」、葬「時」) 僖公十四年：冬，蔡侯肸卒。(卒「時」) 僖公二十五年：夏，四月癸酉，衛侯燬卒。葬衛文公。(卒「日」、葬「不月」) 僖公二十八年：陳侯款卒。(卒「不日」) 僖公三十二年：夏，四月己丑，鄭伯接卒。(不書「葬」)
所聞世	可「日」	文公十三年：邾婁子蘧篨卒。(不「日」) 宣公九年：八月，滕子卒。(不「日」) 宣公十二年：春，葬陳靈公。(不「卒」) 成公十七年：邾婁子貜且卒。(不「日」) 襄公八年：夏，葬鄭僖公。(不「日」) 襄公三十年：冬，十月，葬蔡景公。(不「日」)
所見世	卒「日」葬「月」	昭公六年：春王正月，杞伯益姑卒。葬杞文公。(卒不「日」、葬不「月」) 昭公八年：夏四月辛丑，陳侯溺卒。葬陳哀公。(葬不「月」) 昭公十三年：冬，十月，葬蔡靈公。(未書「卒」) 昭公十九年：冬，葬許悼公。(未書「卒」，葬「時」) 昭公二十三年：夏，六月，蔡侯東國卒于楚。(卒「月」，未書「葬」) 昭公二十四年：丁酉，杞伯鬱釐卒。葬杞平公。(葬不「月」) 昭公二十八年：秋，七月癸巳，滕子甯卒。冬，葬滕悼公。(葬「時」) 昭公三十一年：夏，四月丁巳，薛伯穀卒。秋，葬薛獻公。(葬「時」) 定公三年：三月辛卯，邾婁子穿卒。秋，葬邾婁莊公。(葬「時」) 定公四年：五月，杞伯戊卒于會。葬杞悼公。(卒不「日」、葬不「月」) 定公十二年：春，薛伯定卒。夏，葬薛襄公。(卒不「日」、葬「時」) 哀公四年：冬，十有二月，葬蔡昭公。(未書「卒」)

	哀公四年：秋八月甲寅，滕子結卒。葬滕頃公。（葬不「月」） 哀公十年：薛伯寅卒。秋，葬薛惠公。（卒不「日」、葬「時」） 哀公十三年：夏，許男戌卒。葬許元公。（卒不「日」、葬不「月」）

說明：此表只論「小國」。

　　　　不含「周王、魯國、霸主國、夷狄國」、以及何休已除外另論之「曹國」。

　　由表列眾多「出例」之經文，我們又再度印證，何休所言不合於《春秋》經文，此可見其三。

（4）何休「夷狄滅小國」條例之檢討

　　何休在昭公三十年《解詁》認為，「夷狄滅小國」是「所見世」才有的記事：

　　◎昭公三十年

　　　　經：冬，十有二月，吳滅徐。徐子章禹奔楚。

　　　　【何休解詁】：至此乃「月」者，所見世始錄夷狄滅小國也。

何休在昭公三十年經文「吳滅徐」下，《解詁》所謂之「小國」，從經文來看，是指徐國。《史記・秦本紀》謂徐國云：

　　　　秦之先為嬴姓。其後分封，以國為姓，有徐氏、郯氏、莒氏。〔註40〕

可見徐國為夷狄之國。那麼，何休所謂「夷狄滅小國者」，亦包含「夷狄滅夷狄」。若果真如何休所言，「『所見世』始錄『夷狄滅小國』」，那麼，就是昭公元年以後，經文才有此類記事。然而事實果真如此嗎？我們將《春秋》經文中，有關「夷狄滅小國」之記事，按「三世」之順序列出：

表十七：公羊經傳「夷狄滅小國」記事一覽表

三世			公羊經、傳
所傳聞世	僖公元年	狄滅邢	（經）齊師、宋師、曹師次于聶北，救邢。 （傳）救不言次，此其言次何？不及事也。不及事者何？邢已亡矣。孰亡之？蓋狄滅之。……
	僖公二年	狄滅衛	（經）二年，春，王正月，城楚丘。 （傳）孰城之？城衛也。曷為不言城衛？滅也。孰滅之？蓋狄滅之。……
	僖公五年	楚滅弦	（經）楚人滅弦。弦子奔黃。

〔註40〕司馬遷，《史記》，卷五〈秦本紀〉，頁84。瀧川資言，《史記會注考證》，台北：藝文印書館，1972年2月，P103。

所傳聞世	僖公十年	狄滅溫	（經）狄滅溫，溫子奔衛。
	僖公十二年	楚滅黃	（經）夏，楚人滅黃。
	僖公十四年	徐、莒滅杞	（經）十有四年，春，諸侯城緣陵。 （傳）孰城之？城杞也。曷爲城杞？滅也。孰滅之？蓋徐、莒脅之。……
	僖公二十六年	楚滅隗	（經）秋，楚人滅隗，以隗子歸。
所聞世	文公四年	楚滅江	（經）秋，楚人滅江。
	文公五年	楚滅六	（經）秋，楚人滅六。
	文公十六年	楚、秦、巴滅庸	（經）楚人、秦人、巴人滅庸。
	宣公八年	楚滅舒蓼	（經）楚人滅舒蓼。
	宣公十二年	楚滅蕭	（經）冬，十有二月戊寅，楚子滅蕭。
	成公十七年	楚滅舒庸	（經）楚人滅舒庸。
	襄公二十五年	楚滅舒鳩	（經）楚屈建帥師滅舒鳩。
所見世	昭公八年	楚滅陳	（經）冬，十月壬午，楚師滅陳，執陳公子招，放之于越，殺陳孔瑗。
	昭公十一年	楚滅蔡	（經）冬，十有一月丁酉，楚師滅蔡，執蔡世子有以歸，用之。
	昭公十三年	吳滅州來	吳滅州來。
	昭公二十三年	吳滅胡、沈	（經）戊辰，吳敗頓、胡、沈、蔡、陳、許之師于雞父。胡子髡、沈子楹滅，獲陳夏齧。 （傳）此偏戰也，曷爲以詐戰之辭言之？不與夷狄之主中國也。然則曷爲不使中國主之？中國亦新夷狄也。其言「滅」、「獲」何？別君臣也，君死于位曰滅，生得曰獲，大夫生死皆曰獲。不與夷狄之主中國，則其言獲陳夏齧何？吳少進也。
	昭公二十四年	吳滅巢	（經）冬，吳滅巢。
	昭公三十年	吳滅徐	（經）冬，十有二月，吳滅徐，徐子章禹奔楚。
	定公四年	蔡滅沈	（經）夏，四月庚辰，蔡公孫歸姓帥師滅沈，以沈子嘉歸，殺之。
	定公六年	鄭滅許	（經）六年，春，王正月癸亥，鄭游遫帥師滅許，以許男斯歸。
	定公十四年	楚、陳滅頓	（經）二月辛巳，楚公子結、陳公子佗人帥師滅頓，以頓子牂歸。
	定公十五年	楚滅胡	（經）二月辛丑，楚子滅胡，以胡子豹歸。

由表列可以看到，所謂「夷狄滅小國」者，並非「始錄」於所見世。就連何
休在昭公三十年《解詁》所言之「『至此乃月』，所見世始錄夷狄滅小國也」
之「至此乃月」也是不可信的。昭公三十年之前，同屬性記事裡，已書「月」
者有：「所傳聞世」：僖公二年「春，王正月，城楚丘」；「所聞世」：宣公十二
年「冬，十有二月戊寅，楚子滅蕭」；以及「所見世」：昭公八年「冬，十月
壬午，楚師滅陳」、昭公十一年「冬，十有一月丁酉，楚師滅蔡」，都是已有
書「月」、甚至書「日」者。由此，我們又再次印證，何休所言與《春秋》經
文不相符，此可見其四。

四、凌曙《注》、蘇輿《義證》引用何休《公羊解詁》所導致的釋義之誤

何休「三世異辭」條例，於經文多有未合；其間之條例多為何氏自行之
發明，實為《公羊傳》所未有，亦與董仲舒所釋之《春秋》經義不相同。在
此僅以《繁露・奉本》董氏所論「遠外近內」為例，呈現凌、蘇二注本引用
何休《解詁》論董學義旨須再商榷之處。《繁露・奉本》論「遠外近內」之文
字如下：

> 今《春秋》緣魯以言王義，殺隱、桓以為遠祖，宗定、哀以為考妣，
> 至尊且高，至顯且明。……大國齊、宋，離言會；微國之君，卒葬
> 之禮，錄而辭繁；遠夷之君，內而不外。當此之時，魯無鄙疆；諸
> 侯之伐，哀者皆言我。邾婁庶其、鼻我，邾婁大夫其於我無以親，
> 以近之故，乃得顯明。隱、桓，親《春秋》之先人也。益師卒而不
> 日；於稷之會，言其成宋亂，以「遠」外也。黃池之會，以兩伯之
> 辭，言不以為外，以「近」內也。

（一）「緣魯以言王義」注解之商榷

凌曙《注》、蘇輿《義證》，二人所從皆為盧文弨抱經堂校本；盧校本對
「緣魯以言王義」一句，認為是：「說《公羊》者相承有此言」。並引用何休
隱公元年《解詁》：「《春秋》託新王受命于魯」以釋董仲舒所謂之「緣魯以言
王義」。蘇輿《義證》更直接說：

> 此類語何注屢見。如云「《春秋》王魯，託隱公以為始受命王」（隱
> 元年）、「《春秋》託王於魯，因假以見王法」（成二年）、「《春秋》託
> 王者始起所當誅也」（隱二年）、「《春秋》王魯，以魯為天下化首」

（隱元年）、「《春秋》王魯，故言莊以見王義」。又云「因魯都以見
王義」（僖三年）、「《春秋》王魯，因見王義」（莊三十一年）、「內其
國者，假魯以爲京師」（成十五年）皆是。……「緣魯言王義」者，
正不敢自居創作之意。孔子曰：「其義竊取。」謂竊王者之義以爲義
也。託魯明義，猶之論史者借往事以立義耳。〔註41〕

觀乎蘇輿之意，已經等同何注所言之「王魯」，即是董氏所謂「緣魯以言王義」。
董氏發《公羊傳》所無，在《春秋繁露》中提出「王魯」、「應天作新王之事」，
主要是在「禮制」上的更易，他認爲《春秋》是藉著魯史，彰顯王者禮制之
所應然：

《春秋》應天作新王之事，時正黑統，王魯，尚黑。紐夏，親周，
故宋，「樂」宜用韶舞，故以虞錄親，「制爵」宜商，合伯子男爲一
等。（〈三代改制質文〉）

《春秋》作新王之事，變周之制，當正黑統，而殷、周爲王者之後，
紐夏，改號禹謂之帝，錄其後以小國，故曰紐夏、存周；以《春秋》
當新王。（〈三代改制質文〉）

董氏認爲，孔子立「新王之道」，目的在見其「志」：

孔子立新王之道，明其貴志以反和，見其好誠以滅僞。其有繼周之
弊，故若此也。（〈玉杯〉）

志在挽救當時禮壞樂崩的亂象；希望在「新王之道」中，重建王者的禮制與
風範。「周之弊」於當時，是事實；而董氏所謂的「以《春秋》當新王」，眞
正精確的說法是「《春秋》作新王之事」（〈三代改制質文〉）、「孔子立新王之
道」（〈玉杯〉），藉《春秋》的記事和是非的褒貶，批判「違禮」、彰顯「合禮」，
以實際的史事爲範例，直指禮義精神的所在。這是董氏春秋學對《春秋》經
義的闡發，因此他倡議「改制」，「改制」（禮）是董氏所謂的「新王之事」；「禮
之『義』」則是「新王之道」。「王者有改制之名，無易道之實」（〈楚莊王〉），
藉著魯史爲材料，展現王者禮制的面貌，「新王之道」──禮義的建立，才是
董氏春秋學「王魯」的本旨。

「以《春秋》當新王」這句話的確容易使人誤會，誤以爲董氏的重點是
在統治權力、政治地位上，以魯作爲「天王」。何休以「三世進化」去談《春
秋》十二公，就是循著這條路線去發展。然而，這並非董氏之本意，在《繁

〔註41〕蘇輿，《春秋繁露義證》，北京：中華書局，1992 年 12 月，P279～280。

露‧三代改制質文》中，他提到：

> 《春秋》上絀夏，下存周，以《春秋》當新王。《春秋》當新王者奈
> 何？曰：王者之法必正號，絀王謂之帝，封其後以小國，使奉祀之；
> 下存二王之後以大國，使服其服，行其禮樂，稱客而朝；故同時稱
> **帝者五**，稱王者三，所以昭五端，通三統也。是故周人之王，尚推
> 神農爲九皇，而改號軒轅，謂之「黃帝」，因存「帝顓頊」、「帝嚳」、
> 「帝堯」之帝號，絀虞而號舜曰「帝舜」，錄五帝以小國；下存禹之
> 後於杞，存湯之後於宋，以方百里，爵號「公」。皆使服其服，行其
> 禮樂，稱先王客而朝。**《春秋》作新王之事，變周之制**，當正黑統，
> 而殷、周爲王者之後，絀夏，改號禹謂之帝，錄其後以小國，**故曰**
> 「絀夏、存周，以《春秋》當新王」。（〈三代改制質文〉）

單是「絀王謂之帝」，若不看其前後文意，的確使人誤以爲是《春秋》的政治
野心。實際上，這段話是在講「三王、五帝」，由禮制上談「《春秋》作新王
之事，變周之制」，根本和政治權力毫無關係。「以《春秋》當新王」是藉著
《春秋》之行文內容，呈現出「新王朝」該有的氣度和禮制，而不是稱「魯」
爲「天王」，以「十二公」爲「歷史史實」中之王朝。我們在〈三代改制質文〉
中所看到的，一再強調以《春秋》這部書作「新王之事」，而新王之事，就是
禮制的改易。所謂「王魯」，是指在《春秋》這部書中，既感嘆當世之禮壞樂
崩，遂以魯史爲原始材料，書寫是非褒貶，以示範王者禮制之所宜然。

蘇輿以《春秋》「託魯明義」猶如「論史者借往事以立義」，這是正確
的。然而，「託魯明義」、「借往事以立義」，其「義」所指，未必即是「歷史
事實」。司馬遷曾與董子治論《春秋》，對於《春秋》的行文旨義，司馬遷即
明白指出：

> (《春秋》) 約其文辭而指博。故吳、楚之君，自稱『王』，而《春秋》
> 貶之曰『子』；踐土之會，實召周天子，而《春秋》諱之曰『天王狩
> 於河陽』。推此類，以繩當世貶損之義，後有王者，舉而開之，《春
> 秋》之義行，則天下亂臣賊子懼焉。〔註42〕

顯然，「繩當世貶損之義」以待「後有王者，舉而開之」，這是董仲舒、司馬
遷當時對《春秋》的看法。既然是等待「後有王者」，那麼就代表董氏所謂的

〔註42〕《史記》卷四十七，〈孔子世家〉，頁84。瀧川資言，《史記會注考證》，台北：
藝文印書館，1972年2月，P745。

《春秋》「王魯」，並不是指《春秋》已經把魯國十二公當作歷史事實中的「天王」。

　　「以《春秋》當新王」、「王魯」等說法，是董氏在《繁露・三代改制質文》所提出，並未見於《公羊傳》。何休《解詁》採用董氏之說，卻作了完全不同的解釋；何休因為「王魯」，而以「君恩之殺」解釋《公羊傳》「所見、所聞、所傳聞」三世之遠近，並且由「亂世」、「升平世」、「太平世」的歷程，去解釋歷史事實；所以在何休《解詁》的詮釋下，《春秋》經文內容所記，彷若果真已由「亂世」蛻變為「升平」、「太平」盛世。若以何休《解詁》所云來解釋董氏春秋學，將會產生「似是而非」的結果。例如：董氏云「《春秋》緣魯以言王義」，盧文弨即認為「說《公羊》者相承有此言」，並以何休《解詁》「《春秋》託新王受命於魯」來釋之；蘇輿也以《解詁》「《春秋》王魯，託隱公以為始受命王」以應和。似乎在未審先判的情況下，已將董、何二人歸為一類，等同董、何二人對《公羊春秋》的闡義，遂以所謂「公羊學者」視之。殊不知，即便是公羊學者，彼此所論，未必即相等同，更未必同於《公羊》經、傳。以董氏「緣魯以言王義」而言，「以《春秋》當新王」是董氏所云，「王魯」一詞，亦見於《繁露》，二者俱未見於《公羊》經傳。但是，董氏春秋學，以禮制之探討去看待《春秋》之內容，董氏二語，皆見於〈三代改制質文〉，更是就《春秋》以談理想中的王者禮制；董氏從未將魯國視為史實中的王朝；所謂「受命於魯」、「託隱公以為始受王」，根本不是董氏所言之「王魯」，《春秋繁露》更未曾有過「受命於魯」一類話語。以「魯為受命王」，追究其來源，此說實來自於何休《解詁》，而非董氏春秋學所論。

　　長沙王先謙於 1910 A.C.刊刻蘇輿的《春秋繁露義證》〔註43〕，其刻本在蘇輿注文之下，引用賈逵《長義》所云：

　　　　隱公人臣，而虛稱以王；周天子見在上而黜公侯。是非名正而言順也。

王先謙亦於董氏〈奉本〉「緣魯以言王義」句下另加案語曰：

　　　　如董所云，則《春秋》託魯言王義，未嘗尊魯為王、黜周為公侯也。
　　　　何氏直云「王魯」，遂啟爭疑。

王氏所言誠然，何休所云之「王魯」，不只異於董氏「《春秋》應天作新王之

〔註43〕此刻本為北京中華書局所採用，錄於新編《諸子集成》第一輯，由鍾哲負責點校，於 1992 年 12 月出版。

事，時正黑統，『王魯』，尚黑」之「王魯」；何氏以「三世進化」：「亂世、升平世、太平世」指陳魯國王朝十二公，更非董氏春秋學所論之內容。

（二）「大國齊宋・離言會」注解之商榷

《繁露・奉本》「大國齊宋・離言會」一句，盧文弨校本作「大國齊宋，離『不』言會」，盧氏是根據《春秋》桓公五年經傳：

◎**桓公五年**

經：夏，齊侯、鄭伯如紀。

（傳）：「外」相如不書，此何以書？離不言會。

而校改「離言會」作「離不言會」。但是，如此一來，「大國齊宋」者，又與經文爲「齊、鄭」二國不合。由於盧氏對於下文「諸侯之伐『哀』者皆言我」一句，理解爲何休所謂之「太平世」，而專以哀公年間之事來解釋《繁露・奉本》，因此，盧氏在此也懷疑似乎文意有未通，而自云：

此在「所傳聞之世」，而下文即言「所見之世」，文不相蒙，疑有脫文。

盧氏以爲，《公羊》傳文「離不言會」之語在桓公五年，隸屬於「所傳聞世」；又以下文「哀者皆言我」之「哀公」，哀公隸屬「所見世」，所以懷疑有脫文。此處因而僅以小字標出「此『齊宋』當作『齊鄭』」，而未於刊刻之本文改字正之。凌曙《注》雖然指出：「原注一無『不』字，或應作『離言會』」，但他卻不是從董氏春秋學的義旨去判定，而是援引何休《解詁》爲依據：

按：無「不」字者，是隱元年注：「於『所傳聞之世』，『內離會』書，『外離會』不書。於『所聞之世』，見治升平，內諸夏而外夷狄，書『外離會』。」〔註44〕

這裡所說的「隱元年注」，就是指何休隱公元年《解詁》。我們由董氏春秋學「遠外近內」經義之闡發，已證實〈奉本〉之文字，應是「大國齊宋，離言會」。同時，已論證何休「三世異辭」條例爲不可信。雖然凌《注》也主張董氏原文應是「離言會」，但是我們並不同意其論證之過程和論據之由來。

蘇輿《義證》沿承凌《注》之說，只是再多列舉了一條何氏《解詁》謂：

宣十一年「晉侯會狄于攢函」，注（指何休《解詁》）：「離不言會，言會者見所聞世。治近升平，內諸夏而詳錄之，殊夷狄也。」然則，

〔註44〕凌曙，《春秋繁露注》（皇清經解續編），P9997。

所見、聞世，遠近大小若一，當書「外離會」審矣。此文蓋衍「不」
字。天啓本注云「一無『不』字」，一本是也。定十四年經書「齊侯
宋公會於洮」，蓋即其例。盧據誤本改字合之，非也。〔註45〕

凌、蘇二人皆認爲當作「離言會」，如此則「大國齊宋」於經文亦有根據，是
指定公十四年齊宋二國洮之會。

　　雖然，凌、蘇二人終究視〈奉本〉文字應作「大國齊宋，離言會」，與董
氏春秋學論述義理之「行文相同」。但是，董氏是以《春秋》亦有記載「齊宋
之會」爲例，去說明《春秋》所記之事不限於魯國內事，其行文之旨在「緣
魯以言王義」；而何休所論，卻是認爲魯王朝在「升平」、「太平」二世，「遠
近大小若一」，所以不分內離會或外離會。雖然同樣在闡釋經文的「離言會」，
但是董、何二人春秋學之義理、論點，完全不同。凌、蘇二氏根據何休「三
世異辭」條例去註解董氏《春秋繁露》，可說是完全與董氏「大國齊宋，離言
會」之文旨相違悖。

（三）「微國之君，卒葬之禮，錄而辭繁」注解之商榷

　　凌《注》以下文「諸侯之伐『哀』者皆言我」視此段文字，謂董氏所論
者皆爲哀公之事。遂引用何休《解詁》於哀公三年經文「冬，十月，癸卯，
秦伯卒」下所云：

　　　　哀公著治太平之終。小國卒葬極于哀公者，皆卒「日」葬「月」。

以何休《解詁》「小國卒葬極于哀公者，皆卒『日』葬『月』」之說，釋董氏
《繁露・奉本》所云之「微國之君，卒葬之禮，錄而辭繁」。蘇輿《義證》亦
完全採用凌曙引用的哀公三年《解詁》來說釋董氏「微國之君，卒葬之禮」
一語。言下之意，認爲何休所謂的「所見世」，就是董氏所謂的「錄而辭繁」。
然而，董氏〈奉本〉列引「大國」、「微國」、「遠夷」三個層次的例證，所謂
「微國」事例，並非單爲「所見世」或哀公之世而立說。

　　本文在前一單元作何休書例檢討時，曾列出《春秋》經文所有小國國君
的卒葬記事與何休所言之條例作比較；事實上，《春秋》經文對於小國之君，
盡可能詳細記載其卒葬之禮，這並非只是所見世的作法。董氏所言，乃綜觀
《春秋》二百四十二年間，八十三位小國國君之卒葬記事而論，故曰：「錄而
不繁」。凌、蘇二人憑據何休於哀公三年《解詁》所云：「小國卒葬極于哀公」

〔註45〕蘇輿，《春秋繁露義證》，P280～281。

之「卒日葬月」者，以之注解董氏所謂「微國之君，卒葬之禮，錄而不繁」；以謂董氏所言，僅限於「所見世」中的哀公；凌、蘇二注與董氏之意旨——「援二百四十二年《春秋》記事以闡王義」，完全悖離。

（四）「遠夷之君，內而不外」注解之商榷

凌《注》以何休昭公十六年之《解詁》所指出的「戎曼稱子」這件事來注解《繁露・奉本》的「遠夷之君，內而不外」一句，《解詁》云：

> 戎曼稱子者，入昭公，見王道太平，百蠻貢職，夷狄皆進至爵。

蘇輿《義證》亦沿凌氏之說，又多引哀公十三年黃池之會，吳亦進稱「子」之事加以說明。

凌、蘇二人皆以何休《解詁》「夷狄進至于爵」，來解釋董氏所謂的「遠夷之君，內而不外」；然而，「夷狄進至于爵」既未見於《公羊》經、傳，亦未見於董氏春秋學所論，它是何休以「三世進化」為基礎，所推測出來的條例；蘇輿引黃池之會「吳稱子」之事，來證明董氏所論即為後來何休所言之「夷狄進至于爵」。對於黃池之會，吳稱「子」之事，董氏恰於《繁露・觀德》有云：

> 吳，魯同姓也，鐘離之會，不得序而稱君，殊魯而會之，為其夷狄
> 之行也。雖父之戰，吳不得與中國為禮。至於伯莒、黃池之行，變
> 而反道，乃爵而不殊。（〈觀德〉）

我們可以看出，董氏認為黃池之會，吳所以能得到經文以「子」書寫，是因為吳國「變而返道」，乃「爵而不殊」。與何休所論之「太平世」，「百密貢職，夷狄進爵」毫無關係。

凌、蘇二人援引何休《解詁》「夷狄進爵」之說來解釋黃池之會「吳所以稱『子』」，並以此作為董氏〈奉本〉：「遠夷之君，內而不外」的注解，完全忽略了董氏強調吳國「變而返道，乃爵而不殊」的用心，更與董氏從經文看出「遠夷之君，內而不外」的寫法，並據此以論《春秋》「緣魯以言王義」的精神不相同。

（五）「邾婁大夫，其於我無以親，以近之故，乃得顯明」注解之商榷

襄公二十一年、二十三年，邾婁大夫庶其、鼻我，二人分別來奔魯國，傳文特別解釋，邾婁無大夫，經文之所以用記「大夫」之事的方式書寫二則

來奔事件，一是因為「重地」，一是「以近書」〔註46〕。凌、蘇二人均以何休襄公二十三年《解詁》，去注解董氏此處所言之「邾婁大夫……以近之故，乃得顯明」：

> 所傳聞世，見治始見，外諸夏，錄大略小，大國有大夫，小國略稱
> 人。所聞之世，內諸夏，治小如大。廩廩近升平，故小國有大夫，
> 治之漸也。見於邾婁者，自近始也。（襄公二十三年，何休《解詁》）

《公羊》傳文提到，經文記載邾婁大夫來奔的原因是：「以近書」；何休《解詁》卻從「三世進化」的觀點，以「所聞世」：「小國有大夫」去解釋傳文所謂之「近」。實際上，《公羊傳》根本從未以「國之大小」去論一國之「有無大夫」，也不曾因「所傳聞世」的緣故而刻意「小國略稱人」，更未因所聞世「升平」之故，而「小國有大夫」。由《公羊傳》隱公十一年：「《春秋》貴賤，不嫌（微國），同號」看來，何休《解詁》與傳文旨意是不相符的。董氏此處特別說明：「邾婁大夫，其於我無以親，以近之故，乃得顯明」，很顯然是由傳文所謂之「以近書」而來。何休《解詁》與傳文之旨不合，凌、蘇二人卻又以《解詁》去注解董氏，因此完全忽略董氏所指出的：影響《春秋》記事之因素，除了「內外親疏」之外，亦有基於時間遠近、史料詳闕而考量者。

蘇輿甚至還將董氏所言之「近」，局限於何休「三世異辭」的思考裏，以為邾婁庶其與邾婁鼻我二件事，均在襄公年間，為「所聞世」；而昭公二十七年另有一則「邾婁快來奔」之記事，傳文亦釋「以近書」，卻是「所見世」；不同之世，傳文卻同樣釋之以「近」，與何休「三世異辭」之條例不合。面對董氏亦如同傳文，以襄公二十三年「鼻我來奔」這件事來說明「近」，蘇輿特別在《繁露‧奉本》「邾婁庶其、鼻我，邾婁大夫來奔」下加「案」：

> 輿案：董以哀、定、昭為所見世，顏安樂斷自孔子生後，以襄二十
> 三年鼻我與昭二十七年同傳為證，**此文引鼻我，蓋參用顏說**。

蘇輿認為，董氏以「鼻我來奔」為「所見世」，「蓋參用顏說」。顏安樂之說，見於隱公元年之何休《解詁》，董氏在顏安樂之前，《春秋》顏、嚴學派，乃承續董學而下者。蘇氏竟以為董氏〈奉本〉所論，乃參用顏說，其不察可見一斑。

〔註46〕襄公二十一年　經：「邾婁庶其以漆、閭丘來奔」。（傳）：「邾婁庶其者何？邾婁大夫也。邾婁無大夫，此何以書？重地也」。
襄公二十三年　經：「夏，邾婁鼻我來奔」。（傳）：「邾婁鼻我者何？邾婁大夫也。邾婁無大夫，此何以書？以近書也」。

第二節　《春秋繁露》「滕薛獨稱侯」解義

　　《春秋》經文「滕侯」的稱號僅出現二次，都在隱公年間。滕是小國，經文卻以「侯」相稱。二次的「滕侯」記事，都未曾寫出滕侯之名。三傳對於《春秋》經文滕國何以稱「侯」？以及滕侯爲何書「卒」卻未記「名」？有不同的看法，卻莫衷一是。董氏《春秋繁露》二次提到「滕薛稱侯」這件事，其中一次，甚至指出「朝魯者眾矣，滕薛『獨』稱侯」，可見，董氏對於《春秋》經文，二國國君只有在隱公年間以「侯」記稱這件事，是了然於胸的。對於《春秋》經文的書寫方式，董氏以治《春秋》的心得，從「王道」與「德序」的觀點，論述自己對《春秋》經文滕、薛二國「稱侯」的看法；董氏之相關言論，凌曙、蘇輿二人的注解，均引用何休《解詁》去說釋；然而，引用何氏《解詁》所論，對理解董氏文意不僅沒有幫助，反而卻更增疑惑。本文試圖比較《春秋》經文、三傳傳文，以釐清董、何二人論述的差異；卻意外發現：董氏《春秋繁露》提供的線索，可以與三傳傳文相呼應；在《春秋》經文對滕、薛二侯稱號的問題上，得到一個合理的解釋。而凌、蘇二注本均引用何休《解詁》去注釋《春秋繁露》，由於何氏所言和董氏春秋學的論點相悖離，以何氏《解詁》去理解《春秋繁露》，除了引導進入錯誤的思考方向外，對於問題的解決並沒有幫助。

一、《春秋》經傳「滕、薛」國君稱號方式之考辨

　　「滕侯」的稱號在《春秋》經文中只有出現二處（隱公七年、隱公十一年），一則書「卒」，一則書「來朝」；雖然皆以「侯」稱其君，但是，都沒有寫出其「名」；其後，滕君在經文中，不再以「滕侯」爲稱，而是稱之爲「滕子」（或「滕人」）。「薛侯」在《春秋》經文更是只有出現過一次，就是在隱公十一年和滕國同時來朝的這一件記事。其後，《春秋》經文對於薛國國君，無論是會盟或卒葬記事，皆以「薛伯」稱之（見本文末之「附表」）〔註47〕。

〔註47〕《春秋》經文亦有「薛人」之稱呼，但是由經文可看出，「薛人」並非指薛國國君。

成2	（經）十有一月丙申，公及楚人、秦人、宋人、陳人、衛人、鄭人、齊人、曹人、邾婁人、薛人、繒人盟于蜀。
襄元	（經）仲孫蔑會晉欒黶、宋華元、衛甯殖、曹人、莒人、邾婁人、滕人、薛人，圍宋彭城。

由於三傳對於薛國國君之稱號與書名記載方式，皆沒有任何的論述；文獻不足徵的情況下，欲探討《春秋》經文「滕侯」、「薛侯」稱號的疑問，本文解決問題的方法是，先以三傳有發論之「滕君」記事爲主要討論，企圖尋繹出經文書寫方式與禮制的關係；而後再與只見於經文而三傳未有論的「薛君」記事作比較，一起找出在這同一類屬性之記事經文中，《春秋》經文「滕、薛」二國在國君稱號上所透露的意義。

（一）《春秋》經傳「滕侯」稱號析論

在《春秋》經文中「滕侯」的稱號只有出現在隱公七年、隱公十一年二處經文。前者記滕侯之「卒」，後者寫滕侯之「來朝」。二件記事性質不同，雖然皆以「侯」稱其君，但是都沒有寫出「名」。對此，三傳各有其意見。

◎隱公七年

經：七年，春，王三月。滕侯卒。

（傳）：何以不名？微國也。微國則其稱「侯」何？不嫌也。《春秋》貴賤不嫌，同號；美惡不嫌，同辭。

（穀梁傳）：滕侯無「名」，少曰「世子」，長曰「君」。狄道也，其不正者，名也。

（左傳）：七年，春，滕侯卒。不書名，未同盟也。凡諸侯同盟，於是稱名，故薨則赴以名，告終、稱嗣也，以繼好息民，謂

襄2	（經）冬，仲孫蔑會晉荀罃、齊崔杼、宋華元、衛孫林父、曹人、邾婁人、滕人、薛人、小邾婁人于戚，遂城虎牢。
襄14	（經）春王正月，季孫宿、叔老會晉士匄、齊人、宋人、衛人、鄭公孫蠆、曹人、莒人、邾婁人、滕人、薛人、杞人、小邾婁人，會吳于向。
襄14	（經）夏，四月，叔孫豹會晉荀偃、齊人、宋人、衛北宮括、鄭公孫蠆、曹人、莒人、邾婁人、滕人、薛人、杞人、小邾婁人，伐秦。
襄29	（經）仲孫羯會晉荀盈、齊高止、宋華定、衛世叔儀、鄭公孫段、曹人、莒人、邾婁人、滕人、薛人、小邾婁人，城杞。
襄30	（經）晉人、齊人、宋人、衛人、鄭人、曹人、莒人、邾婁人、滕人、薛人、杞人、小邾婁人，會于澶淵，宋災故。
昭25	（經）夏，叔倪會晉趙鞅、宋樂世心、衛北宮喜、鄭游吉、曹人、邾婁人、滕人、薛人、小邾婁人于黃父。
昭32	（經）冬，仲孫何忌會晉韓不信、齊高張、宋仲幾、衛世叔申、鄭國參、曹人、莒人、邾婁人、薛人、杞人、小邾婁人城成周。

之禮經。

◎隱公十一年

經：十有一年，春，滕侯、薛侯來朝。

（傳）：其言朝何？**諸侯來曰朝，大夫來曰聘**。其兼言之何？微國
也。

（穀梁傳）：天子無事，**諸侯相朝，正也**。考禮修德，所以尊天子
也。諸侯來朝，時，正也。犆言，同時也。累數，皆至也。

（左傳）：十一年，春，滕侯、薛侯來朝，爭長。薛侯曰：「我先
封。」滕侯曰：「我，周之卜正也；薛，庶姓也，我不可以後
之。」公使羽父請於薛侯曰：「君爲滕君辱在寡人，周諺有之
曰：『山有木，工則度之；賓有禮，主則擇之。』**周之宗盟，
異姓爲後**。寡人若朝于薛，不敢與諸任齒。君若辱眖寡人，
則願以滕君爲請。」薛侯許之，乃長滕侯。

「隱公七年」已經寫出「滕侯卒」，而「隱公十一年」又寫「滕侯來朝」，可
見，二處滕侯並非同一人。既然不是指同一人，書寫方式竟然又一致（皆稱
「侯」、皆未書「名」），那麼，經文對滕國之君稱「侯」、以及未書「名」，應
該與國君「個人」行爲的褒貶無關，而是禮制的考量或是特別事宜的緣故。
二則經文記事性質不同，我們可以看出，隱公十一年來朝之事，經文未書名，
三傳亦都視爲當然；可見，來朝之事，經文是以「不書『名』」爲書寫之常法；
所以，薛侯亦未書「名」。

至於隱公七年爲卒葬記事，畢竟一國之君謝世，經文書寫的考慮因素，
包含赴告會知、賵賻相與、入廟葬儀等禮制上的問題；記載「卒」、「葬」，書
「名」與否，經文的書寫方式顯然被賦予不尋常的意義。這一部分，董氏在
《春秋繁露》中並未討論，本可以不在此處提及。然而，何休《解詁》認爲：
經文在所傳聞世記載「薛伯卒」，與「滕、薛來朝」一事有關，並且亦談及「滕
子卒」的若干問題；凌、蘇二氏既以何休《解詁》對滕、薛二君的看法來闡
釋董氏之論，本文在此逐一併探討滕、薛二君卒葬記事經文中，有關「稱號」
的問題，以論列董、何二人觀點的差異，來突顯引用何休《解詁》注解董氏
《春秋繁露》扞隔之所在。

1.問題一：滕國該不該稱「侯」？

爲何《春秋》只有隱公年間稱滕君爲「侯」，其餘皆稱「滕子」？《春秋》

寫到「滕侯」的經文有二處，但是，三傳卻只有隱公七年《公羊傳》傳文談論及此。《公羊傳》認為「何以不名？微國也。微國則其稱侯何？不嫌也」。言下之意，《公羊傳》認為：經文對滕侯不稱其名，是因為滕只是個無足輕重的微國。既然是微國，那麼經文又何以尊稱其「爵」呢？《公羊傳》抒發《春秋》的經義云「《春秋》貴賤不嫌，同號；美惡不嫌，同辭」，意思就是：《春秋》經文的書寫方式，在「貴賤」爵位的稱號上：不嫌微國，同「號」；在「美惡」褒貶的用辭上：不嫌微國，同「辭」。《公羊傳》認為：經文對於滕侯未寫出其「名」，乃因為滕國是「微國」。「微國」身份影響所及，只是書寫其君之「名」與否罷了；卻不影響《春秋》經文對其君爵號的稱呼，以及褒貶美惡的標準。

對於滕國何以稱「侯」的問題，三傳之中，只有《公羊傳》略為討論。但是，《公羊》所論僅止於：國之大小——「微國」，不會影響經文對爵號的書寫。卻沒有指出：何以滕這個小國，在隱公年間之記事，經文皆以「侯」相稱？這個問題，單由《春秋》經、傳所提供的資料，顯然無法得到解決。

2.問題二：為何經文在「滕侯卒」之記事未書其「名」？

《公羊傳》的看法是，在爵號之外，對於滕國這樣的小國，其君沒有寫出「名」的必要。值得注意的是，《公羊傳》只討論經文「何以『不名』」，並沒有說到滕侯本人是不是「無名」。

《左傳》認為隱公七年「滕侯卒」，經文未書「名」，是因為赴告未書名。

經文對於「來朝」，以「不書『名』」為記事之常法；但是卒葬赴告，經文記事並非如此。經文卒葬記事中，寫出其君之「名」者，所在多有；難道是卒葬赴告或有書「名」者，或有不書「名」？那麼，赴告書「名」與否的關鍵是什麼呢？《左傳》以「赴告未書名」來解釋經文「滕侯卒」之未書「名」，本文認為，此或可能為原因之一，但並非關鍵之理由。

《穀梁傳》指出：「滕侯無名，少曰世子，長曰君」。

關於《穀梁傳》所論，其義有二種可能，一是：在滕國，其國君本來就沒有「取名」，只以「世子」、「君」去稱呼？二是：就經文的書寫方式去討論。指經文未寫其「名」，只在少時以「世子」行文，長後以「君」行文？

吾師周一田先生在《新譯春秋穀梁傳》此則經文下，引用鍾文烝《穀梁補注》所云：「不以名通於外，故曰『無名』，非謂『不作名』也」。認為：所謂「無名」者，「並非不取名，而是沒有以國君本名通告於國際的習慣」

〔註48〕。這種說法，或許較符合當時的實際情況。然而《穀梁傳》：「狄道也，其不正者，名也」，此段行文向來因為語句隱晦而難以解釋，歷來註解家說法也各有不同。所謂「狄道也」，當然是指夷狄的行為方式。本文之前曾比列《春秋》二處記載滕侯之經文，二處滕侯並非同一人，書寫方式卻一致；因此而歸納出：經文稱「侯」、未書「名」的寫法，應該是禮制、事宜方面的問題，而不是針對國君「個人」行為的褒貶。所以《穀梁傳》說「其不正者，名也」，所謂「其不正者」，顯然不是對「個人行為道德正不正」而言。周師一田在《新譯春秋穀梁傳》已經指出，柯劭忞在《春秋穀梁傳補注》所云之「曰不正者名，猶言名不正」，應該是說「夷狄之道其不合情理者，就是在於『名』的問題上」〔註49〕。這個論點恰恰為解釋《穀梁傳》「滕侯無名，少曰世子，長曰君」這一段話，提供了重要的線索。

　　理解這一段傳文的關鍵因素之一，就在於確認：「滕國到底是不是夷狄」？隱公十一年，三傳皆明文以「周天子之諸侯」視滕，再由《左傳》所謂：滕國乃「周之同姓宗盟，故長於薛」可知，滕與周、魯同姓，且為周天子所冊封之「諸侯」，滕國並非夷狄，已屬確然。既非夷狄，而《穀梁傳》卻說它「狄道也」，可見，所謂「狄道」，是指滕國在某單一事件的作法，被《穀梁傳》視為採取「夷狄的方式」。《穀梁傳》曰：「滕侯無名，少曰世子，長曰君。狄道也，其不正者，名也。」顯然，所謂「夷狄的方式」，就是指滕國在「名」的作法上，不合常禮；被《穀梁傳》視為「夷狄之道」者，就是傳文指出的「滕侯無名，少曰世子，長曰君」這件事。

　　因此，對於《穀梁傳》「滕侯無名，少曰世子，長曰君」這句傳文，我們可以知道，《穀梁傳》的意思是：「在滕國，對於國君本來就沒有『取名』，只以『世子』、『君』等稱號去稱呼」。因為「名」不正，所以，《穀梁傳》用了「狄道」這樣的字眼去形容，經文記載滕侯史事卻「無名可書」的境況。

　　《穀梁傳》對於滕國國君取名與否的認知，是否符合事實呢？滕國是不是果真如范甯註解所說的：「戎狄之道，年少之時稱曰世子，長立之，號曰君，其非『正長嫡』，然後有名爾」？《公羊傳》、《左傳》皆未述及「滕侯『無名』」之事；而《穀梁傳》所記又僅止於此；史實真相如何？我們已無由得知。再加上經文條記簡要，微國如滕者，更是文獻不足徵；因此，本文特別歸納《春

〔註48〕周師一田，《新譯春秋穀梁傳》，台北：三民書局，2000年4月，P46。
〔註49〕同前註，P47。

秋》經文中與『滕』有關之稱號，列表如下，希望能在經文有限的記載中，得知關於滕君稱號的一些訊息。

（二）《春秋》經傳「滕子、滕人」稱號之分析

表十八：《春秋》經傳「滕子、滕人」稱號一覽表

滕侯：

稱號		公羊經、傳	穀梁傳	左　　傳
滕侯	隱公七年	（經）春，王三月，滕侯卒。 （傳）何以不名？微國也。微國則其稱侯何？不嫌也。《春秋》貴賤不嫌，同號。美惡不嫌，同辭。	（傳）滕侯無名，少曰世子，長曰君——狄道也，其不正者，名也。	（傳）七年，春，滕侯卒。不書名，未同盟也。凡諸侯同盟，於是稱名，故薨則赴以名，告終、稱嗣也，以繼好息民，謂之禮經。
滕侯	隱公十一年	（經）春，滕侯、薛侯來朝。 （傳）其言朝何？諸侯來曰朝，大夫來曰聘。其兼言之何？微國也。	（傳）天子無事，諸侯相朝，正也。考禮修德，所以尊天子。諸侯來朝，時正也。犆言，同時也。累數，皆至也。	（傳）十一年，春，滕侯、薛侯來朝，爭長。薛侯曰：「我先封。」滕侯曰：「我，周之卜正也；薛，庶姓也，我不可以後之。」公使羽父請於薛侯曰：「君爲滕君辱在寡人，周諺有之曰：『山有木，工則度之；賓有禮，主則擇之。』周之宗盟，異姓爲後。寡人若朝于薛，不敢與諸任齒。君若辱貺寡人，則願以滕君爲請。」薛侯許之，乃長滕侯。

滕子（未書「名」）：

稱　號		《公羊春秋》	備　　註
滕子	桓公二年	（經）滕子來朝。	
滕子	莊公十六年	（經）冬，十有二月，公會齊侯、宋公、陳侯、衛侯、鄭伯、許男、曹伯、滑伯、滕子，同盟于幽。	
滕子	僖公二十二年	（經）夏，宋公、衛侯、許男、滕子伐鄭。	
滕子 （滕昭公）	文公十二年	（經）秋，滕子來朝。	（左傳）秋，滕昭公來朝，亦始朝公也。
滕子	襄公五年	（經）公會晉侯、宋公、陳侯、衛侯、鄭伯、曹伯、莒子、邾婁子、滕子、薛伯、齊世子光、吳人、鄫人于戚。	

滕子	襄公五年	（經）公會晉侯、宋公、衛侯、鄭伯、曹伯、莒子、邾婁子、滕子、薛伯、齊世子光，救陳。	
滕子（滕成公）	襄公六年	（經）滕子來朝。	（左傳）秋，滕成公來朝，始朝公也。
滕子	襄公九年	（經）冬，公會晉侯、宋公、衛侯、曹伯、莒子、邾婁子、滕子、薛伯、杞伯、小邾婁子、齊世子光，伐鄭。	
滕子	襄公十年	（經）十年，春，公會晉侯、宋公、衛侯、曹伯、莒子、邾婁子、滕子、薛伯、杞伯、小邾婁子、齊世子光，會吳于柤。	
滕子	襄公十年	（經）公會晉侯、宋公、衛侯、曹伯、莒子、邾婁子、齊世子光、滕子、薛伯、杞伯、小邾婁子，伐鄭。	
滕子	襄公十一年	（經）公會晉侯、宋公、衛侯、曹伯、齊世子光、莒子、邾婁子、滕子、薛伯、杞伯、小邾婁子，伐鄭。	
滕子	襄公十一年	（經）公會晉侯、宋公、衛侯、曹伯、齊世子光、莒子、邾婁子、滕子、薛伯、杞伯、小邾婁子伐鄭，會于蕭魚。	
滕子	襄公十八年	（經）冬，十月，公會晉侯、宋公、衛侯、鄭伯、曹伯、莒子、邾婁子、滕子、薛伯、杞伯、小邾婁子，同圍齊。	
滕子	襄公二十年	（經）夏，六月庚申，公會晉侯、齊侯、宋公、衛侯、鄭伯、曹伯、莒子、邾婁子、滕子、薛伯、杞伯、小邾婁子，盟于澶淵。	
滕子	襄公二十二年	（經）冬，公會晉侯、齊侯、宋公、衛侯、鄭伯、曹伯、莒子、邾婁子、滕子、薛伯、杞伯、小邾婁子于沙隨。	
滕子	襄公二十四年	（經）公會晉侯、宋公、衛侯、鄭伯、曹伯、莒子、邾婁子、滕子、薛伯、杞伯、小邾婁子于陳儀。	
滕子	襄公二十五年	（經）公會晉侯、宋公、衛侯、鄭伯、曹伯、莒子、邾婁子、滕子、薛伯、杞伯、小邾婁子于陳儀。	
滕子	襄公三十一年	（經）冬，十月，滕子來會葬。	
滕子	昭公四年	（經）夏，楚子、蔡侯、陳侯、鄭伯、許男、徐子、滕子、頓子、胡子、沈子、小邾婁子、宋世子佐、淮夷會于申。	
滕子	昭公十三年	（經）秋，公會劉子、晉侯、齊侯、宋公、衛侯、鄭伯、曹伯、莒子、邾婁子、滕子、薛伯、杞伯、小邾婁子于平丘。八月甲戌，同盟于平丘；公不與盟，晉人執季孫隱如以歸。	

滕子	定公四年	（經）三月，公會劉子、晉侯、宋公、蔡侯、衛侯、陳子、鄭伯、許男、曹伯、莒子、邾婁子、頓子、胡子、滕子、薛伯、杞伯、小邾婁子、齊國夏于召陵，侵楚。	
滕子	定公十五年	（經）九月，滕子來會葬。	
滕子	哀公二年	（經）滕子來朝。	

書「名」之滕子：

| 滕子嬰齊（滕宣公） | 僖公十九年 | （經）春，王三月，宋人執滕子嬰齊。 | （左傳）宋人執滕宣公。 |

滕子之卒葬記事：

滕子（滕昭公）	宣公九年	（經）八月，滕子卒。	（左傳）滕昭公卒。
滕子（滕文公）	成公十六年	（經）夏，四月辛未，滕子卒。	（左傳）夏，四月，滕文公卒。
滕子原：滕成公	昭公三年	（經）三年，春，王正月丁未，滕子泉卒。 （經）五月，葬滕成公。	（左傳）丁未，滕子原卒。同盟，故書名。（傳）五月，叔弓如滕，葬滕成公，子服椒爲介。
滕子寧：滕悼公	昭公二十八年	（經）秋，七月癸巳，滕子甯卒。 （經）冬，葬滕悼公。	
滕子結：滕頃公	哀公四年	（經）秋，八月甲寅，滕子結卒。 （經）葬滕頃公。	
滕子虞母：滕隱公	哀公十一年	（經）秋，七月辛酉，滕子虞母卒。 （經）冬，十有一月，葬滕隱公。	

滕人：

滕人	成公十三年	（經）夏，五月，公自京師，遂會晉侯、齊侯、宋公、衛侯、鄭伯、曹伯、邾婁人、滕人伐秦。	
滕人	襄公元年	（經）仲孫蔑會晉欒黶、宋華元、衛甯殖、曹人、莒人、邾婁人、滕人、薛人，圍宋彭城。	
滕人	襄公二年	（經）冬，仲孫蔑會晉荀罃、齊崔杼、宋華元、衛孫林父、曹人、邾婁人、滕人、薛人、小邾婁人于戚，遂城虎牢。	

滕人	襄公十四年	（經）十有四年，春，王正月，季孫宿、叔老會晉士匃、齊人、宋人、衛人、鄭公孫蠆、曹人、莒人、邾婁人、滕人、薛人、杞人、小邾婁人，會吳于向。
滕人	襄公十四年	（經）夏，四月，叔孫豹會晉荀偃、齊人、宋人、衛北宮括、鄭公孫蠆、曹人、莒人、邾婁人、滕人、薛人、杞人、小邾婁人，伐秦。
滕人	襄公二十九年	（經）仲孫羯會晉荀盈、齊高止、宋華定、衛世叔齊、鄭公孫段、曹人、莒人、邾婁人、滕人、薛人、小邾婁人，城杞。
滕人	襄公三十年	（經）晉人、齊人、宋人、衛人、鄭人、曹人、莒人、邾人、滕人、薛人、杞人、小邾婁人，會于澶淵，宋災故。
滕人	昭公二十五年	（經）夏，叔倪會晉趙鞅、宋樂世心、衛北宮喜、鄭游吉、曹人、邾婁人、滕人、薛人、小邾婁人于黃父。
滕人	昭公二十七年	（經）秋，晉士鞅、宋樂祁犁、衛北宮喜、曹人、邾婁人、滕人會于扈。

說明：1. 稱號方式相同者，以經文時間先後爲序。

　　　2. 經文未書其「諡號」，其「諡號」見於《左傳》所書者，則以（＊＊）示之。

1. 滕子、滕人之稱號

（1）滕子：指稱滕國國君。桓公二年以後，終《春秋》經文之所記，共三十次。

由表列之經文可以得知，「滕侯」的稱號在《春秋》經文中，僅見於魯隱公年間的二次記載。桓公二年以後，終《春秋》經文之所記，凡書及滕國國君者，都以「滕子」稱之。

至於史實方面，滕國的爵命爲何從「侯」變爲「子」？我們仍然無法由表列資料找到問題的解答。

此外，以「滕子」書寫滕國國君，總共有三十次。如何得知「滕子」是指滕國的國君？我們可以由這三十次經文中找到端倪。關乎「滕子」的三十條經文中，涉及諸侯會盟（會伐）者，共十七次，由這十七次與會者的身分（如晉侯、齊侯、宋公、鄭伯……等）可以確知，「滕子」應是指滕國的國君。和隱公年間的經文相比，滕國國君的稱號已不再是「滕侯」，桓公以後，滕國國君的稱號，經文均寫作「滕子」。

（2）「滕人」：共九次。其中一次指滕國國君。其餘疑為滕國大夫。

經文中有九次以「滕人」書寫的記事，全部都是「會」的性質，其中亦

有國君之聚會，如「成公十三年」爲伐秦而召開會議。由於三傳均未發論，文獻所限，我們無法得知成公十三年的這次會議，何以經文以「滕人」書寫，而非「滕子」。除此之外，在其餘八則的經文記事可以看出，與會者的名字都是各國的大夫，甚至還有地位不及大夫而以「人」稱之者（如薛人、邾婁人、小邾婁人……等）。

2. 關於滕君之書「名」

（1）與會、來朝、來會葬。經文對滕子皆無書「名」

《穀梁傳》云：「滕侯無名，少曰世子，長曰君」，那麼，這三十次書寫「滕子」的經文，是否如《穀梁傳》所云，滕子皆「無名」呢？

除前述十七次有關「與會」的經文，滕子皆無書名之外，有關「滕子」來朝或來會葬的記載，經文共有六次（四次來朝：桓公二年、文公十二年、襄公六年、哀公二年。二次來會葬：襄公三十一年、定公十五年），關於滕子，也是全部未書其名。

可見，在與會、來朝、來會葬……等事務上，經文中對於外國國君，以未書「名」爲尋常之寫法。

（2）「滕子卒」，經文有「書名」與「不書名」二種不同的情況

值得注意的是，經文對於「滕子卒」的記載。「滕子卒」，經文共有六則，其中，宣公九年與成公十六年這二則「滕子卒」的經文，既沒有書寫出滕子之名，同時，經文也未書寫滕子之「葬」。奇怪的是，另外四則的「滕子卒」，同樣是滕國——《公羊傳》傳文眼中的「微國」，但是四則經文全部都寫出了滕子之名，分別是「昭公三年，滕子原卒」、「昭公二十八年，滕子甯卒」、「哀公四年，滕子結卒」、「哀公十一年，滕子虞母卒」。可見，隱公七年經文：「滕侯卒」，《公羊傳》：「何以不名？微國也」，以「微國」作爲經文「不書其名」的原因，是不足取信的。同時，《穀梁傳》：「滕侯無名，少曰世子，長曰君」，以「滕侯無取名」去解釋「滕侯卒」經文不書名，這種模式恐怕在這四則「滕子卒」的經文裡，也是無法適用的；這四則書寫滕子之名的「滕子卒」經文，時間集中在魯昭公、魯哀公，與隱公七年的「滕侯卒」經文，時間已相距久遠，是否滕國國君的取名方式已有改變？我們無法得知。范甯註解《穀梁傳》說：「其非『正長嫡』，然後有名爾」〔註50〕，這四則有書寫「名」的滕子，

〔註50〕 范甯集解，《春秋穀梁傳注疏》（阮元重刊十三經注疏本），台北：藝文印書館，

難道都不是「正長嫡」，所以才有「取名」？事實如何，我們無法在文獻上得到印證。

（三）《春秋》國君「卒書名」與「書葬稱謚」的關係

1. 「滕子卒」、「薛伯卒」經文卒葬記事之方式：經文有卒書「名」者，皆有書「葬」，並見其謚號。

昭公三年	（經）三年，春，王正月丁未，滕子原卒。（經）五月，葬滕成公。
昭公二十八年	（經）秋，七月癸巳，滕子甯卒。　　（經）冬，葬滕悼公。
哀公四年	（經）秋，八月甲寅，滕子結卒。　　（經）葬滕頃公。
哀公十一年	（經）秋，七月辛酉，滕子虞母卒。（經）冬，十有一月，葬滕隱公。

表列中，四則寫出國君之「名」的「滕子卒」經文，有一個共同點，就是：經文都有書「葬」，並且寫出這位滕子的謚號。

《公羊傳》在莊公三十二年有云：

　　有子則廟，廟則書葬；無子不廟，不廟則不書葬。

也就是，經文未記其「葬」者，並非其君謝世沒有埋葬；而是基於褒貶或夷夏之別，經文沒有記載其事。由傳文文義來看，經文是否記載「葬」，《公羊傳》認為：有子嗣而行立廟之禮者，經文才書記其「葬」。由這幾則「滕子卒」經文，書「葬」時皆寫出其謚號看來，《公羊傳》傳文所言「有子則廟，廟則書葬」可以看出，滕子有子嗣承繼，因此立廟書「葬」、並且稱其謚號〔註51〕。本文之前已論述：「宣公九年」、「成公十六年」二則未曾書寫滕子名的「滕子卒」經文，雖然《左傳》指出他們是滕昭公、滕文公；但是由於經文皆沒有記載其「葬」之事，所以這二位滕國國君，不只沒有書寫「名」，連謚號也未

　　1989年，P22。

〔註51〕吾師周一田先生在《春秋吉禮考辨》中對「立廟」之禮曾加以考證，在「躋僖公」一文中詳辨「兄弟相繼，其後不為君者，不為立廟，薨則以昭穆之班祔入祖廟」，與《公羊傳》「有子則廟」之說，可互為發凡。周師一田於《春秋吉禮考辨》言：「大廟之中，列位有序，尊卑有等；然一世之中，兄弟容有多人，則同一昭穆之位，蓋別有先後之次，以見尊卑上下之差。祭統云『昭為一、穆為一，昭與昭齒，穆與穆齒，此之謂長幼有序』，是於一昭一穆之間，所以為其次者，蓋即依年齒長幼為準。閔、僖為兄弟，昭穆之位同，依年齒，僖長閔少，僖宜先閔；然閔實先立，僖嘗為臣，臣不可以先君，僖不可以先閔，正所謂不以親親害尊尊之義也。」（周師一田，《春秋吉禮考辨》，P171～172）

見於經文。

由此看來，關於《春秋》所記之「滕子卒」，經文是否書「名」，該位滕子「立廟與否」才是關鍵因素。而該位滕子卒後是否「立廟」，我們又可以從經文是否書「葬」而得知。

《左傳》對於隱公七年「滕侯卒」經文未書「名」的看法是這樣的：

> 不書名，未同盟也。凡諸侯同盟，於是稱名，故薨則赴以名。告終，
> 稱嗣也，以繼好息民，謂之禮經。

以表列之中，滕、魯二國眾多的會盟來看，滕國因為「未同盟」而滕子「不書名」，這種說法恐怕是說不通的。但是，《左傳》由赴告、稱嗣……等「禮制」去解釋經文書「名」與否，較之於《公羊傳》以為「滕為微國」而不書「名」、《穀梁傳》以為「滕行狄道，滕侯無名」而不書「名」；對於經義的詮釋，應該是一個比較正確而客觀的方式。

由「滕侯卒」之記事經文所歸納出的，《春秋》對於卒葬記事之寫法，是否也適用於薛國國君呢？

滕國國君在《春秋》經文中，稱「侯」僅見於隱公年間，即隱公七年「滕侯卒」、隱公十一年「滕侯、薛侯來朝」。此處提到另一位稱「侯」的國君——薛侯，無獨有偶的，薛侯稱「侯」，也是僅見於隱公年間，其餘終《春秋》之世，經文皆以「薛伯」稱之，其情況與滕侯如出一轍。

國君卒，經文「書不書名」和「其人書不書葬」有直接關係。如果有子嗣而立廟，經文將書寫其「葬」並稱其「謚號」，那麼，在當初記錄其「卒」的經文，也會同時寫出其人之「名」。

		公羊經、傳	
薛伯：穀 薛獻公	昭公三十一年	（經）夏，四月丁巳，薛伯穀卒。	（經）秋，葬薛獻公。
薛伯：定 薛襄公	定公十二年	（經）十有二年，春，薛伯定卒。	（經）夏，葬薛襄公。
薛伯：寅 薛惠公	哀公十年	（經）薛伯寅卒。	（經）秋，葬薛惠公。

在《春秋》經文中，薛國國君的卒葬記事共有三則，皆記「葬」、稱「謚號」；其記「卒」之經文，亦皆有書「名」。這個現象與本文「《春秋》國君卒書名與書葬稱謚有關」的推論完全符合（詳見本小節末之表十九）。

2.《公羊傳》「書葬」與國君「卒書名」因素之分析

（1）「諸夏」、「夷狄」之卒葬記事，記載方式不相同

昭公年間有二則卒葬記事，可在此提出討論：

◎昭公五年

　　經：秦伯卒。（昭公六年）經：葬秦景公。

　　（傳）：**何以不名？秦者，夷也。**匿嫡之名也。其名何？嫡得之也。

◎昭公六年

　　經：春，王正月，杞伯益姑卒。

　　　　夏，葬杞文公。

首先，我們可以看到，經文對於秦國、杞國二位國君皆書「卒」，皆書「葬」、皆書「諡號」。所不同的是，杞爲諸夏，秦爲夷狄。對於諸夏杞伯，經文有寫出其「名」，書「葬」則其「卒」記名，此爲經文書寫之常辭；至於夷狄秦伯，經文則未書其「名」；從《公羊》傳文特別解釋來看，書「葬」卻未書「名」，情況不尋常，所以傳文才特別發論說明；但是「秦伯卒」經文何以寫法特別呢？從《公羊》傳文的內容，我們得知這是由於秦「夷狄」身份的問題。

　　國君「卒」，書其「名」，是經文「立廟書葬」的記事方式。隱公七年「滕侯卒」，滕國爲周之同姓諸侯，並非夷狄，本文前論已詳；《穀梁》傳文以「狄道也，其不正者，名也」去解釋經文對滕國國君的不書名，其論點難以確立。但是，此處《公羊》傳文提到，秦國爲夷狄，與諸夏禮制不同，傳文以「匿嫡之名」的夷狄行徑，去解釋經文何以對秦國國君不書「名」。言下之意，《公羊》傳文認爲：經文對於夷狄之書寫方式與諸夏有別。

　　傳文所言是否屬實呢？在此，我們特別羅列《春秋》經文中所有的「秦伯卒」記載，以便作更進一步的釐清：

成公十四年	（經）秦伯卒。（未書葬）	定公九年	（經）秦伯卒。 （經）冬，葬秦哀公。
昭公五年 昭公六年	（經）秦伯卒。 （經）葬秦景公。	哀公三年 哀公四年	（經）冬，十月癸卯，秦伯卒。 （經）葬秦惠公。

　　由表列可以看出，經文對於「秦伯卒」，不管是否書「葬」，始終都未曾書寫其君之名。秦國在《春秋》之中，向來被視爲夷狄之國，秦國是否遵守諸夏立廟之禮？我們無由得知。其未書名而書葬，昭公五年傳文發論云之爲：「秦者，夷也。匿嫡之名也。」，而對照隱公七年《穀梁》傳文謂解釋「滕侯

卒」未書「名」云：「狄道也，其不正者，名也」，我們可以確定，在傳文的
看法是：諸夏與夷狄，不只是禮制不相同；經文對二種身份，在書寫方式上
亦有斟酌。對於夷狄，經文書寫方式不同於諸夏之常辭，在宣公十八年經、
傳亦有論述：

◎宣公十八年

　　經：甲戌，楚子旅卒。

　　（傳）：何以不書「葬」？吳楚之君不書「葬」，辟其號也。

在記載夷狄之相關經文中，秦伯卒，書葬不書名；吳楚之君卒，書名不書葬。
《公羊》傳文認為：這是經文用特別的書寫方式，顯示夷狄與諸夏，在身份
上的不同。值得注意的是，吳楚僭位稱王，經文因而「辟其號」、「不書葬」，
與秦國書「葬」、不書「名」相比，同樣為夷狄，但彼此事況不同，所以經文
寫法也有差異。書「葬」之禮，除了夷夏之別外，在「卒不書名」的字面用
詞上，我們亦可以看到：隱公七年《公羊》傳文對於「滕侯卒」不書名，以
「何以不名？微國也」釋之，而昭公五年對於「秦伯卒」不書名，傳文則以
「秦者，夷也。匿嫡之名也」釋之。顯然，在《春秋》經文國君「卒不書名」
的情況中，對於經文何以不書名？《公羊》傳文的解釋，是就當事者的情況
分別論述；並非抱執一個「卒不書名」的義例去通釋全經。

　　（2）「以『諱』不書」之卒葬記事

　　《公羊傳》認為，國君卒，經文書「名」與否，事關「立廟」。如果有子
嗣而立廟，經文將書「葬」並寫「諡號」；其記「卒」，經文也會寫出「名」。
為何在記「卒」時寫其「名」，書「葬」時寫其「諡」呢？隱公八年《公羊》
傳文提出了說明：

◎隱公八年

　　經：夏，六月己亥，蔡侯考父卒。八月，葬蔡宣公。

　　（傳）：卒何以名而葬不名？卒從正，而葬從主人。卒何以日而葬
　　　　　不日？卒赴，而葬不告。

在記卒時，寫出亡者之名，方便明辨爾後立廟之諡號所指為何人。記葬時，
則以這次喪禮之主事者，爾後如何稱呼亡者為考量，故而書亡者之「諡」；此
處也寫出了《公羊傳》對卒葬記事「時月日」書寫方式的看法，《公羊》一系
之解經，不從褒貶大義去解釋經文對日期的記載，而單純的以「赴告文書之
內容」去解讀經文在卒葬記事日期的書寫。後世公羊學者，如何休以「君恩

之殺」去解釋卒葬日期分三世而寫法不同，與《公羊傳》釋解經文卒葬記事之本意，完全不相同。

以上傳文所言，經文中對卒葬記事之書法，是就一般常辭而言。但是，二百四十二年之事多有亂者，亦不免於常辭有變之處，例如：

◎僖公九年

　　經：春，王三月丁丑，宋公禦說卒。

　　（傳）：何以不書葬？爲襄公諱也。

◎僖公二十三年

　　經：夏，五月庚寅，宋公慈父卒。

　　（傳）：何以不書葬？盈乎諱也。

二則經文皆書其卒君之名，但皆未書葬；以常辭而論，立廟稱謚，經文則「卒」書「名」、記其「葬」，稱其「謚」。此處傳文特別說明，經文不書葬的原因是「諱」的緣故。何以爲宋君諱，不是我們此處的探討目的；但是我們由經文「卒」書「名」看來，殯葬事實上是舉行的，只是經文未書「葬」而已。經文因爲「諱」而不書葬，還有另外的例子，如：隱公十年傳文所言：

　　弒則何以不書葬？《春秋》君弒，賊不討，不書葬，以爲無臣子也。

　　子沈子曰：「君弒，臣不討賊，非臣也。子不復讎，非子也。葬，生者之事也。《春秋》君弒，賊不討，不書葬，以爲不繫乎臣子也。」

當然，此處所謂之「不葬」，是指經文不書寫「葬」之記事；並非事實上不埋葬其君。對於經文已書「卒」卻不記其「葬」，傳文從「葬，生者之事也」去發揮：被弒之君，賊不討，不書葬。對於生者而言，既有能力爲葬，爲何不討賊？這是《公羊傳》藉卒葬記事來抒發對事理的看法。然而這些作法，並非絕對不可變通。《穀梁傳》對經文書葬記事也有相關之敘述：

◎昭公十三年

　　經：冬，十月，葬蔡靈公。

　　（穀梁傳）：「變」之不葬有三：失德不葬，弒君不葬，滅國不葬。

　　　　然且葬之，不與楚滅，且成諸侯之事也。

蔡國爲楚所滅。《穀梁傳》認爲，蔡靈公之卒葬，經文比照常辭去書寫，是因爲「不與楚滅」。經文以褒貶大義爲一切書法的優先考慮，本文之前已有所討論。值得注意的是，這裡《穀梁傳》所提出來的，易於常態（變）的三種經文不書「葬」的情況：「失德不葬，弒君不葬，滅國不葬」。這三種情況，經

文不書「葬」，顯然都是因為「諱」的緣故。

由《公羊傳》卒葬禮制的考辨，我們可以得知，《春秋》經文對於國君之卒葬記事，大致有以下幾項原則：

1. 經文書「葬」者，以「諡號」稱呼，而之前的「記卒」經文，則寫出其君之「名」。

2. 未立廟者，亦不書葬。經文不僅未寫出其「諡號」，其之前的「記卒」經文，亦不書「名」。

3. 《春秋》對國君的卒葬記事，「夷」「夏」有別，在寫法上「夷狄書葬不名」，如經載「葬秦景公」。或由於夷狄未盡採諸夏之禮，《春秋》將其別之所致。

4. 經文之卒葬記事，「日」「名」「諡」皆以「赴告」所書為據，然衡諸於夷夏有別。

5. 弒君不書葬；賊未討亦不書葬；「吳楚僭位稱王」，經文因而「辟其號」、「不書葬」。

關於經文卒書「名」，卻因為「諱」的關係，而未記其「葬」；我們可以由經文其人「卒」書「名」，立廟之後方稱「諡」，得知其君有殯葬之事實。

表十九：三傳「薛侯」稱謂一覽表

薛侯：

		公羊經傳	穀梁傳	左　　傳
薛侯	隱公十一年	（經）春，滕侯、薛侯來朝。（傳）其言朝何？諸侯來曰朝，大夫來曰聘。其兼言之何？微國也。	（傳）天子無事，諸侯相朝，正也。考禮修德，所以尊天子也。諸侯來朝，時正也。犆言，同時也。累數，皆至也。	（傳）十一年，春，滕侯、薛侯來朝，爭長。薛侯曰：「我先封。」滕侯曰：「我，周之卜正也；薛，庶姓也，我不可以後之。」公使羽父請於薛侯曰：「君為滕君辱在寡人，周諺有之曰：『山有木，工則度之；賓有禮，主則擇之。』周之宗盟，異姓為後。寡人若朝于薛，不敢與諸任齒。君若辱貺寡人，則願以滕君為請。」薛侯許之，乃長滕侯。

薛伯（未書「名」）：

		公羊經傳	穀梁傳	左　傳
薛伯	莊公三十一年	（經）夏，四月，薛伯卒。（經）築臺于薛。		

薛伯	襄公五年	（經）公會晉侯、宋公、陳侯、衛侯、鄭伯、曹伯、莒子、邾婁子、滕子、薛伯、齊世子光、吳人、繒人于戚。		
薛伯	襄公五年	（經）公會晉侯、宋公、衛侯、鄭伯、曹伯、莒子、邾婁子、滕子、薛伯、齊世子光，救陳。	（傳）善救陳也。	
薛伯	襄公九年	（經）多，公會晉侯、宋公、衛侯、曹伯、莒子、邾婁子、滕子、薛伯、杞伯、小邾婁子、齊世子光，伐鄭。十有二月，己亥，同盟于戲。		
薛伯	襄公十年	（經）十年，春，公會晉侯、宋公、衛侯、曹伯、莒子、邾婁子、滕子、薛伯、杞伯、小邾婁子、齊世子光，會吳于柤。		
薛伯	襄公十年	（經）公會晉侯、宋公、衛侯、曹伯、莒子、邾婁子、齊世子光、滕子、薛伯、杞伯、小邾婁子，伐鄭。		
薛伯	襄公十一年	（經）公會晉侯、宋公、衛侯、曹伯、齊世子光、莒子、邾婁子、滕子、薛伯、杞伯、小邾婁子，伐鄭。		
薛伯	襄公十一年	（經）公會晉侯、宋公、衛侯、曹伯、齊世子光、莒子、邾婁子、滕子、薛伯、杞伯、小邾婁子伐鄭，會于蕭魚。公至自會。		
薛伯	襄公十六年	（經）三月，公會晉侯、宋公、衛侯、鄭伯、曹伯、莒子、邾婁子、薛伯、杞伯、小邾婁子于溴梁。戊寅，大夫盟。	（傳）溴梁之會，諸侯失正矣！諸侯會而日大夫盟，正在大夫也。諸侯在而不日諸侯之大夫，大夫不臣也。	
薛伯	襄公十八年	（經）多，十月，公會晉侯、宋公、衛侯、鄭伯、曹伯、莒子、邾婁子、滕子、薛伯、杞伯、小邾婁子，同圍齊。	（傳）非圍而日圍，齊有大焉，亦有病焉。非大而足同與，諸侯同罪之也，亦病矣。	
薛伯	襄公二十年	（經）夏，六月庚申，公會晉侯、齊侯、宋公、衛侯、鄭伯、曹伯、莒子、邾婁子、滕子、薛伯、杞伯、小邾婁子，盟于澶淵。		
薛伯	襄公二十二年	（經）多，公會晉侯、齊侯、宋公、衛侯、鄭伯、曹伯、莒子、邾婁子、滕子、薛伯、杞伯、小邾婁子于沙隨。		
薛伯	襄公二十四年	（經）公會晉侯、宋公、衛侯、鄭伯、曹伯、莒子、邾婁子、滕子、薛伯、杞伯、小邾婁子于陳儀。		

薛伯	襄公二十五年	（經）公會晉侯、宋公、衛侯、鄭伯、曹伯、莒子、邾婁子、滕子、薛伯、杞伯、小邾婁子于陳儀。		
薛伯	昭公十三年	（經）秋，公會劉子、晉侯、齊侯、宋公、衛侯、鄭伯、曹伯、莒子、邾婁子、滕子、薛伯、杞伯、小邾婁子于平丘。		
薛伯	定公四年	（經）三月，公會劉子、晉侯、宋公、蔡侯、衛侯、陳子、鄭伯、許男、曹伯、莒子、邾婁子、頓子、胡子、滕子、薛伯、杞伯、小邾婁子、齊國夏于召陵，侵楚。		

薛伯之卒葬記事：

薛伯：薛獻公	昭公三十一年	（經）夏，四月丁巳，薛伯穀卒。 （經）秋，葬薛獻公。		（傳）薛伯穀卒，同盟，故書。
薛伯：薛襄公	定公十二年	（經）十有二年，春，薛伯定卒。 （經）夏，葬薛襄公。		
薛伯：薛惠公	哀公十年	（經）薛伯寅卒。 （經）秋，葬薛惠公。		

說明：1. 以公羊經、傳為主。穀梁傳、左傳若經文相同，則只列傳文，不再列經文。
2. 稱號方式相同者，以經文時間先後為序。

二、《春秋繁露》以「滕薛稱侯」為「王道」之展現

我們雖然得知卒葬記事中，經文於其當事人，或書名或不書名，或記卒記葬，或亦否，皆循禮制而來。但是，還有一個問題，無法由傳文得到解答。即：何以隱公年間，滕、薛獨稱「侯」，而在《春秋》經文其餘之記載，皆以「滕子」、「薛伯」相稱？《春秋繁露》內容，以「屬事比辭」來闡發經義，其中亦論及「滕、薛稱侯」之事，或可在《公羊》經、傳之外，提供我們一項參考之資料。

董氏以為《春秋》乃「緣魯以言王義」，所以董氏便在經文的用詞行文中，歸納特殊寫法之處，以見其深邃之旨。《繁露・王道》云：

　　諸侯來朝者得襃：邾婁儀父稱「字」〔註52〕，滕、薛稱「侯」，荊得

────────────

〔註52〕隱公元年　經：「三月，公及邾婁儀父盟于眛」。（傳）：「……儀父者何？邾婁之君也。何以名？字也。曷為稱字？襃之也。曷為襃之？為其與公盟也。與公盟者眾矣，曷為獨襃乎此？因其可襃而襃之。此其為可襃奈何？漸進也。眛者何？地期也。」

「人」〔註53〕，介葛盧得「名」〔註54〕。……內出言「如」，諸侯
來曰「朝」，大夫來曰「聘」，王道之意也。（〈王道〉）

董氏認爲，《春秋》是以魯史爲材料去呈現王者之禮制，因此，《春秋》行文
的書寫用詞，亦可見其所寓含的「王道之意」。但是，此處對於「滕、薛稱『侯』」，
我們除了得知與「諸侯來朝者得褒」有關之外，得不到其它的線索。「滕、薛
稱侯」見於隱公十一年「來朝」之記事，因此我們相信，董氏所言「諸侯來
朝者得褒」者應是可信的。至於爲何「得褒」？卻無法由此處得知。《繁露‧
觀德》另有一段相關之文字：

耳聞而記，目見而書，或徐或察，皆以其「先接於我者」序之。其
於會、朝、聘之禮亦猶是——諸侯與盟者眾矣，而儀父獨漸進；鄭
僖公方來會我而道殺，《春秋》致其意，謂之「如會」。潞子離狄而
歸，黨以得亡，《春秋》謂之子，以領其意。……莒人疑我，貶而稱
「人」；諸侯朝魯者眾矣，而滕、薛獨稱侯。（〈觀德〉）

此處和〈王道〉提到的「滕、薛稱侯」相比，所不同的是，〈觀德〉這段文字
特別強調了「諸侯朝魯者眾矣，而滕、薛『獨』稱侯」，可見並不是所有「朝
魯」者皆稱侯。董氏亦已發現，「滕、薛稱侯」是一件「獨特」的記事；事實
上，整部《春秋》只有隱公年間滕、薛二國才稱「侯」；而之所以稱侯，董氏
提出是因爲「先接於我」的緣故，而不是「朝魯」的關係（因爲，諸侯朝魯
者眾，並非皆以「侯」相序稱）。除了「朝魯」、「稱侯」之外，這段文字提到
另一個關鍵性的說明：「耳聞而記、目見而書，或徐或察，皆以其『先接於我
者』序之。其於會、朝、聘之禮亦猶是」。《春秋》「耳聞而記、自見而書」，
所以寫下「滕、薛稱侯」這件特別的記事。

既然是「耳聞而記、目見而書」，就是根據事件發生的實際經過，斟酌用
詞而寫下；可見「稱侯」一事，絕非憑空而書。然而，實際的情況又是如何
呢？《繁露‧觀德》強調「以德爲序」：

至德以受命，豪英高明之人輻輳歸之。高者列爲公侯，下至卿大夫，
濟濟乎哉，皆以「德」序，是故吳，魯同姓也，鐘離之會，不得序
而稱君，殊魯而會之，爲其夷狄之行也。……（〈觀德〉）

〔註53〕莊公二十三年　經：「荊人來聘」。（傳）：「荊何以稱人？始能聘也」。
〔註54〕僖公二十九年　經：「二十有九年，春，介葛盧來」。（傳）：「介葛盧者何？夷
狄之君也。何以不言朝？不能乎朝也」。

由此可見，董仲舒認爲：由公侯乃至卿大夫，《春秋》強調「以德爲序」，而所謂的「德」，指稱的不只是「內在道德心性」，更是強調符合道德規範的「外顯行爲」；這種強調「行爲」的「德」，是漢代人對於「德」更具體的詮釋。董氏強調「以『德』爲序」，而經文在鍾離之會的記載，未以「君」「序稱」吳，是因爲吳君在「作爲」上，仍然未脫「夷狄」的緣故。

董氏謂「諸侯朝魯者眾矣，而滕、薛『獨』稱侯」，這是指所有經文「來朝」事件之通例？或只是指某一次的特別事件呢？本文之前已統計過《春秋》經文，只有「隱公」年間，滕、薛才「獨」稱侯。同時我們也發現，《春秋》經文中以「侯」稱呼「朝魯」之君，並不限於滕、薛二國；在桓公以後，朝魯者亦有稱「侯」者：

◎桓公二年

　經：秋，七月，紀侯來朝。

◎桓公六年

　經：冬，紀侯來朝。

◎桓公七年

　經：夏，鄧侯<u>吾離</u>來朝。

　（傳）：皆何以名？失地之君也。其稱「侯」朝何？貴者無後，待
　　　　之以初也。

所以，我們可以得證董氏所謂「諸侯朝魯者眾矣，而滕、薛『獨』稱侯」，並非經文之通例，而是專指隱公年間之特別記事。此外，值得提出的是，雖然《公羊》一系之解經者認爲，《春秋》經文的爵號「不嫌微國，同號」（隱公七年《公羊傳》）。「微國」不是影響經文書記爵稱的因素。但是，經文爵稱，卻未必皆符合於當時史實。例如：前引桓公七年「夏，鄧侯吾離來朝」，傳文即指出，鄧侯已是失地之君。之所以稱「侯」，是因爲「貴者無後，待之以初」。

如此說來，《公羊傳》並不認爲《春秋》經文只是史實的陳述而已，還有一些甚至是實際事實已有變遷，然而在行文敘述時，《春秋》仍然緣「舊情」而記之者；稱「侯」，便是一例。董氏春秋學中，認爲這便是「言王義」之處。在〈王道〉、〈觀德〉中，我們可以看到董氏所援引的經文事例，都是這一類的情況。也就是說，「以德爲序」，以「先接於我者序之」，是指《春秋》記事之序列，乃是經文斟酌事實、而加以「選擇」的敘述方式。

爲何經文對於隱公年間滕、薛二國之記事，有特別的序稱呢？還有，倘

若滕國稱侯的特別序列，果眞如董氏所言，乃是與「滕、薛來朝」之事有關；那麼，我們更可以確定，滕、薛稱侯，是後來孔子《春秋》記事所賦予，而非隱公年間當世史官之史筆。因爲，滕、薛來朝在隱公十一年，而《春秋》經文隱公七年就已有「滕侯卒」一稱。也就是說，隱公年間「滕侯」這個特別的稱呼，是後來《春秋》成書時方記予之稱號；之所以在隱公年間給予「侯」的德序，和隱公十一年「滕、薛來朝」之事有關。

董氏所謂「以德爲序」者，也就是滕、薛的「外顯行爲」，在序位上《春秋》給予「侯」的稱號；而所謂的「德行」，和「先接於我」有關。該如何解釋「先接於我」這句話？顯然關係著《春秋》對於隱公年間滕、薛二國以「候」爲序稱是否允當？以及董氏所謂的「王道之意」所指爲何？

所謂「接」者，我們可以在莊公四年《公羊傳》看到相關解釋：

> 古者諸侯必有會聚之事、相朝聘之道，號辭必稱先君以相接。

所以，「接」是指會聚、朝聘之事，彼此的應對來往；雙方在會聚、朝聘時的行爲態度、應對表現。那麼，滕、薛二國於隱公十一年來朝時，於接待來往之態度上，又有何「先接於我者」呢？

◎隱公十一年

經：春，滕侯、薛侯來朝。

（傳）：其言朝何？諸侯來曰朝，大夫來曰聘。其兼言之何？微國也。

（穀梁傳）：天子無事，諸侯相朝，正也。考禮修德，所以尊天子也。諸侯來朝，時，正也。犆言，同時也。累數，皆至也。

（左傳）：春，滕侯、薛侯來朝，爭長。薛侯曰：「我先封。」滕侯曰：「我，周之卜正也；薛，庶姓也，我不可以後之。」公使羽父請於薛侯曰：「君爲滕君辱在寡人，周諺有之曰：『山有木，工則度之；賓有禮，主則擇之。』周之宗盟，異姓爲後。寡人若朝于薛，不敢與諸任齒。君若辱貺寡人，則願以滕君爲請。」薛侯許之，乃長滕侯。

《公羊傳》只注意到經文「兼言之」；《穀梁傳》則顯然嘉許這件事爲「考禮修德」，同時也提及「累數，皆至也」，注意到二國同時來朝的事實。《左傳》則詳細寫下二國來朝時「爭長」的經過。滕、薛二國同時來朝，對於行禮時何者爲長，二國在序位上相爭不下。魯隱公使羽父請於薛侯，以周之宗盟爲

序，並以他日「寡人（隱公）若朝於薛，不敢與諸任齒」來勸說，同時亦揚言「君若辱賜寡人，則願以滕君爲請」。隱公調和的結果是「薛侯許之，乃長滕侯」。

董氏認爲，「讓德」向爲《春秋》所崇〔註55〕。滕、薛來朝，在相接往的應對行儀上，尊重隱公的請求，終於，薛讓於滕，滕、薛二國在來朝行儀上，立下了良好的典範。董氏對於「諸侯朝魯者眾矣，而滕、薛『獨』稱侯」所言之「先接於我者序之」、「以德序之」，應當是指在這則來朝事件的過程中，滕、薛二國國君，接受魯國國君的請求和調解，既表現了對魯國的尊重，也爲禮制行爲做出良好的示範，所以，《春秋》在隱公年間，皆以「侯」來序稱這二個國家。

由此看來，董氏對於《春秋》「滕侯」稱號的解義，是由「王道」、「禮制」的《春秋》立義去詮釋。《繁露》對於「滕、薛『獨』稱侯」，「先接於我者序之」、「王道之意」所提供的線索，與《左傳》的記事經過、《穀梁傳》的褒美之詞相輝映；滕、薛二國何以僅於《春秋》隱公年間稱「侯」？這一個在三傳文獻上，無法得到定論的問題，《繁露》所言，恰可以提供給我們一個合理而可能的解釋。

三、凌曙《注》、蘇輿《義證》引用何休《解詁》導致釋義之誤

凌曙《注》及蘇輿《義證》對於〈王道〉所言之「滕、薛稱侯」及〈觀德〉所言之「滕、薛『獨』稱侯」，都引用隱公十一年何休《解詁》所言去注解：

> 《春秋》王魯，王者無朝諸侯之義。故內適外言「如」，外適內言「朝聘」，所以別「外」尊「內」也。

由凌、蘇二人所引用的《解詁》，我們完全看不出和所欲注解的「滕、薛『獨』稱侯」這句話有何關係，更看不出有任何對「滕、薛何以稱侯」的解答。事實上，凌、蘇二人所引，並不是《解詁》之全文。《解詁》在隱公十一年傳文「其兼言之何？微國也」下云：

> 稱侯者，《春秋》託隱公以爲始受命王，滕、薛先朝隱公，故褒之。已于儀父見法，復出滕、薛者，「儀父盟」功淺，「滕、薛朝」功大，「宿與微者盟」功尤小，起行之當各有差也。滕序上者，《春秋》變

〔註55〕《繁露‧竹林》：「讓者，《春秋》之所貴」。

周之文，從殷之質，質家親親，先封同姓。

何休是從「王魯」、「隱公爲始受命王」去解釋「滕、薛稱『侯』」，認爲二國先朝於「始受命王」，被《春秋》嘉許爲有功，因而以「侯」稱之。何休對滕、薛稱「侯」的看法與董氏完全不同。首先，本文於前一節已論述，何休所言的「王魯」，是從政治權力與地位視魯爲天王；不同於董氏春秋學所言之「王魯」；董氏認爲《春秋》是藉魯史來呈現王者禮制之典範，並非以「魯」爲歷史上繼周之王朝。同時，何休謂隱公爲「始受命王」，然而，董氏春秋學所言之受命，並非只有「王」才有受命。如：

> 人之受命於天也，取仁於天而仁也。是故人之受命天之尊，父兄子弟之親，有忠信慈惠之心，有禮義廉讓之行，有是非逆順之治，文理燦然而厚，積知廣大有而博，唯人道爲可以參天。（〈王道通〉）

> 唯天子受命於天，天下受命於天子，一國則受命於君。（〈爲人者天〉）

雖然，董氏認爲天子受命於天，但董氏從未云「天以王授命於魯」。董氏甚至還認爲「至德以受命」、「以德爲序」，在眾多的受命之君裡，魯公應該避「齊桓」、「楚莊」，其〈觀德〉云：

> 至德以受命，豪英高明之人輻輳歸之。高者列爲公侯，下至卿大夫，濟濟乎哉，皆以「德」序：是故……召陵之會，魯君在是，而不得爲主，避齊桓也。魯桓即位十三年，齊、宋、衛、燕舉師而東，紀、鄭與魯戮力而報之，後其日，以魯不得偏，避紀侯與鄭屬公也。《春秋》常辭，夷狄不得與中國爲禮。至邲之戰，夷狄反道，中國不得與夷狄爲禮，避楚莊也。邢、衛，魯之同姓也，狄人滅之，《春秋》爲諱，避齊桓也。

何休以隱公爲始受命王，並認爲：滕、薛因爲先朝隱公而獲得稱「侯」，與董氏之說完全不相應。

何休《解詁》在隱公七年，也有談到滕稱「侯」的原因，仍然是「《春秋》託新王受命於魯」的觀點：

◎隱公七年

經：春，王三月。滕侯卒。

（傳）：何以不名？微國也。微國則其稱侯何？不嫌也。《春秋》貴賤不嫌，同號；美惡不嫌，同辭。

【何休解詁】：若繼體君亦稱即位，繼弒君亦稱即位，皆有起文，
美惡不嫌，同辭是也。滕，微國。所傳聞之世未可「卒」，所
以稱「侯」而「卒」者，《春秋》王魯，託隱公以爲始受命王，
滕子先朝隱公，《春秋》褒之以禮，嗣子得以其禮祭，故稱「侯」
見其義。

首先，何休云：「所傳聞之世，未可『卒』」並不符經文之事實。隱公三年「宋
公和卒」、隱公八年「蔡侯考父卒」、桓公五年「陳侯鮑卒」……等，都是「所
傳聞世」記卒之經文。此外，何休認爲：滕子先朝隱公，《春秋》褒之以禮，
嗣子得以其禮祭，所以才稱「侯」。依照何氏的說法，既然「嗣子得以其禮祭」，
爲何滕侯之稱，《春秋》經文僅有隱公七年、十一年二次，餘皆作「滕子」？
而薛國之稱「侯」，只有隱公十一年一次，餘皆作「薛伯」，這又該如何解釋
呢？莊公三十一年經文「夏，四月，薛伯卒」，何休《解詁》云：

◎莊公三十一年

　經：夏，四月，薛伯卒。

【何休解詁】：「卒」者，薛與滕俱朝隱公，桓弒隱而立，滕朝桓
公，薛獨不朝，知去就也。

〔徐彥疏〕：「『卒者』至『去就也』」。解云：所傳聞之世，小國卒，
例不合書，而今書之，故解之耳。言薛與滕俱朝隱公者，即
隱十一年「滕侯、薛侯來朝」是也。言「滕朝桓公」者，即
桓二年「滕子來朝」是也。言知去就者，謂知去惡就善矣。

何休並沒有解釋薛稱「侯」的問題，只討論經文記薛伯之「卒」，是因爲桓公
弒隱公而立，薛不朝桓公，「知去就也，故書卒」；這樣的解釋是難以說得通
的，因爲經文記「薛伯卒」，並不只莊公三十一年這一次。以卒葬禮制來看，
經文四次的「薛伯卒」記載〔註56〕，只有莊公三十一年這一次記事未書寫「葬」
及「謚號」，何以說是褒揚薛「知去就」呢？何休在隱公七年《解詁》發凡「所
傳聞世，未可『卒』」之說，對照經文的記載卻不時有出例的情況；何氏如此

〔註56〕《春秋》薛伯卒葬記事一覽表

薛	莊31	夏，四月，薛伯卒。	薛	昭31	夏，四月丁巳，薛伯穀卒。秋，葬薛獻公。
薛	定12	春，薛伯定卒。夏，葬薛襄公。	薛	哀10	薛伯寅卒。秋，葬薛惠公。

巧辯莊公三十一年經文記載「薛伯卒」，不過是要爲自己的條例作緣飾罷了。

關於滕侯稱「侯」的原因，董、何二人看法不相同，在有關滕國國君卒葬記事的經文解義上，何氏亦有獨特的看法：

◎成公十六年

經：夏，四月，辛未，滕子卒。

【何休解詁】：滕始卒於宣公，日于成公，不名。邾婁始卒于文公，日于襄公，名。俱葬于昭公，是以知滕小。

何休既然以經文對滕國與邾婁國的記載作比較，並且以此來論二國之大小。我們在此亦同時列出滕國、邾婁國二國的《春秋》卒葬記事，就可以看出何休所論與經文不合的情形：

滕：

滕	隱 7	春，王三月，滕侯卒。	滕	宣 9	八月，滕子卒。
滕	成 16	夏，四月辛未，滕子卒。	滕	昭 3	春，王正月丁未，滕子泉卒。 五月，葬滕成公。
滕	昭 28	秋，七月癸巳，滕子甯卒。 冬，葬滕悼公。	滕	哀 4	秋八月甲寅，滕子結卒。 葬滕頃公。
滕	哀 11	秋，七月辛酉，滕子虞母卒。 冬，十有一月，葬滕隱公。			

邾婁：

邾婁	莊 16	邾婁子克卒。	邾婁	莊 28	夏，四月丁未，邾婁子瑣卒。
邾婁	文 13	邾婁子蘧篨卒。	邾婁	成 17	邾婁子貜且卒。
邾婁	襄 17	春，王二月庚午，邾婁子瞷卒。	邾婁	昭元	六月丁巳，邾婁子華卒。 葬邾婁悼公。
邾婁	定 3	三月辛卯，邾婁子穿卒。 秋，葬邾婁莊公。			

何休在隱公七年經文「滕侯卒」下《解詁》，爲了圓滿自己所云之「所傳聞世，未可卒」條例，而特別指出，「滕子」所以稱侯而卒，是因爲「滕子先朝隱公」。但是此處成公十六年「滕子卒」下，何休卻又說「滕始『卒』於宣公」，儼然全不顧之前隱公七年所記之「滕侯卒」經文。徐彥在此爲何休《解詁》所言作解釋：「《春秋》於所聞之世，始錄微國之卒」，認爲何休此處「滕子卒」所論，是專指「所聞世」而言。何休又謂邾婁始「卒」於文公，但是

《春秋》經文中，莊公十六年「邾婁子克卒」、莊公二十八年「夏，四月，丁，未邾婁子瑣卒」，這些在文公之前的經文，難道不是記邾婁國君之「卒」嗎？若誠如徐彥所云，此乃就「所聞世」而論，故曰：「滕始『卒』於宣公」、「邾婁始『卒』於文公」。那麼，何休所言「所傳聞之世，未可卒」者，隱公七年「滕侯卒」、二次莊公年間「邾婁子之卒」，又該如何解釋？

何休又云，滕、邾婁二國，經文皆於昭公年間（所見世）方書其「葬」，「是以知滕小」。徐彥疏之為：

> 然則《春秋》於所聞之世，始錄微國之卒，書「日」書「名」，明其
> 大小。滕子卒、葬，皆在邾婁之後，邾婁之君「名」於所聞之世，
> 于滕則未，是以知其小于邾婁也。

徐彥談到，以寫出國君之「名」的卒葬記事經文，在《春秋》內容出現的早晚，來論定國與國之間的大小？──這種說法恐怕須要存疑。我們由前文所論得知，卒葬書「名」與否，和「禮制」有關；卻與國之大小無關，更與所聞世、所見世無關。何休、徐彥因為自發凡的「三世異辭」條例，而曲解了經文，甚至刻意忽略、隱瞞經文行文之事實，其條例本身更漏洞百出，自相矛盾；可惜，凌曙、蘇輿二人，在注解《春秋繁露》時，涉及《公羊》經傳者，一律以何休《解詁》為持論，致使董氏春秋學全面《解詁》化，董氏治《春秋》之精要見解，遂蒙塵於世。

第三節 凌曙、蘇輿注本對何休《解詁》的看法與清代常州公羊學風有關

《春秋公羊經傳解詁》是何休在公羊學的代表作，《後漢書》儒林本傳有其書之記載，《隋書・經籍志》著錄為十一卷，清代阮元刻《十三經注疏》，其中的《公羊傳》注疏本，即是何休《解詁》與徐彥《疏》本。《春秋公羊經傳解詁》雖名為「解詁」，實則為何休政治理想、歷史進化觀的體現，何氏的公羊學理論在《春秋》史實的解釋上，亦往往以史實牽就其所自創的「三世異辭」條例。近人呂紹綱氏也認為：

> 何休的『三科九旨』，在其主要觀點上，歪曲了《春秋》和《公羊傳》的本義。它的思想，應該說，是屬於何休自己。〔註57〕

〔註57〕呂紹綱，〈何休公羊「三科九旨」淺議〉，《人文雜誌》，1986 年第二期。

董氏之學在西漢，與《公羊傳》之成書時間相近；何休之學在東漢，歷經史上四次今古文爭議之後；何休自述師承淵源，亦未提及董仲舒。但是清代治公羊學之學者，卻總是將何休《解詁》與《公羊傳》劃上等號，而董仲舒所治爲《公羊春秋》，因此，董學之中凡論及《公羊》一系之解經觀點時，清代學者便以何休《解詁》所論之《公羊傳》，去發凡董氏之學。例如康有爲在《春秋董氏學》卷二闡述董子「三世說」所言：

> 「三世」爲孔子非常大義，託之春秋以明之。所傳聞世爲據亂，所聞世託升平，所見世託太平。亂世者，文教未明也；升平者，漸有文教，小康也；太平者，大同之世，遠近大小如一，文教全備也。
> 〔註58〕

康氏論董氏之「三世」，暢談「所傳聞世爲據亂，所聞世託升平，所見世託太平」、「太平者，遠近大小如一」；這些論點都是何休《解詁》所言；董、何二人雖皆論《公羊》，但彼此義理思想卻有不同。康有爲氏持何休之論以大闡董氏春秋之學，看似大舉闡揚董氏春秋學，實質上卻是嚴重的斲害。

今存最重要的二本《春秋繁露》注本，是清代中葉以降的凌曙《春秋繁露注》和晚清宣統年間蘇輿的《春秋繁露義證》；由於是對《春秋繁露》的句義一一注解，影響所及便是當今學術界對董氏春秋學的基本認知和觀點看法。凌、蘇二注本，所採用之《春秋繁露》，爲盧文弨校刻本，然而盧文弨所校刻者，已是參酌何休《解詁》更易文字之後的結果。凌曙《春秋繁露注》更是以何休《解詁》等同於《公羊》，凡董氏論《公羊》經義之處，凌氏便直接引用何休《解詁》以說釋。至於實在無法解釋者，便以從略作結。蘇輿《義證》雖然已認爲凌氏注本「於董義少所發揮，疏漏繁碎，時所不免」（《義證·例言》），而多方引用如孫詒讓《札迻》、朱一新《無邪堂答問》等人之說同附存參。但畢竟仍是以凌注本爲底本加以更刪，凌注本引用何休《解詁》說釋董氏，蘇輿亦仍舊未脫於何氏學脈之外。二氏注本釋義有未合於董氏之學，本文前面二節已舉例論明，於此不再贅述。但是，引起我們好奇的是，以何氏《解詁》論據《公羊》、說釋董氏，似乎已成爲清代學者相沿的作風；以凌、蘇二氏而言，其注解《春秋繁露》理當於董氏之學深有所見，何以又如此未明於董、何二人之辨呢？本文在此將就凌、蘇二人之學承，以及董、何二人《公羊》義理之異同，去解答這個問題。

〔註58〕康有爲，《春秋董氏學》，北京：中華書局，1990 年 7 月，P28。

一、常州公羊學與凌曙之學承

晚清今文家的興起，一開始便是以《公羊》為中心，常州學派起於武進莊存與（方耕），他與戴東原同時，其時正處於宋學與漢學相互崢嶸的時期，莊存與想從公羊義理中，使宋學與漢學相結合，阮元在〈莊方耕宗伯經說序〉提到：莊氏「于六經皆能闡抉奧旨，不專專為漢、宋箋注之學，而獨得先聖微言大義于語言文字之外」〔註59〕。常州公羊學派起自於武進莊存與（方耕），邵晉涵、孔廣森曾經從其問學，他的姪子莊述祖直承莊氏之學，述祖的外甥宋翔鳳及劉逢祿更樹立常州的學風，繼劉、宋二人之後有凌曙、龔自珍、魏源、戴望等輩宏揚其學說，常州之學到此時方為世人所注意。繼之有陳立、王闓運、邵懿辰、包慎言、劉寶楠、梅植之等人唱和其說，至廖平、康有為、梁啟超、譚嗣同、皮錫瑞等人出，公羊學更是喧騰一時。支偉成《清代樸學大師列傳》認為：〔註60〕

> 自武進莊方耕始治《公羊》，作《春秋正辭》，漸及群經，務明微言大義，不落東漢以下，一門並承其緒。申受、于庭復從而張之，海內靡然，號稱「常州學派」。

徐世昌在《清儒學案・方耕學案》下，述及劉逢祿之學承，謂其「恆以經義決疑事，為時所推重」、「為莊氏之甥」、「盡得其外家之傳」：

> （劉氏）於春秋獨發神悟。嘗謂：「諸經中知類通達，微顯闡幽者，厥為公羊一書。董氏之所傳，何邵公之所釋，微言大義，一髮千鈞」。於是，研精覃思，探原董生，發揮何氏，尋其條貫，正其統紀。為《何氏釋例》十卷，又析其疑滯，為《何氏解詁箋》一卷。〔註61〕

而凌曙是劉逢祿的學生，凌氏之學案下亦有云：

> 乾隆嘉慶之際，治公羊學者，以巽軒孔氏、申受劉氏為大師，皆謹守何氏之說，詳義例而略典禮訓詁；曉樓蓋亦好劉氏之學者，而溯其源於董氏，既為《繁露》撰注，又別為《公羊禮疏》、《禮說問答》等書，實為何、徐功臣。〔註62〕

〔註59〕見莊存與《味經齋遺書》光緒八年重刊陽湖莊氏藏版，頁1。
〔註60〕支偉成，《清代樸學大師列傳》，湖南：岳麓書社，1986年，P235。
〔註61〕見徐世昌，〈方耕學案〉下「方耕私淑・劉先生逢祿」，《清儒學案・三》卷七十五，台北：世界書局，1979年，頁1。
〔註62〕見徐世昌，〈曉樓學案〉，《清儒學案・六》卷一三一，台北：世界書局，1979年，頁1。

可見，清代常州學派以何氏義例之學治公羊，並非自凌曙始，而是與凌氏之師承有關。凌曙之師劉逢祿亦已「探原董生，發揮何氏」，倡言「董氏之所傳，何邵公之所釋」，將董、何二人的春秋學統合而視。我們由劉氏之著作：《春秋公羊經傳何氏釋例》、《公羊春秋何氏解詁箋》，就可以看出劉氏治學的重點在於發揚何休之學。劉逢祿在《公羊春秋何氏解詁箋・敘》即說：

> 何君生古文盛行之日，廓開眾說，整齊傳義，傳經之功，時罕其匹。

〔註63〕

在《春秋公羊經傳何氏釋例・敘》亦謂何休傳經之功云：

> 東漢之季，鄭眾、賈逵之徒，曲學阿世，扇中壘之毒焰，鼓圖讖之妖氛，幾使義彎重縉，昆侖絕紐。賴有任城何邵公氏修學，卓識審決，白黑而定，尋董、胡之緒，補莊、顏之缺；斷陳元、范升之訟；鍼明赤之疾，研精覃思十有七年，密若禽墨之守禦，義勝桓文之節制，五經之師，罕能及之。〔註64〕

常州公羊學派真正建立董、何學術以為統緒，使《春秋》學風氣重新彰顯，今文經學全面復甦的關鍵人物是劉逢祿〔註65〕。然而，我們也可以清楚看到，劉逢祿對何休推崇備至，所謂的「探原董生」，實以「發揮何氏」為目的。錢穆先生就已經清楚指出：

> 晚清今文經師所以張大其說者，尤恃何休之《春秋公羊解詁》，以為今文博士微言大義所賴以存。〔註66〕

在這個情況之下，董氏春秋學雖名獲顯揚，然於探求董氏經學的文旨原貌，無疑雪上加霜。《清儒學案》明白指出：凌氏為《春秋繁露注》，又別為《公羊禮疏》、《禮說問答》，「實為何、徐功臣」。而凌曙對何休之學的垂青，是來自於其師劉逢祿。包世臣為凌曙所撰之墓表也寫道：

> （凌氏）後聞武進劉申受，論何氏公羊春秋而好之，及入都為阮文達校輯經郭，盡見魏晉以來諸家春秋說，深念春秋之義存於公羊，

〔註63〕劉逢祿，《公羊春秋何氏解詁箋》（《皇清經解》卷一二九〇），台北：漢京出版社，1980年，頁1。
〔註64〕劉逢祿，《春秋公羊經傳何氏釋例》（《皇清經解》卷一二八〇），台北：漢京出版社，1980年，頁2。
〔註65〕詳見鄭卜五，〈常州學派「群經釋義公羊化」學風探源〉，中研院文哲所「清代乾嘉學術經學研討會」，2000年3月。
〔註66〕錢穆，〈東漢經學略論〉，《中國學術思想史論叢》（三），台北：東大出版社，1985年10月三版，P46。

而**公羊之學傳自董子，董子《春秋繁露》**，「識禮義之宗，達經權之
用，行仁爲本，正名爲先，測陰陽五行之變，名制禮作樂之原，體
大思精，推見至隱，可謂善發微言大義者」（括號内見於凌曙〈繁露
注序〉）；然旨奧辭賾，未易得其會通。**淺嘗之夫，橫生訾議，經心
聖符，不絕如縷。**乃博稽旁討，承意儀志，梳其章、櫛其句，爲注
十七卷。〔註67〕

凌氏對於董氏春秋學的整體印象是正確的。他也看出，《春秋繁露》的價值與
內涵在於：「識禮義之宗，達經權之用，行仁爲本，正名爲先」；但是卻擺脫
不了何休「三世異辭」條例的思維模式，以至於在實際論釋董學之《春秋》
經義時，總是未能從《春秋》經傳本身去理解董氏所論；而逕於何休之公羊
《解詁》裡尋求問題的解答。誠如葉德輝〈與戴宣翹校官書〉所云：

劉中受之於《公羊》，……凌曉樓之於《春秋繁露》、宋于庭之於《論
語》，漸爲西京之學。魏默深、龔定盦、戴子高繼之，毅然破乾、嘉
之門面，自成一軍。〔註68〕

在清代常州公羊學風的影響下，凌曙對《春秋繁露》的注解，顯然是《解詁》
化之後的董氏學；若以董氏「原心定論」之說，評論凌曙之功過，誠如包世
臣在凌氏墓表所言，凌氏下筆的初衷乃是感於《春秋繁露》「體大思精，推見
至隱，可謂善發微言大義者」、「淺嘗之夫，橫生訾議」，基於不忍董氏之學爲
世所埋，遂「博稽旁討，承意儀志，梳章櫛句」。在學術史上，前修未密，後
出轉精，凌曙的注解喚起了後起學者對《春秋繁露》的注意，這一點是不容
抹煞的。

二、蘇輿對何休《解詁》的看法

劉逢祿追述何休義例之學，凌曙、宋翔鳳、戴望繼而附從，常州公羊學
之傳延漸成學派。劉師培〈戴望傳〉談到：

自西漢經師以經術飾吏治，致政學合一，西京以降，舊制久湮。晚
近諸儒振茲遺緒，其能特立成一家之言者，一爲實用學，顏習齋、
李剛主啓之；**一爲微言大義學，莊方耕、劉申受啓之**；然僅得漢學

〔註67〕 見徐世昌，〈曉樓學案〉，《清儒學案・六》卷一三一，台北：世界書局，1979
年，頁2。

〔註68〕 見蘇輿輯著，《翼教叢編》卷六，台北：台聯國風出版社，1970年12月，頁
128。

之一體，惟先生獨窺其全。故自先生（戴望）之學行，而治經之儒
得以窺六藝家法，不復以章句名物爲學，凡經義晦蝕者，皆一一發
其指趣，**不可謂非先生學派啓之也。**〔註69〕

自劉逢祿推衍何休《公羊》義例，開啓清代常州公羊學風之後，繼而宋翔鳳、
戴望等今文經學者競相立論以附從，風氣一開，乃至於晚清康、梁之士，援
經議政，僞經、改制之說終而引來諸多論難〔註70〕，其中以朱一新與康有爲
反覆論辯，最爲激烈〔註71〕。蘇輿也是這一波論難的人士之一。

　　不過，蘇輿之所以作《春秋繁露義證》，並不是爲反對何休《解詁》公羊
義例之學而發，而是針對康有爲僞經、改制之說。所以這一波論難，雙方仍
然是在等同董、何二人公羊學說的立場下而各自抒發議論。蘇輿在《春秋繁
露義證・例言》中說得很清楚：

　　　何休序《公羊解詁》云：「往者略依胡毋生條例，多得其正。故遂隱
　　　括，始就繩墨。」而無一語及董。條例當是「五始」、「三科」、「九
　　　旨」、「七等」、「六輔」、「二類」、「七缺」之說〔註72〕。究其「義」，

〔註69〕劉師培，《劉申叔先生遺書》中《左盦外集》卷十八（台北：華世出版社，1975
　　　年4月）冊三，頁4。
〔註70〕如朱一新、張之洞、蘇輿、葉德輝、王國維、章炳麟、劉師培等，亦紛就康氏
　　　僞經、改制之說，摘發備至。詳參蘇輿《翼教叢編》、及章、劉諸人專著。
〔註71〕朱氏有感於劉、宋、戴、康輩恣逞胸臆，援《公羊》以釋群經之穿鑿無理，
　　　乃於答康長孺諸書中，辯論詳盡。朱氏《佩弦齋文存》以爲，「六經各有大義，
　　　亦各有微言，故十四博士各有家法；通三統者，《春秋》之旨，非所論於《詩》、
　　　《書》、《易》、《禮》、《論語》、《孝經》也。孔子作《春秋》，變周文，從殷質，
　　　爲百王大法，素王改制，言各有當，七十子口耳相傳，不敢著於竹帛，聖賢
　　　之愼蓋如此。」（收入《拙盦叢稿》，台北：文海出版社，卷上，頁12）。又《無
　　　邪堂答問》亦認爲，若劉、宋、戴之徒，「蔓衍支離，不可究詰，凡群經略與
　　　《公羊》相類者，無不旁通而曲暢之；即絕不相類者，亦無不鍛鍊而傅合之」，
　　　實乃「憑臆妄造，以誣聖人，二千年來經學之厄，蓋未有甚於此者也。」（台
　　　北：世界書局，1963年，卷一，頁25）
〔註72〕根據隱公元年《解詁》徐彥疏，我們可以得知這些何休「條例」專有之名稱，
　　　其內容是：
　　　「五始」：元年、春、王、正月、公即位。
　　　「三科九旨」：「新周、故宋、以春秋當新王」此一科三旨。「所見異辭、所聞
　　　異辭、所傳聞異辭」此二科六旨。「內其國而外諸夏、內諸夏而外夷狄」此三
　　　科九旨。
　　　「七等」：州、國、氏、人、名、字、子。
　　　「六輔」：公輔天子、卿輔公、大夫輔卿、士輔大夫、京師輔君、諸夏輔京師。
　　　「二類」：人事、災異。

> **與此合者十實八九。**胡毋生與董同業，殆師説同也。兹開爲采入，以證淵源。

顯然，蘇輿在注解《春秋繁露》時亦已發現，《春秋》二百四十二年記事，在《春秋繁露》裡已經發凡討論者，多數亦爲何休《解詁》援以論據，改換成何氏的三世異辭條例。董氏在西漢，何休在東漢。董氏云公羊傳文「三世」爲「見三世、聞四世、傳聞五世」，何休則同於董氏所論，另加以「亂世、升平世、太平世」。董氏言「三統」、言「以《春秋》當新王」、言「王魯」，何氏亦談完全相同的命題，卻以「受命於魯」、「隱公爲始受命王」加附於上（詳見下列「董仲舒、何休公羊學説略表」）。

表二十：董仲舒、何休公羊學說比較一覽表

公羊傳所談及者 （秦末漢初成書）	西漢董仲舒 （192～104 B.C.）〔註73〕	東漢何休 （約129～182 A.C.）〔註74〕
	六「科」： 1. 誌得失之所從生，而後差貴賤之所始。 2. 論罪源深淺，定法誅，然後絕屬之分別。 3. 立義定尊卑之序，而後君臣之職明。 4. 載天下之賢方，表廉義之所在，則見複正。 5. 幽隱不相逾，而近之則密。 6. 萬變之應無窮者，故可施其用於人，而不悖其倫。 十「指」： 1. 一指：「事之所繫也，王化之所由得流也。舉事變見有重焉。（百姓安）」 2. 二指：「見事變之所至者。（得失審）」	三「科」九「旨」： 「新周、故宋、以春秋當新王」此一科三旨。 「所見異辭、所聞異辭、所傳聞異辭」此二科六旨。 「內其國而外諸夏、內諸夏而外夷狄」此三科九旨。

「七缺」：夫之道缺、婦之道缺、君之道缺、臣之道缺、父之道缺、子之道缺、周公之禮缺（望祀不修）。

這些義例專名，未見於董氏。董氏春秋學並不講究所謂的「義例」。

〔註73〕董氏之生卒年，採用王永祥氏《董仲舒評傳》（南京：南京大學，1995 年 5 月，P60）之考證。

〔註74〕據黃樸民氏《何休評傳》（南京：南京大學，1998 年 12 月，P36），依《後漢書·儒林傳》相關事蹟考證而得。

	3. 三指：「因其所以至者而治之。（事之本正）」 4. 四指：「強幹弱枝，大本小末。（君臣之分明）」 5. 五指：「別嫌疑，異同類。（是非著）」 6. 六指：「論賢才之義，別所長之能。（百官序）」 7. 七指：「親近來遠，同民所欲。（仁恩達）」 8. 八指：「承周文而反之質。（化所務立）」 9. 九指：「木生火，火爲夏，天之端。（陰陽四時之理相受而次）」 10. 十指：「切刺譏之所罰，考變異之所加，天之端。（天所欲爲行矣）」	
所見異辭、所聞異辭、所傳聞異辭。	《春秋》分十二世以爲三等：有見，有聞，有傳聞。	於所傳聞之世，見治起於衰亂之中。 於所聞之世，見治升平。 至所見之世，著治太平。
	見三世，有聞四世，有傳聞五世。 哀、定、昭，君子之所見也。 襄、成、文、宣，君子之所聞也。 僖、閔、莊、桓、隱，君子之所傳聞。所見六十一年，所聞八十五年，所傳聞九十六年。	所見者，謂昭、定、哀。己與父時事。所聞者，謂文、宣、成、襄。王父時事。所傳聞者，謂隱、桓、莊、閔、僖，高祖、曾祖時事。
	於所見，微其辭。 於所聞，痛其禍。 於傳聞，殺其恩。（〈楚莊王〉）	所見之世，恩己與父之臣尤深。 於所聞之世，王父之臣恩少殺。 於所傳聞之世，高祖、曾祖之臣恩淺。
	《春秋》應天作新王之事。王魯	《春秋》王魯，託隱公以爲始受命王。（隱公元年《解詁》）
新周	絀夏、新周、故宋。（〈三代改制質文〉）	孔子以春秋當新王，上黜杞，下新周而故宋。（宣公十六年《解詁》）
	以春秋當新王。（〈三代改制質文〉）	春秋託新王，受命於魯。（隱公元年《解詁》）
經：「隱公元年春王正月」 傳：「王者孰謂？謂文王也，曷爲先言王，而後言正月，王正月也。」	（文王）王者必受命而後王。王者必改正朔，易服色，制禮樂，一統於天下，所以明易姓，非繼人，通以己受之於天也。王者受命而王，制此月以應變，故作科以奉天地，故謂之王正月也。（〈三代改制質文〉）	文王，周始受命之王，天之所命，故上繫天端，方陳受命，制正月，故假以爲王法。（隱公元年春王正月《解詁》） 統其正朔，服其服色，行其禮樂，所以尊先聖、通三統。（隱公三年春王二月《解詁》）

	三正以黑統初：斗建寅。物見萌達。其色黑。昏禮逆於庭。日分平明，平明朝正。 正白統者：斗建丑。物初芽。其色白。昏禮逆於堂。故日分鳴晨，晨朝正。 正赤統者：斗建子。物始動。其色赤。昏禮逆於戶。故日分夜半，夜半朝正。（〈三代改制質文〉）	夏以斗建寅之月爲正，平旦爲朔，法物見，色尚黑。 殷以斗建丑之月爲正，雞鳴爲朔，法物牙，色尚白。 周以斗建子之月爲正，夜半爲朔，法物萌，色尚赤。（隱公元年春王正月《解詁》） 禮所以必親迎者，……夏后氏逆于庭，殷人逆于堂，周人逆于戶。（隱公二年《解詁》）
	春秋之所治，人與我也，所以治人與我者，仁與義也，以仁安人，以義正我，……是故春秋爲仁義法，仁之法在愛人，不在愛我；義之法在正我，不在正人……以仁治人，義治我，躬自厚而薄責於外，此之謂也。（〈仁義法〉）	「內逆女常書，外逆女但疾，始不常書者，明當先自正，躬自厚而薄責於人，故略外也。」（隱公二年《解詁》） 於內大惡諱，於外大惡書者，明王者起，當先自詳正，內無大惡，然後乃可。（隱公十年《解詁》）

由上表可知：

1. 以「科」、「旨」等方式論《春秋》者，始自董氏。何休亦用之。

2. 以「十二世以爲三等」：「隱桓莊閔僖」、「文宣成襄」、「昭定哀」論《公羊》「所傳聞、所聞、所見」者，始自董氏。何休亦用之。

3. 以「絀夏、新周、故宋」、「春秋當新王」、「王魯」論《春秋》者，始自董氏。何休亦用之。

4. 以「應天受命」論《春秋》者，始自董氏。何休亦用之。

5. 以「三色統——正朔、符色、禮樂」（黑白赤）論《春秋》者，始自董氏。何休亦用之。

6. 以「人我關係——躬自厚而薄責於外」論《春秋》「內外之別」者，始自董氏。何休亦用之。

然而，何休於《解詁》竟絕口不提董氏，也未言其本師羊弼；而逕稱一《史記》、《漢志》均所未載的「胡毋生條例」，並且以「略依」閃爍其詞〔註75〕。學術史上便多有牽合董氏與胡毋生關係者，以解釋何休之學與董氏

〔註75〕 關於何休治《公羊春秋》的學術傳授淵源，《後漢書‧儒林傳》謂何休：「與其師博士羊弼，追述李育意以難二傳（指《左傳》、《穀梁傳》）」。羊弼是史籍記載中唯一留下姓名的何休受業之師，但羊弼在《後漢書》中無傳，其學術門派與主要事蹟均湮沒無聞，且在何休所撰寫的《春秋公羊經傳解詁‧序》中，亦未曾提及其師羊弼，使我們無法清楚何休治《公羊》的直接傳授淵源。

－502－

的雷同性〔註76〕。前述凌曙即屬於此類〔註77〕。蘇輿的意見亦同於此，而謂：「究其義，與此合者十實八九。胡毋生與董同業，殆師說同也」。因此，在《春秋繁露義證‧例言》中，蘇氏就直接表明自己注解《繁露》時對於何休《解詁》的態度是「茲間爲采入，以證淵源」。

我們由上列簡表乍看之下，董、何二人公羊學論點似乎多有雷同，不過，究其實質，何休所言旨要卻與董氏大不相同，例如董氏所云之「受命」，乃「承受」於天；何休所云之「受命」，卻是「授命」予魯。董氏所云之「王魯」，乃「緣魯以言王義」；而何休所云之「王魯」，卻是「隱公爲始受命王」，逕以魯爲一王朝。董氏以「時代遠近、史料詳略」論《公羊傳》「三世異辭」，何休卻以「君恩之殺」倡言「三世異辭」爲「條例」。故友張廣慶氏曾據《白虎通義》所引用之尚書大傳、禮記大傳指出：「（何休）公羊解詁中，涉及禮義之訓釋者，頗多與白虎通相合者，蓋爲何休詁傳解經所本，其中取於公羊春秋說者尤多」（P19）〔註78〕的爲確論。不過，本文所懷疑的是，即便何休之

又《解詁‧序》云：「往者略依胡毋生《條例》，多得其正。」徐彥疏解曰：「胡毋生本雖以《公羊》經傳傳授董氏，猶自別作《條例》，故何氏取之以通《公羊》也。雖取以通傳意，猶謙未敢言己盡得胡毋之旨，故言『略依』而已。」可疑的是何休所云之胡毋生《條例》，在史傳上並沒有任何的記載，連《漢書‧藝文志》亦未著錄。所以徐彥又把董氏之學牽連於胡毋生，如此一來，便可以將何休公羊學的根源依附於董氏春秋之學述。

〔註76〕除上述之徐彥外，後人論兩漢公羊學，多有以董仲舒、何休之間有傳承的關係。如《文獻通考‧經籍志》引晁氏曰：「戴宏序云：子夏傳之公羊高，高傳其子平，平傳其子地，地傳其子敢，敢傳其子壽，至景帝時，壽乃與弟子胡毋子都著以竹帛。其後傳董仲舒，以公羊顯於朝，又四傳至何休，爲經傳集詁，其書遂大傳。」（卷九，頁225）這是晁氏將戴序與徐疏合說，因此認爲董仲舒是何休的先師。近人賴炎元亦指稱：「何休於建五始、張三世、存三統、異內外之說，與董仲舒不異，其論災異，亦多與董氏同。何休於《春秋公羊經傳解詁‧序》云：『往者略依胡毋生《條例》，多得其正。』據此，皮錫瑞《經學通論》亦稱：『胡毋、董生之學，本屬一家。』其說信而有徵矣，故謂何休之學，出於胡毋生可也，謂其本諸董仲舒亦可也。」（賴炎元，〈董仲舒與何休公羊學之比較〉，《南洋大學學報》第三期，P77）

〔註77〕凌曙《春秋繁露注‧自序》：「自高至壽，五葉相承，師法不墜，壽乃一傳而爲胡毋生，再傳而爲董仲舒」。

〔註78〕張廣慶指出：
◎白虎通義：『王者受命，必改朔何？明易姓，示不相襲也。名受之於天，不受之於人，所以變易民心，革其耳目，以助化也。故大傳曰：「王者始起，改正朔，易服色，殊徽號，異器械，別衣服。」』
此引禮記大傳：『立權度量，考文章，改正朔，易服色，殊徽號，異器械，

說乃取於「公羊春秋說」而來，「春秋說」、《白虎通義》二者時代皆晚於董氏，何休既自云上溯於胡毋生，何以隻字未及於董氏呢？倘若，何休所居之年代，董氏之著作，時人尚可得而覽之，以何休所論與董氏公羊春秋面貌之近似，何休卻略而不提，則其中必有可疑。

時代稍早於何休的班固（32～92 A.C.）《漢書》卷五十六〈董仲舒傳〉曾提及「仲舒所著……說春秋事得失，聞舉、玉杯、繁露、清明、竹林之屬，復數十篇十餘萬言，皆傳於後世」，《漢志》亦有「公羊董仲舒治獄十六篇，董仲舒百二十三篇」之錄，卻完全未見有何氏所謂「胡毋生條例」者。與《漢書》成書時間相近的王充（27～96 A.C.）在《論衡》中亦多處提及董氏之春秋學，〈程材〉並云：「儒生善政，大義皆出其中，董仲舒表《春秋》之義，稽合於律，無乖異者」。又史載東漢明帝馬皇后（馬援之女）「善董仲舒書」〔註79〕，馬皇后崩於建初四年六月（79 A.C.），可見東漢時，董氏之書確有流傳，何休不至於全然未聞。更何況，《後漢書·儒林傳》明載「（何休）與其師博士羊弼，追述李育意以難二傳」，而何休卻於《解詁》自序僅提到：「往者略依胡毋生《條例》，多得其正，故遂隱括，使就繩墨焉。」，似乎不願意自述師承。既然有意隱瞞師承，那麼，何休所提到的遠述「胡毋生《條例》」，不得不使人懷疑，是否也是一種假託？「此地無銀三百兩」，故意轉移目標，藉託於胡毋生，而實質上卻是取董仲舒之學，益以自己所發明的「君恩之殺」

別衣服，此其所得與民變革者也。』（卷三十四，頁4）春秋繁露三代改制質文第二十三云：『王者必受命而後王……故謂之王正月也。』繁露異於大傳者，乃增王命受之於天也。……解詁與繁露，白虎通咸以王命受之於天，而不受之於人：是何氏論改朔之義，蓋本通義公羊春秋而來。（P33）

◎白虎通義：『尚書大傳曰：「……夏以十三月為正，色尚黑，以平旦為朔；殷以十二月為正，色尚白，以雞鳴為朔，周以十一月為正，色尚赤，以夜半為朔。……」』
公羊隱公元年解詁：「夏以斗建寅之月為正……周以斗建子之月為正，夜半為朔，法物萌色尚赤」何休蓋本尚書大傳為說而增飾其辭也（P34）。（張廣慶，《何休春秋公羊解詁研究》，台灣師範大學國文研究所碩士論文，1989年5月，P19～34）
本文認為，縱然《禮記》、《尚書》已有「改朔」、「三正」之論，然而，以之解義《春秋》，乃至《公羊春秋》者，董仲舒仍是第一人。何休論點用語與董氏極相仿，無論如何，何休無法推說「不識董氏」。

〔註79〕《後漢書·皇后紀》第十上：「（馬皇后）能誦易，好讀春秋、楚辭，尤善周官、董仲舒書」。（《新校後漢書》，台北：世界書局，1973年，第一冊，P409）

——「三世異辭」，成為《解詁》裡所倡言之「義例」？〔註80〕

何休重視以「例」作「繩墨」，來闡發《公羊》義理，他以「例」作為準繩，將自己的公羊學理論系統化和條理化，全面確立了後世公羊學者動輒援引的「義例」〔註81〕。本文相信，以「義例」解經，依附於胡毋生，藉此以

〔註80〕蘇輿曾經有疑於此，問其師王先謙曰：「漢代公羊家宜莫先董氏，『何邵公釋傳不及董生一字』者何？」，王氏舉眭孟事告之（見王先謙，《春秋繁露義證·序》）。王氏之意，蓋懷疑何休是否因眭孟之事而諱言董氏之學。其後，蘇輿亦在〈自序〉闡述王氏之意云：「眭孟以再傳弟子誤會師說，上書昭帝，卒被刑誅。當時禁網嚴峻，其書殆如後世之遭毀禁，學者益不敢出。乃至邵公釋傳，但述胡毋，不及董生，階此故矣。」（蘇輿，《春秋繁露義證·自序》）眭孟之事見於《漢書·儒林傳》：「董生為江都相，自有傳。弟子遂之者，蘭陵褚大，東平嬴公，廣川段仲溫、呂步舒……唯嬴公守學不失師法，為昭帝諫大夫，授東海孟卿、魯眭孟。孟為符節令，坐說災異誅，自有傳」眭孟為嬴公弟子，其學承自董仲舒。又據《漢書·儒林傳》載：「嚴彭祖……與顏安樂俱事眭孟。孟弟子百餘人，唯彭祖、安樂為明，……孟死，彭祖、安樂各顓門教授。由是公羊春秋有顏、嚴之學。……彭祖竟以太傅官終。授琅邪王中，為元帝少府，家世傳業。中授同郡公孫文、東門雲。雲為荊州刺史，文東平太傅，徒眾尤盛」。《後漢書·儒林傳》何休本傳之前列有：「丁恭，字子然，山陽東緡人也，習公羊嚴氏春秋」、「周澤，字穉都，北海安丘人也，少習公羊嚴氏春秋，隱居教授，門徒常數百人」、「鍾興，字次文，汝南汝陽人也，少從少府丁恭受嚴氏春秋。」、「甄宇，字長文，北海安丘人也，清靜少欲。習嚴氏春秋，教授常數百人」、「樓望，字次子，陳留雍丘人，少習嚴氏春秋……教授不倦，世稱儒宗，諸生著錄九千餘人。年八十，永元十二年（100 A.C.），卒於官，門生會葬者數千人，儒家以為榮。」、「程曾，字秀升，豫章南昌人也。受業長安，習嚴氏春秋。」、「張玄字君夏，河內河陽人也。少習顏氏春秋」、「李育，字元春，扶風漆人也。少習公羊春秋。……建初四年，詔與諸儒論五經於白虎觀，育以公羊義難賈逵，往返皆有理證，最為通儒。」
可見，眭孟之後、何休之前，習嚴、顏之學乃為當時風氣，其徒眾遍天下。嚴、顏之學承自眭孟，上溯董仲舒。以諸生著錄達九千餘人的樓望而言，其卒於和帝永元十二年（100 A.C.），只早於何休（129～182 A.C.）三十年，何休不可能未聽聞董氏之學。同時，在眾多的春秋學者中，我們根本看不到任何「胡毋生條例」的記載。王先謙懷疑何休未提及董氏，是因為眭孟「坐說災異誅」之事。但是，以史書所載，眭孟之後、何休之前，天下儒生多有習嚴、顏之學者，並不避諱眭孟之事；何休實無諱言眭孟而「釋《傳》不及董生一字」之必要。

〔註81〕何休有關《公羊》經傳「義例」的代表作，另有《文諡例》，其原書早已亡佚，端賴徐彥《疏》在卷首部分予以徵引，使我們得以了解何休在公羊學義例方面的主要綱目，並可將它和《解詁》中的有關敘述、闡說，互相印證，而得到何休公羊學義例之梗概。

影響時人對其學承的評價和看法，這或許和時代、政治等因素（如：今古文經之爭、白虎觀論難）有密切的關係。這裡值得注意的是，何休這些解經「義例」，未必與經傳原旨相符。尤其是何氏既自稱遠紹於胡毋生，而完全未提到當時尚有聞名的董仲舒書，以及董氏後學——時下盛行的顏、嚴春秋學。尋繹何氏之心，顯然不願時人將他與董仲舒之學相牽合（或意欲於呶呶眾多的顏、嚴後學中異軍突起？）。越是如此，何休若干脫胎自董氏之詞句（或是襲取自董仲舒者），必定愈以己意更釋以掩飾之。疑似之際，以符合上契於胡毋生、又別於董仲舒之目的。而這「以己意改釋、別於董仲舒」的部分，便是何休公羊學實質上的發明。注解董仲舒《春秋繁露》若未分辨於此，不知審察董、何實質之異，逕一味以「新王」、「三世」等表面詞稱，視何休與董氏為等同；驚喜於何休《解詁》與董氏所論竟宛若「符節」〔註82〕，則往往輕易以何休《解詁》誤解董氏原意，甚至以何休《解詁》改校《春秋繁露》之文字。盧文弨、凌曙、蘇輿都屬於這一類人物。

　　事實上，清代學者亦有認為何休所論公羊學，應該與顏氏之學有關者〔註83〕，也就是說，未必從胡毋生、董仲舒去牽合，何休當時所盛行的顏氏春秋本來就是董學之後。然而，這對於解決本文所質疑的問題，並沒有幫助。我們同樣無法知道，何休為什麼在《解詁·自序》刻意述及自己春秋學的淵源，卻完全不提自己的本門師承？連《後漢書·儒林傳》所記的「其師博士羊弼」亦彷若了不相聞？

　　在學術思想史上，探述異者之「同」，有益於幫助我們尋繹其思想理路之所承由；探究同者之「異」，則有益於幫助我們找出每一位思想家不同的思想

〔註82〕劉逢祿在《春秋公羊經傳何氏釋例·自序》即謂：「祿束髮受經，善董生何氏之書若合「符節」。則嘗以為：學者莫不求知聖人。」（《皇清經解》卷一二八〇），台北：漢京出版社，1980年，頁2。

〔註83〕例如：惠棟認為，解詁注本是依照顏氏而來的。惠棟在《九經古義·公羊上》云：「公羊有嚴、顏二家，蔡邕石經所定者，嚴氏春秋也，何邵公所注者，顏氏春秋也。何以知之？以石經知之。石經載公羊云：「桓公二年，顏氏有所見異辭，所聞異辭」云云。是嚴氏春秋已見于隱元年，於此不復發傳也，今何本有之。又云：「顏氏言君出則已入」，此僖三十年傳也。又云：「顏氏無『伐而不言圍者，非取邑之辭也』」，今何氏本亦無，以此知何本所注者，蓋顏氏春秋也。」（卷三七一，頁1）

不過，亦有反對惠棟說法者，如：陳立《公羊義疏》即就惠棟認為解詁是採取顏氏春秋本的說法，加以辯駁說：「何氏亦不必為顏氏學，其本或偶與石經所記顏說合耳」。（卷七十八，頁9）

特質與學術成就。何休既然自述其學門乃紹自胡毋生以別於董仲舒，那麼，我們就不應該再迷惑於「董、何」之「同」，在「尋繹其思想理路之所承由」上打轉；更要避免以後人著作強釋前人之學所造成的誤解。而應該仔細辨別「董、何」之「異」，以還原二人不同的學術面貌。

「何休之學異於董氏」這個說法，可說和清代常州公羊學者的認知不相符，但是清代學者有人已洞見於此，江藩曾經分別從「史傳不載、注本偶合、公羊義例之學不同」三方面，提出論據。江藩《隸經文》「公羊先師考」云：

> 班書儒林傳亦不言子都、仲舒之師壽，第云：**胡毋生與董仲舒同業，仲舒著書稱其德，年老歸教於齊而已。同業者，同治公羊之學，未嘗云以經傳授董子也**。戴宏解疑論本之圖讖，乃無稽之談，而隋書經籍志、公羊疏、玉海皆引以為說，不信經史，而信圖讖，何哉？

江氏以《史記》、《漢書》的〈儒林傳〉都沒有胡毋生傳授董仲舒的記載，便以此斥駁戴宏序不可信；又說：

> 是前漢時，嚴、顏之學盛行，皆仲舒之學也。胡毋生之弟子公孫弘一人，餘無聞焉。爰及東京，多治嚴氏春秋，見於范書儒林傳者，則有丁恭，周澤……六人；治顏氏春秋者，張君夏一人，張氏兼說嚴氏、冥氏，亦非專治顏氏之學者。至於李育，雖習公羊，然不知其為嚴氏之學歟？顏氏之學歟？何休之師，則博士羊弼也；傳稱休與弼追述李育意……則休之學出於李育，無所謂嚴氏、顏氏〔註84〕矣。

《後漢書·儒林傳》記載眾多的顏、嚴學者；卻唯獨在李育本傳，未言及李氏之學承〔註85〕。江氏以李育的學承難以確定，因此不得臆測受學於顏、嚴，更不能上溯於董氏，江氏以此而反駁晁氏「董仲舒四傳而至何休」的說法。且江氏云：「繁露之言二端、十指，亦與條例之三科九旨迥異。」以董氏的二端、十指，與何氏的三科九旨不同，而認為「董、何二人『公羊「義例之學」』」往往不合」。

江藩致力於辨別董、何之「異」，謂董學與何休條例之學不同，這是正確的；但是不應忽略，董、何特質雖「異」，何休在董學之後論公羊學說，終究

〔註84〕江藩，《隸經文·公羊先師考》卷四，北京：中華書局，1985年，頁10～11。
〔註85〕詳見本文前注所引之《後漢書·儒林傳》顏、嚴學者本傳之文。「李育」，《後漢書·儒林傳》本傳只云：「少習公羊春秋」，未如其他人本傳之詳述「顏、嚴學派」。

無法擺脫董氏春秋學成就的事實（詳見前述「董仲舒、何休公羊學說比較一覽表」所列）。江氏單以何休「三科九旨」異於董學「二端、十指」為例，未免失之於片面，更何況，董學中早已用「六科」（〈正貫〉）、「十指」（〈十指〉）去談《春秋》；二百年之後的何休，以「三科九旨」論《公羊》，實際上，仍未出董氏以「科」、「旨」論《春秋》的方法之外。若云董、何二人時代相隔約有二百年之久，何休師承未必與董學相干，則更加讓人懷疑，既然二人相隔如此久遠，何以何休論述與董仲舒書如此神似？何以何休不以二百年為久，又自云遙契於時代比董仲舒略早的胡毋生？

　　蘇輿雖然是晚清論難康、梁的人士之一，卻不排斥公羊學。他在〈例言〉裡指出「究其義，與此（何休《解詁》）合者，十實八九」；並推崇董氏《春秋繁露》「微詞要義，往往而存，不可忽也。西漢大師說經，此為第一書矣」，他以為：何休《解詁》與董氏所論，「十實八九」經義相同，故而以何休《解詁》注解董書。《春秋繁露義證》這本書是蘇輿之師王先謙以公錢刊行，當時蘇輿已因病棄世，由蘇輿之妻舅託稿於王氏。王先謙在 1915 A.C.刊刻《春秋繁露義證》時，曾為之寫「序」，對於蘇輿引用何休《解詁》說釋有疑之處，酌予加「案」。例如本文之前已討論的《繁露・奉本》「緣魯以言王義」蘇輿案文之下，王案曰：

> 如董所云，則《春秋》託魯言王義，未嘗尊魯為王，黜周為公侯也。
>
> 何氏直云「王魯」，遂啓爭疑。

可以看出，王先謙是由學術思想之內容去考量董、何二人的差異；在「王魯」的議題上，看出由董氏所始言之「王魯」，到何休《解詁》已經有了不同的詮釋。從思想學術的內容，去明辨董、何之「同異」，這也是本文在這一章節所採用的方法。可惜，王氏在《春秋繁露義證》中的「案語」誠為吉光片羽，只在「蘇輿案」下偶一論之。或許是因為王氏乃蘇輿的老師，不便於已故門人之著作上茲加議論；也或許是另有不為人道的理由。王氏〈春秋繁露義證序〉有若干隱晦的文字，其中提及：

> 歲癸丑（1914 A.C.），（蘇厚菴）大病新愈，將赴會垣。余（王氏）贈以詩，有「溫故知新是我師」及「天為斯文留絕學」之句。並以公錢刊行其《春秋繁露義證》。嗣復以〈例言〉及〈董生年表〉來。十月，返其煙舟故居，忽與余有違言，音問遂絕。以甲寅（1915 A.C.）四月十四日故。其妻託楊芷園兄弟將《義證》稿來，又增一序文。

> 並言其展轉床褥，自悔前書錯謬。聞余得子，思爲詩以賀，未就。
> 余爲悽然。念厚菴從余數十年，言行素謹。前致之書，或亦久病傎
> 倒，不能自主，不足深論。其《義證》故可傳之書也。吾鄉魏默深
> 先生爲董氏春秋發微，未成。今厚菴復爾。……厚菴已矣，余更以
> 俟夫後之爲公羊學者。

我們無法得知蘇輿與其師王氏「忽有違言」，是否和《義證》的內容、或當時的學術論難有關；但是由王氏序文，我們可以得知今本《義證》〈例言〉及〈董生年表〉是蘇氏與王先謙氏「違言」之前所完成，今本《義證》〈蘇輿自序〉，則是之後蘇輿「自悔前書錯謬」，蘇氏故世之後，由其妻舅轉交給師長王先謙，以公錢助其刊印《春秋繁露義證》。蘇輿在〈例言〉與〈自序〉這二篇與王氏「違言前」、「違言後」寫作的文章中，態度有相當大的轉變，之前的〈例言〉云：

> 究其（何休《解詁》）義，與此合者十實八九。胡毋生與董同業，殆
> 師說同也。茲間爲采入，以證淵源。…此書凌氏曙始有注本，凌之
> 學出於劉氏逢祿，而大體平實，絕無牽傅。惟於董義，少所發揮，
> 疏漏繁碎，時所不免。……其可采者，仍加「凌云」以別之。各家
> 解釋，足資考證者，並爲收入。「與盧氏同參校者。爲趙曦明、江恂、
> 秦鱉、張坦、陳桂森、段玉裁、吳典、錢唐、秦恩復、陸時化、陳
> 兆麟、齊韶。錢有校語數條，今據盧本錄入。凌本所引莊侍郎**存輿**、
> 張編修**惠言**、劉庶常逢祿、李庶常兆洛、沈孝廉欽韓、鄧文學**立成**
> 說，亦並採用。**戴望**說，據孫詒讓札迻引；**朱一新**說，見無邪堂答
> 問及與某氏（康有爲）書」。〔註86〕

在這段文字下，蘇輿另特別以小字別爲指出：

> 光緒丁戊之間，**某氏**有爲《春秋董氏學》者，割裂支離，遺誤後學。
> 如董以傳所不見爲「微言」，而剌取陰陽、性命、氣化之屬，摭合外
> 教，列爲「微言」，此影附之失實也。三統改制，既以孔子《春秋》
> 當新王，則三統上及商周而止。而動云孔子改制，上託夏、商、周
> 以爲三統。此條貫之未晰也。鄞取乎莒，及魯用八佾，並見公羊，
> 而以爲口說，出公羊外，此讀傳之未周也。

〔註86〕這一段文字，自「與盧氏同參校者」以下，在王氏刊印時，皆以小字刊之。
究竟蘇輿原本即如此？或王氏刊本特別之編排？已無法考證。

可見蘇輿雖然針對康有爲而論難，責難康氏之《春秋董氏學》，但是這一波的論難與何休《解詁》無直接關係，而是針對康氏援經議政、改制諸說而來。所以，蘇輿對於張揚何休之學的常州公羊學者，並無責難之語，對於這些學者論公羊之說「亦並採用」。

但是，在與王氏因「違言」而「音問遂絕」半年後，蘇輿病故，其妻舅交付與王先謙的〈自序〉中，這個態度卻有了完全的改變。〈自序〉云：

> 國朝嘉道之間，是書大顯，綴學之士，亦知鑽研公羊。而如龔（自珍）、劉（逢祿）、宋（翔鳳）、戴（望）之徒，闡發要眇，頗復鑿之使深，漸乖本旨。承其後者，沿訛襲謬，流爲隱怪，幾使董生純儒蒙世詬厲，豈不異哉！

這一段對於常州公羊學者之嚴厲批評，「復鑿之使深，漸乖本旨。承其後者，沿訛襲謬，流爲隱怪」，不僅與蘇氏之前的〈例言〉不相應，也與蘇氏以凌曙注本爲底本而爲之《義證》，在實際內容與引文態度上不相符。我們無法得知蘇輿與王氏的「違言」肇因於何？王氏〈序〉中所說的（蘇輿）「前致之書，或亦久病僨倒，不能自主，不足深論」，究竟是何事？

由王氏之案語似乎可看出，王氏與常州公羊學風「合論董、何」的態度並不相同。是否論難之風最後亦及於何休《解詁》的檢討？這些答案，我們雖然無法得知，但是卻可以從中看出，清代學者以何休《解詁》去理解《春秋繁露》，是受到常州公羊學風的影響，因爲嗜善何休之《解詁》而上溯及於董仲舒之《繁露》；凌曙《春秋繁露注》即是如此。其後蘇輿的《春秋繁露義證》雖然未必依附常州公羊學餘緒，卻也同樣以「師說相同」去看待董、何之學；蘇輿《義證》沿承凌曙《注》爲底本，看到何休與董氏之「同」，卻未識二人之「異」；在董、何相異的內涵上，終而一併援何氏以解董氏。

本文以《公羊》經傳爲主軸，分別與董氏《繁露》、何休《解詁》所論相對照；一方面比較董、何二人所論與經傳原旨的差距；另方面也可以看出，董、何二人在公羊學義理思想上的發明，以及二人思想學說的同異。本文更希望能釐正今存二種《春秋繁露》注本的註解態度，在理解董氏春秋學時所造成的問題。這二種注本皆未能回歸經傳原文去論董氏，反而卻以何休《解詁》去發凡董氏之春秋學；董氏之《春秋繁露》至今仍未能獲得通釋，其所論之《春秋》經義、《公羊》義法始終蒙昧，乃至世人對董學的諸多批評，究其根本原因，緣由於何休《解詁》而來之誤解，該是最重要的關鍵因素。

第六章　董仲舒春秋學「滅國五十有餘，獨先諸夏」考義 —— 源於現存注本對「董仲舒春秋學解經方法」之誤解

　　董仲舒《春秋繁露・觀德》對於《春秋》經義大旨提出「惟德是親，其皆先其親」、「德等也，則先親親」的看法，董氏此處之「德」是指道德人品之「德」？亦或另有別的指涉？而所謂「親親」，應是指經文對於親疏遠近有所分別，董氏以「親親」為《春秋》義旨，並且藉此主題，摘舉《春秋》經文記事為例證，來抒發自己對經義的體會。〈觀德〉云：

> 至德以受命，豪英高明之人輻輳歸之。高者列為公侯，下至卿大夫，濟濟乎哉，皆以「德」序。……惟「德」是親，其皆先其親；是故周之子孫，其「親」等也，而文王最先；「四時」等也，而春最先；「十二月」等也，而正月最先。「德」等也，則先親親；<u>「魯十二公」</u>等也，而定、哀最尊；<u>「衛，俱諸夏也」</u>，善稻之會，獨先內之，為其與我同姓也；<u>「吳，俱夷狄也」</u>，柤之會，獨先外之，為其與我同姓也。<u>「滅國五十</u> [註 1] <u>有餘」</u>，獨先諸夏；<u>「魯、晉俱諸夏也」</u>，譏二名，獨先及之。<u>「盛伯、郜子俱當絕」</u>，而獨不名，為其與我同姓

〔註 1〕　蘇輿《春秋繁露義證・觀德》該段文字為「滅國十五有餘」，但劉師培《春秋繁露斠補》則作「滅國五十有餘」。本文按：在《春秋繁露》中，董氏曾數度提到「弒君三十六，亡國五十二」（如〈滅國〉、〈盟會要〉），董氏「滅國」意實同「亡國」，故應作「滅國五十有餘」當無誤。

兄弟也。「外出者眾」，以母弟出，獨大惡之，爲其亡母、背骨肉也。

「滅人者莫絕」，衛侯燬滅同姓獨絕，賤其本祖而忘先也。「親」等，

從近者始，立適以長，母以子貴先。

「惟德是親，其皆先其親」，這是董氏認爲的《春秋》義旨，所以他藉此來闡釋《春秋》經文：於周之子孫的地位來看，歷朝周王等級相同，而《春秋》以文王爲先；於季節的地位來看，四時的等級相同，《春秋》以春爲先；於一年月份的地位來看，十二個月份彼此之間等級相同，《春秋》以正月爲先；董氏認爲，這就是「以『德』爲序」（〈觀德〉）。如此說來，不只周之子孫——歷朝周王之間有其「德」，四季之間、月份之間，亦各有其「德」；我們可以明顯看出，此處之「德」，與先秦儒家所謂「道德品行」之「德」已有所不同。

除了「以『德』爲序」，董仲舒還提到「德等也，則先親親」；在序列次第之外，他認爲，若事物屬性之序位相當時，《春秋》經文更有「親親爲先」的作法。他以「魯十二公」、「衛，俱諸夏也」、「吳，俱夷狄也」、「滅國五十有餘」……等八項各有同類屬性的經文，依經文之旨意，在同屬性之經文中，尋繹其書寫方式和旨意的關係，以找出在事類相同的經文中，所有特殊的表達方式，並且在這些特殊的記載方式裡，闡發自己對經文的理解，試圖找出所謂的《春秋》義旨。董仲舒特別由「與魯國的親疏關係」上著眼解釋這些經文，以印證自己所謂的「德等也，則先親親」。

雖然董氏對《春秋》之發明，是以《公羊傳》對《春秋》的闡釋爲出發點，然而在親親的義旨上，對經文隱微之處的探討，董氏亦有個人見解，未必皆襲承於《公羊傳》。由於董氏所論，以陳述經義爲主，在《春秋繁露》的行文中，對所發凡的義法，未必明文指出是《春秋》經文哪一年哪一事，再加上漢代文章與今日睽違已久，董氏行文簡略，後代對於董氏之發凡，遂有旨義未明之處。歷來注解家對於董氏所論，乃至董氏所指爲何事，往往各有不同說法，至今仍未有一致。本文在此以〈觀德〉「滅國五十有餘，獨先諸夏」一句爲例，試圖從董氏所論之「德等」與「先親親」著墨，由董氏自云之義旨，檢視其所謂之「滅國五十有餘，獨先諸夏」，究竟該如何作正確的理解。

第一節　前人注解之若干疑點

董氏所云之「滅國五十有餘，獨先諸夏」，如何能看出有「德等也，則先親親」的義旨呢？《公羊傳》哀公十四年有云「撥亂世，反諸正，莫近諸《春

秋》」，「撥亂世，反諸正」的《春秋》又怎會在「滅國之德」上，以「獨先諸夏」來表現親親之意？

一、凌曙《春秋繁露注》對「滅國五十有餘，獨先諸夏」的解釋

《春秋繁露・觀德》：「德等也，則先親親；……滅國五十有餘，獨先諸夏」，清・凌曙《春秋繁露注》（「滅國五十有餘，獨先諸夏」句下）云：

> 首記齊師滅譚。是先記諸夏之滅人。〔註2〕

凌曙認爲《春秋繁露》所云之「滅國……獨先諸夏」，是「先記諸夏之滅人」；其言下之意，以爲《春秋繁露》所謂「滅國之事」，是指諸夏之滅人國。凌曙並以「齊師滅譚」作爲《春秋》經文記載「諸夏滅人」之首記，用來解釋《繁露》所言的「先諸夏」。

本文在此特別找出莊公十年「齊師滅譚」的《公羊》經傳，並輔以穀梁、左氏二傳，試圖了解凌曙用這則經文去注解《繁露・觀德》的原由。

◎莊公十年

> 經：冬，十月，齊師滅譚，譚子奔莒。
>
> （傳）：何以不言出？國已滅矣，無所出也。
>
> （左傳）：齊侯之出也，過譚，譚不禮焉。及其入也，諸侯皆賀，
> 　　　　　譚又不至。冬，齊師滅譚，譚無禮也。譚子奔莒，同盟故也。
>
> （穀梁傳無發論）

我們可以看到，在《公羊傳》傳文中，著重在「譚子奔莒」書寫方式的探討，也就是：經文何以記「譚子奔」而不記「譚子出」？在《公羊傳》，我們看不到傳文對「齊師滅譚」——也就是諸夏滅人之國，有任何的意見。《穀梁傳》對「齊滅譚」這件事也是無發論。至於《左傳》則認爲，是譚無禮在先，所以爲齊所滅，其中隱約透露「譚爲齊所滅」是理所當然的語意。然而，齊國只是諸侯國之一，並非周王，更何況只是因爲譚無禮，難道，就允許齊國以諸侯身份去滅譚？此處的《公羊》、《穀梁》二傳傳文，我們看不到相關意見，無由定論。《春秋》撥亂反正，《左傳》對「齊滅譚」的看法，當然只是《左傳》的意見，未必就是經文的原意；只是，在「齊師滅譚，譚子奔莒」八個字的經、傳裡，我們很難理解，凌曙何以援引這一則經文來注解《春秋繁露》之「德等也，則先親親。……滅國五十有餘，獨先諸夏」？齊爲諸夏之一員，

〔註2〕凌曙《春秋繁露注》，皇清經解續編，卷八六五～八八一，P9995。

「齊師滅譚」是《春秋》「諸夏滅人」之經文，當然沒有疑問，但是凌曙以此則記事爲爲《春秋》「『首記』諸夏之滅人」，而說釋《春秋繁露》「滅國五十有餘，獨先諸夏」這句話；使我們不禁有如下疑問：

1. 《春秋》始於隱公元年，而莊公十年的「齊師滅譚」果眞是經文裡「諸夏滅人」的第一則嗎？
2. 爲何三傳對這一則經文都沒有提到所謂的「親親」之義？
3. 歷史事實假若誠如《左傳》所言，譚國無禮在先，齊代表諸夏滅了譚，而經文直書「齊師滅譚」；這一切又與《春秋》的「親親之義」有何關係，致使董仲舒以這一條經文來發凡自己所云的「德等，則先親親」？

很顯然的，凌曙以莊公十年「齊師滅譚」這一則經文來注解《春秋繁露‧觀德》之「滅國五十有餘，獨先諸夏」，並沒有達到清楚詮釋《春秋繁露》文意的效果。

二、蘇輿《春秋繁露義證》之注解與凌曙不同

清末宣統年間，蘇輿在凌曙之後注解《春秋繁露》就已經發現，「齊師滅譚」並非《春秋》「『首記』諸夏之滅人」者。蘇輿在《春秋繁露義證》的〈觀德〉同句之下，所註引之經文與凌曙完全不同，蘇注云：

　　隱公二年「無駭帥師入極」，傳：「疾始滅也」。是先記諸夏之滅人。

二人除了援引的經文不同之外，蘇輿特別引出《公羊傳》傳文：「疾『始滅』也」，並重覆凌氏所說的同一句話：「是先記諸夏之滅人」，頗有更正凌曙註所云之意。

比較二人對《春秋繁露》的注解，很清楚可以看出，蘇輿所說的隱公二年「無駭帥師入極」，當然比莊公十年的「齊師滅譚」，諸夏滅人之國這件事要來得早，凌曙所引：莊公十年「齊師滅譚」，算不得是經文「滅國類」事件之「首記」。如果董氏所云之「滅國……獨先諸夏」，果眞是指「《春秋》經文先記諸夏之滅人」這個意思，那麼，應該如蘇輿所註，以隱公二年「無駭帥師入極」去注解，而非凌曙所說的莊公十年「齊師滅譚」。

然而，董仲舒說「滅國……獨先諸夏」這句話，其用意在於證明所云之《春秋》經文有「德等也，則先親親」之旨。如果順著蘇輿引用的這則隱公二年經文，去解釋董仲舒所謂的「德等也，則先親親」，那麼董氏這句話的語

意就是：

> 在滅國這一類事情上，《春秋》在隱公二年寫下經文裡的第一則滅國
> 事件，以示貶惡。由於這是魯國滅人之國。所以也可以看出親親的
> 意思。

董仲舒所治爲《公羊春秋》，如蘇輿所云，董氏「滅國五十有餘，獨先諸夏」
一句，若果眞是指隱公二年魯國滅極國這件事，那麼董仲舒《春秋繁露》在
這一則經文所發凡的義旨與《公羊傳》是否相同呢？

◎隱公二年

　　經：無駭帥師入極。〔註3〕

　　（傳）：無駭者何？展無駭也。何以不氏？貶。曷爲貶？疾始滅也。
　　　　始滅昉於此乎？前此矣。前此則曷爲始乎此？託始焉爾。曷
　　　　爲託始焉爾？《春秋》之始也。此滅也，其言入何？內大惡，
　　　　諱也。

關於無駭帥師滅人之國，《公羊傳》的看法爲何？在隱公八年「無駭卒」經文
之下，傳文也可以提供我們一些線索：

◎隱公八年

　　經：冬，十有二月，無駭卒。

　　（傳）：此展無駭也，何以不氏？疾始滅也，故終其身不氏。

對於經文之所以記載隱公二年「無駭帥師入極」這件事，《公羊傳》認爲經文
隱寓了「褒貶」之大義。「曷爲貶？疾始滅也。……託始焉爾。曷爲託始焉爾？
《春秋》之始也。」隱公二年所記的「無駭帥師入極」，在「諸夏滅人」的同
類事例來說，是《春秋》最早的「首記之文」，應當毫無疑問；凌曙、蘇輿二
位前人之注解，之所以都循著「先記諸夏之滅人」這個主題去找經文的事跡，
顯然，他們是針對董仲舒「滅國……獨先諸夏」這一句話而來。但是，二位
前輩卻同時都忽略了，董仲舒說「滅國……獨先諸夏」這句話的目的，是在
證明《春秋》有「先親親」的大旨。雖然，《公羊傳》在隱公二年「無駭帥師
入極」這件事強調了經文有貶惡「始滅」的意思，但是對照隱公二年傳文「此
滅也，其言入何？內大惡，諱也」，以及隱公八年傳文對展無駭的看法：「何

〔註3〕　除了《公羊傳》之外，此則經文之下，其餘二傳原文亦一併附列於此，以供
　　　　存參。《穀梁傳》：「入者，內弗受也。極，國也。苟焉以入，人爲志者，人亦
　　　　入之矣。不稱氏者，滅同姓，貶也。」《左傳》：「司空無駭入極，費庈父勝
　　　　之。」

以不氏？疾始滅也，故終其身不氏」，我們可以知道，《公羊傳》認為：《春秋》把這件事視為大惡；又因為事關魯國，所以，除了貶惡之外，經文在書寫時也刻意把「滅」的事實，寫成「入」，以為本國隱諱這樣的大惡；至於帥師的展無駭，《公羊傳》認為經文之所以終身不稱其氏，也是為了隱諱展無駭是魯國人。

在文字敘述上，《公羊傳》對這則經文的理解，完全沒有提到「親親」的字眼；由傳文的意思來看，假使《公羊傳》覺得經文有親親之意，那麼也應該是在《公羊傳》所說的「隱諱」這方面，而不是在「始滅」。《公羊傳》認為，因為「始滅」，所以經文特別記載它，以表示對這類事情的貶惡。可見，《公羊傳》對於經文而發的「疾始滅」，其意義在於「貶」而不是在「親親」，不應該用《公羊傳》的「疾始滅」來說明《春秋》經有「親親」之旨。

如此說來，假若董仲舒在〈觀德〉裡解釋「親親」的「滅國五十有餘，獨先諸夏」這一段話，可以用隱公二年「無駭帥師入極」這件事來注解，那麼「親親」也應該是指「內大惡，諱」（即經文以「入」字取代「滅」字的寫法），而不是指「『先記』諸夏之滅人」。凌、蘇二人的注解，皆以「先記諸夏之滅人」說釋「獨先諸夏」，顯然與董仲舒強調「親親」的旨意相忤。

三、「滅國五十有餘，『獨先諸夏』」，不應只是指某單一事件的經文記載

（一）與「滅國……獨先諸夏」指涉之事件有關的，應是《公羊傳》中的一組「經傳群」，而非單一事件。

凌、蘇二人都是直接用某一則經文，來指稱、注解「滅國五十有餘，獨先諸夏」這一句話，如果我們改變用單一事件之經文注解「滅國五十有餘，獨先諸夏」的這種方式，而從《春秋繁露·觀德》的文意來看；「滅國五十有餘，獨先諸夏」似乎是《春秋》經文書寫時的一項原則，而且，從「滅國五十有餘」的事例當中，還可以清楚看出董氏所說的《春秋》義法：「德等也，則先親親」，所以董仲舒才援之以作為論證。

關於董氏所謂的「獨先諸夏」，由於「諸夏」是一個集合名詞，並非單獨指某一國，既然事關「諸夏」，則由此可以推知，若在《春秋》經文中尋找董仲舒所云「滅國五十有餘，獨先諸夏」有關之事例，應該不只是單一則經文而已。而這一個經傳群組，它們的共同特徵就是：(1)與滅國事件有關。(2)

當事國與「諸夏」身份有關。(3)可看出以「諸夏爲先」的「親親之義」。

（二）核對經傳滅國事件之次數，無法循「五十有餘」之數目去找出
「滅國……獨先諸夏」所指稱爲何事。

有沒有可能從「五十有餘」這個數目，去理解「滅國……獨先諸夏」是
否有特別的指涉？

然而，董氏所謂之「滅國五十有餘」，在《公羊》經傳之滅國事件上，經
文未必以「滅」字書寫，還有用「入」、「圍」、「取」、「執」、「大去」等不同
的字眼來隱諱「滅」這件事者。也就是說，由經文和傳文分別去統計《春秋》，
在「滅」這個事件的次數統計上，將會得到不一樣的答案。這中間涉及了史
實考證的問題：是否誠如傳文所云，是爲了隱諱的緣故而不書「滅」？亦或
者，既然經文未書「滅」，一切只是傳文的誤解，該國根本沒有被滅，所以經
文才未書「滅」？文獻不足徵，不只是史實考證有困難，意圖憑藉「五十有
餘」的數字去理解董氏所謂的「滅國」，也同樣不可行。

此外，《春秋》經文中若干小國，往往在被滅之後又旋即復國，反覆之際，
整本《春秋》有關「滅」的事蹟，實際上亦無法得到精準的次數，再加上董
氏《春秋繁露‧觀德》這段話在文字版本上，亦有「十五」有餘或「五十」
有餘的爭議〔註4〕，所以更加無法從數字上去找出，足以解釋〈觀德〉文句的
線索。

綜合以上所言，我們可以得知，對於《春秋繁露‧觀德》「滅國五十有餘，
獨先諸夏」之解義，無法由字面語譯來證實董氏所謂的「親親之義」。而凌曙
所云之「先記諸夏之滅人」，更是無法合理的說釋所謂的「獨先諸夏」。

第二節　「滅國五十有餘，獨先諸夏」句義之辨

「滅國五十有餘，獨先諸夏」應該是由一群經文事件而歸納來的結論。
如果蘇輿所注引的隱公二年「無駭帥師入極」是恰當的，那麼，隱公二年的
這一條經文肯定也是這個經文群組中的一員。「無駭帥師入極」事關魯滅人之
國，魯是諸夏之一，毫無疑問；這件事與滅國事件有關也是沒有問題。假設
蘇輿這一條注解是正確的，那麼，我們只要從中找出此事件中的「親親之義」
所指涉的內容，就可以很容易的回到經文，把相同屬性的事件全找出來，如

〔註4〕詳見註1。

此，這一個足以解釋「德等也，則先親親……滅國五十有餘，獨先諸夏」的
經文群組就出現了。我們就可以很具體的知道董氏此語之所發，是源自於經
傳的那些事件。

一、蘇輿注引隱公二年「無駭帥師入極」詮解「滅國」一語，是否可印證董氏發凡的「親親」之旨？

以隱公二年「無駭帥師入極」的經文，去注解〈觀德〉「滅國五十有餘，
獨先諸夏」這一句話，對於理解董氏原意──藉此「滅國」事例以發凡其所
謂「德等也，則先親親」，是否有幫助？

三傳說釋這一則經文，都沒有提到「親親」二字，只有《公羊傳》所言
之「內大惡，諱」，可視為經文「親親」的表露。假若我們以隱公二年「無駭
帥師入極」這則經文去解釋董仲舒所云「滅國……獨先諸夏」的親親之旨，
那麼董氏此句話所謂的「親親」，應該是和「諱」有關係。

另外，有一點我們必須要認清的事實，就是：無論是「親親」或是「隱
諱」，這些都是「傳文」對經義的詮釋。由於經文書寫簡短，我們無法由傳文
所言去證實經文是不是真有此意？或是一切根本只是後世學問家對於經文的
「再發明」？在「春秋學」的領域裡，三傳傳文的解釋，主導了後世學者對
《春秋》經文的看法。後世所謂治《春秋》之學者，都是以傳文為立足之壤，
而後才各自開出燦爛的花朵。從三傳以後，凡所謂治《春秋》者，無論其人
對「經義」有如何的發明，溯其初始，莫不是藉由傳文之階以得窺經文之殿。
董仲舒於經義之發明，亦復如是。董氏如何以「滅國五十有餘，獨先諸夏」
去說明「德等也，則先親親」，我們既然難以理解，那麼，尋求解答的唯一途
徑，就是回到經、傳，找出董氏經義得以發凡的由來。

為了正確理解董氏的文意，本文特別製作「《公羊》經傳、《穀梁傳》『滅』
之記事一覽表」（詳見文末之表三），就《春秋》經與《公羊傳》原文裡，舉
凡出現滅國事件之處，即加以列引，並且與同為今文經的《穀梁傳》相關傳
文一併對照，以進一步判斷董氏所云之「滅國五十有餘，獨先諸夏」，經文與
《公羊傳》傳文在相類事件的記錄與說明上，有沒有「先親親」──「獨先
諸夏」的意味。

我們從表列資料中交叉比對，發現傳文在「滅」的事件中，同時認為經
文有「隱諱」者，只有下列九則：

表一：《公羊》經傳滅國事件『隱諱』一覽表

公羊經、傳	經	傳	經文側重點
隱公二年	無駭帥師入極。	……疾始滅也。……《春秋》之始也。此滅也，其言入何？內大惡，諱也。	魯滅極
莊公四年	紀侯大去其國。	大去者何？滅也。孰滅之？齊滅之。曷為不言齊滅之？為襄公諱也。《春秋》為賢諱。何賢乎襄公？復讎也。	紀被滅
莊公八年	夏，師及齊師圍成，成降于齊師。	成者何？盛也。盛則曷為謂之成？諱滅同姓也。曷為不言降吾師？辟之也。	魯、齊欲滅盛
僖公元年	齊師、宋師、曹師次于聶北，救邢。	救不言次，此其言次何？不及事也。不及事者何？邢已亡矣。孰亡之？蓋狄滅之。曷為不言狄滅之？為桓公諱也。曷為為桓公諱？上無天子，下無方伯，天下諸侯有相滅亡者，桓公不能救，則桓公恥之。……不與諸侯專封。……實與而文不與。……諸侯之義不得專封，則其曰實與之何？上無天子，下無方伯，天下諸侯有相滅亡者，力能救之，則救之可也。	邢，不及救，被滅
僖公二年	二年，春，王正月，城楚丘。	孰城之？城衛也。曷為不言城衛？滅也。孰滅之？蓋狄滅之。曷為不言狄滅之？為桓公諱也。曷為為桓公諱？上無天子，下無方伯，天下諸侯有相滅亡者，桓公不能救，則桓公恥之也。……不與諸侯專封也。……實與而文不與。……諸侯之義不得專封，則其曰實與之何？上無天子，下無方伯，天下諸侯有相滅亡者，力能救之，則救之可也。	衛被滅
僖公十四年	十有四年，春，諸侯城緣陵。	孰城之？城杞也。曷為城杞？滅也。孰滅之？蓋徐、莒脅之。曷為不言徐、莒脅之？為桓公諱也。曷為為桓公諱？上無天子，下無方伯，天下諸侯有相滅亡者，桓公不能救，則桓公恥之也。……不與諸侯專封也。……實與而文不與。……諸侯之義不得專封，則其曰實與之何？上無天子，下無方伯，天下諸侯有相滅亡者，力能救之，則救之可也。	杞被滅
僖公十七年	夏，滅項。	孰滅之？齊滅之。曷為不言齊滅之？為桓公諱也。《春秋》為賢者諱。此滅人之國，何賢爾？君子之惡惡也疾始，善善也樂終。桓公嘗有繼絕，存亡之功，故君子為之諱也。	齊滅項
昭公四年	九月，取鄫。	其言取之何？滅之也。滅之則其言取之何？內大惡，諱也。	魯滅鄫

哀公八年	春王正月，宋公入曹，以曹伯陽歸。	曹伯陽何以名？絕之。曷爲絕之？滅也。曷爲不言其滅？諱同姓之滅也。何諱乎同姓之滅？力能救之而不救也。	宋滅曹

　　董仲舒〈觀德〉云：「滅國五十，獨先諸夏」，凌、蘇二人皆以「諸夏之滅人」去解釋，然而，在滅國事件所談及的「諱」當中，《公羊傳》除了爲本國——魯國而隱諱之外，在《公羊傳》的說釋裡，是否曾有過因爲「諸夏」這個身分，而對「當事方」滅人之國的行徑加以隱諱呢？

　　蘇輿以隱公二年「無駭帥師入極」去注解《繁露‧觀德》「滅國……獨先諸夏」，無疑是以「內大惡，諱」（隱公二年傳），也就是《春秋》「隱諱」的筆法，去解釋董仲舒〈觀德〉所云的「德等也，則先親親」。但是，「內大惡，諱」的執行對象是魯國，董氏《繁露‧觀德》上下文意中的「先親親」，指的卻是「先諸夏」。除非我們可以在經傳的滅國事件中找到，因爲當事國有「諸夏的身份」而被傳文認爲經文寫法隱諱的若干事例，我們才可以認爲，董氏「滅國五十有餘，獨先諸夏」所說的「親親」，是指爲諸夏在滅國事件中隱諱。

　　然而，由上表我們可以見到，經傳對於滅國事件認爲有「隱諱」筆法者，可以清楚區分爲三類：「『內』大惡諱」、「爲『賢者』諱」、「爲『同姓被滅』未能相救而諱魯」。涉及這三類事件的，或有諸夏之國如：齊、魯者；但是它們之所以享有經文隱諱的寫法，並不是因爲「諸夏」身份的關係，而是另有關鍵因素：「親親」之義，這裏「親親」之義的表現，應當是在爲「內」而諱、因魯國未能搭救「被滅的同姓國」而爲魯諱，也就是說，「諱」的親親之義，是表現在爲「魯」，而並非爲「諸夏」。在《春秋》經傳的滅國事件中，《公羊》經、傳完全沒有因爲「滅人國者」是「諸夏」，或其中的「被滅國」是「諸夏」，而有「爲諸夏隱諱」的意思。在文末的表三（《公羊》經傳、《穀梁傳》『滅』之記事一覽表）中，我們可以輕易看到莊公十年「齊滅譚」、莊公十三年「齊滅遂」、僖公二年「晉滅虢」、僖公五年「晉滅虞」、僖公二十五年「衛滅邢」……，經文不僅寫出當事國雙方，還直書「滅」字，這種事例在表列中清楚呈現，比比皆是；何來有所謂爲諸夏諱言「滅」？更遑論這中間有所謂的「親親之旨」？若以「隱諱諸夏之滅人」去解釋董氏所謂「先親親」、「滅國……獨先諸夏」，那麼，在經文、傳文裡，將完全得不到證實。所以，蘇輿注引隱公二年「無駭帥師入極」去詮解「滅國……獨先諸夏」，不僅無法清楚說釋該句語

意，更無法看出董氏所發凡的「親親」之旨，同時，在《春秋》經、傳裡亦得不到其它的依據。

　　若以「隱諱」筆法去解釋所謂的「親親」，在經傳中，可以看出其對象只有魯國，而非諸夏。雖然《公羊傳》成公十五年有云：

　　　　《春秋》內其國而外諸夏，內諸夏而外夷狄。

所謂的「內」與「外」，是相對的；相對於「魯」，「諸夏」是外；但是，相對於「夷狄」，「諸夏」就成了「內」。然而，這並不代表《公羊傳》在分析經文書寫用辭筆法時，把「諸夏」等同於「內」、等同於「魯」。《公羊傳》在隱公十年又有云：

　　　　《春秋》錄內而略外。於外，大惡書，小惡不書。於內，大惡諱，
　　　　小惡書。

這一段話在說明《春秋》經文「錄內而略外」的書寫原則，其所謂「於內，大惡諱，小惡書」，是專指對魯國而言，意即：對於本國之「小惡」，《春秋》經文是直接書寫；至於「大惡」，就不只是書寫而已，還要用特別的字眼去加以隱諱；這樣才能一方面貶惡，一方面又不會失了魯國的顏面。至於外國之事，記載就不需要這麼詳盡周延，只有在特別重大的惡事，才加以書寫表示貶惡；如果只是小惡，就沒有必要書記。很顯然的，這裡的「外國」，是指魯國以外的國，當然也包括除魯之外其它的「諸夏之國」。經文對於「諸夏」之事的記載原則，《公羊傳》既然明示為「大惡書，小惡不書」，倘若董仲舒「滅國五十有餘，獨先諸夏」是指：經文在書記諸夏滅國的事件時，不只書寫，還有所隱諱。那麼，就會與《公羊傳》於隱公十年所發凡的義旨互相衝突。

　　由此看來，蘇輿注引隱公二年「無駭帥師入極」詮解「滅國」一語，對於董氏發凡的「獨先諸夏」之「親親」，不只無法通釋，而且也無法成為「親親……獨先諸夏」這個經文群組的線索。

二、「滅國……獨先諸夏」不是指「在滅國事件中為諸夏隱諱」

　　從上列「經傳有關滅國事件之『隱諱』一覽表」，對於解釋董仲舒說的「滅國……獨先諸夏」的「親親之義」，我們能否看出些許端倪？

（一）「內大惡，諱」（為魯國諱）不等於「為諸夏諱」

　　雖然魯國是諸夏成員之一，但是，傳文所言之「內大惡，諱」，是基於《春秋》乃魯國之本國史書，所以在書寫「大惡」時採取隱諱，「為魯國諱」雖然

也是經文「親親」之義的展現，但是不可將之等同於「爲諸夏諱」。

◎莊公八年

　　經：師及齊師圍成，成降于齊師。

　　（傳）：成者何？盛也。盛則曷爲謂之成？諱滅同姓也。曷爲不言
　　　　　降吾師？辟之也。

傳文認爲經文把「盛國」寫作「成國」，是因爲盛國是魯的同姓國，爲了替魯國隱諱「滅同姓」的醜事，所以經文故意把「盛國」寫作「成國」，顯然，這是「爲魯國諱」（爲魯國隱諱「滅同姓」的事實）。乃至經文寫「成降于齊師」，齊、魯聯軍，卻只有記下成（盛）降於齊國，而沒有寫「降於魯」，傳文也認爲「不言降吾師」，都是爲了「爲魯國諱」的緣故。這段經傳恰好是「爲魯國諱」不等同於「爲諸夏諱」最好的說明。齊是諸夏之一，如果《公羊》經傳在滅人之國的事件上有「爲諸夏諱」的意思，此處應該是在記載時一起爲齊、魯諱，而不是寫出「齊」、隱諱「魯」。可見《公羊傳》解經，未有「爲『諸夏』諱」的觀點。

（二）「爲齊桓諱」、「爲齊襄公諱」不等於「爲齊國諱」，更不等於「爲諸夏諱」

　　上述表列資料中，提到一次「爲齊襄公諱」（莊公四年齊國滅紀）、以及三次「爲齊桓諱」（僖公元年、二年、十四年，這三則滅國事件之傳文）。齊襄公滅紀國，《公羊傳》嘉許之爲「復九世之讎」，並且明文寫出：「爲齊襄公諱」乃是「爲賢者諱」，並不是因爲「諸夏」身份的關係。至於僖公年間《公羊傳》三次「爲桓公諱」，這三次滅國事件根本和齊國毫無關係，《公羊傳》在這三則傳文，用幾近完全相同的文字，抒發傳文對周王衰微的感嘆，「諸侯有相滅亡者」而「桓公不能救」，因此傳文才特別以「爲桓公諱」去解經。顯然，此處「爲桓公諱」，其實是「爲賢者諱」的意思。並不是桓公做錯事，以諸夏的身份被隱諱。

　　無獨有偶的是，齊襄公、齊桓公都是齊國國君，那麼，這幾則「爲賢者諱」，很容意讓人誤會，是不是《公羊傳》也有「爲齊國諱」的意思呢？齊國爲諸夏之一，如此一來，《公羊傳》不是也有「爲諸夏諱」了嗎？這個問題，我們在另一則僖公十七年的經傳裡，可以很輕易的找到解答。

◎僖公十七年

　　經：夏，滅項。

（傳）：孰滅之？齊滅之。曷爲不言齊滅之？爲桓公諱也。《春秋》
爲賢者諱。此滅人之國，何賢爾？君子之惡惡也疾始，善善
也樂終。桓公嘗有繼絕，存亡之功，故君子爲之諱也。

僖公十七年經文記載「滅項」，直接寫出「滅」字，似乎沒有爲這次的滅國事件隱諱的意思。奇怪的是，這次事件主角之一「滅人之國」的主事者，經文竟然沒有寫出來。《公羊傳》認爲，這是「爲桓公諱」，意即主事者是齊桓公。因爲傳文明言「《春秋》爲賢者諱」，「爲賢者諱」是《公羊傳》對這一則經文只有寫「滅項」，而沒有寫出主事者的看法。在這裡，《公羊傳》的思維和做法是值得注意的，也就是：儘管是爲齊桓公隱諱，也只是沒有寫出「齊」罷了，「滅」字還是直接寫出來的。這與傳文釋「爲魯國諱」時所認爲的，經文改動「滅」字而以「圍」、「入」等字行文的情況顯然又不同。因爲只是爲齊桓公一人諱，所以乾脆以不寫出主事者作爲諱的方式，而「滅」字，仍然照常寫出來。可見，在《公羊傳》的解經概念裡，「爲桓公諱」只是「爲賢者諱」裡的一個例子，非但不是「爲齊國諱」，更不是「爲諸夏諱」。〔註5〕

綜合以上所論，可以得知，我們依循《公羊傳》對於經義「諱」的發凡，在經傳所記的滅國事件中，無法找到「諸夏」與「親親」交集的任何線索，去合理解釋「滅國五十有餘，獨先諸夏」這句話。因此，從「隱諱」的筆法著手，在《公羊》經傳中無法找到「諸夏」與「親親之義」有任何的交集。董氏「滅國……獨先諸夏」並不是指在經文在書寫上有「爲『諸夏』諱言『滅人之國』以示『親親』」這個意思，這是一條錯誤的思考路線。

董氏既是治《公羊春秋》爲儒者宗（《漢書・五行志》），其所謂「德等也，則先親親，……滅國五十有餘，獨先諸夏」之經義，在《公羊》經傳中應該不是憑空捏造。本文決定先暫且擱下淩、蘇等前人之注解，進入董仲舒看待《春秋》經傳行文所言之「《春秋》無達辭，從變從義」（〈精華〉）的角度，以董氏治《春秋》的視野，再度回到「滅國事件」的經傳原文上找線索，以發現董氏「德等也，則先親親……滅國五十有餘，獨先諸夏」這個論點的來由。

〔註5〕「爲襄公諱」、「爲桓公諱」，是因爲當事人是「齊襄公」、「齊桓公」，《公羊傳》以此二人爲「賢者」，因此「爲賢者諱」。並不是因爲「齊國」而「諱」。《公羊》經傳在莊公十年「齊師滅譚」、莊公十三年「齊人滅遂」，都寫出「齊」國。可見，「爲賢者諱」不等於「爲齊國諱」。

第三節　以董仲舒「《春秋》無達辭」的角度，重新看待《公羊》經傳裡的「滅國事件」

　　董仲舒在《春秋繁露・精華》裡，對於《春秋》經文的書寫方式，提出「《春秋》無達辭，從變從義」的看法。那麼，我們是否可以沿循滅國事件經文「無達辭」之處，在所謂「從『變』從『義』」上，和董氏一樣看到經文「滅國……獨先諸夏」的義旨？

一、《公羊》經傳「滅國事件」不以『滅』字行文者之剖析

　　考察《公羊傳》所認為的滅國事件，可以發現，在《公羊》經傳中，傳文所認為「滅」者，經文並非皆以「滅」字書寫，其事例共有以下六則：「隱公二年無駭帥師入極」（魯滅極）、「莊公四年紀侯大去其國」（齊滅紀）、「莊公八年夏，師及齊師圍成，成降于齊師」（魯、齊滅盛）、「僖公五年冬，晉人執虞公」（晉滅虞）、「昭公四年九月，取鄶」（魯滅鄶）、「哀公八年春王正月，宋公入曹，以曹伯陽歸」（宋滅曹），除了僖公五年「晉人執虞公」這件事之外，其餘五件事，全部見於前面所列的「《公羊》經傳滅國事件『隱諱』一覽表」（表一）。

　　以上六則，是《公羊傳》在傳文中明確寫出「國滅之事實」者；以《公羊傳》的理解，經文之所以沒有使用「滅」的字眼，都有特殊的原因，其中有四則是為魯國隱諱：除了因為魯國是滅人之國者而為之隱諱外，較特別的是哀公八年「宋滅曹」這一則，當事國是曹與宋，為何《公羊傳》認為經文的書寫方式是為魯國隱諱？原來，曹與魯為同姓，眼看同姓之國被滅，魯國「力能救之而不救也」，《公羊傳》認為經文不書「滅」，是為了替魯國隱諱，免得魯國丟臉。哀公八年「宋公入曹」，經文所書寫的當事國明明是「宋」與「曹」，傳文卻因為經文寫「入」字代替「滅」，而認為經文是為魯國「諱同姓之滅」。《公羊傳》這種解經的方式，是董仲舒所認同的。他也是以這樣的觀點去解經，而謂經文有「從變從義」的書寫方式。還有另外一則，僖公五年「晉人執虞公」這件事：

　　　◎僖公五年

　　　　經：冬，晉人執虞公。

　　　（傳）：虞已滅矣，其言執之何？不與滅也。曷為不與滅？滅者亡
　　　　　　國之善辭也。滅者，上下之同力者也。

僖公五年虞公借道予晉滅虢，晉回程順便也把虞國滅了；虞國被滅，虞公自己為晉所執，可說是咎由自取。《公羊傳》認為：經文使用「執」字書寫虞公被執，較之於使用「滅」字敘述晉國滅虞，更能透露事件的原委。也就是說，此處事實為「滅」，卻不以「滅」字書寫，是以記事之達意而考慮用辭，《公羊傳》傳文不認為它和「隱諱」有關係。不以「滅」字書寫「滅國事件」，其原因不見得都是出自「隱諱」的考量，《公羊傳》的這種精神，即董氏所謂之「從變從義」。

二、《春秋》經義的表現，不在於固定的用字上

在與隱諱有關的滅國事件中，經文用以取代「滅」字的「入」、「圍」、「取」……等字眼，《公羊傳》並不等同它們與「滅」的意義。《公羊傳》莊公十年：

> 觕者曰「侵」，精者曰「伐」。戰不言「伐」，圍不言「戰」，入不言
> 「圍」，滅不言「入」，書其重者也。

所以，明明是「滅」的事實，《公羊傳》認為，經文使用「入」、「圍」、「取」……等字眼，這些情況較輕微的字眼，可以遮掩「滅」的嚴重程度，達到隱諱的效果。然而，「侵、伐、圍、戰、入」這些字眼本身，只是對戰爭情況作特徵的描述，經文用到這些字的地方，不代表一定就是「國被滅」。例如：

◎定公四年

> 經：庚辰，吳入楚。
>
> （傳）：吳何以不稱子？反夷狄也。其反夷狄奈何？君舍于君室，
> 　　　　大夫舍于大夫室，蓋妻楚王之母也。

雖然經文寫「吳『入』楚」，但是，傳文並沒有提到「楚被滅」，而且，在定公十四年、定公十五年，經文還有「楚滅頓」、「楚滅胡」的事蹟，可見，「吳『入』楚」並非「吳『滅』楚」。又如：

◎隱公二年

> 經：夏，五月，莒人入向。
>
> （傳）：入者何？得而不居也。

此處傳文以「得而不居」解釋「入」，也沒有提到「滅」的意思。

另外，《公羊傳》既然已在隱公二年以「得而不居」解釋該處「入」字的意義，那麼，「得而不居」是否可以用來通釋經文所有的「入」字呢？

「隱公二年無駭帥師入極」、「哀公八年春王正月，宋公入曹，以曹伯陽歸」，《公羊傳》認為，事實是「魯滅極」、「宋滅曹」，這二條經文，都以「入」字來書寫，但是在傳文中，顯然完全沒有「得而不居」之意。由此亦可得知，對於經文相同的用字，《公羊傳》傳文本身並非全然用固定之字義去加以「通釋」。

更何況，個別事件書寫達意之用字，若變成一致的「解經模式」，概括解釋經文中所有的相同用字，其結果若非無法自圓其說，就是與歷史事實相出入。對於經文的書寫，董仲舒提出「無達辭」的說法，他以「禮意」來考究經義，進而詮釋經文的書寫方式；他不主張直接用字面的「書寫模式」來討論經義。《繁露・竹林》云：

> 《春秋》無通辭，從變而移。今晉變而為夷狄，楚變而為君子，故
> 移其辭以從其事。

董氏認為：經文在特殊狀況的記載用字，有改變常事書寫的方式，即改變一般禮制的書寫用字，以「『變』禮」行之，以表示該事件於「禮」有違，並且突顯經義有褒貶的深義。然而，每一個不同事件的狀況，經文書寫用字，也會有不同的斟酌，也就是說，此處以「變禮」行文所用的字彙，不代表別處用到這個字彙時也是行「變禮」〔註6〕。這就是董氏在〈竹林〉所云的：

> 說《春秋》者，無以平定之常義，疑變故之大，則義幾可諭矣。

《公羊傳》對於隱公二年經文「無駭帥師入極」，認為：應該書「滅」，卻改用「入」，是因為「內大惡，諱」；董氏治《公羊春秋》，亦同意這種褒貶隱諱的方式，但是，他不認為這是全經的書寫「例」，而只是因事置宜罷了，別處經文若有用到「入」字，不應該把隱公二年這種特殊狀況，當作經文的書寫範本去解釋。〔註7〕

〔註6〕 例如：《公羊傳》認為，隱公二年「無駭帥師入極」，是「內大惡，諱」，所以把「滅」字改成用「入」字來書寫。昭公四年「九月『取』鄫」，也是因為「內大惡，諱」，所以把「滅」字改成用「取」字。同樣是「內大惡，諱」，卻或言「入」、或言「取」，這就是董氏所以為的「『春秋』無達辭」（〈精華〉）、「《春秋》無通辭」（〈竹林〉）：也就是所謂的「變禮」。但是，這不代表經文他處用到「入」、或「取」的字眼時，就都是為「滅」而諱，如：僖公三十一年「三十有一年，春，『取』濟西田。」傳文認為是「取曹國之地」，此處「取」只當一般「取」之意（常禮），不當作「滅」。

〔註7〕 董仲舒在《春秋繁露・精華》提到「《春秋》無達辭」，董氏認為治《春秋》應該著重經義的探求，除了字面上的褒貶之外，經義之隱微更有所謂「實與

三、對《公羊》經傳「內外之別」記載方式的補充

《公羊傳》於隱公十年云：

> 《春秋》錄內而略外。於外，大惡書，小惡不書。於內，大惡諱，
> 小惡書。

而文不與」者；因此，董氏之春秋學高倡「《春秋》無達辭」，他贊同「字有
褒貶」之書法，但不認爲《春秋》可以用個別事件的書法，去「通釋」爲全
書的義例。清·顧棟高在《春秋大事表·讀春秋偶筆》提到：「二百四十二年
君卿大夫之賢奸善惡，千態萬狀，而欲執書名、書字、……書滅、書入、即
日月時等數十字以概其功罪，爲聖人者亦太苦矣。……春秋大變故，而聖人
書法第據當日之時勢，初非設定一義例，謂有褒貶於期間也，看《春秋》須
先破除一『例』字。」（P42）、「聖人之心正大平易，何嘗無褒貶，但不可於
一字上求褒貶」（P35），從破除「以一字之例通讀」《春秋》的立場來看，顧
氏這些觀點與董仲舒論「《春秋》無達辭」，頗有相合之處，但是，仔細查證
顧棟高氏《春秋大事表·春秋入國滅國論》（P2440）；顧氏特意以隱公二年經
文「莒人入向」，《公羊傳》釋之：「入者何？得而不居也。」之「入」字的解
釋，去解釋《春秋》經文中所有出現「入」字的事況，（包括：隱公二年「無
駭帥師入極」……等，本文上表所列之「國滅史事」），呈現出無法以「得而
不居」解釋全經，再進一步以此扞隔推翻公羊學所謂的「義例」，並認爲：「『入』
與『滅』之無分輕重，顯然易明」（P2440），最後，強調自己「《春秋》無『一
字之褒貶』」的主張，顧氏認爲，《春秋》所有的褒貶，不在書寫用字的「常」
與「變」，而在「夫子直書其事，而天下之大事，起伏自見，褒貶即存乎其間
矣。」（P33）；顧氏的看法其實遠繫於隱公十一年《左傳》所論：「冬，十月，
鄭伯以虢師伐宋。壬戌，大敗宋師，以報其入鄭也。宋不告命，故不書。凡
諸侯有命，告則書，不然則否。師出臧否，亦如之。雖及『滅國』，『滅』不
告『敗』，『勝』不告『克』，不書于策。」顧氏治《左傳》，因此對後世公羊
學（特別是何休之後）以「一字之褒貶」“通釋”全書經義的方法，頗不以
爲然。然而，「有沒有」一字之褒貶，和「能不能（用一字之褒貶）通釋全經」，
是兩個不同的命題，董氏贊同前者（公羊學的基本立場）而反對後者；顧氏
卻因反對後者，而一併否定前者；亦即，由後世公羊學「義例通釋」的解經
方法，而根本的否定了三傳之中《公羊傳》以書寫方式見經義褒貶的作法。
因此，顧棟高雖然也主張「聖人書法第據當日之時勢，初非設定一義例」，破
除「以一字之例通讀《春秋》」，卻與董仲舒所論完全不同。至於顧氏所說的
「入與滅之無分輕重，顯然易明」，在《左傳》裡又是如何呢？隱公十一年《左
傳》所論：「鄭伯以虢師伐宋。……大敗宋師，以報其入鄭也。……宋不告命，
故不書。凡諸侯有命，告則書，不然則否。……雖及『滅國』……，不書于
策。」鄭伐宋，是爲了報復當初宋曾「入鄭」，《左傳》說「宋不告命，故不
書」，以《左傳》的意思來看，認爲「宋不告命」，所以就算到了「被滅掉」
的程度，也還是一樣不記載。可見，《左傳》也認爲，在輕重上，「滅」遠較
「入」、「敗」等辭要嚴重得多（清·顧棟高，《春秋大事表》，北京：中華書
局，1993 年 6 月）。

由莊公四年「紀侯大去其國」傳文：「爲賢者諱」，以及僖公五年「晉人執虞公」，經文以「執」代「滅」的書寫方式來看，在滅國事件的經文記載上，《公羊傳》發凡的「於外，大惡書，小惡不書」，顯然有補充說明的必要。

經文對外國事件之「大惡者」，直書不諱；「直書不諱」，不代表就是不謹慎用字，例如「晉人執虞公」，不言「滅」並不是因爲避諱，之所以言「執」，是因爲在敘述上，「執」字更能達意。傳文說「於外，大惡書」、「於內，大惡諱」，似乎「隱諱」是專爲「內大惡」而設，事實卻不然，傳文所言之「隱諱」，亦有特殊的狀況。例如「爲賢者諱」，就不盡然是因爲「內大惡」。「爲齊桓公諱」、「爲齊襄公諱」，都是「外事之諱」。

第四節　突破「滅國」一詞在釋義上的思考僵局

一、以「被滅之國」的詞義，重新審視「滅國……獨先諸夏」

讓我們回溯一開始所探討的凌、蘇二人的注解，令人訝異的是，沿著二人「諸夏之滅人」的注解而下，在經傳的「滅國事件」中，對於「諸夏」與「親親」的討論，一談到「滅國」一辭，目光焦點似乎自然的就關注在「滅人之國」的事件上，把「諸夏」當作是滅國事件的「主動方」，而不是「被滅者」。如此一來，對於滅人之國這種經文所「貶惡」的事情，所謂的「親親」之義，勢必只有落在「隱諱」上去談。但是本文已經證實，經傳根本沒有爲諸夏隱諱「滅人之國」的作法。

可是，若相反過來，「諸夏」不是強勢的滅人者，而是弱勢的「被滅者」呢？經傳對「被滅者」的態度，如果不是「貶惡」，那麼所謂的「親親」指的就不是「諱惡」，而是「同情」了。我們在諸夏滅人的經文中，除了經文直書以「滅」的貶惡之情，其間穿插著爲魯國諱惡、爲賢者諱惡之外，找不到任何的「親親」。

假使我們擺脫凌、蘇二人的窠臼，不再以「滅人之國」，去理解「滅國五十有餘，獨先諸夏」這句話中的「滅國」一詞；而從另一個可能通讀上下文意的方式，嘗試以「被滅之國」去解釋「德等也，則先親親，……滅國五十有餘，獨先諸夏」這句話，那麼，董氏的文意就變成了：

> 同樣是被滅的國家，在《春秋》經文記載裡有五十多個，《春秋》特別同情諸夏當中的被滅者，在這中間可以看出《春秋》『親親』的情感。

儘管這樣的文意放在〈觀德〉裡，上下文意的通讀沒有問題。但是，這樣的假設必須要有證據。而且，我們隨即面臨的難題就是，《春秋》經的本質是魯國的史書，《公羊傳》認爲，經文的書寫原則是：對於魯國以外的「外事」，「大惡書，小惡不書」；既然連《公羊傳》都認爲經文對外事的基本立場是，「大惡」才加以書寫、貶惡，我們不難想見，經文在若干的滅國事件中，幾乎都是以「某國滅某國」爲基本的記載模式，而不是以「某國被滅」去行文〔註8〕（例如僖公十七年經：「滅項」。而非「項被滅」）；也就是說，經文多數是以「滅人者」爲主詞去行文的。如此一來，傳文在發凡時很自然也應該是隨著經文，以「滅人之國」的「主詞方」去討論書不書「滅」、如何貶惡、如何隱諱等問題。

那麼，何以單單董仲舒注意到「被滅之國」呢？

既然「滅國」辭義之辨正，「諸夏」是指「被滅國」或「滅人國」？這個問題會影響判斷董氏所云之「親親」是指滅國事件中哪些經文的經義。本文將由「滅國」辭義著手，重新研判「德等也，則先親親……滅國五十有餘，獨先諸夏」到底該作何解釋。

二、《春秋》今文經傳之「滅國」一詞，皆指「被滅之國」

由本文文末之表三，歸納經傳對滅國事件記載用詞的情況，我們可以發現，在今文《春秋》經傳裡，《公羊》、《穀梁》二傳，詮釋經文的滅國事件，竟然有一致的用詞習慣，它們所謂的「滅國」，指稱的都是「被滅的國家」，至於滅人之國者，都是另外用「滅國者」這個名詞去稱呼。

滅　　　　國	滅　國　者
1.昭公十三年 　（經）蔡侯廬歸于蔡。陳侯吳歸于陳。 　（公羊傳）此（蔡、陳）皆滅國也，其言歸何？不與諸侯專封也。 　（經）十月，葬蔡靈公。 　（穀梁傳）變之不葬有三：失德不葬，弒君不葬，滅國不葬。然且葬之，不與楚滅，且成諸侯之事也。 2.宣公十五年 　（經）六月癸卯，晉師滅赤狄潞氏。 　（穀梁傳）滅國有三術：中國謹日，卑國月，夷狄不日。其日潞子嬰兒，賢也。	1.僖公二年 　（經）虞師、晉師滅夏陽。 　（公羊傳）虞，微國也，曷爲序乎大國之上？使虞首惡也。曷爲使虞首惡？虞受賂，假滅國者道，以取亡焉。

〔註8〕此爲經文對滅國事件，大致的書寫模式。但是其中亦有少數例外者，例如：莊公四年「紀侯大去其國」，就是以被滅國爲主詞。詳論請見後文。

《春秋》傳文裡，「滅國」這個詞語的意思，顯然和我們今天的用法不同。它並不是指「滅人國家」這件事，相反的，作爲名詞，它是指那些「被滅的國家」。

僖公二年《公羊傳》所云「假『滅國者』道，以取亡焉」，很明顯，傳文指稱滅人之國，是用「滅國者」來冠名。此外，昭公十三年楚國送回蔡、陳二位亡國之君，《公羊傳》云：「此皆『滅國』也，其言歸何？不與諸侯專封也」，此處「滅國」一詞的意思，是指蔡、陳這二個「被（楚）滅掉的國」，而不是說蔡、陳滅人之國。經文在昭公十三年寫出：「十月，葬蔡靈公」。《穀梁傳》特別解釋：

> 變之不葬有三：失德不葬，弒君不葬，滅國不葬。然且葬之，不與
> 楚滅，且成諸侯之事也。

此處是在解釋經文何以書「葬蔡靈公」，「『滅國』不葬」，意爲「被滅掉的國，經文不書寫其君之葬」；倘若沒有先辨別清楚，傳文就可能被誤解爲「滅別人的國，經文不書寫其君之葬」。

只不過是主動詞與被動詞的不同，經義竟有天壤之別。宣公十五年經文「六月癸卯，晉滅赤狄潞氏」。《穀梁傳》說：

> 滅國有三術：中國謹日，卑國月，夷狄不日。其日潞子嬰兒，賢也。

「其日潞子嬰兒，賢也」，如果不是先辨別清楚「『滅國』有三術」，「滅國」的意思是指「被滅之國」，那麼，「中國謹日，卑國月，夷狄不日」一句中的「中國」、「卑國」、「夷狄」，就會全部由弱勢國變成爲強勢國；經文寫出「六月癸卯」，《穀梁傳》書寫滅國月日的意義，也會由對亡國者的「歷史悼別」，一變成爲戰勝國的「光榮紀念」。辭義之不辨，將完全扭曲誤會經義之所在。

對於董仲舒「滅國五十有餘，獨先諸夏」這句話，凌曙、蘇輿二人都把「滅國」當成是「滅人之國」，所以，「先諸夏」的意思就變成了「先記諸夏滅人之國」，以致於其所注引的經文：「齊師滅譚」（凌曙），看不出「親親之義」；而「無駭帥師入極」（蘇輿），又無法說服我們相信董氏所云：「獨先諸夏」之「親親」，只是單指爲魯之「內大惡，諱」。二人注解〈觀德〉此語所面臨的困境，其癥結就是來自於對「滅國」一詞辭義之未辨。

三、重新審視《公羊》經傳對「被滅之國」的看法

經文其實並沒有「滅國」這個名詞。董氏治《公羊春秋》，論《春秋》經

義所言之「滅國……獨先諸夏」，所謂「滅國」，與《公羊傳》傳文的辭義是
一致的，也就是指「被滅之國」。由於經文滅國事件的行文，大部分是以滅人
國者為主詞來記載，想要知道董氏所云：《春秋》在眾多「被滅之國」之中「獨
先諸夏」，這個論點是否屬實？必須再度重回滅國事件之經傳原文，重新檢視
《公羊》經傳對於「被滅國」，是否有特別的看法。

　　《公羊》經傳的滅國事件中，以「被滅之國」為主的行文論述有哪些呢？
茲彙整其相關論述如下：

表二：《公羊》經傳「滅國」（被滅之國）論述一覽表

序號		（左欄）滅國事件中，經傳行文以「被滅國」為主題之文句	（右欄）與前列資料同一記事之《公羊》經傳
1	莊公四年	（經）紀侯大去其國。 PS：（穀梁傳）大去者，不遺一人之辭也，言民之從者四年而後畢也。紀侯賢而齊侯滅之。不言滅，而曰大去其國者，不使小人加乎君子。	（傳）大去者何？滅也。孰滅之？齊滅之。曷為不言齊滅之？為襄公諱也。《春秋》為賢者諱。何賢乎襄公？復讎也。何讎爾？遠祖也。哀公亨乎周，紀侯譖之。……遠祖者，幾世乎？九世矣。九世猶可以復讎乎？雖百世可也。家亦可乎？曰：不可。國何以可？國君一體也；先君之恥猶今君之恥也，今君之恥猶先君之恥也。國君何以為一體？國君以國為體，諸侯世，故國君為一體也。今紀無罪，此非怒與？曰：非也。古者有明天子，則紀侯必誅，必無紀者。紀侯之不誅，至今有紀者，猶無明天子也。……有明天子，則襄公得為若行乎？曰：不得也。不得則襄公曷為為之？上無天子，下無方伯，緣恩疾者可也。
2	莊公十年	（傳）何以不言出？國以滅矣，無所出也。	（經）冬，十月，齊師滅譚，譚子奔莒。
3	僖公元年 與「諸夏」義有相關	（經）齊師、宋師、曹師次于聶北，救邢。 （傳）救不言次，此其言次何？不及事也。不及事者何？邢已亡矣。孰亡之？蓋狄滅之。 曷為不言狄滅之？為桓公諱也。曷為為桓公諱？上無天子，下無方伯，天下諸侯有相滅亡者，桓公不能救，則桓公恥之。……	

		不與諸侯專封也。……實與而文不與。……諸侯之義不得專封，則其曰實與之何？上無天子，下無方伯，天下諸侯有相滅亡者，力能救之，則救之可也。	
4	僖公二年與「諸夏」義有相關	（經）二年，春，王正月，城楚丘。 （傳）孰城之？城衛也。曷爲不言城衛？滅也。孰滅之？蓋狄滅之。 曷爲不言狄滅之？爲桓公諱也。曷爲爲桓公諱？上無天子，下無方伯，天下諸侯有相滅亡者，桓公不能救，則桓公恥之也。……不與諸侯專封也。……實與而文不與。……諸侯之義不得專封，則其曰實與之何？上無天子，下無方伯，天下諸侯有相滅亡者，力能救之，則救之可也。	
5	僖公十四年與「諸夏」義有相關	（經）十有四年，春，諸侯城緣陵。 （傳）孰城之？城杞也。曷爲城杞？滅也。孰滅之？蓋徐、莒脅之。 曷爲不言徐、莒脅之？爲桓公諱也。曷爲爲桓公諱？上無天子，下無方伯，天下諸侯有相滅亡者，桓公不能救，則桓公恥之也。……不與諸侯專封也。……實與而文不與。……諸侯之義不得專封，則其曰實與之何？上無天子，下無方伯，天下諸侯有相滅亡者，力能救之，則救之可也。	
6	宣公十五年與「諸夏」義有相關	（傳）潞何以稱子？潞子之爲善也，躬足以亡爾。雖然，君子不可不記也。離于夷狄，而未能合于中國，晉師伐之；中國不救，狄人不有，是以亡也。 PS：（穀梁傳）滅國有三術：中國謹日，卑國月，夷狄不日。其日潞子嬰兒，賢也。	（經）六月癸卯，晉師滅赤狄潞氏，以潞子嬰兒歸。
7	襄公六年齊滅萊	（傳）曷爲不言萊君出奔？國滅，君死之，正也。	（經）十有二月，齊侯滅萊。
8	昭公十一年	（傳）此未踰年之君也，其稱世子何？不君靈公，不成其子也。不君靈公，則曷爲不成其子？誅君之子不立，非怒也，無繼也。惡乎用之？用之防也。其用之防奈何？蓋以築防也。	（經）冬，十有一月丁酉，楚師滅蔡，執蔡世子有以歸，用之。
9	昭公十三年與「諸夏」義有相關	（傳）此皆滅國也，其言歸何？不與諸侯專封也。	（經）蔡侯廬歸于蔡。陳侯吳歸于陳。
10	昭公二十三年與「諸夏」義有相關	（傳）此偏戰也，曷爲以詐戰之辭言之？不與夷狄之主中國也。然則曷爲不使中國主之？中國亦新夷狄也。其言「滅」、「獲」何？別君臣也，君死于位曰滅，生得曰	（經）戊辰，吳敗頓、胡、沈、蔡、陳、許之師于雞父。胡子髡、沈子楹滅，獲陳夏齧。

		獲，大夫生死皆曰獲。不與夷狄之主中國，則其言獲陳夏齧何？吳少進也。 PS：（穀梁傳）中國不言敗，此其言敗，何也？中國不敗，胡子髠、沈子盈，其滅乎？其言敗，釋其滅也。……獲者，非與之辭也，上下之稱也。	
11	哀公八年	（傳）曹伯陽何以名？絕之。曷爲絕之？滅也。曷爲不言其滅？諱同姓之滅。何諱乎同姓之滅？力能救之而不救也。	（經）春王正月，宋公入曹，以曹伯陽歸。

說明：1. 若《公羊》經文傳文皆以「被滅之國」爲主題，則同列於左欄。
　　　2. 若只有傳文以「被滅國」爲主題，則經文將別出另列於右欄附表。
　　　3. 若《穀梁》傳文亦以「被滅國」爲主題，則以「PS」同列左欄存參。

四、由今文經傳「滅國」辭義之辨正，得證董氏「滅國……獨先諸夏」所發凡的「親親之旨」

　　由《公羊》經傳中有關被滅國的相關記載，是否可以找到董氏所謂的「獨先諸夏」的「親親」之旨呢？

　　由上表我們可以看出幾個有趣的事實：首先，我們可以看出，傳文與經文竟然有重點不一致的情形。可見，對《公羊傳》的定位，不應僅止是解經而已，《公羊傳》別出於經文而獨發己論的情形，屢見不鮮。

　　（一）經文以弱勢國爲主詞，傳文卻偏重於爲強勢國解釋（亦即：經文在左欄，傳文卻在右欄）。此例僅有一則。

　　經文在所有的滅國事件中，只有一則是以被滅國爲主詞來行文。即：莊公四年「紀侯大去其國」。這是《春秋》經裡唯一僅見的事例。《穀梁傳》認爲，這種寫法是因爲「紀侯賢而齊侯滅之。……不使小人加乎君子」，和經文的口氣一致，《穀梁傳》也著墨於被滅的紀國。但是，《公羊傳》卻集中焦點在強勢國，也就是齊國。《公羊傳》認爲經文這麼特殊的寫法，全是爲了替復九世之讎的齊襄公隱諱的緣故。所以，傳文全部的火力都集中在齊襄公復仇的合理化之上。除了經文以被滅國爲主詞外，嚴格說來，這一則描寫強勢國的傳文應該從「滅國」（被滅之國）的論述群組裡剔除。

　　（二）經文以強勢國爲主詞，傳文卻偏重於說釋弱勢國（亦即：經文在右欄，傳文卻在左欄）。此例共七則。

　　對於「被滅之國」的論述，顯然以《公羊傳》傳文爲主。表列十一則有關「滅國」（被滅之國）的論述群組中，除了前述「紀侯大去其國」爲特殊案

例外，對於「被滅之國」有所論述者，其資料全見於傳文。這十則之中，甚至有七則﹝註9﹞，傳文所論之重點在被滅國，而經文卻完全看不出有重視被滅國的意思。這七則經文以當事國之主動方（滅人國者）爲主詞（也就是紀錄時行文的主角），可是傳文卻著重於說明被動方（被滅之國）的情況；以致造成表列之中，經文被列在右欄、說明「被滅國」的傳文卻被列在左欄的情形。由此可見，若以「被滅之國」去解釋「滅國」，董氏「滅國……獨先諸夏」此項經義之討論，與《公羊傳》的解經論點就有密切的關係。而且，「滅國」一詞，特別專指爲「被滅之國」，與《公羊》、《穀梁》二傳之傳文對於「滅國」一詞的用法，完全一致。

以上七則論述裡，莊公十年「齊師滅譚，譚子奔莒」，傳文只解釋經文不寫「出奔莒」的理由。襄公六年「齊侯滅萊」，傳文只解釋爲何經文未寫「萊君出奔」。昭公十一年「楚師滅蔡，執蔡世子有以歸，用之」，傳文則只有解釋何以稱呼「蔡世子」以及「用之」二個字的意思。哀公八年「宋公入曹，以曹伯陽歸」，傳文則敘述曹君因爲國被滅，經文才書寫其「名」，傳文並貶惡魯國未能救同姓之曹國，所以經文以「入」代「滅」，爲魯國諱。這四則傳文所在意的論題，都不在「諸夏」這個身份上。

但是在另外三則論述裡，就全然是爲了「先諸夏」這個意識而作討論。它們分別是：

宣公十五年「晉師滅赤狄潞氏，以潞子嬰兒歸」。

傳文感慨「潞子之爲善」在「離於夷狄」，可惜其身份未能得到中原國家的認同（合於中國），以致晉師壓境時，「中國不救，狄人不有」而滅亡。以「離於夷狄」爲善，諸夏之先於夷狄，是很明確的。

昭公十三年「蔡侯廬歸于蔡。陳侯吳歸于陳」。

傳文特別解釋經文何以用「歸」字來書寫，是由於不承認楚國的冊封爲有效。蔡、陳這二國被楚國滅了之後，楚國以王者身份冊封之，並送回二位國君。傳文特別寫出「不與諸侯專封」，特別是夷狄身分的楚國，更是如此。

昭公二十三年「戊辰，吳敗頓、胡、沈、蔡、陳、許之師于雞父。

胡子髡、沈子楹滅，獲陳夏齧」。

傳文特別強調「不與夷狄主中國」，所以經文用隱晦之詞來敘述吳國的勝利。

﹝註9﹞ 由表列可以看出，這七則分別是「莊公十年」、「宣公十五年」、「襄公六年」、「昭公十一年」、「昭公十三年」、「昭公二十三年」、「哀公八年」。

仔細探究傳文，仍然可以看出其中有「先諸夏」的意識型態。我們也可以參考《穀梁傳》所說的「中國不言敗，此其言敗，何也？……釋其滅也。」，以「敗」取代「滅」，因爲被滅之國皆爲「中國」，所以經文行以隱晦之詞。「先諸夏」的意味更加明顯。

　　除了以上三則，傳文以「先諸夏」的立場爲「被滅之國」特別發論之外。另外有三則，經傳一致關注在「被滅之國」，不僅經文寫法特殊，對滅人的強勢國隻字未提，連傳文也幾乎用完全相同的文字來書寫。在表列之「滅國」（被滅國）資料中，也只有這三則事件，經傳一致列於左欄，同時聲援「被滅國」。可見這三則事件之間，必定有相當程度的同質性。這三則就是：

◎僖公元年　　　　（經）齊師、宋師、曹師次于聶北，救邢。

◎僖公二年　　　　（經）二年，春，王正月，城楚丘。

◎僖公十四年　　　（經）十有四年，春，諸侯城緣陵。

僖公元年、二年、十四年，這三則事件不只經文沒有寫出「滅」，乃至於連「入」、「圍」、「取」等字眼都沒有，實爲滅國事件，而經文記載卻未提及任何一方當事國。若非《公羊傳》在傳文中明指是滅國事件，單單由經文將完全看不出來。同時，傳文在這三則事件的說解上，行文如出一轍，幾乎完全相同（參見上表二）。這三則經傳有幾項共同點：

　　（一）皆未寫出滅人之國的強勢方；可見經文的書寫重點，不在於對此處的「滅人之國者」表示貶惡。

　　（二）這三則經文除了關心焦點都側重在「被滅國」之外，被滅者亦都是「諸夏」。傳文濃厚地表達出「不希望當事國被滅」的意味，所以，既沒有寫出強勢方——「滅人之國者」，連弱勢方——「被滅之國」也寫得極隱密，甚至在僖公元年，還只有寫出諸侯聯師「救邢」，根本沒提到邢國被滅。

　　（三）這三則事件都是發生在僖公年間，當時正值齊桓公稱霸中原。

　　（四）三則傳文的敘述主力都在「爲桓公諱」。既然提到「隱諱」，奇怪的是，並不是爲「滅人之國者」或「被滅者」隱諱，而是爲齊桓公隱諱。齊桓公並非當事人，更何況，在僖公元年的事件上，齊國還出兵去救人，爲什麼《公羊傳》在這三則都提到，要爲齊桓公隱諱呢？既云「爲桓公諱」，就表示在此對桓公的作爲是貶惡的，所以才有「諱」的必要。傳文很明顯的透露：「不希望當事國被滅」，深深的希望齊桓公能前去相救。但事實上齊桓並沒有這麼做，所以不只經文在書寫時，語多迴避，既不寫出當事國雙方，連「滅」

的字眼都未看到。傳文也直接落在第三者：「齊桓公」上去抒發。

（五）這三則的《公羊傳》都發出「上無天子，下無方伯，天下諸侯有相滅亡者」的感慨。這個感慨並非偶然，其最大的原因當來自於：這三則的被滅者（也就是「滅國」）都是「諸夏」，甚至還被夷狄所滅，所以，三則傳文都提到齊桓公，認爲「諸侯之義不得專封」，但是，當此諸夏存亡之局面，「力能救之，則救之可也」；這也就是《公羊傳》所指出的，經文有「實與而文不與」的筆法。在眾多的被滅國裡，對於諸夏的被滅，尤其是爲夷狄所滅，傳文特別感嘆「上無天子，下無方伯」，面對「天下諸侯有相滅亡者」，在「尊王」的前提下，明知「諸侯之義不得專封」，卻不得不對當時的諸侯霸主齊桓公寄予期望，「實與而文不與」，以隱諱的方式，希望齊桓公「力能救之，則救之」。

爲什麼諸夏被滅了，桓公沒能存亡續絕呢？我們可以很清楚的看出，時值齊桓稱霸的這三段《春秋》經文，《公羊傳》的詮釋，都落在對齊桓「存亡續絕」的呼籲上。在眾多的「滅國」（被滅國）資料裡，特別顯得不尋常。所謂「實與而文不與」，對於霸主的「攘夷」，爲什麼字面不贊與，而實質上又有鼓勵的意思呢？《公羊傳》因爲諸夏地區「上無天子，下無方伯，天下諸侯有相滅亡者」的亂象，而修正了尊王──「不與諸侯專封」的矜持。這其實也是「先諸夏」這個意識的彰顯。

綜合以上所論，除了莊公四年「紀侯大去其國」，傳文著重在爲強勢國：「齊襄公」解釋復仇的合理性之外；其餘十條《公羊傳》對「滅國」（被滅之國）有所著墨的論述中，竟然有六則（◎）是站在「先諸夏」的立場，去看待事件的發生與經文的用字。「先諸夏」是一種價值觀、是一種意識型態；在與夷狄對立時，「先諸夏」甚至成爲一種情感，這情感來自於內外之別，源自於親疏之辨。

由此我們可以得知，《公羊傳》對「滅國」，的確有一份「諸夏意識」存在。董氏所云「德等也，則先親親。……滅國五十有餘，獨先諸夏」並非虛構。

五、由「滅國五十有餘，獨先諸夏」見證董仲舒解經方法：「從變從義」之眞諦

董仲舒《春秋繁露・觀德》：「德等也，則先親親。……滅國五十有餘，

獨先諸夏」。正確的理解應該是：「同樣都是被滅的國家，在這眾多的滅國當中，《公羊傳》對於諸夏有特別的重視和禮遇，這就是親親之情的證明。」

董氏所言，不是對單一事件而發，而是在經文所記的滅國事件中，由《公羊傳》對被滅國的論述，推究其文字背後的語意而得來。既然如此，為何淩曙、蘇輿二人都落在經文事件上，企圖去找出董氏所論之事例呢？其主要原因，應該是來自於對〈觀德〉原文的判讀而使然，〈觀德〉：

> 「德」等也，則先親親；「魯十二公」等也，而定、哀最尊；「衛，
> 俱諸夏也」，善稻之會，獨先內之，為其與我同姓也；「吳，俱夷狄
> 也」，柤之會，獨先外之，為其與我同姓也。「滅國五十有餘」，獨先
> 諸夏；「魯、晉俱諸夏也」，譏二名，獨先及之。「盛伯、郜子俱當絕」，
> 而獨不名，為其與我同姓兄弟也。……

這段文意中，所據以申論「德等也，則先親親」者，都是具體的《春秋》事例，這使我們相信，董氏在其中所論之「滅國五十有餘，獨先諸夏」，也應該是從同質性事例的比較而得來，不至於是「空穴來風」。

董氏於《春秋繁露‧二端》云：「聖人能繫『心』於微而致之著也」，〈王道〉亦云：「《春秋》誅意不誅辭」。董仲舒治學以「原心取義」為要，《春秋繁露‧精華》：「《春秋》無達辭，從變從義。」正是董氏治《春秋》的方法。董仲舒治經，屬事見義，所謂「從變從義」，就是先回到事理的本質、就個別事件之狀況，看出經傳斟酌之行文之用心。既講究「無達辭」，亦可看出董氏解經，並非憑藉經傳字面之用詞來論事義；簡言之，董氏治《春秋》，是先「論事」而後「見義」，「見義」而後「述辭」；與何休以後之公羊學者，由「用辭」之「義例」以通釋全經「經義」的做法完全不同。

「滅國五十，獨先諸夏」，並非落在字面經傳的文字上，去找出《春秋》經文哪一則寫出「諸夏滅人之國」，哪一條為「首記」云云……，「先諸夏」者，在此是指經傳對於諸夏有特別的一份重視，《公羊傳》在「滅國」的若干傳文上透露了這份重視，而董氏則精闢的指出，這就是「親親之情」的表現。

透過〈觀德〉「德等也，則先親親。……滅國五十有餘，獨先諸夏」這句話的解義，我們看到了董仲舒「從變從義」的方法在研究經傳時的運用。因為認為「《春秋》無達辭」，所以，董氏對於經義之發凡，並不是由歸納經文的書寫方式、或是在某則事件上抓住傳文對某字的定義或詮釋來發揮，而是藉由《公羊春秋》的論理精神，去掌握經傳論述的重點和用意。簡言之，所

謂「《春秋》無達辭，從變從義」，就是不在隻字片句上鑽研，而在「『同』屬性」的事件上，看到經傳對個別事件斟酌的行文所表現出來的「變」。這種「同中之『變』」，往往就是「義」的取決和實現。董氏有鑑於此，所論經義乃透過《公羊傳》的微言，直接訴諸《春秋》史書記事之本質，回歸事件本身去看經傳持論的立場，並由此歸納出所謂的「經義」。因此，董仲舒所言之「經義」，實質上已是《公羊春秋》之旨義。

凌曙、蘇輿對於《春秋繁露・觀德》「滅國……獨先諸夏」一句之注解，於「滅國」一詞之辭義誤判作「滅人之國」，而以謂「獨先諸夏」就是「先記諸夏之滅人」，遂而無法通釋董氏原本上下文意中的「親親之義」。二位前輩又落於《公羊傳》字斟句酌、以「微言」解經的思考模式，而誤以爲「獨先諸夏」之「先」爲書寫次第、順序之「先」，而斤斤於《春秋》經文中，哪一條是「諸夏之滅人」者最早之「首記」，殊不知如此一來，即與董氏治《春秋》之方法完全相悖。不僅未能看出董氏對經義之發凡，同時也誤解董氏「滅國……獨先諸夏」的語意。

表三：《公羊》經傳、《穀梁傳》『滅』之記事一覽表

	公羊經、傳	穀梁傳
隱公二年 魯滅極	（經）無駭帥師入極。 （傳）無駭者何？展無駭也。何以不氏？貶。曷爲貶？疾始滅也。始滅昉於此乎？前此矣。前此則曷爲始乎此？託始焉爾。曷爲託始焉爾？《春秋》之始也。此滅也，其言入何？內大惡，諱也。	（傳）入者，內弗受也。極，國也。苟焉以入，人爲志者，人亦入之矣。不稱氏者，滅同姓，貶也。
莊公四年 齊滅紀	（經）紀侯大去其國。 （傳）大去者何？滅也。孰滅之？齊滅之。曷爲不言齊滅之？爲襄公諱也。《春秋》爲賢諱。何賢乎襄公？復讎也。何讎爾？遠祖也。哀公亨乎周，紀侯譖之。……遠祖者，幾世乎？九世矣。九世猶可以復讎乎？雖百世可也。家亦可乎？曰：不可。國何以可？國君一體也；先君之恥猶今君之恥也，今君之恥猶先君之恥也。國君何以爲一體？國君以國爲體，諸侯世，故國君爲一體也。今紀無罪，此非怒與？曰：非也。古者有明天子，則紀侯必誅，必無紀者。紀侯之不誅，至今有紀者，猶無明天子也。……有明天子，則襄公得爲若行乎？曰：不得也。不得則襄公曷爲爲之？上無天子，下無方伯，緣恩疾者可也。	（傳）大去者，不遺一人之辭也，言民之從者四年而後畢也。紀侯賢而齊侯滅之。不言滅，而曰大去其國者，不使小人加乎君子。

莊公八年 魯、齊滅盛	（經）夏，師及齊師圍成，成降于齊師。 （傳）成者何？盛也。盛則曷為謂之成？諱滅同姓也。曷為不言降吾師？辟之也。	（經）夏，師及齊師圍郕。郕降于齊師。 （傳）其曰降于齊師何？不使齊師加威於郕也。
莊公十年 齊滅譚	（經）冬，十月，齊師滅譚，譚子奔莒。 （傳）何以不言出？國以滅矣，無所出也。	
莊公十三年 齊滅遂	（經）夏，六月，齊人滅遂。	（傳）遂，國也。其不日，微國也。
僖公元年 狄滅邢	（經）齊師、宋師、曹師次于聶北，救邢。 （傳）救不言次，此其言次何？不及事也。不及事者何？邢已亡矣。孰亡之？蓋狄滅之。曷為不言狄滅之？為桓公諱也。曷為為桓公諱？上無天子，下無方伯，天下諸侯有相滅亡者，桓公不能救，則桓公恥之。曷為先言次而後言救？君也。君則其稱師何？不與諸侯專封也。曷為不與？實與而文不與。文曷為不與？諸侯之義不得專封。諸侯之義不得專封，則其曰實與之何？上無天子，下無方伯，天下諸侯有相滅亡者，力能救之，則救之可也。	
僖公二年 狄滅衛 晉滅虢	（經）二年，春，王正月，城楚丘。 （傳）孰城之？城衛也。曷為不言城衛？滅也。孰滅之？蓋狄滅之。曷為不言狄滅之？為桓公諱也。曷為為桓公諱？上無天子，下無方伯，天下諸侯有相滅亡者，桓公不能救，則桓公恥之也。然則孰城之？桓公城之。曷為不言桓公城之？不與諸侯專封也。曷為不與？實與而文不與。文曷為不與？諸侯之義，不得專封。諸侯之義不得專封，則其曰實與之何？上無天子，下無方伯，天下諸侯有相滅亡者，力能救之，則救之可也。	
	（經）虞師、晉師滅夏陽。 （傳）虞，微國也，曷為序乎大國之上？使虞首惡也。曷為使虞首惡？虞受賂，假滅國者道，以取亡焉。……夏陽者何？郭之邑也。曷為不繫于郭？國之也。曷為國之？君存焉爾。	（傳）非國而曰滅，重夏陽也。虞無師，其曰師，何也？以其先晉，不可以不言師也。其先晉，何也？為主乎滅夏陽也。夏陽者，虞、虢之塞邑也，滅夏陽而虞、虢舉矣；……獻公亡虢，五年而後舉虞。
僖公五年 楚滅弦 晉滅虞	（經）楚人滅弦。弦子奔黃。	（傳）弦，國也；其不日，微國也。
	（經）冬，晉人執虞公。 （傳）虞已滅矣，其言執之何？不與滅也。曷為不與滅？滅者亡國之善辭也。滅者，上下之同力者也。	

僖公十年 狄滅溫	（經）狄滅溫，溫子奔衛。	
僖公十二年 楚滅黃	（經）夏，楚人滅黃。	（傳）貫之盟，管仲曰：「江、黃遠齊而近楚，楚爲利之國也。若伐而不能救，則無以宗諸侯矣！」桓公不聽，遂與之盟。管仲死，楚伐江、滅黃，桓公不能救。故君子閔之也。
僖公十四年 徐、莒滅杞	（經）十有四年，春，諸侯城緣陵。 （傳）孰城之？城杞也。曷爲城杞？滅也。孰滅之？蓋徐、莒脅之。曷爲不言徐、莒脅之？爲桓公諱也。曷爲爲桓公諱？上無天子，下無方伯，天下諸侯有相滅亡者，桓公不能救，則桓公恥之也。然則孰城之？桓公城之。曷爲不言桓公城之？不與諸侯專封也。曷爲不與？實與而文不與。文曷爲不與？諸侯之義不得專封也。諸侯之義不得專封，則其曰實與何？上無天子，下無方伯，天下諸侯有相滅亡者，力能救之，則救之可也。	
僖公十七年 齊滅項	（經）夏，滅項。 （傳）孰滅之？齊滅之。曷爲不言齊滅之？爲桓公諱也。《春秋》爲賢者諱。此滅人之國，何賢爾？君子之惡惡也疾始，善善也樂終。桓公嘗有繼絕，存亡之功，故君子爲之諱也。	（傳）孰滅之？桓公也。何以不言桓公也？爲賢者諱也。項，國也，不可滅而滅之乎，桓公知項之可滅也，而不知己之不可以滅也。既滅人之國矣，何賢乎？君子惡惡疾其始，善善樂其終。桓公嘗有存亡繼絕之功，故君子爲之諱也。
僖公二十五年 衛滅邢	（經）春，王正月丙午，衛侯燬滅邢。 （傳）衛侯燬，何以名？絕。曷爲絕之？滅同姓也。	（傳）燬之名何也？不正，其伐本而滅同姓也。
僖公二十六年 楚滅隗	（經）秋，楚人滅隗，以隗子歸。	（經）秋，楚人滅夔，以夔子歸。 （傳）夔，國也。不日，微國也。以歸，猶愈乎執也。
文公四年 楚滅江	（經）秋，楚人滅江。	
文公五年 楚滅六	（經）秋，楚人滅六。	
文公十六年 楚、秦、巴滅庸	（經）楚人、秦人、巴人滅庸。	
宣公八年 楚滅舒蓼	（經）楚人滅舒蓼。	

宣公十二年 楚滅蕭	（經）冬，十有二月戊寅，楚子滅蕭。	
宣公十五年 晉滅赤狄潞氏	（經）六月癸卯，晉師滅赤狄潞氏，以潞子嬰兒歸。 （傳）潞何以稱子？潞子之為善也，躬足以亡爾。雖然，君子不可不記也。離于夷狄，而未能合于中國，晉師伐之；中國不救，狄人不有，是以亡也。	（傳）滅國有三術：中國謹日，卑國月，夷狄不日。其日潞子嬰兒，賢也。
宣公十六年 晉滅滅赤狄甲氏 及留吁	（經）春王正月，晉人滅赤狄甲氏及留吁。	
成公十七年 楚滅舒庸	（經）楚人滅舒庸。	
襄公六年 莒滅鄫 齊滅萊	（經）莒人滅鄫。	（傳）非滅也。中國日，卑國月，夷狄時。鄫，中國也，而時，非滅也。家有既亡，國有既滅，滅而不自知，由別之而不別也。莒人滅鄫，非滅也。非立異姓以蒞祭祀，滅亡之道也。
	（經）十有二月，齊侯滅萊。 （傳）曷為不言萊君出奔？國滅，君死之，正也。	
襄公十年 諸夏及吳會 同，滅偪陽	（經）春，公會晉侯、宋公、衛侯、曹伯、莒子、邾婁子、滕子、薛伯、杞伯、小邾婁子、齊世子光會吳于柤。 （經）夏，五月甲午，遂滅偪陽。公至自會。	（經）夏，五月甲午，遂滅傅陽。 （傳）遂，直遂也；其日遂何？不以中國從夷狄也。
襄公二十五年 楚滅舒鳩	（經）楚屈建帥師滅舒鳩。	
昭公四年 魯滅厲 魯滅鄫	（經）遂滅厲。	（傳）遂，繼事也。
	（經）九月，取鄫。 （傳）其言取之何？滅之也。滅之則其言取之何？內大惡，諱也。	
昭公八年 楚滅陳	（經）冬，十月壬午，楚師滅陳，執陳公子招，放之于越，殺陳孔瑗。	（傳）惡楚子也。……不與楚滅，閔公也。
昭公十一年 楚滅蔡	（經）冬，十有一月丁酉，楚師滅蔡，執蔡世子有以歸，用之。 （傳）此未踰年之君也，其稱世子何？不君靈公，不成其子也。不君靈公，則曷為不成其子？誅君之子不立，非怒也，無繼也。惡乎用之？用之防也。其用之防奈何？蓋以築防也。	

昭公十三年 吳滅州來	（經）蔡侯廬歸于蔡。陳侯吳歸于陳。…… 冬，十月，葬蔡靈公。 （傳）此皆滅國也，其言歸何？不與諸侯專封也。	（傳）善其成之會而歸之，故謹而日之。此未嘗有國也，使如失國辭然者，不與楚滅也。……變之不葬有三：失德不葬，弒君不葬，滅國不葬。然且葬之，不與楚滅，且成諸侯之事也。
	吳滅州來。	
昭公十七年 晉滅賁渾戎	（經）八月，晉荀吳帥師滅賁渾戎。	
昭公二十三年 吳滅胡、沈	（經）戊辰，吳敗頓、胡、沈、蔡、陳、許之師于雞父。胡子髡、沈子楹滅，獲陳夏齧。 （傳）此偏戰也，曷為以詐戰之辭言之？不與夷狄之主中國也。然則曷為不使中國主之？中國亦新夷狄也。其言「滅」、「獲」何？別君臣也，君死于位曰滅，生得曰獲，大夫生死皆曰獲。不與夷狄之主中國，則其言獲陳夏齧何？吳少進也。	（傳）中國不言敗，此其言敗，何也？中國不敗，胡子髡、沈子盈，其滅乎？其言敗，釋其滅也。 （傳）獲者，非與之辭也，上下之稱也。
昭公二十四年 吳滅巢	（經）冬，吳滅巢。	
昭公三十年 吳滅徐	（經）冬，十有二月，吳滅徐，徐子章禹奔楚。	
定公四年 蔡滅沈	（經）夏，四月庚辰，蔡公孫歸姓帥師滅沈，以沈子嘉歸，殺之。	
定公六年 鄭滅許	（經）六年，春，王正月癸亥，鄭游邀帥師滅許，以許男斯歸。	
定公十四年 楚、陳滅頓	（經）二月辛巳，楚公子結、陳公子佗人帥師滅頓，以頓子牄歸。	
定公十五年 楚滅胡	（經）二月辛丑，楚子滅胡，以胡子豹歸。	
哀公八年 宋滅曹	（經）春王正月，宋公入曹，以曹伯陽歸。 （傳）曹伯陽何以名？絕之。曷為絕之？滅也。曷為不言其滅？諱同姓之滅也。何諱乎同姓之滅？力能救之而不救也。	

說明：以公羊經、傳為主。穀梁傳若經文相同，則只列傳文，不再列經文。

第七章　結　論

　　董仲舒，這位被當代學界視爲「儒學罪人」、「迷信導師」的西漢儒宗，其「春秋學」竟有如此豐贍精深的內容，實爲當初打算研究其「陰陽災異如何迷信」的我，所始料未及。

　　爲了釐清董仲舒如何「始推陰陽，爲儒者宗」，我特別著手研究由先秦至西漢陰陽觀念的轉變。陰陽家之說並非始自董仲舒，而是上溯於戰國中晚期以降的一股思潮；董仲舒對於陰陽理論的貢獻，在於董氏以倫理的思維，去理解陰陽五行。董仲舒以「父子關係」去比喻「五行的相生」，例如「木生火，火生土」，在「木生火」的關係中，木是父，火是子；但是，在「火生土」的關係裡，火變成父，土變成子。在不同的關係中，火既扮演了父的身份，也扮演了子的角色。這其中突顯了很重要的意義，就是儒學的倫理秩序，是相對的，而不是絕對的。在不同的關係裏，地位尊卑也隨身份的不同，而相對改變；這種相對的秩序與尊卑，特別被儒家經典的「禮」所重視，而與法家絕對尊卑、絕對秩序、絕對服從的「紀律」並不相同。董仲舒不只以儒學的倫理觀念詮釋五行，更以這種相對的禮制尊卑去解釋陰陽，在董仲舒之後，儒學禮儀中的倫理觀念，以及相對的尊卑秩序，影響了此後陰陽五行體系裏，配應項目之間的關係和解釋。也就是說，想要眞正理解董氏陰陽學說的內容，必須先對董仲舒的儒學內涵有深入的認識，才能有相應的理解。

　　爲了徹底研究其陰陽理論而一頭栽入董學領域，在經歷了一段長時間的資料蒐證後，總算跨越時空結識這位一代儒宗。在他的引導之下，我在何休《解詁》的文字釋例之外，重新以義理的面貌認識《春秋經》與《公羊傳》，

並且以濃厚的興味展開春秋學的研究。

說是這位公羊學大師的引導，並非玩笑。因為，在他的《春秋繁露》中，詳細的敘述了如何研究《春秋》經、傳的方法，只可惜這一部份的資料始終未能見重於世。事實上，以學術內容而言，這也是有原因的。因為，董仲舒以事件說明《春秋》大義，大量援舉《春秋》記事中，或情節相似而身份不同、或身份相同而情節迥異，或乍似同理而實有嫌疑，或乍似了不相及而義旨實同者，相比為例。一組又一組的經文群，不同於何休《解詁》依經傳逐條而釋，董仲舒以「評論體」行文，酣暢流利、義正辭嚴，可以想見在西漢當世，於《春秋》記事理解無礙的情況下，必是振奮人心、風靡一時。然而，經過歷史洪流的洗滌，《公羊傳》語錄問答的形式，近人尚未能得盡解，對於後世學者而言，董氏這種以「評論體」詮釋經文意旨，全然未曾標示所書之評論內容，究竟是經傳何年何事的行文方式，若非熟貫《春秋》二百四十二年之記事本末，於此類《春秋》史事之評論文獻，將完全不知所論為何義。在董氏論述所援舉的事例中，由記事撮舉其義，所涉之經文群組，少則二例，多則數十例，例如「魯莊公不得念母、衛輒之辭父命」、「滅國五十有餘，獨先諸夏」之類。又有如「楚靈王討陳蔡之賊……《春秋》弗予，不得為義者，我不正也」者，經文以魯史為主，根本未載「楚靈王」一名，更遑論找出《春秋》經文中，對「楚靈王」如何「弗予」，「楚靈王」又如何「不得為義」？同時，與「我不正」有何相干？於是，尋找董氏所論所評是《春秋》經文中何年何月之記事，以確立董仲舒詮釋經文義旨時，敘事論理的事由和根據，則成了我在研究歷程中，首先必須克服的難題。

在二十一世紀的今日，後學小子如我者，所佔的時利之便在於拜科技之賜，台灣的最高學術研究機構——中央研究院之中國文哲研究所，已將古籍十三經注疏電子化處理。每天捧著電子版「《春秋》經」、「《公羊傳》」，開始嘗試以董仲舒所謂的「《春秋》無達辭，從變、從義」去彙整經文之記事群組，擺脫何休《解詁》文字釋例之法，以董氏所揭露的義旨為金針〔註1〕，一一比對經傳可能相涉之記事，逐條分析董氏文義所指涉的經文記事與三傳關係，以校釋董氏所言由來為何。花了一年多的時間，總算初步可以通讀《春秋繁露》，得窺董氏所暢論之內容旨要。

〔註1〕元遺山〈論詩絕句〉有「繡好鴛鴦重叫看，莫把金針度與人」之語，意指從完成的繡品中，尋繹隱藏於作品背後的針線手路。

　　就好像參與了當年瑕丘江公與董仲舒集釋《春秋》的比賽。只不過，場景在今日上演，主角是二十一世紀的電腦與二千年前古人的競賽，而我，是佇立一旁等待勝敗結果揭曉的孺子。

　　一場又一場的交叉比對與檢索，二千年前的古人穿梭於《春秋》經傳的功夫，顯然不輸給今日的電腦小子。董仲舒所論述的事理義旨，在《春秋》經傳記事中一一得到印證，董氏舉例之精確、正反對比之巧妙，敘事論理之精微，使一旁的小子詫詫稱奇。終於相信，「古人三年不窺園」的治學態度，並非戲言。在唐代徐彥疏何休《解詁》之後，論《公羊》者，多逕以何休「注經體」的《解詁》來理解《公羊》，又有誰會以一本更加奧譎難懂的書籍，去理解原本就辭義不甚曉暢的《公羊春秋》呢？而何休之前，又有誰具備這樣的身手，穿梭於《春秋》經傳而辯才無礙呢？

　　除了「《漢書・五行志》陰陽災異之說」與「本傳中的三篇對策」為董氏之論外，我開始不得不思考，從宋代程大昌開始，以「思想內容淺陋」為由批駁《繁露》真偽的說法，到底是否可信？擺脫若干既有的成見，進入董氏春秋學的世界，由其春秋學內容之精審，使得我終而也同意徐復觀氏已經考證出來的：「今日所能看到的《春秋繁露》，只有殘缺，並無雜偽」的結論。董氏著作的殘缺對於研究《公羊春秋》而言，無疑是最大的損失。面對當今學界對董氏深層的誤解以及相關研究的缺乏，本文以董仲舒之「春秋學內容」為研究論題，探討董氏春秋學以「仁義法」為中心的「《春秋》義旨」與「儒學內容」；唯有如此，才能在當代學術談論董氏天人思想、氣化感應、陰陽災異等議題之外，真確而相應的理解一代儒宗的學術內涵。由於不以〈五行志〉所載之陰陽災異為探討對象，為了使題目文義更為顯明，本文於是以「義法思想」標示在「董仲舒春秋學研究」的論題上，以突顯本文的研究主旨和相關內容。此外，在篇章安排上，本論文是以「主題」來架構，具體論證分析董仲舒春秋學之思維特質、解經方法、義法內涵，因此，在「思維特質、解經方法、義法內涵」這些不同的篇章中，文獻資料的重覆出現，實在無法避免。事實上，雖然是同一則文獻，在不同的篇章單元，我引用的目的和論述的主旨是不相同的；有的是強調董仲舒的解經方法、有的是強調其義法思想、有的則是和後代公羊學家如何休作比較。

　　為了進一步確定董氏春秋學在春秋學史的地位，本文就董仲舒所有相關於《春秋》之評論，一一尋繹、核對於《春秋》經傳之原文，不僅充分考釋

今本《繁露》所論所指，在《春秋》記事中相關的經文群組；並且確實釐清春秋學領域裡，關於公羊春秋學脈：「經文、公羊傳、公羊學」這三個層次在義旨上的異同；藉著原典的對照，呈現董仲舒在具體事例的詮釋中，對於公羊義法的繼承和開創；本文的研究成果，不僅使《繁露》文義得以通讀，董氏春秋學義法得以昭明，更因此而印證出一代儒宗的儒學成就。

董仲舒當時對於《公羊傳》已有所見，但是《史記》並未視董氏為「治《公羊傳》」之人，而是認為「董氏明於《春秋》」，「其傳公羊氏也」。太史公始終以「《春秋》」稱呼董氏之解經成果，將董氏之學定位於「春秋學」的層次（不同於班固《漢書》以「公羊春秋」稱之，繫之於《公羊傳》學脈之下）。倘若董仲舒之學述果真承自公羊氏，那麼，董氏之學與《公羊傳》所論，又有何異同呢？為了進一步深入了解董氏所論與《公羊傳》文旨的關係，本文首先還原董氏「評論體」中，評論對象所涉之經傳原文，然後再從這些原文裡，篩選出三傳看法各異之記事；本論文以十則具體事例來證明：在三傳看法各異的情況下，董氏持論皆與《公羊傳》相合，而與穀梁、左氏二傳不同。可見，董氏春秋學確實採自公羊一系論者之解經觀點。

董仲舒對《公羊傳》的態度，值得我們注意。「義出於經；經，傳大本也」（〈重政〉），董氏認為《經》的「核心價值」在於展現「仁義」之理，最終致用於世。董仲舒對於傳文非常有信心，他認為《公羊傳》的發問與經文事蹟之比對，往往是看出《春秋》義旨的關鍵；所以他強調「《春秋》赴問數百，應問數千，同留經中，翻援比類」，如果能從經、傳之中「發其端」，察其細微，董氏相信，《春秋》義旨「卒無妄言而得應於《傳》」。例如：《春秋》昭公十九年經文：「許世子止弒其君買」、宣公二年經文：「晉趙盾弒其君夷獔」，《公羊傳》在這二則經文之下，分別提出二個關鍵性的問題：「賊未討，何以書葬」？「弒君者，何以復見」？董仲舒認為，倘若不是《傳》文的發問，從經文表面之記事，將完全看不出有何深義。《傳》對於經文書許君之「葬」，特別發問「賊未討，何以書葬？」來提醒所有人注意，事實上是許世子「不成於弒」；至於傳文提出「趙盾弒君，經文復見」這一個問題，同樣也是想突顯——實際的弒君者是趙穿，而非趙盾。所以傳文在宣公六年刻意發問，以藉機寫出「親弒君者，趙穿也」的內情。

董仲舒絲毫不曾懷疑《公羊傳》釋經是否有誤；若是傳文敘述與經文所記有所不同，例如經文「宋督弒其君與夷」與傳文「莊公弒與夷」，經、傳所

記，異而未合，董氏依然深究其中足以發人深省的事理而賦予道德的詮釋；在董仲舒的詮釋之下，《春秋》經、傳並非以建立「史學」爲職志，而是以闡明王道、啓迪人心向善爲義法之宗旨。董氏引《傳》述義時，《傳》在董氏心目中的地位，與《春秋》經文是一體的。雖然董仲舒論釋之文句中，有「春秋云」、「傳云」二者同時並列的情況；但是整體而言，董氏論理釋義時，往往仍以「《春秋》」一詞，統括《經》、《傳》而行文論述。本論文彙整今本《春秋繁露》中，得到二十處引用「《傳》曰」的文句，並進一步考釋傳文之出處。由此得證，在董仲舒的心目中，《公羊傳》釋解經義，其義旨毫無疑問地被視爲《春秋》義法之當然內容；不過，論述若干文句引涉出處時，董氏顯然已清楚區分經、傳的不同。

我們將董氏對《春秋》經文所發凡之義法與傳文作比較而發現，董氏對於《春秋》經文事件的分析，雖然以公羊一系論者所言內容爲認知基礎，然而，董氏春秋學的視野並不侷限於《公羊傳》傳本之文句。也就是說，董氏春秋學的論點，並非僅以「公羊傳」作爲論證的依據。其援引論證的內容並不限於《公羊傳》，甚至亦有與今本《穀梁傳》、《左傳》相合者。

例如董仲舒認爲，《春秋》在桓公年間的記事，只書「月」而不書「王」，是順從桓公之志，桓公弒其兄隱公，眼裏無視於周天子之存在，所以《春秋》「不書『王』者，以言其背天子」。然而，《公羊傳》裏完全不曾提及過「桓無王」的說法，「桓無王」事實上見於《穀梁傳》。《左傳》、《公羊傳》都沒有特別去強調桓公年間書「王」與否的意義。董仲舒「桓不言王」的主張，雖然目的在強調《春秋》「從其志以見其事」，但是，「桓背天子而不書王」卻是《穀梁傳》所提出的主張，並非董氏之發明。

又如，董仲舒由《春秋》成公二年「蜀之盟」和成公三年「鄭伐許」這二則記事，發揮其識見，運用「屬事見義」之法，指出鄭國「伐許」是叛盟的行爲（背叛蜀之盟）。然而，「蜀之盟」的與盟國，經文所載並未有「許」國，也就是說，若單以經文作判斷，「鄭國伐許」不算是叛盟；這件史事《公羊傳》、《穀梁傳》都未有相關論述，何以董氏評定鄭國爲「無信叛盟」之國？「許國是否與盟」在《左傳》有關鍵性的記載，《左傳》指出「蔡侯、許男」實有參與蜀之盟，經文未載的原因是，蔡、許二國一方面在蜀與晉結盟，一方面又暗地與楚有謀合。我們由此可見，董仲舒春秋學論理釋義雖然本自公羊先師治經之觀點；但是，其春秋學運用之文獻，並非僅限於《公羊傳》。

　　本論文具體考證董氏春秋學論理釋義之由來，以六則事例來論證董氏春秋學在敘事論理上，亦有兼合「《穀梁》一系之觀點」以及「《左氏春秋》一類之文獻」者。除此之外，董氏所敘述之事跡，亦有未見於三傳所載、但持論卻與經文相合者；同時，在經文義法的闡釋上，董氏更有不同於三傳而獨發之見解。此類未見於三傳之敘事或不同於三傳之論理者，本論文在董氏春秋學中，找到了五則具體之事例。

　　人世事理，本來就允許各種不同觀點的解讀和詮釋；世事人情，更不是簡單的「是與非」、「異與同」這樣的二分法就可以一語道盡。今本三傳對於《春秋》二百四十二年間之記事，各有或同或異之解釋和看法，三傳或有一致，亦難免相異。這裡我們要特別提出澄清的是，三傳解經說法相異之處，這些相異的說法不盡然是對立的觀點，有時，只是因為彼此訴求不同而各有所執罷了；三傳之間或同或異的解經觀點，除了互有牴牾之處外，更有值得我們思考是否得以互為補充者。

　　董仲舒春秋學之內涵，首重義法之闡明。因此，董氏對於事件的闡釋有兼合三傳、互為補充，使經文義旨更為詳明者。例如《春秋》莊公元年經文記載「夫人孫於齊」，在《繁露‧觀德》裡，董仲舒抒發了他對這件事的看法：「百禮之貴，……君緒於天。……王父父所絕，子孫不得屬，魯莊公之不得念母」。董氏所抒發的觀察主題，分別來自於莊公元年三傳對於這一則經文的發揮：(1)「受命於天」，與《穀梁傳》對這一則經文的詮釋相合。(2)「王父父所絕」，是《左傳》對這件事「絕不為親」的處理方式。(3)「莊公不得念母」，提到「念母」，這是《公羊傳》的觀察。三傳對於莊公元年這一則經文，各有觀察的重點，看法亦各不相同。董仲舒在〈觀德〉篇以魯莊公為事例，對「《春秋》大義」的論釋，實際上兼合了三傳對這一則經文的不同意見。

　　本論文既已援引「十則事例」證明董氏春秋學確為公羊一系之觀點，那麼，與《穀梁》、《左傳》的相合，是否造成董氏所論與《公羊》相忤呢？本論文實際比對了董氏春秋學所發凡的每一則《春秋》義法，而訝異的發現，儘管董仲舒論理釋義所依據之文獻，不限於今本《公羊傳》；但是，董氏所論之義法與《公羊傳》所述，完全沒有相逆的情況。也就是說，董仲舒對於《公羊傳》只有詳明的補充，從來不曾推翻和懷疑；這種情形與董氏在《春秋繁露》中多次援引《傳》文，認為「經、傳相應無妄」的態度相一致。本論文

以十二則事例具體證明董氏春秋學對於公羊義法的發凡和補充，足以使今本《公羊傳》的內容更詳明。董仲舒治《春秋》，其論理釋義，皆以公羊一系論者的解經成果爲基礎而更有發揮。與後來拘執於師法、家法的經生相比，董仲舒的春秋學內容正代表西漢時人解經以「義」爲尙的風氣，由於董仲舒的時代與《公羊傳》文本之成書時間，相去未遠；較諸於後世走入章句訓詁、以條例解經的公羊學者而言，董仲舒的春秋學，無疑是研究《公羊春秋》最重要的文獻。

對於漢代時人而言，董氏以治《春秋》「學士皆尊師之」；董氏之後，漢代公羊學風大盛，董氏由公羊一系所論而推闡之《春秋》義法，不只成爲當代決事取捨的準則，太史公亦以《春秋》之當然內容看待其釋義之成果，著其云：「漢興至于五世之間」，「唯董仲舒明於《春秋》」。對於後世公羊學來說，董仲舒之春秋學，不啻爲時代最接近於《公羊》經、傳之文獻；對於今日治理《公羊春秋》的學者而言，董仲舒之學遠早於東漢何休，更可說是《公羊傳》之後，後世公羊學之發源。

《公羊》一系論者並不以「訓釋《春秋》、敘述史事」爲職志，而是著重於禮制義法的張揚，反覆辨證經文書寫的立義和旨趣；公羊先師以「詮釋」的立場，對於《春秋》義旨加以抒發，我們在承學於公羊氏的董仲舒學術裡，同樣可以看到這種公羊論者一貫的治經手法。然而，身爲當代董仲舒學術的研究者，我們似乎更應該注意到，景帝時已然爲博士，受天下學士尊師瞻仰的董仲舒，其時代背景、學術風格，均已和秦漢以前口傳時期的公羊先師們有所判別。董仲舒對於《春秋》經傳的詮釋與發明，實際上與他的思維方式、治經方法、研經目的、甚至於和張揚孔子之學的使命感息息相關。

因此，本論文特別從「方法論」的觀點，剖析董仲舒學術思維之特質，企圖在既往學者的相關研究之外，更加如實相應地理解董仲舒的春秋學。因爲，唯有了解董氏「比興」的思維方式，我們才能看出他，如何帶領漢代儒學，在傳統經典裡，透過詮釋與反省，使儒學得到時代的活力；唯有了解董氏「二端」的思維方式，才能眞正看出，董仲舒在社會秩序中所說的「尊卑」，類比於天地，是相對的秩序；唯有了解董氏「相對而辨證」的思維方式，才能眞正突顯董氏倡言「經權」，從變從義的精神；唯有了解董氏「倫理」的思維方式，才能看出董氏論述陰陽五行，與陰陽家有何不同；唯有了解董氏「務實致用」的思維方式，才能眞正確立董氏之學，由觀察「天道」終究回歸於

「人道」之用心。

比興的思維，使他得以從經典中汲取相應於當代的活水智慧；二端辨證的眼光，則是他重視經權常變，得以不拘於經傳文字的巧妙來源；重視倫理秩序以及務實致用的態度，使得他在面對排山倒海而來的陰陽五行思潮時，亦使「人倫五常」結合於宇宙天地而共垂不朽。

「義之所審，勿使嫌疑」，是董仲舒對於經典價值的定位。董仲舒論仁義，由《春秋》即事取義而來，他對於仁義道德的描述，不在於心性的探求，而是訴諸於「外顯行爲」如何落實仁義而作觀察和檢討。先秦儒學論及道德心性的存在，「人與我皆一」也；但是道德行爲的要求，特別是落實在社會秩序的治理上，人我之別，卻不可不察。

董仲舒特別強調《春秋》是一部「仁義法」，「仁」與「義」的差異是「愛人」與「正己」，透過典範與事例的學習，揭櫫「愛民」與「正己」的政治理念和歷史反省。在經世事務中，道德實踐必須考慮「人」、「我」的區別。因此，董仲舒的春秋學重視典範的樹立、詮釋、和反省；在董仲舒的闡釋下，「愛」能推及於人，才叫作「仁」；能「以身作則」要求自己端正，才叫作「義」。董氏秉承孔孟以生命彰顯道德的傳統，對於孟子所言之「所欲有甚於生者」、「所惡有甚於死者」，董氏在《春秋》記事裏找到答案。祭仲見賢，逢丑父見非；董仲舒認爲《春秋》所要突顯的，是道德榮辱與生死義利的經與權，「冒大辱以生，賢人不爲」，董仲舒所言之「榮辱」，就是藉著道德的彰顯，示現人之所以貴於萬物。具體來說，董仲舒一方面承認，人類本具有道德，並且，應該以生命擁抱道德；人類懂得以生命來成就道德，因此而貴於萬物，這部分的思想，董氏與孟子相當接近。但是，董仲舒卻也和荀子一樣提倡「成性之教」，重視教化。

以道德教化爲核心價值，樹立依循之典範，這是戰國荀子以降，儒學實行道德具體化而體認出的「禮法」，其根本精神爲依禮行善，不同於法家以懲罰遏惡爲主旨的「律法」。董仲舒以禮制之「質」、「文」來闡釋孔子心目中的理想王朝，視「仁義法」爲禮之「質」，「三統說」爲禮之「文」；以仁義爲「質」，「禮文」才能有經世不易之價值。《春秋》「大一統」的實現，是由禮制科文的訂定，並行仁義典範之教化，唯有如此，才能使憑武力定天下於一的漢王朝，推向一統的盛世。董仲舒的「仁義法」較諸荀子所言之「禮法」，對於區分人我之分際，有了更精確的補充，這正是董仲舒的成就。藉著禮義

　　實踐的「典範」，以禮法實現「成性之教」，董氏既承繼了孟子推恩之仁的理想，也融貫了荀子傳經教化的務實作風。

　　董仲舒「罷黜百家，獨尊儒術」的歷史形象，已經被證實是個錯誤的認識。仕途上始終見嫉於公孫弘的董仲舒，在當世真正的影響力來自於學術。史漢皆以「廉直方正」讚美其為人，「進退容止，非禮不行」，董氏為天下學士所尊師。其春秋學內容以「義旨」為宗，在「王道禮制」中以「人道關懷」闡發《春秋》義法。「遂人道之極」，是《春秋》這部仁義法的精神所在。董氏治《春秋》不僅詳細的記載研治《春秋》的方法；更可貴的是，他所揭櫫的治學方法，並非後世解讀《公羊春秋》所慣用的文字釋例。

　　「《春秋》無達辭，從變從義，一以奉人」，董氏認為，欲詮釋《春秋》之旨，不能只是在「常辭」上著眼，必須對《春秋》「從『變』、從『義』」的書法，有所體認。《春秋》有常辭，但是，因為寓「義」所需，事理未必盡同，常辭未必合用。董氏注意的焦點，並不在《春秋》常辭書法的歸納，而在尋繹《春秋》何以達「變」的事由；以及在達變背後所彰顯的仁義典範與道德抉擇。「於所見微其辭，於所聞痛其禍，於傳聞殺其恩，與情俱也」，「屈伸之志，詳略之文，皆應之」，董氏義法本不在於經傳字面的章句鑽研，他所昭示的「三世異辭」，本是「與情相俱」以應經旨，可惜，卻被何休釋讀為僵化的「文字條例」。

　　後世解《公羊》者，都以何休《解詁》論釋傳文。董仲舒的春秋學，無論方法或義旨，都與何休《解詁》大相逕庭。然而卻因為評論體與注經體的寫作體裁不同，研習《公羊》者多直取何休《解詁》諸論，在文字條例上巧設說例，而未能得識《公羊》傳文以及眾先師這一系《公羊》論者，其所擅者，原是在人情禮義上昭顯智慧與事理。

　　清代常州公羊學者，之所以重新注意到董仲舒的春秋學，完全是拜何休之學昌盛所賜。無論是刊刻或註解，都逕以何休之條例，揣摩董氏之義，甚至到改易文字、付梓刊刻的地步。表面上，董氏之學獲得張揚；實際上，卻陷入更深的泥淖。今存最重要的二本《繁露》注本，清代常州學派凌曙的《春秋繁露注》、以及清末民初蘇輿的《春秋繁露義證》，凌、蘇二人，乃至於近人賴炎元的註譯本，之所以皆云「於理仍多未明」，最主要的癥結，便是由何休《解詁》與董氏之學的扞隔而來。順此而衍生的問題，還有由董氏的「《春秋》無達辭」與何休的「文字條例」釋經方法不同，所見義旨亦截然相逆的

情況。本文末二章所論，就是藉著董氏春秋學文旨之考義，以呈現關於今日董氏之學釋義瓶頸的由來和解決之道。

「詮釋與創造」，在「求眞」與「求善」的天秤上，孰輕孰重，其價值難以公論。董仲舒的春秋學，著重於往史的取義，而不訴求於眞相的考辨。沿承自公羊春秋的義理，董氏賦予了更豐富的詮釋與說明。在此同時，若干公羊自成一說而難以見存於史實的論點，董氏也一併接受了。如「譏二名」——仲孫何忌、魏曼多多次出現在三傳經文。其中各只有一次，在公羊經文出現時，寫作仲孫忌、魏曼。公羊論者伺機闡發「非禮」與「正名」之議；董仲舒亦緣此而暢論，聖人寄望天下人「皆有士君子之行」的用心。同樣的情節，也出現在莊公八年齊師圍成，經文是否「變盛爲成」的爭議上。雖然，以詮釋的觀點來看，對於經文的闡述，立意光明良善。但是，由於史實不能服人，公羊一系之論點，縱然有良獻美意，終究難免爲人訾議。

這本論文的寫作過程中，也經歷了「科技與人文」的反省。董仲舒的春秋學，基於儒學本然於人道的關懷，在「以仁安人」與「以義正己」的人生態度上，覃思於道德行爲的致用與實踐，其學術可以說是對於「善」的追求。即便是二十一世紀的今日，電腦科技可以在指令的驅使下，「上窮碧落下黃泉」，轉瞬間蒐集古今中外典籍的文字資料。然而，我們卻無法使電腦運作任何人文立意的揀選和判斷。因此，在電腦與古人過招、穿梭於聖人典籍時，古人的靈光益發突顯科技機器的笨拙，終而使吾輩晚生覺悟：「人之所以異於電腦者，幾希！亦有仁義而已矣」。董仲舒的仁義之學，透過科技小子反覆搜尋《春秋》經傳，只能以三角貓功夫呆板的尋繹字根，對於事理應變的裁斷以及人情練達的閃躲，顯然——全無用武之地。例如「滅國五十有餘，獨先諸夏」是什麼義旨？又指涉哪些經文事件呢？如「夫名爲弒父而實免罪者，已有之矣；亦有名爲弒君而罪不可誅者」又是指《春秋》經文中哪些事呢？諸如此類，凌曙、蘇輿注本，或存闕、或誤釋，終未能解。又董仲舒說《春秋》有「不君之辭」，何爲「不君之辭」呢？又所謂「魯得意於齊，蔡得意於吳」是什麼樣的經過呢？這一類問題遍布於董氏春秋學之中，不知凡幾。潛思其間，本論文或已找到解答，當然，亦有仍存疑其中者。這也使我們不得不重新檢討評論體「傳經」的成效，是否因時空環境的變遷，終究抵不過歲月的淘洗而難逃沉埋的命運？

不談「陰陽災異」、「天人思想」、「氣化感應」，也許有人會懷疑，那麼，

董仲舒的學術還剩下什麼呢？這一本論文所呈現的內容，是我對這個問題的解答。

　　跨越時空，與西漢的公羊學大師相結識，使得本來熱衷於陰陽諸論的我，得以一窺經典堂奧；習之有年，竟覺得《春秋》婉約多姿而饒富情味。以「爲故友打贏一場歷史官司」的心情撰寫這本論文，企圖藉客觀呈現的方式，釋解其「儒學罪人」的面貌，則是這本論文的心願。當然，這本以春秋學爲研究對象的著作，對於董仲舒的學術而言，並非全貌；例如，由陰陽氣化諸論所衍生的相關問題──黃老思想、君臣治術等部分，在這本論文中皆未能深論。

　　現在，這一段始料未及的研究，終於告一段落；我又回到原本進行中的「陰陽」與思想信仰的論題。這本論文對我而言，是治學的初階；我期待，往後得以緣此拾級，飽覽漢代學術更豐富的視野和風景。

附　錄

附錄一：董仲舒年譜 〔註1〕

西元紀元	朝　代	董　仲　舒　事　跡
192 B.C.	漢惠帝三年	董仲舒生於漢廣川董故莊，即今河北省景縣河渠鄉大董故莊村。
191～188 B.C.	漢惠帝四～七年	董仲舒 2～5 歲。 惠帝四年「除挾書律」，為孝文時「天下眾書往往頗出，皆諸子傳說」提供了可能，也為仲舒「少治《春秋》」創造了良好的社會環境。
187～141 B.C.	高后元年～孝景后元三年	董仲舒 6～51 歲。 此間正是《漢書・董仲舒傳》所載：「少治《春秋》，孝景時為博士，下帷講誦，弟子傳以久次相授業，或莫見其面」，「進退容止，非禮不行，學士皆師尊之。」 孝景之時，胡毋生與董仲舒同為博士。
140 B.C.	漢武帝建元元年	董仲舒 52 歲。 據《漢書・武帝紀》載：「建元元年，冬十月，詔丞相、御史、列侯、中二千石、二千石、諸侯相舉賢良方正直言極諫之士。丞相綰奏：『所舉賢良，或治申、商、韓非、蘇秦、張儀之言，亂國政，請皆罷。』奏可」；「議立明堂，遣使者安車蒲輪，束帛加璧，征魯申公」，開始崇儒。
139 B.C.	漢武帝建元二年	董仲舒 53 歲。 是年御史大夫越縮、郎中令王臧「坐請毋奏事太皇太后」，皆下獄，自殺。丞相嬰、太尉蚡免。

〔註1〕 【董仲舒年譜】自清・蘇輿《春秋繁露義證》以降，學者多有考證，但彼此說法差距很大。本論文參酌施之勉、賴炎元、章權才、周桂鈿等人之說（參見本論文第一章第二節註2），發現王永祥氏所制定的年譜應與事實最接近。因此，本論文比列《史記》、《漢書》所有出現「董仲舒」之事蹟，以今人王永祥《董仲舒評傳》附錄為底本，重新校證而為此年譜。

138. B.C.	漢武帝 建元三年	董仲舒 54 歲。 《漢書・武帝紀》載：「三年春……賜徙茂陵者戶錢二十萬，田二頃。」董仲舒可能就是此時徙居茂陵的。
136～135 B.C.	漢武帝 建元五～六 年	董仲舒 56～57 歲。 《漢書・武帝紀》載：五年春「置五經博士」。建元六年「春二月乙未，遼東高廟災，夏四月壬子高園便殿火，上素服五日。五日丁亥，太皇太后崩。」
134 B.C.	漢武帝 元光元年	董仲舒 58 歲。 是年對策，董被任爲江都相。據《漢書・武帝紀》載，是年五月詔賢良，曰：「賢良明于古今王事之體，受策察問，咸以書對著之于篇，朕親覽焉」，「於是董仲舒、公孫弘等出焉。」 是年二月曾作《雨雹對》。
128 B.C.	漢武帝元朔 元年	《漢書・武帝紀》：「十二月江都王非薨」 疑董氏此時離開江都相，廢爲中大夫。 另據《漢書・儒林傳》，武帝時，瑕丘江公治《穀梁春秋》，與仲舒並，因而「上使與仲舒議」，江公吶于口，「不如仲舒」，「卒用董生」，「尊公羊家，詔太子受《公羊春秋》，由是公羊大興」，並詔吾丘壽王「從中大夫仲舒受《春秋》」。〔註2〕
127 B.C.	漢武帝 元朔二年	董仲舒 65 歲。 ※ 居舍，著災異之記，主父偃竊其書奏之天子。天子召諸生，示其書。董之弟子呂步舒不知是其師書，以爲下愚，於是下仲舒吏，「當死」，又「詔赦之」，並「復爲中大夫」〔註3〕，但從此，「董舒竟不敢復言災異」。 ※ 是年「上拜偃爲齊相」。偃告王與姊奸事，王「自殺」，「上大怒，以爲偃劫其王」，「遂族偃」。
126 B.C.	漢武帝 元朔三年	董仲舒 66 歲。 《漢書・儒林傳》稱，武帝時韓嬰嘗與董仲舒論於上前，「仲舒不能難也」。此事應發生於此時前後。 是年公孫弘任御史大夫，張湯爲廷尉。
124 B.C.	漢武帝 元朔五年	董仲舒 68 歲。 是年公孫弘任丞相。董仲舒作《詣丞相公孫弘記室書》，說：「江都相董仲舒……誤被非任，無以稱職。……願君侯大開蕭相國求賢之路、廣選舉之門。」然而董仲舒以弘爲從諛，弘疾之，乃言上曰：「獨董仲舒可使相膠西王」〔註4〕，於是董仲舒相膠西王。「膠西王聞仲舒大儒，善待之。」〔註5〕
122 B.C.	漢武帝 元狩元年	董仲舒 70 歲。 是年，據《漢書・董仲舒傳》，「仲舒恐久獲罪，病免。」《漢書・敘傳》云：「抑抑仲舒，再相諸侯，身修國治，致仕懸車。」 是年十月中，淮南王安、衡山王賜謀反，皆自殺，國除。

〔註 2〕 《漢書・吾丘壽王傳》。
〔註 3〕 《漢書・劉向傳》。
〔註 4〕 《漢書・主父偃傳》。
〔註 5〕 《漢書・儒林傳》。

		據《漢書・董仲舒傳》載：「及去位歸居，終不問家產業，以修學著書爲事。仲舒在家，朝廷如有大議，使使者及廷尉張湯就其家而問之，其對皆有明法。」據此，《郊事對》及《春秋決獄》應係此時所作。
121 B.C.	漢武帝 元狩二年	董仲舒 71 歲。 是年丞相公孫弘卒，廷尉張湯升遷爲御史大夫。
120 B.C.	漢武帝 元狩三年	董仲舒 72 歲。 是年水災，董仲舒作「乞種麥限田章」。
117～108 B.C.	漢武帝 元狩六年～ 元封三年	董仲舒 75～84 歲。 此間元鼎二年，張湯自殺，漢武帝起柏梁台；元封元年武帝巡邊陲，出長城，北登單於台；元封二年造甘泉通天台，又遣樓船將軍楊僕等擊朝鮮。董仲舒《循天之道》云：「高台多陽，廣室多陰，遠天地之和也」，可能作於此時。
106～104 B.C.	漢武帝 元封五年～ 太初元年	董仲舒 86～88 歲。壽終於家。

附錄二：董仲舒所發凡之【春秋學義法】原文一覽表

序號 E	董氏發凡之 春秋學義法	《春秋繁露》原文
E1-1 〈楚莊王〉	《春秋》常於其嫌得者，見其不得也。	《春秋》常於其嫌得者，見其不得也。楚莊王殺陳夏徵舒，春秋貶其文，不予專討也。靈王殺齊慶封，而直稱楚子，何也？曰：莊王之行賢，而徵舒之罪重，以賢君討重罪，其於人心善，若不貶，孰知其非正經。是故齊桓不予專地而對，晉文不予致王而朝，楚莊弗予專殺而討。三者不得，則諸侯之得，殆此矣。此楚靈之所以稱子而討也。《春秋》之辭，多所況，是文約而法明也。（〈楚莊王〉）
E1-2 〈楚莊王〉	《春秋》尊禮而重信。	《春秋》尊禮而重信。信重於地，禮尊於身。何以知其然也？宋伯姬疑禮而死於火，齊桓公疑信而虧其地，《春秋》賢而舉之，以爲天下法，曰禮而信。禮無不答，施無不報，天之數也。（〈楚莊王〉）
E1-3 〈楚莊王〉	《春秋》分十二世以爲三等。	《春秋》分十二世以爲三等：有見，有聞，有傳聞。有見三世，有聞四世，有傳聞五世。故哀、定、昭，君子之所見也。襄、成、文、宣，君子之所聞也。僖、閔、莊、桓、隱，君子之所傳聞也。所見六十一年，所聞八十五年，所傳聞九十六年。於所見微其辭，於所聞，痛其禍，於傳聞，殺其恩，與情俱也。是故逐季氏而言又雩，微其辭也。子赤殺，弗忍書日，痛其禍也。子般殺而書乙未，殺其恩也。屈伸之志，詳略之文，皆應之。吾以其近近而遠遠，親親而疏疏也，亦知其貴貴而賤賤，重重而輕輕也。有知其厚厚而薄薄，善善而惡惡也，有知其陽陽而陰陰，白白而黑黑也。百物皆有合偶，偶之合之，仇之匹之，善矣。

E1-4 〈楚莊王〉	《春秋》，義之大者也。……義不訕上，智不危身。故遠者以義諱，近者以智畏。畏與義兼，則世逾近而言逾謹矣。	《春秋》，義之大者也；得一端而博達之，觀其是非，可以得其正法；視其溫辭，可以知其塞怨。是故於外，道而不顯；於內，諱而不隱。於尊亦然，於賢亦然。此其別內外、差賢不肖而等尊卑也。義不訕上，智不危身。故遠者以義諱，近者以智畏。畏與義兼，則世逾近而言逾謹矣。此定哀之所以微其辭。以故，用則天下平，不用則安其身，《春秋》之道也。（〈楚莊王〉）
E1-5 〈楚莊王〉	《春秋》之道，奉天而法古。	《春秋》之道，奉天而法古。故聖者法天，賢者法聖，此其大數也。得大數而治，失大數而亂，此治亂之分也。所聞天下無二道，故聖人異治同理也；古今通達，故先傳其法於後世也。《春秋》之於世事也，善復古，譏易常，欲其法先王也。（〈楚莊王〉）
E2-1 〈玉杯〉	《春秋》之論事，莫重於志。《春秋》不譏其前，而顧譏其後。	《春秋》之論事，莫重於志。今取必納幣，納幣之月在喪分，故謂之喪取也。且文公以秋祫祭，以冬納幣，皆失於太蚤。《春秋》不譏其前，而顧譏其後……緣此以論禮，禮之所重者，在其志。志敬而節具，則君子予之知禮。……志為質，物為文。文著於質，質不居文，文安施質？質文兩備，然後其禮成。（〈玉杯〉）
E2-2 〈玉杯〉	《春秋》之序道也，先質而後文，右志而左物。	《春秋》之序道也，先質而後文，右志而左物。……是故孔子立新王之道，明其貴志以反和，見其好誠以滅偽。其有繼周之弊，故若此也。（〈玉杯〉）
E2-3 〈玉杯〉	《春秋》之法，以人隨君，以君隨天。屈民而伸君，屈君而伸天，《春秋》之大義也。	《春秋》之法，以人隨君，以君隨天。曰：緣民臣之心，不可一日無君，一日不可無君，而猶三年稱子者，為君心之未當立也，此非以人隨君耶？孝子之心，三年不當，三年不當而踰年即位者，與天數俱終始也，此非以君隨天邪？故屈民而伸君，屈君而伸天，《春秋》之大義也。（〈玉杯〉）
E2-4 〈玉杯〉	《春秋》論十二世之事，人道浹而王道備。……非襲古也。	《春秋》論十二世之事，人道浹而王道備。法布二百四十二年之中，相為左右，以成文采。其居參錯，非襲古也。（〈玉杯〉）
E2-5 〈玉杯〉	《春秋》經義之內涵：人道浹而王法立。	論《春秋》者，合而通之，緣而求之，五其比，偶其類，覽其緒，屠其贅，是以人道浹而王法立。以為不然？今夫天子踰年即位，諸侯於封內三年稱子，皆不在經也，而操之與在經無以異。非無其辨也，有所見而經安受其贅也。能以比貫類、以辨付贅者，大得之矣。（〈玉杯〉）
E2-6 〈玉杯〉	《春秋》之常辭（不誅之文，「弗言」之諱，以意見之）	《春秋》之好微與，其貴志也。《春秋》修本末之義，達變故之應，通生死之志，遂人道之極者也。是故君殺賊討，則善而書其誅。若莫之討，則君不書葬，而賊不復見矣。不書葬，以為無臣子也；賊不復見，以其宜滅絕也。今趙盾弒君，四年之後，別牘復見，非《春秋》之常辭也。……貫比而論，是非雖難悉得，其義一也。……所以示天下廢臣子之節，其惡之大若此也。……世亂義廢，背上不臣，篡弒覆君者多，

		而有明大惡之不宜誅（「不宜」二字從盧文弨校），誰言其誅。故晉趙盾、楚公子比皆不誅之文，而弗爲傳，弗欲明之心也。（〈玉杯〉）
E2-7 〈玉杯〉	《春秋》赴問數百，應問數千，同留經中。翻援比類，以發其端，卒無妄言而得應於傳者。	《春秋》赴問數百，應問數千，同留經中。翻援比類，以發其端，卒無妄言而得應於傳者。今使外賊不可誅，故皆復見，而問曰：『此復見，何也？』言莫妄於是，何以得應乎？故吾以其得應，知其問之不妄。以其問之不妄，知盾之獄不可不察也。（〈玉杯〉）
E2-8 〈玉杯〉	《春秋》「惡薄而責厚，惡厚而責薄」。 《春秋》之旨，「重累責之」的目的在「矯枉世」。	《春秋》之道，視人所惑，爲立說以大明之。今趙盾賢而不遂於理，皆見其善，莫見其罪，故因其所賢而加之大惡，繫之重責，使人湛思而自悟以反道。曰：『吁！君臣之大義，父子之道，乃至乎此。』此所由惡薄而責之厚也。他國不討賊者，諸斗筲之民，何足數哉！弗繫人數而已，此所由惡厚而責薄也。……《春秋》爲人不知惡而恬行不備也，是故重累責之，以矯枉世而直之。矯者不過其正，弗能直。知此而義畢矣。（〈玉杯〉）
E3-1 〈竹林〉	《春秋》之常辭也，不予夷狄而予中國爲禮。	《春秋》之常辭也，不予夷狄而予中國爲禮，到邲之戰，偏然反之，何也？」曰：「《春秋》無通辭，從變而移。今晉變而爲夷狄，楚變而爲君子，故移其辭以從其事。」（〈竹林〉）
E3-2 〈竹林〉	《春秋》會同之事，大者主小；戰伐之事，後者主先。 凶年修舊則譏。造邑則諱。	會同之事，大者主小；戰伐之事，後者主先。苟不惡，何爲使起之者居下，是其惡戰伐之辭已。且《春秋》之法，凶年不修舊，意在無苦民爾；苦民尚惡之。況傷民乎？傷民尚痛之，況殺民乎？故曰：凶年修舊則譏。造邑則諱。（〈竹林〉）
E3-3 〈竹林〉	《春秋》之書戰伐也，有惡有善也。惡詐擊而善偏戰，恥伐喪而榮復讎。	今天下之大，三百年之久，戰攻侵伐不可勝數，而復讎者有二焉。……不足以難之，故謂之無義戰也。……若《春秋》之於偏戰也，善其偏，不善其戰，有以效其然也。《春秋》愛人，而戰者殺人，君子奚說善殺其所愛哉？故《春秋》之於偏戰也，猶其於諸夏也，引之魯，則謂之外，引之夷狄，則謂之內；比之詐戰，則謂之義，比之不戰，則謂之不義；故盟不如不盟，然而有所謂善盟；戰不如不戰，然而有所謂善戰；不義之中有義，義之中有不義；辭不能及，皆在於指，非精心達思者，其孰能知之。……見其指者，不任其辭，不任其辭，然後可與適道矣。（〈竹林〉）
E3-4 〈竹林〉	《春秋》之法，卿不憂諸侯，政不在大夫。 《春秋》之義，臣有惡，君名美。故忠臣不顯諫，欲其由君出也。	《春秋》之道，固有常有變，變用於變，常用於常，各止其科，非相妨也。今諸子所稱，皆天下之常，雷同之義也。子反之行，一曲之變。獨修之意也。……今子反往視宋，聞人相食，大驚而哀之，不意之至於此也，是以心駭目動而違常禮。禮者，庶於仁，文質而成體者也。『當仁不讓。』此之謂也。……今讓者，《春秋》之所貴，雖然，見人相食，驚人相爨，救之忘其讓，君子之道有貴於讓者也，故說《春秋》者，無以平定之常義，疑變故之大，則義幾可論矣。（〈竹林〉）

E3-5 〈竹林〉	《春秋》記天下之得失，而見所以然之故。	《春秋》記天下之得失，而見所以然之故，甚幽而明，無傳而著，不可不察也。……案《春秋》而適往事，窮其端而視其故……是非難別者在此。此其嫌疑相似而不同理者，不可不察。夫去位而避兄弟者，君子之所甚貴；獲虜逃遁者，君子之所甚賤。祭仲措其君於人所甚貴，以生其君，故《春秋》以為知權而賢之；丑父措其君於人所甚賤，以生其君，《春秋》以為不知權而簡之。其俱枉正以存君，相似也，其使君榮之與使君辱，不同理。故凡人之有為也，前枉而後義者，謂之中權，雖不能成，《春秋》善之，魯隱公、鄭祭仲是也。前正而後有枉者，謂之邪道，雖能成之，《春秋》不愛，齊頃公、逢丑父是也。（〈竹林〉）
E3-6 〈竹林〉	《春秋》有不君之辭——《春秋》推天施而順人理，以至尊為不可以加於至辱大羞，以至辱為亦不可以加於至尊大位。	《春秋》推天施而順人理，以至尊為不可以加於至辱大羞，故獲者絕之。以至辱為亦不可以加於至尊大位，故雖失位，弗君也；已反國復在位矣，而《春秋》猶有不君之辭。……當此之時，死賢於生，故君子生以辱，不如死以榮，正是之謂也。……《春秋》之序辭也，置王於春正之間，非曰：『上奉天施而下正人，然後可以為王』云爾？今善善惡惡，好榮憎辱，非人能自生，此天施之在人者也，君子以天施之在人者聽之，則丑父弗忠也，天施之在人者，使人有廉恥，有廉恥者，不生於大辱。（〈竹林〉）
E4-1 〈玉英〉	《春秋》變一謂之元。	一元者，大始也。……惟聖人能屬萬物於一，而繫之元也。……是以《春秋》變一謂之元。元，猶原也。其義以隨天地終始也。……元者為萬物之本。……故春正月者，承天地之所為也。繼天之所為而終之也。……是故《春秋》之道，以元之深，正天之端，以天之端，正王之政，以王之政正諸侯之即位，以諸侯之即位正竟內之治。五者俱正，而化大行。非其位而即之，雖受之先君，《春秋》危之，宋繆公是也。非其位，不受之先君，而自即之，《春秋》危之，吳王僚是也。雖然，苟能行善得眾，《春秋》弗危，衛侯晉以立書葬是也。俱不宜立，而宋繆受之先君而危。衛宣弗受先君而不危，以此見得眾心之為大安也。……凡人有憂而不知憂者凶，有憂而深憂之者吉。……匹夫之反道以除咎尚難，人主之反道以除咎甚易。（〈玉英〉）
E4-2 〈玉英〉	《春秋》諱大惡之辭	公觀魚於棠，何惡也？……譏，何故言觀魚？猶言觀社也，皆諱大惡之辭也。（〈玉英〉）
E4-3 〈玉英〉	《春秋》有經禮，有變禮。	《春秋》有經禮，有變禮。為如安性平心者，經禮也；至有於性雖不安，於心雖不平，於道無以易之，此變禮也。是故昏禮不稱主人，經禮也；辭窮無稱，稱主人，變禮也。天子三年然後稱王，經禮也；有故則未三年而稱王，變禮也。婦人無出境之事，經禮也；母為子娶婦，奔喪父母，變禮也。（〈玉英〉）
E4-4 〈玉英〉	《春秋》從其志以見其事。	桓之志無王，故不書王。其志欲立，故書即位。書即位者，言其弒君兄也。不書王者，以言其背天子。……從賢之志以達其義，從不肖之志以著其惡。（〈玉英〉）

E4-5 〈玉英〉	《春秋》之義，善無遺也。	經曰：「宋督弒其君與夷。」《傳》言：「莊公馮殺之。」不可及於經，……《傳》曰：「臧孫許與晉卻克同時而聘乎齊。」按經無有，豈不微哉，不書其往，而有避也。今此《傳》言莊公馮，而於經不書，亦以有避也。是以不書聘乎齊，避所羞也。不書莊公馮殺，避所善也。是故讓者《春秋》之所善。……故君子爲之諱。……以存善志，此亦《春秋》之義，善無遺也。（〈玉英〉）
E4-6 〈玉英〉	《春秋》「弗言」之諱，以意見之。	爲賢者諱，皆言之，爲宣繆諱，獨弗言，何也？曰：不成於賢也。其爲善不法，不可取，亦不可棄。棄之則棄善志也，取之則害王法。故不棄亦不載，以意見之而已。（〈玉英〉）
E4-7 〈玉英〉	《春秋》之道，博而要，詳而反一。	夫權雖反經，亦必在可以然之域，不在可以然之域，故雖死亡，終弗爲也……諸侯在不可以然之域者，謂之大德，大德無踰閒者，謂正經；諸侯在可以然之域者，謂之小德，小德出入可也。權譎也，尙歸之以奉鉅經耳。故《春秋》之道，博而要，詳而反一也。（〈玉英〉） Ps 桓公 11 傳：「權者何？權者反於經，然後有善者也。權之所設，舍死亡無所設。行權有道，自貶損以行權，不害人以行權。殺人以自生，亡人以自存，君子不爲也。」
E4-8 〈玉英〉	《春秋》之法，君立不宜立，不書；大夫立，則書。	《春秋》之法，君立不宜立，不書；大夫立，則書。書之者，弗予大夫之得立不宜立者也。不書，予君之得立之也。君之立不宜立者，非也。既立之，大夫奉之，是也，荀息曼姑之所得爲義也。（〈玉英〉）
E4-9 〈玉英〉	《春秋》之書事，時詭其實，以有避也；其書人，時易其名，以有諱也。……《春秋》賢死義且得眾心也，故爲諱滅。以爲之諱，見其賢之也。以其賢之也，見其中仁義也。《春秋》之「詭辭」。	《春秋》之法，大夫不得用地。又曰：公子無去國之義。又曰：君子不避外難。紀季犯此三者，何以爲賢？……托賢於紀季，以見季之弗爲也。紀季弗爲而紀侯使之可知矣。《春秋》之書事，時詭其實，以有避也；其書人，時易其名，以有諱也。……說《春秋》者，入則詭辭，隨其委曲而後得之。今紀季受命乎君而經書專，無善一名，而文見賢，此皆詭辭，不可不察。《春秋》之於所賢，固順其志而一其辭，章其義而褒其美。今紀侯《春秋》之所貴也，是以聽其入齊之志，而詭其服罪之辭也，移之紀季。……《春秋》賢死義且得眾心也，故爲諱滅。以爲之諱，見其賢之也。以其賢之也，見其中仁義也。（〈玉英〉）
E5-1 〈精華〉	《春秋》愼辭，謹於名倫等物者也……名倫弗予，嫌於相臣之辭也。	《春秋》愼辭，謹於名倫等物者也。是故小夷言伐而不得言戰，大夷言戰而不得言獲，中國言獲而不得言執，各有辭也。有小夷避大夷而不得言戰，大夷避中國而不得言獲，中國避天子而不得言執。（〈精華〉） 名倫弗予，嫌於相臣之辭也。是故大小不踰等，貴賤如其倫，義之正也。（〈精華〉）
E5-2 〈精華〉	《春秋》之不畏強禦也。	大旱，陽滅陰也。陽滅陰者，尊壓卑也，固其義也，雖大甚，拜請之而已，敢有加也？大水者，陰滅陽也。陰滅陽者，卑勝尊也，日食亦然。皆下犯上，以賤傷貴者，逆節也，故鳴

		鼓而攻之，朱絲而脅之，爲其不義也。此亦《春秋》之不畏強禦也。（〈精華〉）
E5-3 〈精華〉	《春秋》固有常義，又有應變……《春秋》有是有非。	《春秋》之法，大夫無遂事。又曰：出境有可以安社稷、利國家者，則專之可也。……《春秋》固有常義，又有應變：無遂事者，謂平生安寧也；專之可也者，謂救危除患也；……故公子結受命往媵陳人之婦於鄟，道生事，從齊桓盟，《春秋》弗非，以爲救莊公之危。公子遂受命使京師，道生事，之晉，《春秋》非之，以爲是時僖公安寧無危。故有危而不專救，謂之不忠；無危而擅生事，是卑君也。（〈精華〉） 故此二臣俱生事，《春秋》有是有非，其義然也。（〈精華〉）
E5-4 〈精華〉	《春秋》固有常義，又有應變。	《春秋》固有常義，又有應變：……進退在大夫者，謂將率用兵也；徐行不反者，謂不以親害尊，不以私妨公也。此之謂將得其私，知其指。（〈精華〉）
E5-5 〈精華〉	《春秋》之聽獄也，必本其事而原其志。	《春秋》之聽獄也，必本其事而原其志。志邪者不待成，首惡者罪特重，本直者其論輕。是故逢丑父當斷，而轅濤塗不宜執，魯季子追慶父，而吳季子釋闔廬；此四者罪同異論，其義殊也。俱欺三軍，或死或不死；俱弒君，或誅或不誅。聽訟折獄，可無審耶！故折獄而是也，理益明，教益行。折獄而非也，闇理迷眾，與教相妨。教，政之本也。獄，政之末也。其事異域，其用一也，不可不以相順，故君子重之也。（〈精華〉）
E5-6 〈精華〉	《春秋》無達辭，從變從義，而一以奉人。	《春秋》之法，未逾年之君稱「子」，蓋人心之正也。……《春秋》無達辭，從變從義，而一以奉人。仁人錄其同姓之禍，固宜異操。晉，《春秋》之同姓也。驪姬一謀而三君死之，天下之所共痛也，本其所爲爲之者，蔽於所欲得位而不見其難也；《春秋》疾其所蔽，故去其正辭，徒言「君之子」而已。……故痛之中有痛，無罪而受其死者，申生、奚齊、卓子是也。惡之中有惡者，己立之，己殺之，不得如他臣之弒君，齊公子商人是也。故晉禍痛而齊禍重，《春秋》傷痛而怒（原作「敦」，據劉師培斠補改）重，是以奪晉子繼位之辭，與齊子成君之號，詳見之也。（〈精華〉）
E5-7 〈精華〉	《春秋》之爲學也，道往而明來者也。然而其辭體天之微，故難知也。	今《春秋》之爲學也，道往而明來者也。然而其辭體天之微，故難知也；弗能察，寂若無；能察之，無物不在。是故爲《春秋》者，得一端而多連之，見一空而博貫之，則天下盡矣。……以魯人之若是也，亦知他國之皆若是也。亦知他國之皆若是也，亦知天下之皆若是也，此之謂連而貫之。故天下雖大，古今雖久，以是定矣。……故吾按《春秋》而觀成敗，乃切惛惛於前世之興亡也，任賢臣者，國家之興也。夫知不足以知賢，無可奈何矣。知之不能任，大者以死亡，小者以亂危，……此吾所惛惛而悲者也。（〈精華〉）
E6-1 〈王道〉	《春秋》貴元	《春秋》何貴乎元而言之？元者，始也，言本正也；道，王道也。王者，人之始也。王正則元氣和順，風雨時、景星見、黃龍下；王不正則上變天，賊氣並見。五帝三王之治天下，不敢有君民之心。什一而稅。教以愛，使以忠，敬長老，親親而尊尊，不奪民時……天爲之下甘露，朱草生，醴泉出，

		風寸時，嘉禾興，鳳凰麒麟游於郊。……郊天祀地，秩山川，以時至，封於泰山，禪於梁父。立明堂，宗祀先帝。以祖配天，天下諸侯各以其職來祭。貢土地所有，先以入宗廟，端冕盛服而後見先。德恩之報，奉先之應也。(〈王道〉)
E6-2 〈王道〉	《春秋》進善誅惡，不遺小大，絕諸本而已。	桀紂皆聖王之後，驕溢妄行。侈宮室，廣苑囿，……孤貧不養，殺聖賢而剖其心，生燔人聞其臭，剔孕婦見其化，斷朝涉之足察其拇，殺梅伯以爲醢，刑鬼侯之女取其環。君臣畏恐，莫敢盡忠，紂愈自賢。周發兵，不期會於孟津者八百諸侯，共誅紂，大亡天下。《春秋》以爲戒，曰：「蒲社災。」(〈王道〉) 周衰，天子微弱，諸侯力政，大夫專國，士專邑，不能行度製、法文之禮。……臣弒其君，子弒其父，孽殺其宗，不能統理，……臣下上僭，不能禁止。日爲之食，星霣如雨，……霣石於宋五，六鷁退飛。……晝晦。彗星見於東方，孛於大辰。鸛鵒來巢，《春秋》異之。以此見悖亂之徵。(〈王道〉) 孔子明得失，差貴賤，反王道之本。譏天王以致太平。刺惡譏微，不遺小大，善無細而不舉，惡無細而不去，進善誅惡，絕諸本而已矣。(〈王道〉)
E6-3 〈王道〉	《春秋》譏天王，以刺弒君、亡國之事，皆「細惡不絕之所致」。	天王使宰咺來歸惠公仲子之賵，刺不及事也。天王伐鄭，譏親也。會王世子，譏微也。祭公來逆王后，譏失禮也。刺家父求車，武氏毛伯求賻金。王人救衛。王師敗於貿戎。天王不養，出居於鄭；殺母弟；王室亂，不能及外，分爲東西周；無以先天下。(〈王道〉) 召衛侯不能致。遣子突征衛，不能絕。伐鄭，不能從。無駭滅極，不能誅（原作「從」，依盧文弨校改）。諸侯得以大亂，篡弒無已。臣下上逼，僭擬天子。諸侯強者行威，小國破滅。晉至三侵周，與天王戰於貿戎而大敗之。戎執凡伯於楚丘以歸。諸侯本怨隨惡，發兵相破，夷人宗廟社稷，不能統理。臣子強，至弒其君父。法度廢而不復用，威武絕而不復行。故鄭魯易地，晉文再致天子。齊桓會王世子，擅封邢、衛、杞，橫行中國，意欲王天下。魯舞八佾，北祭泰山，郊天祀地，如天子之爲。(〈王道〉) 以此之故，弒君三十六（原作「二」，依盧文弨、蘇輿校改），亡國五十二，細惡不絕之所致也。(〈王道〉)
E6-4 〈王道〉	《春秋》立義：內其國而外諸夏，內諸夏而外夷狄，言自近者始也。	《春秋》立義：天子祭天地，諸侯祭社稷，諸山川不在封內不祭。有天子在，諸侯不得專地，不得專封，不得專執天子之大夫，不得舞天子之樂，不得致天子之賦，不得適天子之貴。君親無將，將而誅。大夫不得世，大夫不得廢置君命。立適，以長不以賢；立子以貴不以長。立夫人以適不以妾。天子不臣母后之黨。(〈王道〉) 親近以來遠，未有不先近而致遠者也。故內其國而外諸夏，內諸夏而外夷狄，言自近者始也。(〈王道〉)
E6-5 〈王道〉	《春秋》之書辭，乃王道之體現。	諸侯來朝者得褒：邾婁儀父稱字，滕薛稱侯，荊得人，介葛盧得名。……內出言「如」，諸侯來曰「朝」，大夫來曰「聘」，王道之意也。(〈王道〉)

E6-6〈王道〉	《春秋》之書辭，誅惡而不得遺細大。	誅惡而不得遺細大，諸侯不得爲匹夫興師，不得執天子之大夫，執天子之大夫，與伐國同罪，執凡伯言「伐」。獻八佾，譏「八」言「六」。鄭魯易地，譏「易」言「假」。晉文再致天子，諱「致」言「狩」。（〈王道〉）
E6-7〈王道〉	《春秋》之書辭，亦有「誅意不誅辭」的寫法。	桓公存邢、衛、杞，不見《春秋》，內心予之，行法絕而不予，止亂之道也，非諸侯所當爲也。《春秋》之義，臣不討賊，非臣也。子不復讎，非子也。故誅趙盾。賊不討者，不書葬，臣子之誅也。許世子止不嘗藥，而誅爲弑父，楚公子比脅而立，而不免於死。（ps 以上爲《春秋》之誅辭） 齊桓晉文擅封，致天子，誅亂、繼絕存亡，侵伐會同，常爲本主。曰：桓公救中國，攘夷狄，卒服楚，晉文再致天子；皆止不誅，善其牧諸侯，奉獻天子而服周室，《春秋》予之爲伯，誅意不誅辭之謂也。（〈王道〉）
E6-8〈王道〉	《春秋》記事，俱有所指。	「魯隱之代桓立，祭仲之出忽立突，仇牧、孔父、荀息之死節，公子目夷不與楚國」，此皆執權存國，行正世之義，守拳拳之心，《春秋》嘉其義焉，故皆見之，復正之謂也。……「魯季子之免罪，吳季子之讓國」，明親親之恩也。「闔殺吳子餘祭」，見刑人之不可近。「鄭伯髡原卒於會，諱弑」，痛強臣專君，君不得爲善也。「衛人殺州吁，齊人殺無知」，明君臣之義，守國之正也。「衛人立晉」，美得眾也。「君將不言率師」，重君之義也。「正月公在楚」，臣子思君，無一日無君之意也。「誅受令，惡衛葆」，以正圉圉之平也。「言圍成，甲午祠兵」，以別迫脅之罪，誅意之法也。「作南門。刻桷丹楹，作雉門及兩觀。築三台，新延廄」，譏驕溢不恤下也。故「臧孫辰請糴於齊，孔子曰：『君子爲國，必有三年之積。一年不熟乃請糴，失君之職也』。」誅犯始者，省刑絕惡，疾始也。「大夫盟於澶淵」，刺大夫之專政也。諸侯會同，賢爲主，賢賢也。《春秋》紀纖芥之失，反之王道。追古貴信，結言而已，不至用牲盟而後成約，故曰：「齊侯衛侯胥命於蒲。」《傳》曰：「古者不盟，結言而退」。「宋伯姬曰：『婦人夜出，傅、母不在，不下堂。』」、「曰：古者周公東徵，則西國怨」、「桓公曰：『無貯粟，無鄣谷，無易樹子，無以妾爲妻。』」、「宋襄公曰：『不鼓不成列，不阨人。』」、「莊王曰：『古者，杅不穿，皮不蠹，則不出。君子篤於禮，薄於利；要其人，不要其土；告從不赦，不祥；強不陵弱。』」、「齊頃公弔死視疾」、「孔父正色而立於朝，人莫過而致難乎其君」、「齊國佐不辱君命而尊齊侯」，此《春秋》之救文以質也。（〈王道〉）
E6-9〈王道〉	《春秋》「夷狄」爲誅辭。	「夷狄邾婁人、牟人、葛人，爲其天王崩而相朝聘也」，此其誅也。（〈王道〉）
E6-10〈王道〉	《春秋》「直稱君」之譏。	「殺世子、母弟，直稱君」，明失親親也。（〈王道〉）
E6-11〈王道〉	《春秋》救文以質，見天下諸侯之所以失其國者。	《春秋》救文以質，見天下諸侯之所以失其國者……《春秋》明此存亡，道可觀也。觀乎蒲社，知驕溢之罰。觀乎許田，知諸侯不得專封。觀乎齊桓、晉文、宋襄、楚莊，知任賢奉上之功。觀乎魯隱、祭仲、叔武、孔父、荀息、仇牧、吳季

		子、公子目夷，知忠臣之效。觀乎楚公子比，知臣子之道，效死之義。觀乎潞子，知無輔自詛之敗。觀乎公在楚，知臣子之恩。觀乎漏言，知忠道之絕。觀乎獻六羽，知上下之差。觀乎宋伯姬，知貞婦之信。觀乎吳王夫差，知強陵弱。觀乎晉獻公，知逆理近色之過。觀乎楚昭王之伐蔡，知無義之反。觀乎晉屬之妄殺無罪，知行暴之報。觀乎陳佗、宋閔，知妒淫之禍。觀乎虞公、梁亡，知貪財枉法之窮。觀乎楚靈，知苦民之壞。觀乎魯莊之起台，知驕奢淫溢之失。觀乎衛侯朔，知不即召之罪。觀乎執凡伯，知犯上之法。觀乎晉郤缺之伐邾婁，知臣下作福之誅。觀乎公子翬，知臣窺君之意。觀乎世卿，知移權之敗。（〈王道〉）
E7-1〈滅國上〉	《春秋》見存亡之端。	王者，民之所往。君者，不失其群者也。故能使萬民往之，而得天下之群者，無敵於天下。弒君三十六，亡國五十二。小國德薄，不朝聘大國，不與諸侯會聚，孤特不相守，獨居不同群，遭難莫之救，所以亡也。非獨公侯大人如此，生天地之間，根本微者，不可遭大風疾雨，立鑠消耗。衛侯朔固事齊襄，而天下患之，虞虢並力，晉獻難之。晉趙盾，一夫之士也，無尺寸之土，一介之眾。而靈公據霸主之餘尊，而欲誅之，窮變極詐，詐盡力竭，禍大及身。推盾之心，載小國之位，孰能亡之哉？故伍子胥，一夫之士也，去楚，干闔廬，遂得意於吳。所託者誠是，何可禦邪？楚王髡托其國於子玉得臣，而天下畏之。虞公托其國於宮之奇，晉獻患之。及髡殺得臣，天下輕之，虞公不用宮之奇，晉獻亡之。存亡之端，不可不知也。諸侯見加以兵，逃遁奔走，至於滅亡而莫之救，平生之素行可見也。隱代桓立，所謂僅存耳，使無駭帥師滅極，內無諫臣，外無諸侯之救……此無以異於遺重寶於道而莫之守，見者掇之也。（滅國上）
E8-1〈滅國下〉	《春秋》見存亡之端。	齊桓為幽之會，衛不至，桓怒而伐之；狄滅之，桓憂而立之。 魯莊為柯之盟，劫汶陽，魯絕，桓立之。 邢杞未嘗朝聘，齊桓見其滅，率諸侯而立之。 用心如此，豈不霸哉？故以憂天下與之。（滅國下）
E9-1〈隨本消息〉	《春秋》藉亡國之跡，以見存亡榮辱之要。	晉文之威，天子再致。先卒一年，魯僖公之心分而事齊。文公不事晉。先齊侯潘卒一年，文公如晉，衛侯鄭伯皆不期來。齊侯已卒，諸侯果會晉大夫於新城。 魯昭公以事楚之故，晉人不入。楚國強而得意，一年再會諸侯，伐強吳，為齊誅亂臣，遂滅厲。魯得其威以滅鄫，其明年如晉，無河上之難。先晉昭之卒一年，無難。楚國內亂，臣弒君。諸侯會於平丘，謀誅楚亂臣，昭公不得與盟，大夫見執。吳大敗楚之黨六國於雞父。公如晉而大辱，《春秋》為之諱而言有疾。由此觀之，所行從不足恃，所事者不可不慎。此亦存亡榮辱之要也。（〈隨本消息〉）
E9-2〈隨本消息〉	《春秋》以「義」許人。	楚子昭蓋諸侯可者也，天下之疾其君者，皆赴愬而乘之。兵四五出，常以眾擊少，以專擊散，義之盡也。（〈隨本消息〉）

E10-1 〈盟會要〉	聖人書寫《春秋》之動機。	蓋聖人者貴除天下之患。貴除天下之患，故《春秋》重而書天下之患遍矣。以爲本於見天下之所以致患，其意欲以除天下之患，何謂哉？天下者無患，然後性可善；性可善，然後清廉之化流；清廉之化流，然後王道舉，禮樂興，其心在此矣。……是以君子以天下爲憂也，患乃至於弒君三十六，亡國五十二，細惡不絕之所致也。辭已喻矣。（〈盟會要〉）
E10-2 〈盟會要〉	聖人書寫《春秋》所秉持的原則。	故曰：立義以明尊卑之分；強幹弱枝以明大小之職；別嫌疑之行，以明正世之義；采�摭託意，以矯失禮；善無小而不舉，無惡小而不去，以純其美；別賢不肖以明其尊；親近以來遠，因其國而容天下；名倫等物不失其理，公心以是非，賞善誅惡而王澤洽。始於除患，正一而萬物備。故曰大矣哉其號，兩言而管天下。此之謂也。（〈盟會要〉）
E11-1 〈正貫〉	《春秋》的內容與作用。	《春秋》，大義之所本耶！六者之科，六者之恉之謂也。然後援天端，布流物，而貫通其理，則事變散其辭矣。 故志得失之所從生，而後差貴賤之所始矣；論罪源深淺定法誅，然後絕屬之分別矣；立義定尊卑之序，而後君臣之職明矣；載天下之賢方，表謙義之所在，則見復正焉耳；幽隱不相踰，而近之則密矣，而後萬變之應無窮者，故可施其用於人，而不悖其倫矣。（〈正貫〉）
E12-1 〈十指〉	《春秋》十旨。	《春秋》二百四十二年之文，……大略之要有十指。十指者，事之所繫也，王化之所由得流也。 「舉事變，見有重」焉，一指也。「見事變之所至」者，一指也。「因其所以至者而治之」，一指也。「強幹弱枝，大本小末」，一指也。「別嫌疑，異同類」，一指也。「論賢才之義，別所長之能」，一指也。「親近來遠，同民所欲」，一指也。「承周『文』而反之『質』」，一指也。「木生火，火爲夏」，天之端，一指也。「切刺譏之所罰」，考變異之所加」，天之端，一指也。 舉事變見有重焉，則百姓安矣。見事變之所至者，則得失審矣。因其所以至而治之，則事之本正矣。強幹弱枝，大本小末，則君臣之分明矣。別嫌疑，異同類，則是非著矣。論賢才之義，別所長之能，則百官序矣。承周文而反之質，則化所務立矣。親近來遠，同民所欲，則仁恩達矣。木生火，火爲夏，則陰陽四時之理相受而次矣。切刺譏之所罰，考變異之所加，則天所欲爲行矣。統此而舉之，德澤廣大，衍溢於四海，陰陽和調，萬物靡不得其理矣。說《春秋》者凡用是矣，此其法也。（〈十指〉）
E13-1 〈重政〉	《春秋》貴「元」	惟聖人能屬萬物於一而繫之元也，終不及本所從來而承之，不能遂其功，是以《春秋》變一謂之元，元猶原也，其義以隨天地終始也。故人惟有終始也，而生不必應四時之變，故元者爲萬物之本。而人之元……乃在乎天地之前，故人雖生天氣及奉天氣者，不得與天元，本天元命而共達其所爲也。故春正月者，承天地之所爲也，繼天之所爲而終之也，其道相與共功持業。……《春秋》明得失，差貴賤，本之天；王之所（以）失天下者，使諸侯得以大亂之說，而後引而反之，故曰博而明，深而切矣。（〈重政〉）

E13-2 〈重政〉	《春秋》以「仁義」貫其科旨。	能說鳥獸之類者，非聖人所欲說也；聖人所欲說，在於說仁義而理之，知其分科條別，貫所附，明其義之所審，勿使嫌疑，是乃聖人之所貴而已矣。……夫義出於經，經傳，大本也。（〈重政〉）
E14-1 〈服制像〉	《春秋》文德爲貴，而威武爲下。	天地之生萬物也以養人，故其可適者以養身體，其可威者以爲容服，禮之所爲興也。劍之在左，青龍之象也。刀之在右，白虎之象也。戟之在前，朱鳥之象也。冠之在首，玄武之象也。……蓋玄武者，貌之最嚴有威者也，其像在後，其服反居首，武之至而不用矣。聖人之所以超然，雖欲從之，末由也已。夫執介冑而後能拒敵者，故非聖人之所貴也，君子顯之於服，而勇武者消其志於貌也矣。故文德爲貴，而威武爲下，此天下之所以永全也。於《春秋》何以言之？孔父義形於色，而姦臣不敢容邪；虞有宮之奇，而獻公爲之不寐；晉屬之強，中國以寢尸流血不已。故武王克殷，裨冕而搢笏。虎賁之王脫劍，安在勇猛必在武殺然後威，是以君子所服爲上矣，故望之儼然者，亦已至矣，豈可不察乎！（〈服制像〉）
E15-1 〈二端〉	《春秋》論災異，重視「二端」小大微著之分。	《春秋》至意有二端，不本二端之所從起，亦未可與論災異也，小大微著之分也。夫覽求微細於無端之處，誠知小之將爲大也，微之將爲著也，吉凶未形，聖人所獨知（原爲「立」，從賴炎元校改）也。（〈二端〉）
E15-2 〈二端〉	《春秋》「五正」，由「貴元」始。	故王者受命，改正朔，不順數而往，必迎來而受之者，授受之義也。故聖人能繫心於「微」而致之「著」也。是故《春秋》之道，以「元之深」正「天之端」，以天之端正「王之政」，以王之政正「諸侯之即位」，以諸侯之即位正「竟內之治」，五者俱正而化大行。（〈二端〉）
E15-3 〈二端〉	《春秋》貴微重始、慎終推效者。	書日蝕、星隕、有蜮、山崩、地震、夏大雨水、冬大雨雹、隕霜不殺草、自正月不雨，至於秋七月、有鴝鵒來巢，《春秋》異之，以此見悖亂之徵，是小者不得大，微者不得著，雖甚末，亦一端，孔子以此效之，吾所以貴微重始也，因惡夫「推災異之象於前，然後圖安危禍亂於後者」，非《春秋》之所甚貴也。然而《春秋》舉之以爲一端者，亦欲其省天譴而畏天威，內動於心志，外見於事情，修身審己，明善心以反道者也，豈非貴微重始、慎終推效者哉！（〈二端〉）
E16-1 〈符瑞〉	《春秋》託受命之符以明改制之義。	有非力之所能致而自至者，西狩獲麟，受命之符是也。然後託乎《春秋》正不正之間而明改制之義，一統乎天子而加憂於天下之憂也，務除天下所患而欲以上通五帝下極三王，以通百王之道而隨天之終始，博得失之效而考命象之爲，極理以盡情性之宜，則天容遂矣。（〈符瑞〉）
E17-1 〈俞序〉	述《春秋》之法，不惟除禍，乃行堯舜之德也。	衛子夏言：「有國家者，不可不學《春秋》，不學《春秋》，則無以見前後旁側之危，則不知國之大柄，君之重任也。故或脅窮失國，挶殺於位，一朝至爾，苟能述《春秋》之法，致行其道，豈徒除禍哉！乃堯舜之德也。」（〈俞序〉）

E17-2 〈俞序〉	《春秋》之道，本於仁恕，本於天心。	故世子曰：「功及子孫，光輝百世，聖人之德，莫美於恕。」故予先言：「《春秋》詳己而略人，因其國而容天下。」《春秋》之道，大得之則以王，小得之則以霸。……霸王之道，皆本於仁，仁，天心，故次之以天心。……故次以言，怨人不可迺，敵國不可狎，攘竊之國不可使久親，皆防患、爲民除患之意也。……上奢侈，刑又急，皆不內恕，求備於人。故次以《春秋》，緣人情，赦小過。（〈俞序〉）
E17-3 〈俞序〉	《春秋》發諸「仁心」而有不告之辭。	故曾子、子石盛美齊侯，安諸侯，尊天子，霸王之道，皆本於仁，仁，天心，故次之以天心。愛人之大者，莫大於思患而豫防之，故蔡得意於吳，魯得意於齊，而《春秋》皆不告。（〈俞序〉）
E17-4 〈俞序〉	「『俗』而成王化」，乃《春秋》所貴。	善宋襄公不厄人，不由其道而勝，不如由其道而敗，《春秋》貴之，將以變習俗，而成王化也。（〈俞序〉）
E17-5 〈俞序〉	《春秋》緣人情，赦小過。	故子夏言：「《春秋》重人，諸譏皆本此，或奢侈使人憤怨，或暴虐賊害人，終皆禍及身。」故子池言：「魯莊築臺，丹楹刻桷；晉厲之刑刻意者；皆不得以壽終。」上奢侈，刑又急，皆不內恕，求備於人。故次以《春秋》，緣人情，赦小過，而《傳》明之曰：「君子辭也。」孔子明得失，見成敗，疾時世之不仁，失王道之體，故緣人情，赦小過。《傳》又明之曰：「君子辭也。」（〈俞序〉）
E17-6 〈俞序〉	《春秋》始言大惡，終言赦小過。	孔子曰：「吾因行事，加吾王心焉，假其位號，以正人倫，因其成敗，以明順逆。」故其所善，則桓文行之而遂，其所惡，則亂國行之終以敗。故始言大惡，殺君亡國，終言赦小過；是亦始於麤粗，終於精微，教化流行，德澤大洽，天下之人，人有士君子之行，而少過矣，亦譏二名之意也。（〈俞序〉）
E23-1 〈三代改制質文〉	《春秋》以「王者受命，作科以奉天地」，故謂「王正月」。	《春秋》曰「王正月」，《傳》曰：「王者孰謂？謂文王也。曷爲先言王而後言正月？王正月也。」「何以謂之王正月？」曰：「王者必受命而後王。王者必改正朔，易服色，制禮樂，一統於天下，所以明易姓，非繼人，通以己受之於天也。王者受命而王，制此月以應變，故作科以奉天地，故謂之王正月也。」（〈三代改制質文〉）
E23-2 〈三代改制質文〉	《春秋》當新王	《春秋》曰：「杞伯來朝。」王者之後稱公，杞何以稱伯？《春秋》上絀夏，下存周，以《春秋》當新王。……《春秋》作新王之事，變周之制，當正黑統，而殷、周爲王者之後，絀夏，改號禹謂之帝，錄其後以小國，故曰絀夏、存周，以《春秋》當新王。不以「杞侯」，弗同王者之後也。……稱「子」又稱「伯」何？見殊之小國也。「『黃』帝」之先「諡」，四帝之後「諡」，何也？曰：帝號必存五，……「帝號」尊而「諡」卑，故四帝後「諡」也。帝，尊號也，錄以小何？曰：遠者號尊而地小，近者號卑而地大，親疏之義也。……德侔天地者，稱皇帝，天佑而子之，號稱天子；故聖王生則稱天子，崩遷則存爲三王，絀滅則爲五帝；下至附庸，絀爲九皇；下極其爲民。有一謂之先（原作「三」，從蘇輿校改）代，故雖絕地，廟位祝牲，猶列於郊號，宗於岱宗。（〈三代改制質文〉）

E23-3 〈三代改制質文〉	《春秋》三等	《春秋》鄭忽何以名？《春秋》曰：「伯子男一也，辭無所貶。」何以爲一？曰：周爵五等，《春秋》三等。《春秋》何三等？曰：王者以制，一商一夏，一質一文。商、質者主天，夏、文者主地，春秋者主人，故三等也。（〈三代改制質文〉）
E28-1 〈爵國〉	《春秋》三等，合伯、子、男爲一爵。	故周爵五等，士三品，文多而實少。《春秋》三等，合伯、子、男爲一爵，士二品，文少而實多。
E29-1 〈仁義法〉	《春秋》之所治，人與我也。	《春秋》之所治，人與我也。所以治人與我者，仁與義也。以仁安人，以義正我，故仁之爲言人也；義之爲言我也，言名以別矣。仁之於人，義之與我者，不可不察也。（〈仁義法〉）
E29-2 〈仁義法〉	《春秋》爲仁義法。	人莫欲亂，而大抵常亂；凡以闇於人我之分，而不省仁義之所在也。是故《春秋》爲仁義法，仁之法在愛人，不在愛我；義之法在正我，不在正人；我不自正，雖能正人，弗予爲義；人不被其愛，雖厚自愛，不予爲仁。（〈仁義法〉）
E29-3 〈仁義法〉	《春秋》之志，恤遠而絕亂塞害於未然。	雋，《傳》無大之之辭；公追戎於濟西（據盧文弨校補），自爲追，則善其所恤遠也。兵已加焉，乃往救之，則弗美；未至，豫備之，則美之，善其救害之先也；夫救蚤而先之，則害無由起，而天下無害矣。 然則觀物之動，而先覺其萌，絕亂塞害於將然而未形之時，《春秋》之志也，其明至矣。非堯舜之智，知禮之本，孰能當此？故救害而先知之，明也。公之所恤遠，而《春秋》美之，詳其美恤遠之意，則天地之間，然後快其仁矣。非三王之德，選賢之精，孰能如此？（〈仁義法〉）
E29-4 〈仁義法〉	《春秋》以「仁」爲法，「仁」重於愛人，不在愛我。	知明先，以仁厚遠；遠而愈賢，近而愈不肖者，「愛」也。故王者愛及四夷，霸者愛及諸侯，安者愛及封內，危者愛及旁側，亡者愛及獨身。獨身者，雖立天子諸侯之位，一夫之人耳，無臣民之用矣，如此者，莫之亡而自亡也。《春秋》不言伐梁者，而言梁亡，蓋愛獨及其身者也。故曰：仁者愛人，不在愛我，此其法也。（〈仁義法〉）
E29-5 〈仁義法〉	《春秋》以「義」爲法，「義」重於正我，不在正人。	義云者，非謂正人，謂正我；雖有亂世枉上，莫不欲正人，奚謂義？昔者楚靈王討陳蔡之賊，齊桓公執袁濤塗之罪，非不能正人也，然而《春秋》弗予，不得爲義者，我不正也。闔廬能正楚蔡之難矣，而《春秋》奪之義辭，以其身不正也。潞子之於諸侯，無所能正，《春秋》予之有義，其身正也；故曰：義在正我，不在正人，此其法也。（〈仁義法〉）
E29-6 〈仁義法〉	《春秋》有刺上矜下之書法。	《春秋》刺上之過，而矜下之苦，小惡在外弗舉，在我書而誹之。……故自稱其惡謂之「情」，稱人之惡謂之「賊」；求諸己謂之「厚」，求諸人謂之「薄」；自責以備謂之「明」，責人以備謂之「惑」。是故以自治之節治人，是居上不寬也；以治人之度自治，是爲禮不敬也；爲禮不敬，則傷行而民弗尊；居上不寬，則傷厚而民弗親。弗親則弗信，弗尊則弗敬。二端之政詭於上，而僻行之則誹於下，仁義之處，可無論乎！（〈仁義法〉）

E30-1 〈必仁且智〉	《春秋》災異，乃天之所欲救之幸國。	《春秋》之法，上變古易常，應是而有天災者，謂幸國。……天災之應過而至也，異之顯明可畏也。此乃天之所欲救也，《春秋》之所獨幸也，莊王所以禱而請也，聖主賢君尙樂受忠臣之諫，而況受天譴也。（〈必仁且智〉）
E32-1 〈對膠西王－越大夫不得爲仁〉	《春秋》之義，貴信而賤詐。	仁人者正其道不謀其利，修其理不急其功，致無爲而習俗大化，可謂仁聖矣。三王是也。《春秋》之義，貴信而賤詐。詐人而勝之，雖有功，君子弗爲也。是以仲尼之門，五尺童子，言羞稱五伯。爲其詐以成功，苟爲而已也，故不足稱於大君子之門。五伯者，比於他諸侯爲賢者，比於仁賢，何賢之有？（〈對膠西王——越大夫不得爲仁〉） 在《漢書》董仲舒本傳，此段文字的應對對象是「江都王」。
E33-1 〈觀德〉	《春秋》禮制之受命與棄絕，上繫於「天」。	百禮之貴，皆編於月，月編於時，時編於君，君編於天。天之所棄，天下弗祐，桀紂是也。天子之所誅絕，臣、子弗得立，蔡世子、逢丑父是也。王父父所絕，子孫不得屬，魯莊公之不得念母，衛輒之辭父命是也。故受命而海內順之，猶眾星之共北辰，流水之宗滄海也。（〈觀德〉）
E33-2 〈觀德〉	《春秋》以德爲序。	至德以受命，豪英高明之人輻輳歸之。高者列爲公侯，下至卿大夫，濟濟乎哉，皆以「德」序： 是故吳，魯同姓也，鐘離之會，不得序而稱君，殊魯而會之，爲其夷狄之行也。雞父之戰，吳不得與中國爲禮。至於伯莒、黃池之行，變而反道，乃爵而不殊。（〈觀德〉）
E33-3 〈觀德〉	《春秋》以德爲序，百禮之貴，亦有「變禮」。	召陵之會，魯君在是，而不得爲主，避齊桓也。魯桓即位十三年，齊、宋、衛、燕舉師而東，紀、鄭與魯戮力而報之，後其日，以魯不得偏，避紀侯與鄭屬也。《春秋》常辭，夷狄不得與中國爲禮。至邲之戰，夷狄反道，中國不得與夷狄爲禮，避楚莊也。邢、衛，魯之同姓也，狄人滅之，《春秋》爲諱，避齊桓也。（〈觀德〉）
E33-4 〈觀德〉	《春秋》惟「德」是親。	惟「德」是親，其皆先其親；是故周之子孫，其「親」等也，而文王最先；「四時」等也，而春最先；「十二月」等也，而正月最先。（〈觀德〉）
E33-5 〈觀德〉	《春秋》「德」等也，則先親親。	惟「德」是親……，「德」等也，則先親親；「魯十二公」等也，而定、哀最尊；「衛俱諸夏也」，善稻之會，「獨」先內之，爲其與我同姓也；「吳俱夷狄也」，柤之會，「獨」先外之，爲其與我同姓也。「滅國五十」（原作「十五」，從劉師培校改）有餘，「獨」先諸夏；「魯、晉俱諸夏也」，譏二名，「獨」先及之。「盛伯、郜子俱當絕」，而「獨」不名，爲其與我同姓兄弟也。「外出者眾」，以母弟出，「獨」大惡之，爲其亡母、背骨肉也。「滅人者莫絕」，衛侯燬滅同姓「獨」絕，賤其本祖而忘先也。「親」等，從近者始，立適以長，母以子貴先。（〈觀德〉）
E33-6 〈觀德〉	《春秋》之事，亦有「書所見也，而不言其闇者」之存疑之言。	甲戌、己丑，陳侯鮑卒，書所見也，而不言其闇者。（〈觀德〉）

E33-7 〈觀德〉	《春秋》就算是「耳聞而記，目見而書」者，也是以其「先接於我（魯）者」而序寫之。	隕石於宋五，六鷁退飛；耳聞而記，目見而書，或徐或察，皆以其「先接於我者」序之。（〈觀德〉）
E33-8 〈觀德〉	《春秋》於會、朝、聘之禮，除了「耳聞而記，目見而書」之外，也是以其「先接於我（魯）者」而序寫之。	耳聞而記，目見而書，或徐或察，皆以其「先接於我者」序之。其於會、朝、聘之禮亦猶是——諸侯與盟者眾矣，而儀父獨漸進；鄭僖公方來會我而道殺，《春秋》致其意，謂之「如會」。潞子離狄而歸，黨以得亡，《春秋》謂之子，以領其意。包來、首戴、洮、踐土與操之會：陳、鄭去我，謂之「逃歸」；鄭處而不來，謂之「乞盟」；陳侯後至，謂之「如會」；莒人疑我，貶而稱「人」；諸侯朝魯者眾矣，而滕、薛獨稱侯；州公化我，奪爵而無號；吳、楚國先聘我者見賢；曲棘與鞍之戰，先憂我者見尊。（〈觀德〉）
E34-1 〈奉本〉	《春秋》「尊尊」，是「禮」的實踐。「禮」之取象，源自於天。——此言所謂「常禮」也。	禮者，繼天地，體陰陽，而慎主客，序「尊卑、貴賤、大小」之位，而差「外內、遠近、新故」之級者也，以「德」多為「象」。萬物以廣博眾多、歷年久者為「象」。其在天而象「天」者，莫大日月，……其得「地」體者，莫如山阜。「人」之得天得眾者，莫如受命之天子。下至公、侯、伯、子、男，海內之心懸於天子，疆內之民，統於諸侯。孔子曰：「唯天為大，唯堯則之。」則之者，大也。「巍巍乎其有成功也」，言其尊大以成功也。唯「田邑之稱，多著主名」。「君將不言臣，臣不言師」。「王夷、君獲，不言師敗」。……齊桓、晉文不尊周室，不能霸；三代聖人不則天地，不能至王；階此而觀之，可以知天地之貴矣。……是故天之所加，雖為災害，猶承而大之。（〈奉本〉）
E34-2 〈奉本〉	《春秋》因為「尊王」，對於天子所誅絕、所敗師之國，「其君之過」亦不敢闕。	天子所誅絕、所敗師，雖不中道，而《春秋》者不敢闕，謹之也。故師出者眾矣，莫言還。至師及齊師圍成，成降於齊師，其君劫外，不得已，故可直言也，而曰「非師之罪」（濟襄從莊公八年傳文校，原置於「君之過也」後）。至於他師，皆其君之過也，是臣子之不為君父受罪，罪不臣子莫大焉。（〈奉本〉）
E34-3 〈奉本〉	《春秋》緣魯以言王義。	《春秋》緣魯以言王義，殺隱、桓以為遠祖，宗定、哀以為考妣，至尊且高，至顯且明。……大國齊、宋，離言會；微國之君，卒葬之禮，錄而辭繁；遠夷之君，內而不外。當此之時，魯無鄙疆，諸侯之伐哀者皆言我（襄校：諸侯之伐，哀者皆言我）。邾婁庶其、鼻我、快（據盧文弨補）、邾婁大夫，其於我無以親，以近之故，乃得顯明。隱、桓，親《春秋》之先人也，益師卒而不日。於稷之會，言其成宋亂，以遠外也。黃池之會，以兩伯之辭，言不以為外，以近內也。（〈奉本〉）

E35-1 〈深察名號〉	《春秋》辨物之理，以正其名。	《春秋》辨物之理，以正其名。名物如其真，不失秋毫之末。故名霣石，則後其五，言退鶂，則先其六。聖人之謹於正名如此。君子於其言，無所苟而已，五石、六鶂之辭是也。（〈深察名號〉）
E35-2 〈深察名號〉	《春秋》為辭之術：《春秋》之辭，內事之待外者，從外言之。	《春秋》之辭，內事之「待」外者，「從外」言之。今萬民之性，待「外教」然後能善，「善」當與「教」，不當與「性」，與「性」，則多累而不精。「自成功而無賢聖」，此世長者之所誤出也，非《春秋》為辭之術也。不法之言、無驗之說，君子之所外，何以為哉？（〈深察名號〉）
E35-3 〈深察名號〉	《春秋》大元，故謹於正名。	質於禽獸之性，則萬民之性善矣；質於人道之善，則民性弗及也。「萬民之性善於禽獸者」許之，「聖人之所謂善者」弗許。吾質之命「性」者，異孟子。孟子下質於「禽獸之所為」，故曰「性已善」；吾上質於「聖人之所為」，故謂「性未善」。「善」過「性」，「聖人」過「善」。《春秋》大元，故謹於正名。名非所始，如之何謂：「未善」已「善」也？（〈深察名號〉）
E36-1 〈實性〉	《春秋》別物之理，以正其名，名物必各因其真。	《春秋》別物之理，以正其名，名物必各因其真。真其義也，真其情也，乃以為名。名霣石，則後其五，退飛則先其六，此皆其真也。聖人於言，無所苟而已矣。性者，天質之樸也；善者，王教之化也。無其質，則王教不能化；無其王教，則質樸不能善。質而不以善「性」，其名不正，故不受也。〈實性〉
E43-1 〈陽尊陰卑〉	以「陰陽」天道釋禮制，由此論《春秋》記載禮制之行文。	故陽氣出於東北，入於西北，發於孟春，畢於孟冬，而物莫不應是。陽始出，物亦始出；陽方盛，物亦方盛；陽初衰，物亦初衰。物隨陽而出入，數隨陽而終始，三王之正隨陽而更起。以此見之，貴陽而賤陰也。故數日者，據晝而不據夜；數歲者，據陽而不據陰。陰不得達之義。是故《春秋》之於昏禮也，達宋公而不達紀侯之母。紀侯之母宜稱而不達，宋公不宜稱而達，達陽而不達陰，以天道制之也。（〈陽尊陰卑〉）
E43-2 〈陽尊陰卑〉	以陰陽觀念釋「《春秋》君不名惡，臣不名善」。	丈夫雖賤皆為陽，婦人雖貴皆為陰。陰之中亦相為陰，陽之中亦相為陽。諸在上者皆為其下陽，諸在下者皆為其上陰。「陰」猶「沉」也。何名何有？皆並一於「陽」，昌力而辭功……「上」善而「下」惡。惡者受之，善者不受。土若地，義之至也。是故《春秋》君不名惡，臣不名善，善皆歸於君，惡皆歸於臣。臣之義比於地，故為人臣者，視地之事天也。為人子者，視土之事火也。（〈陽尊陰卑〉）
E55-1 〈四時之副〉	慶賞罰刑有不行於其正處者，《春秋》譏也。	天之道，春暖以生，夏暑以養，秋清以殺，冬寒以藏。暖、暑、清、寒，異氣而同功，皆天之所以成歲也。聖人副天之所行以為政，故以慶副暖而當春，以賞副暑而當夏，以罰副清而當秋，以刑副寒而當冬。慶賞罰刑，異事而同功，皆王者之所以成德也。慶賞罰刑與春夏秋冬，以類相應也，如合符。故曰王者配天，謂其道。天有四時，王有四政，四政若四時，通類也，天人所同有也。慶為春，賞為夏，罰為秋，刑為冬。慶賞罰刑之不可不具也，如春夏秋冬不可不備也。

		慶賞罰刑，當其處不可不發，若暖暑清寒，當其時不可不出也。慶賞罰刑各有正處，如春夏秋冬各有時也。四政者，不可以相干也，猶四時不可相干也。四政者，不可以易處也，猶四時不可易處也。故慶賞罰刑有不行於其正處者，《春秋》譏也。（〈四時之副〉）
E65-1 〈郊語〉	《春秋》尊天。祭而地神者，《春秋》譏之。	孔子曰：「君子有三畏：畏天命，畏大人，畏聖人之言。」彼豈無傷害於人，如孔子徒畏之哉！以此見天之不可不畏敬，猶主上之不可不謹事。不謹事主，其禍來至顯，不畏敬天，其殃來至暗。暗者不見其端，若自然也。故曰：堂堂如天殃。……天殃與主罰所以別者，暗與顯耳……天地神明之心，與人事成敗之眞，固莫之能見也，唯聖人能見之。聖人者，見人之所不見者也，故聖人之言亦可畏也。……天者，百神之大君也。事天不備，雖百神猶無益也。何以言其然也？祭而地神者，《春秋》譏之。（〈郊語〉）
E66-1 〈郊義〉	以《春秋》郊祭之禮論「尊天」。	郊義，《春秋》之法，王者歲一祭天於郊，四祭於宗廟。宗廟因於四時之易，郊因於新歲之初，聖人有以起之，其以祭不可不親也。天者，百神之君也，王者之所最尊也。以最尊天之故，故易始歲更紀，即以其初郊。郊必以正月上辛者，言以所最尊，首一歲之事。每更紀者以郊，以郊郊祭首之，先貴之義，尊天之道也。（〈郊義〉）
E67-1 〈郊祭〉	《春秋》之義「不敢以父母之喪，廢事天地之禮」（以《春秋》之義論時事）	《春秋》之義，國有大喪者，止宗廟之祭，而不止郊祭，不敢以父母之喪，廢事天地之禮。父母之喪，至哀痛悲苦也，尚不敢廢郊也，孰足以廢郊者？故其在《禮》亦曰：「喪者不祭，唯祭天爲越喪而行事。」夫古之畏敬天而重天郊，如此甚也。 今群臣學士不探察，曰：「萬民多貧，或頗饑寒，足郊乎？」是何言之誤！天子父母事天，而子孫畜萬民。民未遍飽，無用祭天者，是猶子孫未得食，無用食父母也。言莫逆於是，是其去禮遠也。 禮者，先貴而後賤，孰貴於天子？天子號天之子也。奈何受爲天子之號，而無天子之禮？天子不可不祭天也，無異人之不可以不食父。爲人子而不事父者，天下莫能以爲可。今爲天之子而不事天，何以異是？ 是故天子每至歲首，必先郊祭以享天，乃敢爲地，行子禮也；每將興師，必先郊祭以告天，乃敢征伐，行子道也。文王受天命而王天下，先郊乃敢行事，而興師伐崇。（〈郊祭〉）
E69-1 〈郊祀〉	祭之敘，逆於禮，《春秋》必譏之。	故《春秋》凡譏「郊」，未嘗譏「君德」不成於郊也。乃不郊而祭山川，失祭之敘，逆於禮，故必譏之。以此觀之，不祭天者，乃不可祭小神也。郊因先卜，不吉不敢郊。百神之祭不卜，而郊獨卜，郊祭最大也。《春秋》譏「喪祭」，不譏「喪郊」，郊不辟喪，喪尚不辟，況他物。（〈郊祀〉）
E70-1 〈順令〉	《春秋》列序位尊卑，有大罪，不奉其天命者，皆棄其天倫。	《春秋》列序位、尊卑之陳，累累乎可得而觀也。雖闇至愚，莫不昭然。公子慶父，罪亦不當繫於國，以親之故爲之諱，而謂之「齊仲孫」，去其「公子」之親。故有大罪，不奉其天命者，皆棄其天倫。（〈順令〉）

E70-2 〈順令〉	由《春秋》事例歸納，不奉順天命者，皆有違逆倫常之罪狀。	故有大罪，不奉其天命者，皆棄其天倫。人於「天」也，以「道」受命；其於「人」，以「言」受命。不若於「道」者，天絕之；不若於「言」者，人絕之。臣子大受命於君，辭而出疆，唯有社稷國家之危，猶得發辭而專安之，盟是也。天子受命於天，諸侯受命於天子，子受命於父，臣、妾受命於君，妻受命於夫。諸所受命者，其尊皆天也，雖謂受命於天亦可。天子不能奉天之命，則廢而稱公，王者之後是也。「公侯不能奉天子之命」，則名絕而不得就位，衛侯朔是也。「子不奉父命」則有伯討之罪，衛世子蒯聵是也。「臣不奉君命」，雖善，以「叛」，言晉趙鞅入於晉陽以叛是也。「妾不奉君之命」則媵女先至者是也。「妻不奉夫之命」則絕，夫不言「及」是也。曰：不奉順於天者，其罪如此。(〈順令〉)
E70-3 〈順令〉	《春秋》災異，由夫子「畏天命，畏大人，畏聖人之言」之言可證。	孔子曰：「畏天命，畏大人，畏聖人之言。」其祭社稷、宗廟、山川、鬼神，不以其道，無災無害。至於祭天不享，其卜不從，使其牛口傷，鼷鼠食其角。或言食牛，或言食而死，或食而生，或不食而自死，或改卜而牛死，或卜而食其角。過有深淺薄厚，而災有簡甚，不可不察也。由「郊之變」因其災而之變，應而無為也。見百事之變之所不知而自然者，勝言與？以此見其可畏。專誅絕者其唯天乎？臣殺君，子殺父，三十有餘，諸其賤者則損。以此觀之，可畏者其唯天命、大人乎？亡國五十有餘，皆不事畏者也，況不畏大人，大人專誅之。君之滅者，何日之有哉？魯宣違聖人之言，變古易常，而災立至。聖人之言可不慎？此三畏者，異指而同致，故聖人同之，俱言其可畏也。
E71-1 〈郊事對〉	以《春秋》論禮。	臣湯謹問仲舒：「魯祀周公用白牡，非禮也。」臣仲舒對曰：「禮也。」臣湯問：「周天子用騂犅，群公不毛。周公，諸公也。何以得用純牲？」仲舒對曰：「武王崩，成王立，而在襁褓之中，周公繼文武之業，成二聖之功，德漸天地，澤被四海，故成王賢而貴之，詩云：『無德不報。』故成王使祭周公以白牡，上不得與天子同色，下有異於諸侯。臣仲舒愚以為『報德之禮』。」(〈郊事對〉)
E79-1 〈威德所生〉	《春秋》采善不遺小，摭惡不遺大，諱而不隱，罪而不忽。	《春秋》采善不遺小，摭惡不遺大，諱而不隱，罪而不忽，□□以是非，正理以褒貶。喜怒之發，威德之處，無不皆中，其「應」可以參寒暑多夏之不失其時已。故曰「聖人配天」。(〈威德所生〉)

附錄三：今本《春秋繁露》篇目與所論之「春秋義法」統計一覽表

楚莊王 第一	5	通國身 第二十二	0	陽尊陰卑 第四十三	1	五行五事 第六十四	0
玉杯 第二	8	三代改制質文 第二十三	3	王道通三 第四十四	0	郊語 第六十五	1
竹林 第三	6	官制象天 第二十四	0	天容 第四十五	0	郊義 第六十六	1

玉英 第四	9	堯舜不擅移、湯武不專殺 第二十五	0	天辨在人 第四十六	0	郊祭 第六十七	1
精華 第五	7	服制像 第二十六	0	陰陽位 第四十七	0	四祭 第六十八	0
王道 第六	11	度制 第二十七	0	陰陽終始 第四十八	0	郊祀 第六十九	1
滅國上 第七	1	爵國 第二十八	1	陰陽義 第四十九	0	順命 第七十	3
滅國下 第八	1	仁義法 第二十九	6	陰陽出入上下 第五十	0	郊事對 第七十一	1
隨本消息 第九	2	必仁且智 第三十	1	天道無二 第五十一	0	執贄 第七十二	0
盟會要 第十	2	身之養重於義 第三十一	0	暖燠常多 第五十二	0	山川頌 第七十三	0
正貫 第十一	1	對膠西王越大夫不得爲仁 第三十二	1	基義 第五十三	0	求雨 第七十四	0
十指 第十二	1	觀德 第三十三	8	闕	一 一	止雨 第七十五	0
重政 第十三	2	奉本 第三十四	3	四時之副 第五十五	1	祭義 第七十六	0
服制像 第十四	1	深察名號 第三十五	3	人副天數 第五十六	0	循天之道 第七十七	0
二端 第十五	3	實性 第三十六	1	同類相動 第五十七	0	天地之行 第七十八	0
符瑞 第十六	1	諸侯 第三十七	0	五行相生 第五十八	0	威德所生 第七十九	1
俞序 第十七	6	五行對 第三十八	0	五行相勝 第五十九	0	如天之爲 第八十	0
離合根 第十八	0	闕	一 一	五行順逆 第六十	0	天地陰陽 第八十一	0
立元神 第十九	0	闕	一 一	治水五行 第六十一	0	天道施 第八十二	0
保位權 第二十	0	爲人者天 第四十一	0	治亂五行 第六十二	0		
考功名 第二十一	0	五行之義 第四十二	0	五行變救 第六十三	0		

主要參考書目

壹、「董仲舒學術研究」之參考書目

一、董仲舒之著作與相關書目

1. 董仲舒,《公羊治獄》(嚴一萍選輯,《黃氏逸書考》百部叢書集成三編・十六),原刻景印),台北:藝文印書館,1972 年。

2. 董仲舒,《春秋決事》(嚴一萍選輯,《漢魏遺書鈔》百部叢書集成續編・十三),原刻景印),台北:藝文印書館,1970 年。

3. 董仲舒,《董子文集》(叢書集成初編),北京:中華書局,1985 年。

4. 董仲舒,《董仲舒文集》(嚴可均校輯,《全上古三代秦漢三國六朝文》第二十三冊),台北:世界書局,1963 年 5 月。

5. 董仲舒,《董仲舒集》,明刻本,南港中央研究院,傅斯年圖書館珍藏。

6. 凌曙,《春秋繁露注》,皇清經解續編(卷八六五～八八一),台北:復興出版社,1972 年。

7. 蘇輿,《春秋繁露義證》(新編諸子集成第一輯),北京:中華書局,1992年 12 月。

8. 鍾肇鵬等人校釋,《春秋繁露校譯》(孔子文化大全,論著類),山東:友誼出版社,1994 年 12 月。

二、董仲舒學術研究之專書(依作者姓名筆劃順序排列)

1. 王永祥,《董仲舒評傳》,南京:南京大學,1995 年 5 月。

2. 李威熊,《董仲舒與西漢學術》,台北:文史哲出版社,1978 年 6 月。

3. 周桂鈿,《董學探微》,北京:北京師範大學,1989 年 1 月。

4. 周桂鈿、吳鋒,《董仲舒》,長春:吉林文史出版社,1997 年 2 月。

5. 林麗雪,《董仲舒》,台北:商務印書館,1987 年。

6. 韋政通，《董仲舒》，台北：三民書局，1986 年 7 月。

7. 康有爲，《春秋董氏學》，北京：中華書局，1990 年 7 月。

8. 曾振宇、范學輝，《天人衡中——《春秋繁露》與中國文化》，開封：河南大學，1998 年 8 月。

9. 華友根，《董仲舒思想研究》，上海：社會科學院，1992 年 8 月。

10. 黃樸民，《董仲舒與新儒學》，台北：文津出版社，1992 年 7 月。

11. 賴炎元，《春秋繁露今註今譯》，台北：台灣商務印書館，1984 年 5 月。

12. 賴慶鴻，《董仲舒政治思想之研究》，台北：文史哲出版社，1981 年 6 月。

13. 魏源，《董子春秋發微》（《魏源全集》），長沙：岳麓書社，1989 年 8 月。

三、董仲舒學術研究之學位論文（依作者姓名筆劃順序排列）

1. 王淑蕙，《董仲舒春秋解經方法探究》，中央大學中國文學研究所碩士論文，1995 年 5 月。

2. 任金子，《董仲舒的陰陽思想研究》，輔仁大學哲學研究所博士論文，1982 年 6 月。

3. 吳清輝，《董仲舒的春秋大一統思想研究》，台灣師範大學國文研究所碩士論文，1998 年 6 月。

4. 李妍承，《董仲舒春秋學之研究》，台大哲學研究所博士論文，1999 年 6 月。

5. 李秀美，《董仲舒思想闡微——春秋學與天人合一說初探》，輔仁大學中國文學研究所碩士論文，1979 年 6 月。

6. 孫長祥，《董仲舒思想述評》，中國文化大學哲學研究所博士論文，1984 年 5 月。

7. 梁惠卿，《董仲舒陰陽哲學研究》，輔仁大學哲學研究所碩士論文，1992 年 6 月。

8. 陳禮彰，《董仲舒天人思想研究》，台灣師範大學國文研究所碩士論文，1992 年 6 月。

9. 黃國禎，《論董仲舒春秋繁露與緯書春秋緯之關係》，東海大學中國文學系碩士論文，1999 年 5 月。

10. 黃啓書，《董仲舒春秋學中的災異理論》，台灣大學中國文學研究所碩士論文，1995 年 5 月。

11. 鄧桂秋，《董仲舒「法制」思想之研究》，輔仁大學中國文學系碩士論文，1999 年 6 月。

12. 簡松興，《西漢天人思想研究——以《淮南子》、《春秋繁露》、《史記》爲中心》，輔仁大學中國文學系博士論文，1998 年 6 月。

四、董仲舒學術研究之期刊論文（依作者姓名筆劃順序排列）

1. 丁亞傑，〈復古更化：董仲舒春秋公羊學探義〉，《元培學報》第一期，1994 年 9 月。

2. 于首奎，〈董仲舒的『天人感應』論強調人的主觀能動性嗎？〉，《東岳論叢》，1982 年第二期。

3. 王保頂，〈立言與弘道：董仲舒和司馬遷關係論〉，《孔孟月刊》三十五卷十二期，1997 年 8 月。

4. 向陽，〈董仲舒的唯心主義哲學是進步的嗎？〉，《求索》，1982 年第二期。

5. 吳盈靜，〈從「士不遇賦」一文論董仲舒的人格特質〉，《嘉義技術學院學報》第六十四期，1999 年 6 月。

6. 呂紹綱，〈董仲舒與春秋公羊學〉，《中國經學史論文選集》上冊，台北：文史哲出版社，1992 年 10 月。

7. 宋榮培，〈董仲舒的歷史哲學：董氏春秋學的歷史哲學意義及其局限〉，《哲學與文化》第二五七期，1995 年 10 月。

8. 李宗桂，〈評海峽兩岸的董仲舒思想研究〉，《哲學研究》，1990 年第二期。

9. 李宗桂，〈董仲舒：秦漢思想的統一者〉，《中國人文社會科學博士碩士文庫·哲學卷·下》，1998 年 12 月。

10. 李宗桂，〈董仲舒的道德價值論〉，《孔孟月刊》第三五四期，1992 年 2 月。

11. 李宗桂，〈論董仲舒的思想方法〉，《孔孟學報》第六十八期，1994 年 9 月。

12. 李宗桂，〈論董仲舒的政治哲學〉，《中國文化月刊》第一四〇期，1991 年 6 月。

13. 李金松，〈對江都王還是對膠西王？——「春秋繁露」「對膠西王越大夫不得爲仁」篇篇目辨正〉，《大陸雜誌》一〇一卷二期，2000 年 8 月。

14. 李偉泰，〈「漢書」對「史記」的補正——以賈誼、錯、公孫弘、董仲舒的事蹟爲例〉，《臺大中文學報》第五期，1992 年 6 月。

15. 李錦全，〈董仲舒的政治思想和哲學體系都是進步的嗎？〉，《中國哲學史研究集刊》第二輯，上海：人民出版社，1980 年。

16. 周德良，〈董仲舒法術思想探賾〉，《問學集》第六期，1996 年 12 月。

17. 周德良，〈論漢儒災異論——以董仲舒、「白虎通」爲中心之察考（下）〉，《鵝湖》第二九四期，1999 年 12 月。

18. 周德良，〈論漢儒災異論——以董仲舒、「白虎通」爲中心之察考（上）〉，

《鵝湖》第二九三期，1999 年 11 月。

19. 孤帆，〈董仲舒的哲學思想〉，《中正學刊》第二十二期，1998 年 11 月。

20. 林聰舜，〈帝國意識形態的建立——董仲舒的儒學〉，《大陸雜誌》九十一卷二期，1995 年 8 月。

21. 林麗雪，〈董仲舒的人性論〉，《孔孟月刊》十四卷四期，1975 年 12 月。

22. 金春峰，〈論董仲舒思想的特點及其歷史作用〉，《中國社會科學》，1980 年第五期。

23. 金耀基，〈董仲舒的君權神授說〉，《大學生活》第四卷第十二期，1959 年 4 月。

24. 施之勉，〈董子年表訂誤〉，《東方雜誌》四十一卷二十四期，1935 年。

25. 施炎平，〈仁智和理智：儒家智慧的兩重進路——以孔子、董仲舒和程朱為例〉，《鵝湖》第三○四期，2000 年 10 月。

26. 胡順萍，〈董仲舒之宇宙論——天與氣、陰陽五行彼此之關係〉，《輔大中研所學刊》第四期，1995 年 3 月。

27. 孫長祥，〈董仲舒春秋學方法論試探——春秋繁露中的哲學問題與知識方法的辨析〉，《華岡文科學報》第十七期，1989 年 12 月。

28. 秦彥士，〈從董仲舒看漢代儒墨合流〉，《四川師範大學》（社科版），第二十一卷第三期。

29. 張端穗，〈董仲舒「春秋繁露」中經權觀念之內涵及其意義〉，《東海學報》三十八卷一期（文學院），1997 年 7 月。

30. 張銀樹，〈董仲舒人性論之述評〉，《輔仁國文學報》第十期，1994 年 4 月。

31. 張德文，〈董仲舒的「天人關係」模式及其思維方式〉，《中國文化月刊》第二三九期，2000 年 2 月。

32. 張德文，〈試論董仲舒的「天人關係」模式——兼論這一模式的思維方式〉，《孔孟月刊》第四四八期，1999 年 12 月。

33. 張學波，〈論董仲舒哲學的歷史作用〉，《哲學研究》，1979 年第九期。

34. 祥麟，〈董仲舒哲學思想學術討論會綜述〉，《中國哲學研究》，1987 年第二期。

35. 陳文，〈董仲舒「天人合一」思想中的「天」「人」意涵〉，《輔大中研所學刊》第七期，1997 年 6 月。

36. 陳金木，〈淺論西漢經學與董仲舒〉，《社教資料雜誌》第二二六期，1997 年 5 月。

37. 陳旻志，〈「春秋繁露」中的歷史哲學與書法問題〉，《鵝湖》第二六八期，1997 年 10 月。

38. 陳俊華，〈論董仲舒的循環史觀〉，《歷史學報（師大）》第二十四期，1996年6月。

39. 陳麗桂，〈《淮南子》與《春秋繁露》中的感應思想〉（第一屆先秦兩漢學術研討會論文），《先秦兩漢論叢》第一輯，台北：洪葉文化，1999年7月。

40. 陳麗桂，〈「春秋繁露‧循天之道」所顯現的養生之理〉，《中國學術年刊》第十九期，1998年3月。

41. 陳麗桂，〈從天道觀看董仲舒融合陰陽與儒學的天人合一思想〉，《中國學術年刊》第十八期，1997年3月。

42. 章權才，〈董仲舒生卒年考〉，《社會科學評論》第二期，1986年。

43. 彭妮絲，〈論董仲舒之政治思想〉，《孔孟月刊》第三八三期，1994年7月。

44. 惠吉興、潘志峰，〈董學研究的新收穫〉，《哲學研究》，1994年第一期。

45. 曾怡菁，〈解讀董仲舒之天人感應思想〉，《史學會刊（師大）》第四一〇期，1997年6月。

46. 賀凌虛，〈董仲舒的治道和政策〉，《思與言》第十卷第四期，1972年11月。

47. 黃忠慎，〈董仲舒「『詩』無達詁」說析論〉，《鵝湖》第二九三期，1999年11月。

48. 黃東珍，〈從「經權」論董仲舒對儒學的更化〉，《雲漢學刊》第六期，1999年6月。

49. 黃源盛，〈董仲舒春秋折獄案例研究〉，《台大法學論叢》二十一卷二期，1992年8月。

50. 楊國榮，〈董仲舒與儒學的衍化〉，《孔孟學報》第六十四期，1992年9月。

51. 楊樹藩，〈董仲舒的政治思想〉，《國立政治大學學報》第二期，1960年12月。

52. 詹哲裕，〈董仲舒倫理思想析論〉，《復興崗學報》第六十七期，1999年9月。

53. 趙雅博，〈董仲舒對天與道和天道天教及神鬼的思想〉，《哲學與文化》第二一四期，1992年3月。

54. 趙雅博，〈董仲舒對春秋微言大義的詮釋〉，《大陸雜誌》八十五卷三期，1992年9月。

55. 劉文星，〈春秋繁露思想之初探——淺析董仲舒的「天人合一」哲學〉，《道教學探索》第七期，1993年12月。

56. 劉文星，〈董仲舒的養生主張〉，《道教學探索》第七期，1993 年 12 月。

57. 潘志峰，〈董仲舒學術思想國際研討會述要〉，《哲學研究》，1994 年第十期。

58. 蔡輝振，〈論董仲舒之人性三品〉，《古今藝文》二十一卷四期，1995 年 8 月。

59. 鄭卜五，〈董仲舒與何休對三統、三世、內外說之比較析論〉，《第二屆漢代文學與思想學術研討會論文集》，政治大學中國文學系編印，1999 年 1 月。

60. 蕭義玲，〈「獨尊儒術，罷黜百家」與漢武帝之文化政策（下）——論董仲舒在儒學復興運動中的地位〉，《孔孟月刊》第四三五期，1998 年 11 月。

61. 蕭義玲，〈「獨尊儒術‧罷黜百家」與漢武帝之文化政策（上）——論董仲舒在儒學復興運動中的地位〉，《孔孟月刊》第四三四期，1998 年 10 月。

62. 賴炎元，〈董仲舒生平考略〉，《南洋大學學報》第八～九期，1974～1975 年。

63. 賴炎元，〈董仲舒的仁義學說〉，《孔孟月刊》第五卷第二期，1966 年 10 月。

64. 賴炎元，〈董仲舒與何休公羊學之比較〉，《南洋大學學報》第三期，1969 年。

65. 賴炎元，〈董仲舒學術思想淵源〉，《南洋大學學報》第二期，1968 年。

66. 戴君仁，〈董仲舒不說五行考〉，《中央圖書館館刊》新二卷二期，1968 年 10 月。

67. 戴君仁，〈董仲舒對策的分析〉，《大陸雜誌》第四十二卷第六期，1971 年 3 月。

68. 戴君仁，〈漢武帝抑黜百家非發自董仲舒考〉，《孔孟學報》第十六期，1968 年 3 月。

69. 魏元珪，〈董仲舒天人思想評析〉，《東海哲學研究集刊》第一期，1991 年 10 月。

70. 顧頡剛，〈董仲舒思想中的墨教成分〉，《文瀾學報》第三卷第一期，1937 年 3 月。

五、董仲舒學術研究之外籍人士著作（依作者國籍筆劃順序排列）

（一）專　著

1. 日‧武藤邦夫，《董仲舒法律思想之研究》，台灣大學法律研究所碩士論文，1980 年。

（二）期刊論文

1. 日·齋木哲郎，〈《春秋繁露》の僞書說について〉，《汲古》第十七號，1990 年 6 月。

2. 日·齋木哲郎，〈董仲舒と《春秋穀梁傳》〉，《日本中國學會報》第四十四集，1992 年。

3. 日·齋木哲郎，〈董仲舒の生涯、對策と年代、及び儒教國教化の實際について〉，《東洋文化》通刊第三三二號（復刊第七十七號），1996 年 9 月。

4. 日·齋木哲郎，〈董仲舒の春秋學〉，《東方學》第七十五輯，1988 年 1 月。

5. 日·齋木哲郎，〈漢の武帝と董仲舒〉，《鳴門教育大學研究紀要》（人文、社會科學篇）第八卷，1993 年。

6. 美·薩拉·奎因（Saroh A. Queen），〈董仲舒和黃老思想〉，《道家文化研究》第三輯，1993 年 8 月。

貳、「春秋學」、「經學」研究之參考書目

一、古籍部分（依作者姓名筆劃順序排列）

1. 孔廣森，《春秋公羊通義》（《皇清經解》卷六七九～六九一），台北：復興出版社，1972 年。

2. 朱彝尊，《點校補正經義考》（許維萍等點校，林慶彰等編審），台北：中研院文哲所，1999 年初版。

3. 江藩，《隸經文》，北京：中華書局，1985 年。

4. 何休解詁、徐彥疏，《春秋公羊傳注疏》，《十三經注疏》（影印清嘉慶重刻宋本），台北：藝文印書館，1989 年 1 月十一版。

5. 杜預注、孔穎達等正義，《春秋左傳正義》，《十三經注疏》（影印清嘉慶重刻宋本），台北：藝文印書館，1989 年 1 月十一版。

6. 范寧集解、楊士勛疏，《春秋穀梁傳注疏》，《十三經注疏》（影印清嘉慶重刻宋本），台北：藝文印書館，1989 年 1 月十一版。

7. 崔適，《春秋復始》（續修四庫全書一三一冊，經部春秋類），上海：古籍出版社，1995 年。

8. 劉逢祿，《公羊春秋何氏解詁箋》（《皇清經解》卷一二九〇），台北：漢京出版社，1980 年。

9. 劉逢祿，《春秋公羊經傳何氏釋例》（《皇清經解》卷一二八〇），台北：漢京出版社，1980 年。

10. 顧棟高，《春秋大事表》，北京：中華書局，1993 年 6 月。

二、近人著作（依作者姓名筆劃順序排列）

1. 王葆玹，《西漢經學源流》，台北：東大出版社，1994 年 6 月。

2. 王靜芝，《經學通論》，台北：國立編譯館，1982 年 2 月。

3. 皮錫瑞，《經學歷史》，台北：藝文印書館，1974 年 5 月。

4. 宋鼎宗，《春秋宋學發微》，台北：文史哲出版社，1986 年 9 月。

5. 李崇遠，《春秋三傳傳禮異同考要》，嘉新水泥公司文化基金會研究論文第一〇六種，1970 年 10 月。

6. 李新霖，《春秋公羊傳要義》，台北：文津出版社，1989 年 5 月。

7. 杜維明編，《儒學發展的宏觀與透視——新加坡 1988 年儒學群英會紀實》，台北：正中書局，1997 年 7 月台初版。

8. 阮芝生，《從公羊學論春秋的性質》，台大文史叢刊之二十八，1969 年 8 月。

9. 周何，《春秋吉禮考辨》，嘉新水泥公司文化基金會研究論文第一〇一種，1970 年 10 月。

10. 周何，《新譯春秋穀梁傳》，台北：三民書局，2000 年 4 月。

11. 林慶彰編，《中國經學史論文選集》，台北：文史哲出版社，1992 年 10 月。

12. 柯劭忞，《春秋穀梁傳注》，台北：力行出版社，1970 年。

13. 夏長樸，《兩漢儒學研究》，台灣大學文史叢刊，1978 年。

14. 徐仁甫，《左傳疏證》，四川：四川人民出版社，1981 年。

15. 徐復觀，《中國經學史的基礎》，台北：學生書局，1990 年 7 月。

16. 馬勇，《漢代春秋學研究》，成都：四川人民出版社，1992 年。

17. 張以仁，《春秋史論集》，台北：聯經出版社，1990 年 1 月。

18. 陳槃，《春秋大事表列國爵姓及存滅表譔異》，台北：中央研究院歷史語言研究所，1988 年 6 月三版。

19. 章權才，《兩漢經學史》，台北：萬卷樓出版社，1995 年 5 月。

20. 傅隸樸，《春秋三傳比義》，台北：台灣商務印書館，1983 年 5 月。

21. 揚向奎，《大一統與儒家思想》，長春：中國友誼出版社，1989 年 6 月。

22. 程發軔，《春秋要領》，台北：東大出版社，1989 年 4 月。

23. 黃開國主編，《經學辭典》，四川：四川人民出版社，1993 年 5 月。

24. 熊公哲等著，《春秋三傳論文集》，台北：黎明出版社，1981 年 1 月。

25. 劉德漢，《從漢書五行志看春秋對西漢政治的影響》，台北：華正書局，1979 年 7 月。

26. 蔣慶，《公羊學引論》，瀋陽：遼寧教育，1995 年 6 月。

27. 蔣伯潛，《十三經概論》，上海：上海古籍出版社，1983 年 4 月。

三、學位論文（依作者姓名筆劃順序排列）

1. 丁亞傑，《清末民初公羊學研究——皮錫瑞、廖平、康有為》，東吳大學中國文學系博士論文，2000 年 6 月。

2. 成玲，《春秋公羊傳稱謂例釋》，台灣師範大學國文研究所碩士論文，1989 年 6 月。

3. 江素卿，《論常州學派之學術特質與其經世思想》，高雄師範大學國文研究所碩士論文，1995 年 6 月。

4. 何照清，《兩漢公羊學及其對當時政治之影響》，輔仁大學哲學研究所碩士論文，1986 年 5 月。

5. 吳連堂，《春秋穀梁經傳補注研究》，高雄師範大學國文研究所碩士論文，1986 年 6 月。

6. 吳蓮慶，《春秋大義價值標準之研究》，中國文化大學哲學研究所博士論文，1985 年 6 月。

7. 吳龍川，《劉逢祿《公羊》學研究》，中央大學中國文學研究所碩士論文，1997 年 6 月。

8. 李新霖，《清代經今文學術》，台灣師範大學國文研究所碩士論文，1975 年。

9. 林世榮，《熊十力春秋外王學研究》，中央大學中國文學研究所博士論文，1999 年 6 月。

10. 林倫安，《春秋公羊傳會盟析例》，台灣師範大學國文研究所碩士論文，1994 年 6 月。

11. 邱秀春，《從《白虎通義》看漢代學術之大一統與崩解》，輔仁大學中文研究所博士論文，2000 年 6 月。

12. 邱秀春，《漢代學官制度與儒家典籍的發展》，淡江大學中國文學研究所碩士論文，1995 年 6 月。

13. 金榮奇，《莊存與春秋公羊學研究》，政治大學中國文學研究所碩士論文，1989 年 6 月。

14. 胡元輝，《孔子政治思想論原：以公羊學為基點之研究》，政治大學政治研究所碩士論文，1985 年 6 月。

15. 孫春在，《清末的公羊思想》，台灣大學歷史研究所碩士論文，1985 年 6 月。

16. 徐敏玲，《劉逢祿《公羊》學思想之研究》，中興大學中國文學系碩士論文，1996 年 6 月。

17. 浦衛忠，《春秋三傳綜合研究》（1990 年中國社會科學院博士論文），台

北：文津，1995 年 4 月。

18. 張惠淑，《《公羊傳》稱謂七等研究》，台灣師範大學國文研究所碩士論文，1995 年 6 月。

19. 張運宗，《劉逢祿與常州學派》，東海大學歷史學系碩士輪文，1995 年 6 月。

20. 張廣慶，《何休春秋公羊解詁研究》，台灣師範大學國文研究所碩士論文，1989 年 5 月。

21. 張廣慶，《劉逢祿及其春秋公羊學研究》，台灣師範大學國文研究所博士論文，1997 年 6 月。

22. 張慧芳，《西漢之儒學》，台灣師範大學國文研究所碩士論文，1982 年 6 月。

23. 陳素華，《公羊學的一統論》，輔仁大學中國文學研究所碩士論文，1992 年 6 月。

24. 陳登祥，《公羊傳的正名思想》，輔仁大學中國文學研究所碩士論文，1992 年 6 月。

25. 陳靜華，《清代常州學派論語學研究——以劉逢祿、宋翔鳳、戴望爲例》，成功大學中國文學研究所碩士論文，1993 年 6 月。

26. 黃源盛，《漢代春秋折獄之研究》，中興大學法律學研究所碩士論文，1982 年 5 月。

27. 楊秀宮，《先秦儒家禮法思想的演變和發展》，東海大學哲學系博士論文，1999 年 6 月。

28. 鄭卜五，《凌曙公羊禮學研究》，高雄師範大學國文學系博士論文，1997 年 1 月。

29. 鄭丞良，《胡安國春秋傳與公羊傳之比較研究》，中國文化大學史學研究所碩士論文，1999 年 6 月。

30. 盧瑞容，《西漢儒家政治思想與現實政治的互動——以秦議爲中心的考察》，台灣大學中國文學研究所碩士論文，1984 年 6 月。

31. 簡松興，《公羊傳的政治思想》，台灣師範大學國文研究所碩士論文，1979 年 6 月。

四、期刊論文（依作者姓名筆劃順序排列）

1. 呂紹綱，〈何休公羊「三科九旨」淺議〉，《人文雜誌》，1986 年第二期。

2. 呂紹綱，〈孟子論《春秋》〉，《中國經學史論文選集》上冊，台北：文史哲，1992 年 10 月。

3. 周何，〈公羊摘例〉，《靜宜文理學院學報》第五期，1982 年 2 月。

4. 周何，〈父卒繼母嫁從爲之服報議〉，《中國學術年刊》第一期，1976 年

12 月。

5. 周何,〈左傳先配而後祖辨〉,《潘重規教授七秩誕辰論文集》,1977 年 3 月。

6. 周何,〈左傳鄫季姬來寧質疑〉,《師大國文學報》第六期,1977 年 6 月。

7. 周何,〈春秋三傳「柬其敵」解〉,《第一屆中國訓詁學學術研討會論文集》,1993 年 12 月。

8. 周何,〈春秋用致夫人解〉,《中華學苑》(政治大學),1968 年 6 月。

9. 周何,〈春秋昏禮餘論〉,《師大國文學報》第二期,1973 年 4 月。

10. 周何,〈春秋燕禮考辨〉,《師大國文學報》創刊號,1972 年 6 月。

11. 周何,〈春秋親迎禮辨〉,《慶祝林景伊先生六秩誕辰論文集》,1969 年 12 月。

12. 周何,〈春秋歸寧禮辨〉,《中華學苑》(政治大學),1970 年 1 月。

13. 周何,〈穀梁朝聘例釋〉,《中國學術年刊》第十期,1989 年 2 月。

14. 周何,〈穀梁傳的仁義觀〉,《教學與研究》第十二期,1990 年 6 月。

15. 周何,〈穀梁會盟釋例〉,《高仲華先生八秩榮慶論文集》,1988 年 4 月。

16. 周何,〈穀梁諱例釋義〉,《教學與研究》第十一期,1989 年 6 月。

17. 周何,〈論春秋立武宮〉,《屈萬里先生七秩榮慶論文集》,台北:聯經出版社,1978 年 10 月。

18. 周予同,〈從孔子到孟荀——戰國時的儒家派別和儒經傳授〉,《中國經學史論文選集》上冊,台北:文史哲出版社,1992 年 10 月。

19. 周虎林,〈荀子學術淵源及其流衍〉,《師大國研所集刊》第八期,1964 年 6 月。

20. 姜廣輝,〈儒學是一種「意義的信仰」——儒家禮儀與禮義關係再認識〉,《第一屆台灣儒學研究國際學術研討會論文集》(上),成大中文系主編,1997 年 6 月。

21. 高明、周何,〈春秋研究〉,《國學研究論集》(熊公哲等合著),台北:黎明文化事業,1983 年 7 月。

22. 張政烺,〈《春秋事語》解題〉,《文物》,1977 年第一期。

23. 張廣慶,〈從《春秋公羊解詁》論何休對賈逵之反擊〉,《經學研究論叢》第三輯,台北:聖環出版社,1995 年 4 月。

24. 章權才,〈論兩漢經學的流變〉,《中國經學史論文選集》上冊,台北:文史哲出版社,1992 年 10 月。

25. 楊濟襄,〈荀子政治思想與其「禮」論的關聯〉,《中山中文學刊》第一期,1995 年 6 月。

26. 熊公哲,〈兩漢儒家諸子之研討〉,《政大學報》第十五期。

27. 熊公哲，〈孟子與所謂齊學之研討〉，《孔孟學報》第十五期，1968 年 4 月。

28. 劉君祖，〈即事言理──春秋經表達手法初探〉，《中國文化月刊》第五十一期，1984 年 1 月。

29. 劉家和，〈《史記》與漢代經學〉，《中國經學史論文選集》上冊，台北：文史哲出版社，1992 年 10 月。

30. 劉德漢，〈春秋公羊傳對西漢政治的影響〉，《書目季刊》十一卷一期，1977 年 6 月。

31. 鄭卜五，〈常州學派「群經釋義公羊化」學風探源〉，《乾嘉學者的義理學》，中研院中國文哲研究所，2003 年 2 月。

32. 鄭良樹，〈《春秋事語》校釋〉，《竹簡帛書論文集》，北京：中華書局，1982 年。

33. 錢穆，〈中國史學名著──《春秋》〉，《文藝復興月刊》第二卷第一期。

34. 錢穆，〈東漢經學略論〉，《中國學術思想史論叢》（三），台北：東大出版社，1985 年 10 月三版。

五、外籍人士著作

（一）期刊論文

1. 日‧中江丑吉，〈公羊傳及び公羊學に就いて〉，《中國古代政治思想》，日本：岩波書店，1975 年 10 月。

2. 日‧齋木哲郎，〈經學と漢代の政治〉，《鳴門教育大學研究紀要》（人文、社會科學篇）第九卷，1994 年。

參、引用輔助書目

一、古籍部分（依作者姓名筆劃順序排列）

1. 王充，《論衡》，上海：上海古籍出版社，1992 年 7 月。

2. 司馬遷，《史記》（《史記會注考證》），台北：藝文印書館，1972 年 2 月。

3. 朱熹，《朱子語錄》，台北：華世出版社，1987 年 1 月。

4. 朱一新，《佩弦齋文存》（《拙盦叢稿》），台北：文海出版社，1968 年。

5. 朱一新，《拙盦叢稿》，台北：文海出版社，1968 年。

6. 朱一新，《無邪堂答問》，台北：世界書局，1963 年。

7. 俞樾，《諸子平議》（增訂中國學術名著‧第一輯，增補中國思想名著27），台北：世界書局，1966 年。

8. 姚際恆，《古今偽書考》，台北：中研院文哲所，1994 年 6 月。

9. 紀昀等撰，《四庫全書總目提要》，台北：商務印書館，1986 年 3 月。

10. 范曄，《後漢書》，台北：世界書局，1973 年。

11. 張之洞，《書目答問》（范希曾補正，蒙文通校點），台北：漢京出版社，1984 年。

12. 莊存與，《味經齋遺書》，光緒八年重刊陽湖莊氏藏版。

13. 陳振孫，《直齋書錄解題》，台北：廣文書局，1979 年 5 月。

14. 章樵註，《古文苑》，北京：中華書局，1985 年。

15. 章學誠、葉瑛校注，《文史通義校注》，台北：里仁書局，1984 年 9 月。

16. 黃震，《黃氏日鈔》，台北：大化書局，1984 年 12 月。

17. 劉師培，《左盦外集》（《劉申叔先生遺書》），台北：華世出版社，1975 年。

18. 歐陽修等撰，《崇文總目輯釋》，台北：廣文書局，1968 年 3 月。

19. 蘇輿，《翼教叢編》，台北：台聯國風出版社，1970 年 12 月。

二、近人著作（依作者姓名筆劃順序排列）

1. 于首奎，《兩漢哲學新探》，四川：四川人民出版社，1998 年。

2. 中國社會科學院考古研究所編，《中國古代天文文物論集》，北京：文物出版社，1989 年 12 月一版。

3. 支偉成，《清代樸學大師列傳》，湖南：岳麓書社，1986 年。

4. 方東美，《原始儒家道家哲學》，台北：黎明出版社，1987 年 11 月。

5. 方東美，《新儒家哲學十八講》，台北：黎明出版社，1989 年 4 月。

6. 王夢鷗，《鄒衍遺說考》，台北：商務印書館，1966 年 1 月台一版。

7. 江曉原，《天學眞原》，瀋陽：遼寧教育，1995 年 6 月三刷。

8. 艾蘭、汪濤、范毓周主編，《中國古代思維模式與陰陽五行說探源》，江蘇：江蘇古籍出版社，1998 年 6 月。

9. 何介鈞、張維明編，《馬王堆漢墓》，北京：文物出版社，1982 年。

10. 何秀煌，《文化‧哲學與方法》，台北：東大圖書公司，1988 年。

11. 余英時，《歷史與思想》，台北：聯經出版社，1979 年 7 月。

12. 李零，《中國方術考》，北京：人民中國，1993 年 12 月。

13. 李天根輯，《諸子平議補錄》（增訂中國學術名著‧第一輯，增補中國思想名著28），台北：世界書局，1967 年。

14. 李存山，《中國氣論探源與發微》，北京：中國社會科學，1990 年 6 月。

15. 李志林，《氣論與傳統思維方式》，上海：學林出版社，1990 年 9 月。

16. 李漢三，《先秦兩漢之陰陽五行學說》，台北：鐘鼎出版社，1967 年 5 月。

17. 李學勤，《簡帛佚籍與學術史》，台北：時報出版社，1994 年 12 月。

18. 沈清松編，《詮釋與創造——傳統中華文化及其未來發展》，台北：聯經出版社，1995 年 1 月。

19. 周虎林，《司馬遷與其史學》，台北：文史哲出版社，1987 年 7 月。

20. 周桂鈿，《中國歷代思想史‧秦漢卷》，台北：文津出版社，1993 年 12 月。

21. 林聰舜，《西漢前期思想與法家的關係》，台北：大安出版社，1991 年 4 月。

22. 金春峰，《漢代思想史》，北京：中國社會科學，1987 年 4 月。

23. 胡適，《中國中古思想史長編》，台北：遠流出版社，1986 年。

24. 孫廣德，《先秦兩漢陰陽五行說的政治思想》，台北：台灣商務印書館，1994 年 1 月。

25. 徐世昌，《清儒學案》，台北：世界書局，1979 年。

26. 徐復觀，《兩漢思想史》卷一至卷三，台北：學生書局，1989 年 9 月。

27. 祝瑞開，《兩漢思想史》，上海：上海古籍出版社，1989 年 6 月。

28. 馬王堆漢墓帛書整理小組，《馬王堆漢墓帛書》（三），北京：文物出版社，1983 年。

29. 張心澂，《偽書通考》，香港：友聯出版社。

30. 張立文編，《氣》，台北：漢興出版社，1994 年 5 月。

31. 張立文編，《理》，北京：中國人民大學，1991 年 10 月。

32. 張立文編，《道》，北京：中國人民大學，1989 年 3 月。

33. 張雙棣，《淮南子校釋》，北京：北京大學，1997 年。

34. 梁啓超，《梁啓超學術論叢》，台北：南嶽出版社，1978 年 3 月。

35. 梁啓超，《清代學術概論》（《飲冰室專集》），台北：中華書局，1981 年 12 月。

36. 陳垣，《敦煌劫餘錄》，台北：新文豐出版社，1985 年。

37. 陳一平，《淮南子校注譯》，廣州：廣東人民出版社，1994 年。

38. 陳桐生，《中國史官文化與史記》，台北：文津出版社，1993 年 11 月。

39. 陳德和，《淮南子的哲學》，嘉義：南華管理學院，1999 年 2 月。

40. 陳麗桂，《秦漢時期的黃老思想》，台北：文津出版社，1997 年 2 月。

41. 陳麗桂，《戰國時期的黃老思想》，台北：聯經出版社，1991 年 4 月。

42. 勞思光，《新編中國哲學史》，台北：三民書局，1984 年。

43. 費振剛、胡雙寶、宗明華輯校，《全漢賦》，北京：北京大學，1997 年。

44. 馮友蘭，《中國哲學史新編》，北京：人民出版社，1964 年。

45. 馮友蘭，《新原道》（收錄於《貞元六書》），上海：華東師範大學，1996 年 12 月。

46. 黃俊傑編，《中國古代思維方式探索》，台北：正中書局，1996 年 11 月。

47. 黃雲眉，《古今偽書考補證》，山東：齊魯書社，1980 年。

48. 黃源盛，《中國傳統法制與思想》，台北：五南書局，1998 年 9 月。

49. 黃樸民，《何休評傳》（中國思想家評傳叢書），南京：南京大學，1998 年 12 月。

50. 楊儒賓，《中國古代思想中的氣論及身體觀》，台北：巨流出版社，1997 年 2 月一版二刷。

51. 楊儒賓，《儒家身體觀》，台北：中研院文哲所，1999 年 4 月修訂一版。

52. 葛兆光，《七世紀前中國的知識、思想、與信仰世界》（《中國思想史》第一卷），1999 年 1 月。

53. 葛志毅、張惟明，《先秦兩漢的制度與文化》，哈爾濱：黑龍江教育，1998 年 8 月。

54. 蒙培元，《中國傳統哲學思維方式》，杭州：浙江人民出版社，1993 年 8 月。

55. 劉節，《中國史學史稿》，台北：弘文館，1986 年。

56. 劉長林，《中國系統思維》，北京：中國社會科學，1991 年。

57. 劉長林，《中國智慧與系統思維》，台北：台灣商務印書館，1995 年 11 月台灣初版二刷。

58. 劉殿爵，《淮南子逐字索引》（香港中文大學先秦兩漢古籍逐字索引叢刊），台北：台灣商務印書館，1992 年。

59. 蔣年豐，《文本與實踐：儒家思想的當代詮釋》，台北：桂冠出版社，2000 年 8 月。

60. 錢穆，《中國思想史》，台北：學生書局，1988 年 10 月。

61. 錢穆，《中國學術思想史論叢》（三），台北：東大出版社，1985 年 10 月。

62. 戴君仁，《梅園論學集》，台北：台灣開明書店，1970 年 9 月。

63. 謝松齡，《天人象：陰陽五行學說史導論》，山東：文藝出版社，1997 年 9 月。

64. 謝冠生、查良鑑主編，《中國法制史論集》，台北：中華法學協會中國文化學院法律研究所，1968 年。

65. 黃復山，《東漢讖緯學新探》，台北：學生書局，2000 年 2 月。

66. 鄺芷人，《陰陽五行及其體系》，台北：文津出版社，1992 年 12 月。

67. 龐樸，《竹帛五行篇校注及研究》，台北：萬卷樓出版社，2000 年 6 月。

68. 顧實，《重考古今偽書考》，上海：大東書局，1926 年。

69. 顧文炳，《陰陽新論》，瀋陽：遼寧教育，1993 年 10 月。

70. 顧頡剛，《秦漢的方士與儒生》，台北：里仁書局，1985 年 8 月。

71. 顧頡剛等，《古史辨》，台北：藍燈出版社，1987 年。

72. 龔鵬程，《漢代思潮》，嘉義：南華大學，1999 年 8 月。

三、學位論文（依作者姓名筆劃順序排列）

1. 張嘉鳳，《中國傳統天文的興起及其歷史功能》，清華大學歷史研究所碩士論文，1991 年 7 月。

2. 陳明恩，《氣化宇宙論主體架構的形成及其開展》，淡江大學中國文學研究所碩士論文，1995 年 6 月。

3. 楊濟襄，《秦漢以前「四方」觀念的演變及發展研究》，高雄中山大學中國文學系碩士論文，1997 年 5 月。

四、期刊論文（依作者姓名筆劃順序排列）

1. 王葆玹，〈從西漢河內佚書的出土看五行八卦兩種模式的融合〉，《中國文化月刊》第一二一期，1989 年 11 月。

2. 王夢鷗，〈陰陽五行家與星曆及占筮〉，《中央研究院史語所集刊》四十三本之三，1971 年。

3. 田輝玉，〈論陰陽五行學說對中國古代科技思維的影響〉，《湖北電大學刊》，1995 年 9 月。

4. 李存山，〈先秦氣論的產生和發展〉，《中國人文社會科學博士碩士文庫・哲學卷・中》，1998 年 12 月。

5. 李存山，〈秦後第一儒——陸賈〉，《中國哲學史》，1992 年第十期。

6. 李德永，〈五行探源〉，《中國哲學》第四輯，1980 年。

7. 阮芝生，〈試論司馬遷所說的「通古今之變」〉，《沈剛伯先生八秩榮慶論文集》，台北：聯經出版社，1976 年 12 月。

8. 阮芝生，〈試論司馬遷所說的「究天人之際」〉，《史學評論》第六期，1983 年 9 月。

9. 屈萬里，〈對於「與五行有關的文獻」之解釋問題——敬答徐復觀先生〉，《新時代》二卷二期，1962 年。

10. 俞偉超，〈先秦兩漢美術考古材料中所見世界觀的變化〉，《慶祝蘇秉琦考古五十五年論文集》，北京：文物出版社，1989 年 8 月。

11. 徐復觀，〈陰陽五行及其有關文獻的研究〉，《中國人性論史》附錄二，台北：商務印書館，1987 年 3 月。

12. 殷滌非，〈西漢汝陰侯墓出土的占盤和天文儀器〉，《考古》，1978 年第五

期。

13. 馬王堆漢墓帛書整理小組，〈馬王堆漢墓出土帛書《春秋事語》釋文〉，《文物》，1977 年第一期。

14. 連劭名，〈式盤中的四門與八卦〉，《文物》，1987 年第九期。

15. 陳槃，〈秦漢間之所謂「符應」論略〉，《中央研究院歷史語言研究所集刊》第十六本。

16. 陳槃，〈論早期讖緯及其與鄒衍學說之關係〉，《中央研究院歷史語言研究所集刊》第二十本上冊。

17. 陳槃，〈讖緯溯源〉，《中央研究院歷史語言研究所集刊》第十一本。

18. 陳美娥，〈中國法律思想中的人權理念〉，《政大法學評論》第六十二期，1999 年 12 月。

19. 陳啓云，〈兩漢思想文化史的宏觀意義〉，《漢學研究之回顧與前瞻》（林徐洪編），北京：中華書局，1995 年 9 月。

20. 陳夢家，〈五行之起源〉，《五德終始說下的政治和歷史》（顧頡剛撰）之附錄三，香港：龍門書局，1970 年 3 月。

21. 陳麗桂，〈融合道法、兼採陰陽的漢儒——陸賈〉，《中國學術年刊》第十七期，1996 年 3 月。

22. 傅偉勳，〈哲學與宗教——我在美國的教學經驗〉，見《中國論壇》第一九〇期，P29～30。

23. 黃開國，〈論漢代讖緯神學〉，《中國經學史論文選集》上冊，台北：文史哲，1992 年 10 月。

24. 楊超，〈先秦陰陽五行說〉，《文史哲》，1956 年第三期。

25. 楊向奎，〈五行說的起源及其演變〉，《文史哲》，1955 年第十一期。

26. 楊濟襄，〈由《淮南子》看先秦至漢初「陰陽」觀念之轉化〉，《第二屆先秦兩漢學術全國研究生論文發表會論文集》，輔仁大學中國文學系所主編，2000 年 6 月。

27. 楊濟襄，〈由援引人物探究陸賈《新語》之政論思想及時代意義〉，《第二屆漢代文學與思想學術研討會論文集》，政治大學中國文學系主編，1999 年 7 月。

28. 趙瀟，〈論五德終始說在秦的作用和影響〉，《齊魯學刊》，1994 年第二期。

29. 劉寶才，〈先秦思想史上的陰陽五行學說〉，《人文雜誌》，1986 年第三期。

30. 編委會，〈座談長沙馬王堆漢墓帛書〉，《文物》，1974 年第九期。

31. 曉菡，〈長沙馬王堆帛書概述〉，《文物》，1974 年 9 月。

32. 戴君仁，〈陰陽五行學說究原〉，《大陸雜誌》第三十七卷第八期，1968年10月。

33. 鍾肇鵬，〈先秦五行說的起源和發展〉，《中國哲學史研究》，1981年第二期。

34. 龐樸，〈五行思想三題〉，《山東大學學報》，1964年第一期。

35. 龐樸，〈陰陽五行探源〉，《糧莠集》，上海：上海人民出版社，1988年3月。

36. 羅宗濤，〈歷史研究法與中國文學研究〉，《中國文哲研究通訊》第十卷第一期，2000年3月。

37. 羅福頤，〈漢栻盤小考〉，《古文字研究》第十一輯，1985年。

38. 嚴敦杰，〈式盤綜述〉，《考古學報》，1985年第四期。

五、外籍人士著作（依作者國籍筆劃順序排列）

（一）專　著

1. 日・小野澤精一、福永光司、山井涌編著，李慶譯，《氣的思想：中國自然觀和人的觀念的發展》，上海：上海人民出版社，1990年7月。

2. 日・金谷治，《秦漢思想史研究》，京都：平樂寺書店，1981年8月。

3. 日・長尾龍一著，陳才崑、黃源盛譯，《人性觀與法哲學：羊乎？狼乎？》，台北：商鼎文化出版社，1997年8月。

4. 法・列維布留爾（Lucien Levy-Bruhl），丁由譯，《原始思維》，北京：商務印書館，1985年10月。

5. 英・夏普（Eric J. Sharpe），呂大吉等譯，《比較宗教學：一個歷史的考察》，台北：桂冠出版社，1991年12月。

6. 德・埃德蒙德・胡賽爾（Edmund Husserl），張慶熊譯，《歐洲科學危機和超越現象學》，台北：桂冠出版社，1992年8月。

（二）期刊論文

1. 日・福井重雅，〈漢代における對策の書式〉，收錄於《漢代官吏登用制度の研究》，東京：創文社，1988年12月。